The History of Economics

西方经济学说史

李晓蓉 /编著

图书在版编目(CIP)数据

西方经济学说史/李晓蓉编著. —北京:北京大学出版社,2014.1
ISBN 978 - 7 - 301 - 23572 - 0

Ⅰ.①西… Ⅱ.①李… Ⅲ.①西方经济学 - 经济思想史 - 高等学校 - 教材 Ⅳ.①F091.3

中国版本图书馆 CIP 数据核字(2013)第 296372 号

书　　名:	西方经济学说史
著作责任者:	李晓蓉　编著
责任编辑:	徐音　王业龙
标准书号:	ISBN 978 - 7 - 301 - 23572 - 0/F · 3798
出版发行:	北京大学出版社
地　　址:	北京市海淀区成府路 205 号　100871
网　　址:	http://www.pup.cn
新浪微博:	@北京大学出版社
电子信箱:	sdyy_2005@126.com
电　　话:	邮购部 62752015　发行部 62750672　编辑部 021 - 62071997 出版部 62754962
印刷者:	三河市博文印刷有限公司
经销者:	新华书店
	730 毫米 × 980 毫米　16 开本　24.25 印张　315 千字 2014 年 1 月第 1 版　2015 年 2 月第 2 次印刷
定　　价:	45.00 元

未经许可,不得以任何方式复制或抄袭本书之部分或全部内容。
版权所有,侵权必究
举报电话: 010 - 62752024　电子信箱: fd@ pup.pku.edu.cn

CONTENTS 目录

第一章　前言 / 1

第二章　前古典时期的经济思想 / 4
　　第一节　古希腊时期的经济思想 / 4
　　第二节　古罗马时期的经济学说 / 14
　　第三节　西欧中世纪的经济思想 / 18

第三章　重商主义的产生与发展 / 29
　　第一节　重商主义产生的历史条件 / 29
　　第二节　重商主义的核心内容 / 32

第四章　古典政治经济学体系的确立 / 41
　　第一节　英国的经济理论传统 / 42
　　第二节　法国古典政治经济学的早期代表 / 59
　　第三节　亚当·斯密体系:古典理论集大成者 / 76

第五章　古典政治经济学的重要发展 / 99
　　第一节　李嘉图的经济学说 / 99
　　第二节　西斯蒙第的经济学说 / 123

第六章 古典政治经济学的分裂与完结 / 133
第一节 萨伊的经济学说 / 133
第二节 马尔萨斯的经济学说 / 140
第三节 李嘉图学派的解体 / 149
第四节 古典政治经济学的完结 / 153

第七章 德国历史学派经济学 / 165
第一节 历史学派的先驱——李斯特 / 166
第二节 旧历史学派及其代表人物 / 172
第三节 新历史学派思想 / 176

第八章 边际主义经济学 / 186
第一节 边际主义的起源与兴起 / 187
第二节 奥地利学派理论 / 198
第三节 数理经济学派 / 213
第四节 边际主义中的美国学派 / 226

第九章 新古典主义经济学 / 239
第一节 马歇尔经济学说的特点及地位 / 239
第二节 需求理论 / 244
第三节 供给理论 / 249
第四节 均衡价格论 / 255
第五节 分配理论 / 267

第十章 凯恩斯主义与宏观经济学 / 273
第一节 凯恩斯经济学的形成 / 273
第二节 凯恩斯的就业理论与有效需求原理 / 282
第三节 其他主要经济理论 / 290
第四节 凯恩斯的经济政策观点 / 301
第五节 凯恩斯经济学的影响与发展 / 305

第十一章 新古典综合派经济学 / 311

第一节 主要代表人物与理论特征 / 312

第二节 "混合经济"的理论模型 / 319

第三节 经济增长理论 / 322

第四节 经济周期理论 / 325

第五节 通货膨胀与失业理论 / 330

第六节 新古典综合派的主要政策主张 / 333

第十二章 新剑桥学派 / 338

第一节 新剑桥学派的方法论特点与理论渊源 / 338

第二节 价值与价格理论 / 347

第三节 收入分配理论 / 351

第四节 新剑桥学派的基本政策主张 / 356

第十三章 新凯恩斯经济学 / 361

第一节 新凯恩斯学派的形成 / 362

第二节 新凯恩斯经济学的主要理论 / 366

第三节 新凯恩斯经济学的政策含义 / 374

参考文献 / 378

后记 / 382

第一章
前言

经济学说史,又称经济思想史,是经济学学科中以经济学思想及理论为研究对象的分支领域。与其他领域的研究不同,经济学说史是关于经济学说与理论的历史,是以时间为线索,从发展的视角,研究经济思想与理论的形成、发展与演变的过程。

所以,经济学说史第一要务就是要说清楚某种思想或理论的来龙去脉。为了完成这样的任务,经济学说史首先要研究有哪些要素在理论的形成过程中起到了作用,以及何种作用。这些要素不仅包括了理论产生阶段的社会经济条件,政治上的背景,哲学思潮的影响,也包括了学者的某些个人特征,比如:他的出身、所接受的教育及宗教信仰、对他有着重要影响的人或事。虽然这些个人特征与其提出的理论内容本身不相关,却能为我们理解其思想传承及其价值观导向提供重要的帮助。

经济学说史的另一个任务是要对经济理论本身进行深度挖掘。与经济理论不同,经济学说史目的不是提出一种新思想,也不是创造一个新方法,而是以叙述为基础,重点在于评价。因此,经济学说史需要对过去的学说进行解释和说明,包括界定某一概念的内涵,阐明其学说或原理的含义,这样的研究往往要求以现代经济学的知识框架为

参考,与相似理论或对立理论进行比较,目的在于澄清误解,正本清源。从评价的角度说,经济学说史要重点判断一种学说或理论在内在逻辑上是否一致;从方法论的角度,讨论其在经济学研究范式中的特征、作用与意义;评价其对经济原理的认知、知识的累积与发展有何贡献。

　　除了以时间为线索研究经济思想的发展,经济学说史还要研究理论与理论之间、方法与方法之间的联系。这种联系既包括学说之间的继承与发展,也包括批判与摒弃。任何理论都不是凭空而至,前人的思想总会为后来者提供某种可借鉴的线索,而后人的思想也或多或少、以某种形式地受到前人的影响。经济学说史展示了同一则原理在不同时代和背景下会以怎样不同的形式表达出来;而在相同的社会历史时期,学者们因为价值观的差异对同一个经济现象的理解、归纳会存在多大的差异。

　　这本《西方经济学说史》借鉴了国内对西方经济学的主流观点,重点考察了西方经济学从古希腊时代开始到20世纪80年代左右这段时期的发展,也就是西方经济思想从萌芽到新古典主义框架得以确立的历史。

　　即便如此,该书并没有能够囊括经济学说史的全貌,而只着重论述了一定历史时期那些曾占据了主流地位的学说,或者说在学术舞台上留下了深刻烙印的学说。这些学说,根据其方法论特征,大致可以被划分为前古典时期的经济思想、重商主义学说、古典政治经济学、新古典经济学四个时代。因其在经济学说史上地位重要程度的不同,又各有详略,用不同数量的章节安排加以阐释。例如,经济学理论的核心问题是价值的创造、分配与增长。虽然从有了人类历史开始就出现了如何分配利用资源的思想,但是有真正理论内涵和体系化的阐述,却是在更晚的时期才出现的。因此,书中对早期处于萌芽时期的经济思想介绍比较简略,而用了三章的篇幅分别阐述了古典经济学的产生、发展以及结束。到了19世纪70年代,现代经济的发展和产业组织的演化对经济理论提出了重大挑战,以三个国家的三位经济学家几乎是同时发表各自的著作为代表,在西方经济学说史上掀起了一场轰轰烈烈的理论革命。这场以边际效用价值论为核心的理论创新,预示了新古典时代的到来,由于其在经济学说史上的独特地位,也占据了单独的一章。

经济学说史是经济学人创造的历史。和理论相关,有些人因为有着共同的价值观导向、理论框架及研究方法而往往被归结为一个学派或流派,从而在经济学说史上留下深刻的烙印。经济学家之间有坚定地遵从相同传统的师生或友人,也有对立的"敌人",他们之间的分歧甚至可以引发学术场上的"决斗"。如强调历史方法的历史学派与以抽象演绎见长的主流经济学家们的斗争;再如新剑桥学派和新古典综合学派同是凯恩斯的门徒却又互相攻讦争议不休。该书也为他们提供了展示独特魅力的空间。可以说,经济学说史研究是一位位睿智、机敏、执著、有着鲜明个性的经济思想家们表演的舞台。

经济思想的发展与经济社会的发展相伴而行。一种学说往往服务于其时代,一种新思想之形成也是为了适应其时代的特定条件。例如,重商主义者的理论和政策建议是为了适应刚刚兴起的民族国家利益的需要;斯密推崇自由市场是为了顺应蓬勃发展的工业化革命的要求;当分配问题成为经济社会的核心矛盾时,新古典均衡分析则应运而生;凯恩斯为挽救深陷危机之中的国家经济而发展出了解释国民收入决定的一般理论。另一方面,经济学说,特别是那些已经为社会广泛接受的原理和信条,通过一代又一代经济学人的努力,也不断地影响着社会发展,改变着历史。

经济学与时代的需求紧密相关。广泛的技术进步与创新活动正在推动着经济世界进行更为深刻的变革,社会日新月异的变化也为经济学的发展和创新提供了宝贵的营养。经济学,作为一门独立的科学,她依然年轻,依然充满着旺盛的生命力。

第二章

前古典时期的经济思想

古希腊是西方文明的发源地,西方经济学思想也最早诞生在这里,此后到西欧中世纪结束的千余年时间里,西方社会经历了从自然经济逐步过渡到商品经济乃至其充分发展的整个时期。尽管这一时期的经济活动是基础的、简单的,但是,社会分工、贸易、货币、借贷等现代经济的各种要素都已具备。与此相应,这一时期的经济思想也较为朴素,更多关注的是公平而不是价值的起源,也未形成系统性的阐述,与哲学、法学甚至神学的界限也往往是模糊不清的,但是学者们对财富增长的认识,对价值与财富性质的思索,对分工与效率的观察,对货币性质与功能的探求毫无疑问地构成了现代经济思想的重要来源,成为现代经济科学的出发点。

第一节 古希腊时期的经济思想

古希腊因其地理位置优越、土地肥沃、气候条件适宜、交通便利,生产力处于较高水平,经济的高度繁荣促进了政治、艺术和哲学等方面的发展,产生了璀璨的希腊文化,是西方文明的发源地。公元前8世纪至前6世纪,约两百年的时间里,奴隶制城邦在古希腊兴起,古希腊社会也进入了鼎盛时期。在这个时期,虽然自然经济占绝对优势,但是商业贸易活动已广泛存在,货币普遍使用,思想家们开始注意到分工、货币、公平价格和商业伦理等这些重要的经济问题,并提出了一些有价值的见解。

色诺芬、柏拉图和亚里士多德是这一时期的主要代表人物。作为苏格拉底哲学思想的传承者,他们对经济问题的阐述,毫无例外地坚持正义和道德的原则,企图寻求以人类为中心的经济理性。因而,在他们的论述中,城邦的基础不是社会契约的产物,而是基于人类之间自然的不平等;奴隶制度既是人之天性使然,因而一定是正义的;社会分工问题也是如此,他们虽然承认专业化分工可以促进生产,使产品更加精美,但却对农业充满敬意,而鄙视贸易和手工业,甚至认为商业生活是不高尚的、有害于德行的。这些观点显然因自然经济条件的制约而具有局限性。

一、色诺芬论财富、分工与货币

色诺芬(Xenophon,约前430—约前355),古希腊思想家,出生于雅典的富裕家庭,是古希腊著名哲学家苏格拉底(Socrates,约前470—前399)的学生。与他的老师一样,色诺芬拥护斯巴达的贵族政治,反对雅典民主政治,曾以雇佣兵身份参加过小居鲁士对阿尔塔薛西斯二世的战争,后来,他加入斯巴达军队,最终被雅典公民大会判处终生放逐。公元前386年安塔尔基达斯和约签订后,色诺芬迁移到奥林匹亚附近伯罗奔尼撒地区的领地居住,他亲自经营庄园,并从事创作。主要论著有:《居鲁士的教育》《居鲁士远征记》《经济论》《雅典的收入》,其中比较有影响的是《经济论》和《雅典的收入》。

《经济论》大约写作于公元前387年到公元前371年之间,是色诺芬根据自己管理领地经济的经验而写成的,也是古希腊流传下来的第一部经济学著作。这本书采用了语录体,以苏格拉底与他人对话的形式写成,大致分为两个部分:第一个部分探讨奴隶主如何管理家庭和

农庄,使财富得以增加的问题;第二个部分分析农业的重要性及技术等生产力的问题。在这本书中,色诺芬为了表达家庭管理的意思,使用了"经济学"(economics)一词,成为经济学概念的最早起源。

1. 关于财富和财富的来源

古希腊人在荷马时代[①]就有了财富的观念,并将家畜、土地、农产品看作财富主要的表现形式。色诺芬则进一步提出财富是具有使用价值的东西,并强调家庭管理这门学问研究的是主人如何管理好自己的财产,使财富不断增加。

在色诺芬看来,同样的一件东西可以是财富也可以不是财富,是否有价值的判断取决于其所有者对它是否有用的理解。"一支笛子对于会吹它的人是财富,而对于不会吹它的人,则无异于毫无用处的石头。"[②]而对不会使用笛子的人来说,如果他把它卖了,这个笛子就是他的财富,"保存着不卖时就不是财富。"[③]可见,色诺芬对于财富的理解是基于主观价值之上的,价值来源于东西是有用的而不是东西本身的观点,实际上就是主观效用价值论的核心。同时,色诺芬已经能够将使用价值和交换价值区分开来了,并认为交换价值也是一种使用价值。

对于财富的来源,色诺芬强调,除了开采白银,还包括从事商贸活动,出租房屋、土地、船只和奴隶等,农业是财富最重要的来源。他认为农业对国民经济发展具有基础作用,"农业是其他技艺的母亲和保姆,因为农业繁荣的时候,其他一切技艺也都兴旺;但是在土地不得不荒废下来的时候,无论是从事水上工作或非水上工作的人的其他技艺也都将处于垂危的境地了。"[④]因而,他提出农业是最值得尊重和必要

[①] 荷马时代指的是从公元前11世纪到公元前8世纪古希腊社会从原始公社制度向奴隶制度过渡的时期,因为著名的《荷马史诗》而得名。
[②] 〔古希腊〕色诺芬:《经济论 雅典的收入》,张伯健、陆大年译,商务印书馆1961年版,第3页。
[③] 同上。
[④] 同上书,第18页。

的业务,"对于一个高尚的人来说,最好的职业和最好的学问就是人们从中取得生活必需品的农业。"①

2. 关于分工

在当时的古希腊社会,劳动分工已经有了很大的发展。色诺芬充分肯定了劳动分工的意义,他指出,一个人很难精通一切技艺,而专门从事某一种技艺的人能把工作做得更好。色诺芬还举例说明,在小城镇上,一个工人要制造床、门、犁和桌子,甚至要造房子,即使这样,也还不易谋生。而在大城市中,一个人只要从事一种手工业,就可以维持生活了,有时甚至还不用做一种手工业的全部。色诺芬的表述说明他已经了解到市场范围对分工程度的意义与影响,但是由于他对分工及分工的作用理解仅仅停留在使物品更加精美的表面层次,因而缺乏对分工引致效率更深入的理论分析。

3. 关于货币

虽然当时的希腊以自然经济为主,但商品流通、国际贸易已经有了很大程度的发展。因此,色诺芬的作品中也论及了货币及商品经济的概念和功能等问题。首先他承认商业的存在是必要的,因为商业可以使人们获得具有使用价值的东西。同时,他也注意到货币在商品经济中具有的重要作用。他描绘了人们对白银不厌其多的现象,分析人们之所以喜欢储藏白银原因就在于白银可以随时购买到有用的物品。可见,他已经触及了货币作为流通手段和贮藏手段两种不同的职能,指出了两者之间的重要联系。

二、柏拉图的思想贡献

柏拉图(Plato,约前428—前347),古希腊哲学家、伦理学家和政治家。他出生于雅典贵族家庭,与色诺芬一样,也是古希腊哲学家苏格拉底的学生,并且也坚定地拥护贵族政治。在公元前399年苏格拉

---

① 〔古希腊〕色诺芬:《经济论 雅典的收入》,张伯健、陆大年译,商务印书馆1961年版,第20页。

底被判处死刑后,柏拉图逃离雅典,周游各地,到处为贵族政体辩护。公元前388年,他回到雅典,创办了"阿卡德米亚"哲学学园,进行讲学,直到死去。主要的代表作有《理想国》和《法律论》。

1. 分工论

分工论在柏拉图的理论中占有核心地位。在柏拉图生活的时代,由于与斯巴达之间长期的战争,雅典已经从鼎盛的城邦社会跌落下来。当时,阶级之间、穷人和富人之间的分化非常严重,尖锐的社会矛盾严重地动摇了奴隶制的基础。面对这种混乱的局面,柏拉图提出了一个理想化的世界——"理想国"的构思,表达了他企图在"正义原则"基础上组织一个消除贫富对立的国家的思想。也正是在这部作品中,柏拉图的分工思想得到了充分的反映。

柏拉图的理想国是一个小城邦,国土面积保持在一定水平,不大也不小,而人口与土地也要保持一定的比例,不宜过多,也不宜过少,甚至他还提出了一个5040的最适宜水平①。从本质上说,他的理想国是一个处于静止状态的社会,这样的静态观点有两个思想来源:一是来自于他对混乱多变的现实生活的一种厌恶;另一个是来自于其自然哲学的观念,这种哲学观认为一切变化都是表面的现象,在感官体验的表面世界后面是大自然和自然世界永恒不变的真理,理想国与现实世界的关系正如"马"与特定的马之间的关系。

分工是城邦的自然基础,在他的理想国中,分工是无处不在的。首先,阶级划分以基于人性的分工为基础。国家有三个阶级:执政者阶层(哲学家)、保卫者阶层(战士)和供应营养阶层(农民、手工业者、商人等自由民)②。由于这样的分工是基于人性的必然,因此也是合理和自然的。

其次,分工也是其理想国经济结构的基本特征。柏拉图认为每一

---

① 他设计这个数字是因为5040除了11之外,从1到12任何一个数都可除尽,便于一国的执政者用各种方式组织管理国民。
② 奴隶被视为会说话的工具,并不在国家组成阶层之内。

个人都有多个方面的需求,但是人们生来却只具有某种才能,因此一个人不能无求于他人而自足自立,于是人们便自愿联合起来成立国家。因此,一国中应该有专门从事各种行业的人,专业化是城市经济的基本特征。柏拉图又进一步阐述了专业化和分工可以带来的高效率,主要表现在生产的产品在数量上的增加和质量上的提高。

柏拉图进一步阐述了对不同产业地位的看法。与色诺芬等人相同,他也认为农业应成为理想国的基础,因为只有从农业取得收入,才会使人们不至为了获利而把财产的本来目的抛弃掉。手工业和商业虽然必要,但雅典人不应该从事这种不体面的行业,鞋匠和铁匠都不是天生的,这些职业使得从事它们的那些人堕落。

2. 货币论

柏拉图的另一理论贡献是他对货币功能的理解及提出的货币政策主张。分工必然引起交换,而交换离不开货币的使用。在一般等价物的意义上,柏拉图认为货币是为了方便交换而设计的一种"符号"。尽管熊彼特将这一观点归结为一种"偶然的说法",因而"其实没有多大意义"[1],但是能够历史地观察到货币作为流通手段和价值尺度的性质,无疑是一个重要的进步,为他的学生继续探索"交换的公平"原则提供了客观基础。

与此相关,柏拉图并不认为货币的物质内容是重要的。他提出,货币的价值与它的金属特征无关。就国内的流通而言,只要具有法定的偿付能力,不需要一种内在的、物质的价值,货币就可以实现交换手段的职能,因此,货币是不是金银本身没有多大意义。由于仅仅是"符号",柏拉图提出没有积累和贮藏货币的必要,极力反对把货币作为贮藏手段及放贷取息的营利活动。他认为高利贷资本对利润的追求将腐蚀公民高尚的情操,具有潜在的破坏性,因此主张制定法律加以管理,使商人们只能得到适当的利润。

---

[1] 〔美〕熊彼特:《经济分析史》第一卷,朱泱等译,商务印书馆1991年版,第91页。

3. 财产权利论

柏拉图的理想国存在着两种财产权利安排。对于由哲学家和战士构成的统治阶级而言,他主张实行"共产主义"。这两个阶层不仅不拥有私有财产,甚至连家庭也不存在,妻子儿女也一律共有,结婚男女也必须住在公共宿舍,在公共食堂进食。柏拉图认为私有财产和家庭养成人们利己和贪欲之心,引起人与人之间的分歧和矛盾,因此,只要消灭了财产的私有制,就能消除统治阶级的内部矛盾和冲突,保持全国团结一致,哲学家们能够更好地管理国家事务,战士精英才能更好地履行保护城邦的职责,最终使国家获得永久和平。

而对于劳动阶级,他们可以通过劳动获得财产,允许一定的私有。目的是消除其与统治阶级之间极端的贫富差距,从而安心于"本职"工作和在社会上的阶级地位,实现城邦的和谐、安定和繁荣。

对于土地,柏拉图提出平均分配的思想,将土地平均分配,归属各居民,但居民不能将遗产再行分割,也不准出售或用其他方式进行分割,即使是城邦也不能运用政治权力来分割地产。

柏拉图的论述毫无疑问是为了维护奴隶制国家的稳定与和平,但是其论述非常模糊,并不明确,自然也没有引起重视。

三、亚里士多德对经济思想的发展

亚里士多德(Aristotle,前384—前322),古希腊哲学家、思想家。亚里士多德出生于希腊殖民地色雷斯的斯塔伊拉城,其父是马其顿王的御医。亚里士多德17岁时到雅典,师从柏拉图,在"阿卡德米亚"学园中学习,前后约二十年。柏拉图死后,他离开雅典,到小亚细亚地区讲学,开始自己独立的学术活动。公元前343年,他受聘担任马其顿王子亚历山大的教师。公元前335年重返雅典,创办学园,从事讲学和著述活动。公元前323年,雅典掀起反马其顿的运动,他便离开雅典,避难于埃维亚岛,于次年死于该地。

亚里士多德的思想与研究几乎涉及了人类知识的所有领域,在哲学、伦理、逻辑、心理、生物以及物理等诸多方面都留下了重要的线索。在他的论述中很少独立地涉及经济问题，自然也没有为我们提供一个紧密的思想体系，但是从经济分析的意义上讲，亚里士多德又是一位优秀的分析家，基于归纳法而形成的一套理论工具是其对后代的"一个不可估量的贡献"①。

"自然"与"公正"是亚里士多德的核心思想。他生活在奴隶制从高处跌落的时代，一方面，他与他的老师柏拉图一样具有贵族意识，认为人生而不平等，有些人天生就是统治者，有些人天生就是要被统治；另一方面，对于现实问题，与柏拉图主张严厉的社会管制不同，他强调必须通过改进公民的德行加以解决。这种政治与哲学上的诉求也统领了他对经济问题的观察和论述，集中体现在他的两部著述《政治论》和《伦理学》中。

1. 奴隶制与国家论

经济学在希腊语中的意思是家庭管理，具体而言，就是如何处理丈夫与妻子、父母与孩子、主人与奴隶之间的关系问题。在这个问题上，亚里士多德仍竭力论证奴隶制度的自然和合理性。在他看来，奴隶制是一种人自然不平等的结果。生而智慧者统治人，生而愚钝者就要被统治。奴隶体力强壮就适合于体力劳动，而自由人端庄清秀更适合于统治者生活。希腊人聪明，自然应是奴隶主，而外邦人落后野蛮，只能从事商业、手工业和贸易，或者成为奴隶。

与其他古希腊哲学家一样，亚里士多德对经济问题的认识也是以城邦为核心的。他认为国家是从家庭联合发展起来的，家庭是国家整体中的最小分子，但国家比家庭和个人更为重要。与柏拉图的理想国思想不同，他希望能够在奴隶主阶级实施一定的民主制度，以巩固奴隶制度。

2. 交换与价值论

亚里士多德指出每种物品都有两种用途：一是供直接使用，一是

---

① 〔美〕熊彼特：《经济分析史》第一卷，朱泱等译，商务印书馆1991年版，第94页。

供与其他物品相交换。前一种用途是物品本身所固有的属性,而后一种则不是。这其实就是使用价值与交换价值的区分,虽然他还不能进行明确的定义,但是已经意识到交换价值是从使用价值之中派生出来的原理。

自然和正义构成了亚里士多德哲学思想的核心,对于交换也是如此,他需要寻找一种公正原则,保证交换是自然而且正义的,这是古代学者对价值论的最早探索。亚里士多德对交换的公平与正义是从互惠的概念出发的,也就是说,参加物物交换或者买卖贸易时,双方都可以通过交换而改变经济状况,这就是互惠,所以也是公平的。而正是这种互惠可以将城邦里的公民整合在一起,形成团结的社会力量。

亚里士多德用交换的比例进一步阐述了物物交易的正义原则。他用 A 代表建筑商,B 代表鞋匠,C 是 A 的产品房子,D 是 B 的产品鞋子。如果 A 与 B 要交换他们的产品,那么他们互惠行为所获得报酬的比例要与房子与鞋子交换的比例相符,否则,交易就是不平等的,不能坚持下去。

虽然他的论述还相当的模糊,但是商品交换的关系必须建立在物与物之间在本质上的某种等同性的意义已经凸显了出来,成为价值论的逻辑起点,马克思将之评价为"闪耀出他的天才的光辉"[①]。当亚里士多德将人与人的关系(A 与 B)和物与物的关系(一定量的 D 与一定量的 C)等同起来,就产生了理解上的困难:这种等同性到底是什么?在什么样的意义上能够将人的行为与物的关系联系在一起?第一种解释是认为 A 与 B 的对立实际上表明了两种劳动的相互比较,而这个比较又与劳动的产品成一定的数量关系。那么,在亚里士多德那里就已经有了劳动价值论的萌芽。然而在亚里士多德其他的论述中却很难能够得到有关劳动价值论的任何印证。即使或许有,也只能说明他并没有考虑清楚,因此也没有深入一步阐述。另外一个解释是亚里士多德是

---

① [德]马克思:《资本论》第 1 卷,人民出版社 1975 年版,第 75 页。

在效用意义上理解交换价值的,即等量交换使参与者获得等量满足。①

但无论如何,亚里士多德的确是历史上第一个分析价值形式的学者,并为后来的经济理论提供了重要的思想线索。

3. 货币与利息论

亚里士多德考察了商品交换从商品—商品,到商品—货币—商品,再进而过渡到货币—商品—货币的历史发展过程,研究了货币作为交换媒介、贮藏及增值职能的历史起源。交换最初是在物与物之间发生的,但是当需要别人货物的人没有别人需要的东西时,就有必要在这次交换中接受自己并不需要的东西,好进一步在下一次交换中去获取自己真正想要的物品。而随着交易的范围不断扩大,物物交换面临的困难就更大了。为了方便交换和贸易,人们就会达成一致,选择一种商品作为交换的媒介,这就是货币。"货币是一种媒介物或中间体,它可以衡量万事万物"②。

亚里士多德认为金属的某些特性,比如可分割性、价值的同质性等,使得它要比其他商品更适合于这种职能。而这里,他又强调金属作为货币并不是自然的,而是来自于立法和习俗的,当然也可以由社会改变或废止。

除了货币的交换职能、流通职能和贮藏职能之外,亚里士多德还讨论了货币在增进财富方面的特性,说明他已经觉察到了货币的资本职能。首先,他区分了农牧渔猎等经济活动而形成的真正的财富和以货币形式积蓄的财富,并提出前者是就是经济的概念,是合乎事物的本性的,因而是自然的。而后者以获取更多的货币为目的,无限制地追求货币财富,此类交换属于"货殖"。在亚里士多德看来,货币是用来使交易更方便,并不能生子。这种用货币产生货币就是违背事物的

---

① 参见〔美〕斯皮格尔:《经济思想的成长》上,晏智杰等译,中国社会科学出版社1999年版,第27页。

② 〔古希腊〕亚里士多德:《政治学—伦理学》,载〔美〕门罗编:《早期经济思想——亚当·斯密以前的经济文献选集》,蔡受百等译,商务印书馆1985年版,第25页。

本性,是非自然的,因而也是非正义的。因此,他极力谴责有息借贷,反对利息。

由于亚里士多德没有形成劳动价值论,自然也就无法从生产的过程去理解货币资本职能的意义,当然也没有形成任何一种有价值的利息理论。

第二节 古罗马时期的经济学说

古罗马时代是西方社会文明的重要发展阶段。与古希腊一样,古罗马也是典型的奴隶制社会,发展程度较高,但是不同的是,它的发展是建立在寡头政治、军事侵略基础上的。从公元前264年开始,古罗马通过常年的战争,相继征服了希腊以及地中海沿岸国家。在公元前1世纪和公元1世纪之间,罗马成为规模最大的奴隶主国家,公元476年,西罗马帝国又在革命和外族的打击之下覆灭。

古罗马的军事扩张带来了帝国政治上至高无上的权威,毫无疑问,市场范围也大大地扩大了,贸易与商业活动在罗马帝国的版图内充分地发展起来,特别是对于葡萄酒和橄榄油等传统农业而言,具有重大意义。另一方面,为了满足军事扩张的需要,新的生产中心不断涌现,与旧的生产中心形成了竞争,因此,在古罗马社会中,不仅有殖民扩张与管理奴隶制经济等特殊问题,那些属于现代经济中常见的各种冲突和问题也已经出现了,例如贸易问题、借贷问题、金融问题等。

与经济的发展程度相比,古罗马在经济思想方面的发展明显落后了。除了若干奴隶主撰写的关于农业发展和如何管理奴隶的论著[1]之

---

[1] 主要代表有克优斯·贾图(前235—前149,政治活动家、大奴隶主,当过罗马的元老,历任执政官、监察官等职,主要著作有《论农业》和《起源》)、玛尔库斯·瓦罗(前116—前28,著名思想家,主要著作是《论农业》)、西塞罗(前106—前43,政治家和思想家,曾将色诺芬的《经济论》译为拉丁文,主要的著作有《论法律》等)。他们的主要观点可以概括为:重视农业在经济中的地位;将奴隶制度看作是自然的,奴隶不过是一种会讲话的农具;奴隶主的主要任务就是管理好自己的庄园以增加收入。

外,"在经济学中几乎没有重要的分析的进步"①。然而,如果说古罗马社会有任何的文明成就,那就是被称为欧洲文化史上最伟大的精神力量之一的罗马法。许多现代西方国家的法律制度都可以追溯到罗马法,正是通过罗马法,罗马人对现代经济制度及思想产生了极为深远又极其重要的影响。

一、罗马法与现代财产权利制度的起源

古罗马社会的法律体系比较发达,不仅形成了若干迄今为止也尤为重要的法律著作,也产生了一大批法学专家。这些法学家们探究和分析个别案件背后的逻辑原理,因而他们的工作具有"纯粹的科学性"②。由于经济条件以及研究的局限,很难认为他们提出的理论就是经济学原理,但是,他们对货币、价格、信贷等经济活动与经济要素的定义却毫无疑问构成了现代经济学原理的重要基础。其中,罗马法中对财产权利的界定、变更及处置等的有关规定就是现代产权制度重要的历史起源。

罗马法的思想来源于斯多葛派哲学③中的自然法概念。自然法将"法"理解为善良和公正的艺术,善良是指合乎道德,公正即合乎正义。因此,在罗马人看来,"法"是正义的,是与自然相一致的正确理性,自然要赋予法律以至高无上的地位。当"法"表达的是世界万物的客观规律与自然理性时,法律便具有永恒的意义,可以用来调节自然界中一切的关系,当然也包括人与人之间的关系。

在自然法的基础上,罗马人首先发展了"物"的概念。物不仅是有形的物体,也包括随物而来的权利和诉权。因此,法律规范的就不仅

---

① 〔美〕小罗伯特·B.埃克伦德、罗伯特·F.赫伯特:《经济理论和方法史》,杨玉生、张凤林等译,中国人民大学出版社2001年版,第19页。
② 〔美〕熊彼特:《经济分析史》第一卷,朱泱等译,商务印书馆1991年版,第111页。
③ 斯多葛派哲学是古罗马帝国时期重要的哲学流派之一,因其奠基人芝诺(约前336—前264)在雅典的斯多阿(Stoa)演讲而得名。该流派认为世界理性决定事物的发展变化,个人只不过是神的整体中的一分子。

仅是物与物的关系,更重要的是与物相关的那些人与人的关系。这是经济学说史上首次对财产权进行的界定。罗马法对财产及其权利的理解,虽然经过了若干世纪,仍然是现代市场经济产权理论的基本概念。

在此基础上,罗马法还特别重视财产的权属问题,强调私有财产拥有不容侵犯的权利。那些属于自己的财产,归自己使用;属于他人的,则由他人支配。只有这样,才能使人们的关系协调。

罗马法的另一大贡献是提出了法人的概念。法人可以是个人,这样,私人财产就可以从家庭或者氏族中脱离出来;法人也可以是团体(公司),这时,法人团体(公司)的财产与个人的财产有了区分。正是这样,当这个法人团体(公司)的所有者发生了变更时,该团体(公司)因其财产的独立性,仍然可以继续存在、得以发展。法人概念的提出充分反映了此时期奴隶氏族制度的崩溃,商品经济及企业制度萌芽的需求。

与古希腊社会不同,古罗马已经不再囿于城邦,而是一个疆域广袤的帝国,其商品贸易及货币经济相对也更发达,为法学家们研究商品经济的契约关系提供了物质上的准备。罗马法中关于买卖、借贷、债务、契约等经济关系的规范对现代市场经济制度的确立也起到了重要的作用。

二、早期基督教对经济学思想的影响

基督教的诞生是古罗马时期一个极其重要的历史事件。公元1世纪,生活在巴勒斯坦地区的犹太民族因不堪古罗马帝国奴隶主的压迫和掠夺而发生了多次起义,但都遭到了残酷镇压。起义的屡次失败使得人们转而从宗教中寻求出路,希望出现一个救世主,拯救苦难大众,摆脱绝望的处境,基督教随之而生。在成为罗马帝国国教之前,基督教一直是"奴隶和被释放的奴隶、穷人和无权者、被罗马征服或驱散的人们的宗教"[1],因而被称为早期基督教。

---

[1] 《马克思恩格斯全集》第22卷,人民出版社1965年版,第525页。

作为社会最下层人民的宗教,早期的基督教强调人类劳动的价值与尊严。《圣经》将劳动看作带给人类生命的福祉之举而不是被咒之物(《箴言》10:6)。这种不分种族,无论农工,赞扬劳动的思想与古希腊及罗马思想家对体力劳动的轻蔑态度形成了鲜明的对比。

在对待财富和私有财产的问题上,早期基督教思想家们更是立场鲜明。首先,他们不否认财富对人类幸福生活的重要意义。例如《圣经》的《申命记》中曾记载,上帝许诺,赐予以色列的子民以丰裕的土地,在那片土地上,牛奶和蜂蜜涌流出来,无人会受匮乏之苦。但同时,他们也谴责对财富的过度奢求。"一个人不能侍奉两个主。你们不能又侍奉上帝,又侍奉玛门①"(《马太福音》6:24)。对于富人而言,要想获得精神上的救赎,只能变卖财产,分给穷人。因此,基督教社团中实行的是财产公有和平均主义分配原则。

奥格里·奥古斯丁(Ogri Augustin,353—430)是这一时期比较有影响的思想家。他出生于北非的塔加斯特,曾信摩尼教,后皈依基督教,任北非希波主教,主要著作有《三位一体》《上帝之城》《创世纪》(注释),奠定了基督教神学的基础。他同一些思想家一样,认为财富是上帝的礼物,是一种工具,本身并没有问题,只是人在使用财富时可能用对也可能用错。因此,对于富人来说,要获得救赎,未必需要完全放弃财产,只需要进行慷慨的馈赠就可以了。对于私有财产,奥古斯丁也并不主张强制执行公有制。

早期基督教强调的是灵魂的拯救、德行的修炼,生产与经济机制的问题并不能激起其兴趣,因而,也鲜有经济研究及分析方法上的贡献。但是,这一时期的思想已经显示了一定的"对于一个业已达到高度经济发展的世界的洞察力"②。早期基督教对于私人财产的认同、对于人类劳动的价值、对于个人与别人利益的考虑等等,为经济思想

---

① 玛门,Mammon,古迦勒底语,意思是财富。
② 〔美〕斯皮格尔:《经济思想的成长》上,晏智杰等译,中国社会科学出版社1999年版,第39页。

的萌芽埋下了宝贵的种子。

第三节 西欧中世纪的经济思想

中世纪①是指从公元5世纪西罗马帝国灭亡到17世纪英国资产阶级革命长达千余年的历史时期。这个时期经历了西欧封建主义社会从形成、到发展以及走向繁荣的整个过程。不同发展阶段的经济思想也存在显著差别。一般来说,在11世纪之前是西欧封建社会形成的初期,此时的经济理论保留了维护土地村社集体所有、财产私有权以及氏族经济的特点,6世纪的《萨利克法典》和8世纪末的《庄园敕令》是主要的代表。而晚期出现的重商主义则因其作为"对现代生产方式的最早的理论探讨"②,学说史一般将之列为最初的资产阶级经济学说。因此,这里所称的中世纪经济思想,实际上指的是11世纪到15世纪处于封建制度鼎盛时期的重要经济思想。

中世纪是天主教与政治合一的世纪,宗教对人们的生活、情感、思想和政治具有极为重要的地位,神学统治了学术专家们的研究活动。因此,此时的经济学还不是独立的研究领域,与经院学派(Scholastic School)相关,严重依附于神学研究,其研究内容也主要集中于财富的地位与性质、交换公平价格、货币与利息等问题,反映了从自给自足的农业社会向商品经济社会的过渡特征。

一、经济发展与社会状况

庄园经济是封建制度下西欧社会的主体,主要特征是封建领主用劳役地租剥削农奴,在经济上实行独立经营和核算,自给自足。庄园

---

① 也有人用从古代世界的结束到文艺复兴的一段历史时期定义中世纪,并认为中世纪是西欧古代文明的衰落时期,不仅经济衰落,此时的西欧社会陷入宗教的黑暗统治,没有任何思想可言。

② 〔德〕马克思:《资本论》第3卷,人民出版社1975年版,第376页。

的规模大小不一,通常为一个自然村,大的包括几个自然村。庄园除了有一处领主的住宅外,还有农奴的居住区和一座教堂。此外,还有仓库、磨坊、油坊、铁工房和烤面包房等。各种手工业作坊主要是为领主服务的,农民需交费使用。耕地被分为领主自营地和农奴份地两部分。领主自营地由服劳役的农奴耕种,到了后期,领主取消了自营地,把耕地全部分给农奴,收取实物地租。

庄园经济不断推广,生产技术随之发生了重大进步,生产力水平显著提高。牛拉犁、马拉犁代替了人力耕作,而谷物三区轮作制度也大大提高了农业生产力,把一个农民能够耕种的面积增加了大约八分之一,产量增加了多达百分之五十。① 到了中世纪晚期,水力、风力动力装置的出现使机械的利用成为普遍的现象,例如,水力开始用于农业生产、谷物磨坊,后来也用于炼铁、漂洗等工业过程。机械和机器的利用为大规模工业提供了技术基础,英国的毛纺织业就是因此而获得了长足的发展,最终在英国爆发了第一次工业革命,进而实现了向资本主义的过渡。

农业部门的技术进步推动了社会经济的发展,影响极为深远。农产品的丰富大大改善了生活质量,支持了人口增长。马的使用改善了运输与通讯的条件,庄园与庄园之间建立起了某种联系,过去那种隔离的状态被消除了。农产品的供应可以从更加遥远的地方得到,交易也更容易发生。随着市场的扩大和分工的深入,早期的庄园经济也逐渐让位于城镇经济。人口增长、城市化和工业、商业的全面兴起,使中世纪在 13 世纪达到了最高的繁荣。②

城市公社是西欧社会发展中重要的历史事件。城市经济以手工业为主,从事手工业的居民通过行会被组织起来。行会最早于 10 世纪左右出现在意大利,而后在法国、英国、德国也都出现了,到了 13 世

---

① 参见〔美〕斯皮格尔:《经济思想的成长》上,晏智杰等译,中国社会科学出版社 1999 年版,第 43 页。
② 同上。

纪,西欧的行会组织已经相当成熟,甚至在一些发达的城市里,行会还掌握着城市的管理权。

最初的行会成员多为逃亡的农奴,因此,城市的兴起伴随着政治上的"革命":要求经济自由、摆脱封建主统治以及解放农奴。早期的行会还有明显的农村村社精神,主张经济活动中的平均主义,禁止用广告招揽生意,反对超额雇工,禁止节假日及夜间加班生产等等。与此同时,行会还实施着一系列严格的行业管制政策,实际上成为具有垄断性质的经济组织。例如,当时的行会对行业中工匠人数及其公民、财产状况、投资水平等都有具体规定,甚至对外来的手工业者的定居与婚姻关系都有相关规定。另外,按照当时流行的"公平价格"学说,行会还对原材料及产品进行价格限定,甚至对城市与外埠之间的贸易活动也要进行控制。这些管制政策对于维护早期城市手工业及商业利益,促进城镇经济发展发挥了重要的作用。但是,随着社会经济的发展,这种排斥竞争的垄断政策又成为生产力发展的绊脚石,随着商业的日益繁荣和资本主义生产关系的产生,终于在15世纪左右,行会组织逐渐解体消亡了。

中世纪社会另一个突出特征是罗马天主教会对精神生活的统治。熊彼特曾指出,中世纪的教会"不单纯是封建社会的一个器官,而是有别于封建社会的有机体"①。基督教虽然在早期受到残酷迫害,却依然逐渐地发展壮大起来。到了公元3世纪,不断地有一些知识阶层和较富裕的人加入教会,统治阶级也认识到基督教倡导顺从、修行以得到来世救赎有利于维护现存制度,因此转而承认并支持基督教。公元380年,罗马皇帝君士坦丁将基督教确定为罗马帝国国教。从此,基督教成为西欧社会中占统治地位的意识形态。日耳曼人结束西罗马帝国后,不少日耳曼人的部族,如法兰克人,也开始皈依基督教。由于日耳曼人的文化水平比罗马人低,甚至连自己的文字也没有(有些历史

---

① 〔美〕熊彼特:《经济分析史》第一卷,朱泱等译,商务印书馆1991年版,第119页。

书上称之为蛮族),于是教会便成了当时西欧唯一的学术权威。当时几乎只有教士和修士才能读书识字,所有的学者都是教会人士。7世纪以后的学校也主要是由教士来讲授希腊和罗马时期的知识以及神学和哲学。12、13世纪后出现的大学开始出现神学、哲学、法律和医学等学院(school)。经济学说史将这段时期的思想流派称为经院学派。

亚里士多德的思想在此时得到了复兴。经院学者们一旦发现亚里士多德思想的价值,就将它推上了哲学思想的神坛,顶礼膜拜,特别是在对经济现象的思考和经济思想发展方面,经院学者更多的是对亚里士多德思想中"自然而公正"的解释和发展,但很少超越。

二、托马斯·阿奎那的经院学派思想

托马斯·阿奎那(Thomas Aquinas,1225—1274),意大利神学家,出生于意大利一个贵族家庭,早年在那不勒斯大学学习,并加入多米尼克教会,从师于著名神学家大阿尔伯特学习古希腊哲学和神学。大学毕业后,阿奎那在巴黎等地讲学,名震一时。1256年获硕士学位。从1259到1268年间,他曾前后三任罗马教皇教廷的神学教师和法王路易九世的神学顾问,被教皇宣布为天主教会的最高哲学权威。

作为中世纪最著名的经院哲学家,阿奎那勤奋好学,著述丰硕,而最能代表其思想的就是被称为基督教百科全书的《神学大全》。他在著作中对封建农奴制、公平价格、货币、商业、利息等问题都进行了深刻的探讨,代表了该时期经济思想的最高成就,被熊彼特称为"犹如卡尔特大教堂的西南塔尖在建筑史上的地位"①。托马斯·阿奎那的经济思想在欧洲一直统治到15世纪,而他的哲学思想则影响到了20世纪。

1. 关于财富与私有财产

阿奎那生活的时期是封建社会的繁荣时期,社会贫富不均的现象

---

① 〔美〕熊彼特:《经济分析史》第一卷,朱泱等译,商务印书馆1991年版,第119页。

比较突出,财富问题,尤其是私有财产的问题成为人们经常争议的问题。早期基督教教义提倡节俭、禁欲、不贪婪,基本上反对私有财产及贫富不均。阿奎那在《神学大全》的"论法律"部分中用一节的篇幅讨论了财富与私有财产的问题,对早期基督教教义中对财富的态度进行修正。

首先,基于亚里士多德关于自然而不平等的论断,阿奎那把社会解释为一个有机体,认为上帝创造万物时就有"高级"与"低级"之分。这样,封建制度就有了存在的合理性。个人可以拥有符合其社会身份的财产,对于富人而言,其多余财富可以用于赈济穷人,因此也没有不妥之处。

接着,阿奎那论证了共有财产和私有财产在自然法中具有合法地位,解决了私有财产与自然法之间的矛盾。他提出有些东西是自然的给予,给所有人共同使用,同时,也有些东西并非自然给予,虽然如此,却不违反自然法。因为这些是人类为了生活的利益而设计、创造出来的,是人类理智的补充,好比衣服,自然并没有给人类提供衣服,而是艺术发明,这样,裸体符合自然法,但是穿着衣服也同样没有违法自然法。同理,财产私有不是自然有之的,但却是人类理智的发明,不违背自然法则。一则,人的理性创造出来的也必是上帝的意志;二则,私有权是对自然法的丰富。私有财产之所以合理,他认为是因为人们对自己拥有的东西,要比对许多人或所有人拥有的东西,照看得好得多;是因为人们为自己干活要比为别人干活卖劲得多;是因为如果财产划分清楚,就不会为如何使用公共财物而争吵,就会维持良好的社会秩序。①

最后,阿奎那又将财富分成了自然财富和人为财富。自然财富是大自然天然赋予人们的,比如食物、牲畜或土地;而金银等则为人为财富。与自然法则一致,他赞誉农业,农业除了可以培养人的道德情操

---

① 参见《神学大全》第二卷,第二篇,问题六十六,第二节。转引自〔美〕熊彼特:《经济分析史》第一卷,朱泱等译,商务印书馆1991年版,第146页。

之外,也为一个国家和个人提供了幸福的基础。而金银财富不应成为国家或个人追求的目标,那些以攫取金银为目的的经商行为则是可耻的。

2. 关于公平价格

"公平价格"是经院学者们争论最多的问题之一。其实,公平交易价格的思想早在古罗马时期就已经有了。根据罗马法,公平价格是指在某一阶段内不受行情变化影响的价格,是多数人进行交易依据的价格,也是与价值相符的价格。如果买卖交易价格高于公平价格,超过某一个限定的程度,甚至会受到法律的制裁。可见,公平价格的基础是"公正",是符合亚里士多德的自然与正义原则的价格,并不是现代经济学意义上的价值。

以阿奎那为代表的神学家和哲学家们再次提出了交易价格要公平的思想,源于他们对道德问题或者说各种经济关系和行为的合理性的关注,而不是对价值理论的探索。当时的社会中,特别是在意大利的那些商业发达的城市中,大商业者囤积居奇、尔虞我诈、高利贷等不公平竞争问题普遍存在,对广大的小商业者形成了极大的冲击,引起了社会普遍的不满。当时的交易价格大致可分为两类:一类是市场价格,由交易双方自由议定而形成;另一类是受管制价格,由行会、商会或市政局等组织规定。经院学者反对在价格方面的垄断现象,主张价格应该由市场决定。但是由于他们不能理解价值形成的原理,也很难弄清楚决定价格的要素是什么,在何为公平价格方面存在很大分歧,有时甚至是模糊不清的。

阿奎那在早期评述亚里士多德的《伦理学》时接受了价格与成本有关的思想,认为如果生产者在售卖产品时,成交价格不能抵偿生产的费用,就会破产,由此他得出市场价格不能长期低于成本的结论。显然,我们还不能将阿奎那的思想与劳动价值论进行任何的理论联系,但是毫无疑问,阿奎那已经意识到了价格具有客观基础,并且正确地指向了产品的生产过程。

同时,阿奎那又认为公平价格也取决于某些主观的因素。他强调产品价格还取决于卖者对货物的主观评价,这个价格的确定应该要考虑到出售者的社会地位和身份,交易的价格要能够保障卖者所享有的生活条件。阿奎那的价格理论显然不对称,仿佛买者在公平价格的形成过程里并不重要,实际的原因是当时大商业者们在交易中欺诈行为极为严重,已经演变成了一种社会问题,阿奎那针对这种现实提出了他的公平价格思想,企图防止这种违反公平与自然准则的商业欺诈行为。

3. 关于高利贷

基督教向来坚决反对高利贷。早期的教会对教士们放贷收取利息的行为有明令禁止,后来,查理大帝将这个禁令扩及于世俗人等。到了中世纪,不仅神学家和教士们广泛地宣讲高利贷的罪孽,对于那些违反教规者还会处以革出教门的处罚。

阿奎那作为神学思想的最高代表,自然也是强烈谴责高利贷,认为高利贷是"可耻的职业"。在他看来,利息是使用货币支付的价格,但是货币在使用过程中被消费掉了,就像酒一样,不能够与其实体分开,如果还的多于借的,那就是在对不存在的用途收取费用,显然是违反公平交换法则的,也是一种欺诈行为。同时,他也反对对高利贷征税,认为这种税事实上是在分享罪恶的果实。

尽管基督教教义反对高利贷,但是实际状况是当时社会的商品经济已经相当发达,特别是在以威尼斯为代表的意大利城市中,商业资本甚至垄断了政府的功能。只要有商品生产的存在,就必然存在资金的借贷,当时不仅是平民,那些封建王公贵族,甚至是教会,放贷取息也相当普遍。在这种情形下,阿奎那又提出了若干特殊情况为借贷取息进行辩解,例如,在贷者因出贷蒙受损失、借主逾期不还、贷者以合伙方式入股以及承受失去本金的风险等情况下,收取利息是合理的。

阿奎那的理论实际上又为后来的高利贷主提供了可乘之机,他们往往制造各种条件以便收取利息。例如,借贷双方签订假的入伙合同,或者借口贷款风险大,或者故意将契约订得很短,造成逾期不还的情况。在德国的一些地区还出现了以土地作抵押的贷款形式。因为教会认为地租是合法收入,所以,贷款人在契约期间收取地租,契约期满后再由借款人赎回土地。教会不仅不反对这种伪装的高利贷形式,甚至还利用这种手段,把大量土地集中到自己手中。

基督教教义宣扬为了获得救赎信徒需要进行德性的修行,贫富相恤。但是这种道义或者精神上的诉求并不能取代经济基础的要求,也不可能阻止经济发展的浪潮。到了16世纪上半叶,教会虽然名义上仍反对取息,但实际上一切利息收入都被认可。

三、中世纪的货币观

在西欧中世纪纸币尚未发行,货币由金属锻铸而成。当货币取代实物或劳务成为封建地租的主要形式之后,封建领主大都在自己的领地铸造货币。但是,为了减轻债务或者纯粹从中牟利,这些封建领主国王往往通过混入贱金属等手段人为地进行铸币贬值。显然,任意改变货币重量与成色的做法严重损害了商人阶层和广大民众的利益,也阻碍了社会经济的正常发展。经院学者对此深恶痛绝。在这种背景下,著名的神学家尼科尔·奥雷斯姆对货币的本质进行了深入的研究,形成了有特色的货币理论。

尼科尔·奥雷斯姆(Nichol Oresme,约1320—1382),法国最著名的教士之一,在神学、数学方面都有卓越的成就。他生于卡昂,早年到巴黎求学,1356年获纳瓦尔大学硕士学位,1362年任鲁昂学院院长,1377—1382年任利泽尔地区的主教。其代表作《论货币的最初发明》分析了货币的起源、性质及规律,被认为是经济思想史上第一本系统论述货币的著作。

在著作中,奥雷斯姆首先分析货币是为解决交换中存在的困难而逐渐产生发展起来的,它是用以交换自然财富的人为手段,而不能直接满足人类生活的需要。与其拥有的其他政治权力一样,封建君主也

拥有铸造货币的特权,但是并不能说他就拥有货币,货币的真正主人是那些需要在交换中使用它的人。同时,铸造货币会发生费用,因此应该允许封建君主征收一定的货币铸造税,这样铸币的内在价值与它的面值就会有些差异,但是这种偏离不能太大。

奥雷斯姆还特别强调维持货币价值稳定具有重要意义。他指出,金银比较适宜铸造货币,而小额铸币可采用贱金属,并且因为价值低会使得欺诈变得无多大意义。接着他又提出君主改变货币材料、重量等行为相当于从他的臣民那里抽走了所有的财富而把他们变成了奴隶,因为人们往往是用小额货币支付薪酬、购买日常生活必需品。这种人为的货币贬值比起高利贷来更坏,因为,高利贷起码是债务人在自由意志下参与的,而贬损铸币行为简直就是抢劫和勒索。他指出当货币贬值时,会造成金银大量外输以获取更高的价格,发生劣币驱除良币的后果。而更为严重的是,货币价值受损必然会影响到其执行交易尺度的功能,税收和商品价格无法正确评价,必然阻塞国内外的经济活动。这实际上就是格雷欣定律的核心思想。

最后,奥雷斯姆还分析了货币价值可以发生变化的两种情况。第一种情况是双金属本位导致的价格偏离。在这种情况下,他允许铸造价格比率按照市场比率的变化而变化。第二种情况是在发生战争等紧急情况条件下。

奥雷斯姆关于货币理论的观点不仅存在着科学的分析要素,也集中体现了他在财富收入分配方面的先进性。他认为货币的更改将对收入分配产生不良影响,财富向封建君主的集中与财富完全平等一样有害。尽管他没有明确提出,但是在表述中已经表达了一个独立的货币管理当局的观念。他那"现实主义的真知灼见的钟声""响彻了整个时代"[①]。

---

① 〔美〕斯皮格尔:《经济思想的成长》上,晏智杰等译,中国社会科学出版社1999年版,第63页。

四、中世纪异教的经济观点

资本主义前的西欧社会,货币商品经济已经获得了充分的发展,代表着新兴经济势力的商业资本家、自治城市中的市民阶级以及农奴与封建主的矛盾日益激烈。由于中世纪政教合一,教会神学与封建主势力紧密结合,因此,这一时期的阶级斗争除了农民的流血起义,也突出地表现在以异端思想为代表的宗教斗争上。根据阶级的不同,中世纪的宗教异端可以分为城市平民异教与农民平民异教两类,分别代表了两个阶级在经济与思想上的诉求。

1. 城市平民异教的经济思想

城市是异教思想产生的中心。因为在 12、13 世纪以后,西欧社会中自治城市普遍兴起,在这些城市里,工业生产和商业贸易都比较发达,即使是平民、小商人也可通过勤勉努力而致富。而这些新兴的社会经济势力通过操纵资本操纵议会政府,成为封建社会中的一个特权阶层。因此,城市平民的异教思想核心不是要反对封建制度,而是针对阻碍其发展的教会所拥有的政治地位,将矛头直指教会及僧侣们的富有、贪婪和腐化。

各国平民异教思想各有特点,比较有代表性的是意大利和德国的阿尔诺德(Arnold,约 1100—1155),捷克的扬·胡斯(Jan Hus,1369—1415)。他们都宣扬要恢复早期基督教会的习俗,信徒应保持贫穷状态,主张剥夺教会的一切世俗权力,把财产交给世俗封建主。特别是胡斯,他认为教会占有大量土地是一切罪恶之源,并揭露教会贪得无厌和腐败堕落,号召人民拒绝购买罗马教皇的"赎罪券"。他要求在教区成员间恢复原始基督教的平等关系,并且承认此种关系也是市民社会的准则。受到他的影响,其左翼派别后来发展成为农民起义。

2. 农民平民异教的经济学说

农民平民异教与城市平民异教有着重大的区别。该派别代表的是农民和处于市民组织之外的城市手工业帮工、日工和流浪汉的利

益,他们不仅赞同剥夺教会的世俗权力,恢复早期基督教教义宗旨,作为处于封建社会的最底阶层,他们还反对一切的封建势力和封建制度,是异教思想中的革命派,成为中世纪农民起义的思想武器。

英国的约翰·博尔(John Ball,约 1338—1381)宣称社会不平等是人为造成的,他揭露了封建统治阶级的剥削和压迫,号召人们起来打破多年的束缚和压迫。捷克的约翰·杰士卡(John Jessica,1378—1424)提出恢复早期基督教教会组织,取消私有制,取消一切贵族特权和等级区别,实现人与人间一律平等的口号。更有代表性的是德国的托马斯·闵采尔(Thomas Münzer,约 1490—1525),他不仅反对教会,而且主张消灭整个封建制度,消灭一切剥削阶级,建立现世的天国。

农民平民异教思想及其领导的农民起义不仅反对封建、教会特权阶级和一切的封建制度,还彻底地反对任何财产私有制度,主张人与人之间的普遍平等。但因为其阶级局限性,他们的主张不仅不可能得到实现,事实上也不符合社会经济发展的客观规律要求,最终流于空想。

第三章
重商主义的产生与发展

16世纪到18世纪晚期是西欧封建社会商品经济空前发展的时期,在这三百年左右的时间里,生产技术的进步,特别是贸易活动的迅速发展,极大地扩大了市场范围,促进了分工的不断深化,资本主义生产方式也已萌芽并迅速发展起来,与此同时,西欧封建制度则逐步瓦解。重商主义[①]就是这个过渡性质的历史时期中占主流地位的经济理论体系,代表了经济实干家们对民族国家商品经济活动的思考,也是对资本主义生产方式最初的理论考察,具有从早期经济学说向资本主义古典政治经济学过渡的特征。

第一节 重商主义产生的历史条件

在中世纪的早期,以封建庄园经济为代表的自然经济是西欧社会的主要特征,随着农业生产技术的进步,剩余商品及封建主的奢侈消费促进了贸易活动的产生,特别是地中海沿岸的一些地区,因其地理

---

① 重商主义一词首先是由法国贵族米拉博侯爵(Victor de Riquetti, Marquis de Mirabeau, 1715—1789)在1763年提出的,而首次深入系统的考察是斯密在著作《国民财富的性质和原因的研究》中进行的。

位置的方便,又地处东西方文明交汇之处,商品贸易极大地发展起来,到了中世纪的中后期,整个西欧社会的商品经济已经相当发达,同时,政治、思想与文化等方面也发生了深刻的变化。由于商品生产与贸易活动的日益扩大,以贵金属金、银为代表的货币的重要性日益显著起来。以商业资本为代表的新兴资产阶级力图积累金银财富,并要求国家对他们所从事的工商业活动给予协助和保护,即产生了重商主义。

一、欧洲人口、生产与商品经济的发展

15世纪的欧洲人口虽然因为疾病、战争等原因曾经出现了几次急剧减少的情况,但总体上增长较为快速。人口的增长一方面提供了充足的劳动力,另一方面也对粮食及农副产品提出了日益增长的需求。农业成为整个欧洲主要的产业部门,为了生产更多的粮食,轮作制度、新的生产技术及工具得到广泛应用。当农村的粮食开始流向城市,区域、国家之间的农产品贸易也越来越频繁。随后,粮食、奶制品、鱼类、胡椒、香辛佐料等等的贸易也空前地发展起来。远洋航行推动了市场在世界地理范围内的扩大,进一步促进手工业、工业的分工向深度发展。工艺与工具的改良、技术的扩散非常显著。风力、水力及煤炭等新兴能源的利用,使得人类支配自然的能力提高了,简易机器的利用成为可能,为后来的工业革命提供了准备。欧洲经济进入了空前繁荣的历史时期。

马克思指出:"商品流通是资本的起点。商品生产和发达的商品流通,即贸易,是资本产生的历史前提。"[①]由于商品经济的高度发展,货币及货币运动成为生活的重心,基于交换与贸易的货币经济在西欧形成。虽然金属、货币供给大大增加,但仍不能满足商品交换的要求,因此,货币交易票据、承诺、汇票、保险、支票等等支付手段出现了。而一旦信用工具出现,社会经济制度方面必然发生重大的变化。"任何

---

① 〔德〕马克思:《资本论》第1卷,人民出版社1975年版,第167页。

一个旧式结构的社会一旦向货币敞开大门,迟早要失去它原有的平衡,不能控制从中释放出来的能量","在货币的冲击之下,任何社会都要脱胎换骨"①。

二、中央集权国家的兴起

除了高度发达的商业经济,一些中央集权国家的相继建立也是这个时期较为突出的现象。由于政治上的独立,国家被赋予了独立的地位,国家利益成为宗教、道德标准之外的第三个标准。从此,国家利益成为经济学与经济问题研究的重要出发点,如何增进国家的财富成为经济学研究的核心问题。

在封建割据的条件下,封建领主们为了敛财往往在各自的领地边境设置贸易壁垒,任意征收货物的入境税、交易税,不仅增加了商业活动的成本,也给贸易活动带来种种不变,严重地妨碍了商业资本的发展。中央集权国家建立后,国王出于维护王权的考虑,迫切需要消除各地的封建割据,为了维持国家的运转、增加财政收入也迫切地需要商业资本的支持。在这种情况下,中央集权国家与商业资本的利益高度一致了起来。集权国家利用行政手段消除封建壁垒,采取各种措施和政策,支持商业活动。毫无疑问,中央集权国家的形成及实施的政策,为商业资本的进一步发展铺平了道路,对重商主义的形成起到了重要的作用。

三、思想文化条件

中世纪早期教会和神学家们统治了整个思想领域,这种情况在 14 世纪到 16 世纪的时间里发生了重大的变化。

14 世纪,一场崇尚科学、宣扬人文主义的文艺复兴运动从意大利兴起,并很快横扫了整个欧洲大陆。文艺复兴运动借助自然领域的科

---

① 〔法〕布罗代尔:《15 至 18 世纪的物质文明、经济和资本主义》第一卷,顾良、施康强译,三联书店 1992 年版,第 516 页。

学成就,呼吁人们解除一切宗教束缚,主张用人权取代神权,追求个人的欲望与权利。这场轰轰烈烈的文艺复兴运动沉重打击了基督教教义的禁欲主义,为重商主义的形成奠定了重要的思想基础。

在16世纪,作为欧洲思想解放里程碑事件的宗教革命则彻底地结束了教会在精神领域的权威。宗教革命,又称宗教改革,以1517年马丁·路德(Martin Luther,1483—1546)发表《九十五条论纲》,抨击罗马教皇出售"赎罪券"而发端。宗教改革以反对以罗马教皇为首的天主教会为表现形式,宣扬民族主义和国家观念,提倡个人主义和自由主义,从而对重商主义产生了重要的影响。

以人文主义和自由主义为核心的思想解放运动打破了教会神权对人们思想的控制,确立个人欲望与权利的权威,奠定了资本主义精神的基础价值,成为经济进步的巨大动力。

第二节 重商主义的核心内容

16世纪到18世纪是重商主义的时代,特别是在最后的两百年左右的时间里,涌现了大量的经济研究文献。这些文献的作者多为商人或者政治家,而作品的内容也多数是针对时事发表的看法和政策呼吁。因此,重商主义既是关于经济的学说体系,也是关于经济政策的思想体系。作为经济学说的体系,重商主义比较松散,并不系统;作为政策思想体系,重商主义内部差别很大,也缺乏一致性。实际上,系统的理论体系创新直到斯密的《国富论》才出现。之所以将重商主义理解为思想体系是因为其核心内容是一致的,即将金银、货币视为社会的唯一财富,"正确地说出了资产阶级社会的使命就是赚钱"①。

一、重商主义的基本思想

重商主义思想的形成适应了西欧各国这一时期社会经济发展的

---

① 《马克思恩格斯全集》第13卷,人民出版社1962年版,第148页。

需要。商业资本作为资本的最早形态已经有了较为充分的发展,特别是在这一时期出现的地理大发现运动、殖民地扩张极大地推进了国际市场的形成和对外贸易的发展,而市场范围的扩展又进一步刺激了社会分工的深入,促进了生产及贸易。商人作为商业资本的人格化代表,是这一时期国家经济利益的承担者,他们从现实生活出发对经济现象进行分析和归纳,总结并形成了理论学说和政策见解,反映了商业资产阶级的利益与要求。

重商主义的中心内容有以下几个方面:

1. 货币(金银)即财富。虽然重商主义者不否认农产品、自然资源也是财富,但是他们坚持认为金银即货币才是真正的财富,因为那些不能出售的产品毕竟是没有什么意义的。他们把财富与货币混为一谈之后,就认为一切经济活动的目的都是为了获取金银,从而把货币的多寡视为衡量一国富裕程度的标准。

2. 财富来自流通领域和对外贸易。既然财富是货币,那么获得财富的途径就是不断地积累货币。因此,除了增加开采金银矿藏之外,只有在流通领域里才能实现,而国内贸易不过是将财富在国民之间进行了重新的分配,并不会实质性地增加社会财富,因此,对外贸易,将本国剩余产品出口换回货币被理解为是国家增加财富的唯一途径。

3. 强调中央集权国家的作用。重商主义者意识到商业资本的发展及利益需要有民族国家政权的支持。因此,他们要求建立统一的民族国家,并极力主张国家采取各种干预经济的措施,保护国内工商业免于封建垄断势力的压迫,同时促进对外贸易的发展,实现财富的积累和增长。

二、各国主要代表人物及其思想

重商主义思潮几乎席卷了整个欧洲,但由于各个国家社会经济发展的条件并不相同,因此,又形成了各具民族特色的思想观点。

1. 意大利的重商主义

意大利是西欧国家中资本主义生产关系发展最早的国家。早在11世纪,威尼斯依靠其优越的地理位置、发达的造船业、商业及海外殖民地的扩张,就已经成为地中海地区商业城市执牛耳者。米兰、佛罗伦萨等地的纺织、冶铁制造、国际贸易等也相当发达。然而从16世纪末期开始,意大利的这些城市经济都出现了不同程度的衰退,被荷兰、法国、英国等大西洋沿岸国家所代替,这些城市则"下降到仅仅是西北欧加工制品的传送带的地位"①。对于意大利在17世纪的衰退,比较普遍的解释是15世纪末、16世纪初的地理大发现使得通商航路发生了不利于意大利的变更,但也有观点认为是热那亚、威尼斯的大商业资本家们过于醉心金融投机,放弃了商业贸易活动导致的。尽管这种解释目前仍未有定论,但是意大利商业资本对货币及金融投资的关注确是事实,也充分地体现在他们的经济学说中。

伽斯巴罗·斯卡鲁菲(1519—1584)是一位银行家,针对当时各个国家存在各不相同的货币制度,以及极不稳定的金银比率,在《真知灼见》(1582年)中提出了一个货币制度改革方案。他主张由教皇或皇帝召开欧洲大会,建立全欧统一货币制度,制订黄金和白银比价,为结算与汇款业务创造条件。

安东尼·塞拉,生平及身世不详,只知道他的代表作《略论可以使无矿之国金银充裕的成因》(1613年)是在那不勒斯监狱中完成的。在这本书中,他首先分析了那不勒斯货币普遍缺乏的现象,认为那不勒斯金银不足不是因为汇率高昂,而是因为存在严重的贸易逆差。所以,他建议国家政策重点不在于调整金银的比价,而应该积极干预经济,重视手工业生产,鼓励商品贸易,保持贸易顺差。

另外,塞拉对主张禁止输出货币实现资金充裕的观点进行了严厉

---

① 〔美〕伊曼纽尔·沃勒斯坦:《现代世界体系》第2卷,高等教育出版社1998年版。转引自罗翠芳:《近代西欧经济重心转移溯源》,载《湖南农业大学学报(社会科学版)》2009年第1期。

的抨击,认为"禁止输出现金是不恰当的,对金银的充裕并无助益,反而有害。"①如果输出的资金是用以在国外购买本国所需的商品,人们购买它之后,可以使之得到补偿,从而所取得的价值和资源可以与输出的资金相抵消;如果输出资金是用以转口贸易,那么,由于商品的售价会高于买价,那么收回的资金在数量上会大于输出的资金。但是禁止现金出口,将导致商业资金的匮乏,从而无法应付国际贸易的需要,致使贸易萎缩;反之,自由的出口将扩大贸易,而最终使国家受益。

2. 英国的重商主义

英国从15世纪末开始了长达三百年的土地私有及圈地运动,到了17世纪中叶,通过与荷兰、西班牙的一系列战争,英国确定了其海上霸主的地位。在国际贸易的作用下,英国的资本主义发展颇为迅速,工业化进程也非常显著。

托马斯·孟(Thomas Mun,1571—1641)是一位大商业资本家,1615年被选为英国东印度公司的董事,担任政府贸易委员会等若干个委员会成员,在英国的商业界和金融界很有影响,也是重商主义思想家中最负盛名的一位。孟的代表作主要有1621年出版的为东印度公司辩护的《贸易论》②。在这本书中,孟以英国国家利益为视角,提出了贸易差额理论,设计并提出了一系列改善国家贸易地位的政策建议,形成了比较完整的重商主义经济与政策学说,因而《贸易论》被马克思称为"一部划时代的著作"③。

孟与其他重商主义者一样,认为对外贸易是使国家富足的重要途径,并提出了贸易差额论。贸易差额即一国出口额与进口额之间的差额。当一国产生贸易顺差时,就意味着它的出口超过了进口。"在我们所出口的货物里既然有一部分没有以货物的形态换回一些东西,它

---

① 〔意〕塞拉:《略论可以使无矿之国金银充裕的成因》,载〔美〕门罗:《早期经济思想——亚当·斯密以前的经济文献选集》,蔡受百等译,商务印书馆1985年版,第139页。
② 这本书在1630年经过修改后,被重新命名为《英国得自对外贸易的财富》。在他逝世后由他的儿子于1664年出版。
③ 《马克思恩格斯全集》第20卷,人民出版社1971年版,第253页。

必然就会以现金的形态被带回国。"①因此,他认为对外贸易中保持顺差是增加财富和现金,从而实现国家富裕的通常手段。

同时,孟也赞同金银即为财富,但是他坚决反对"少输入、多输出,尽量把金银铸币保存在国内"的货币主义观点。因为他意识到货币的重要意义不在于储藏,而是在于把它投入到能够产生利益的对外贸易中去。英国是一个没有金银矿的国家,除非把它的货币当作资财(stock)产生贸易,贸易增多货币,否则就没有别的手段得到金银财富。可见,孟将货币作为资本投资,贸易余额看作积累生产性资本的途径。在进一步的论述中,他还提出贸易出超取得的货币如果都储存在国内,那么货币数量的增加必然引起物价上涨,而因为国内商品价格高昂会导致出口的下降。为了避免这种恶果,只有将货币进行再投资,投入到产业活动或者转口贸易中。在这里,孟已经将货币的交易功能正确地扩展到资本机能。

对于如何发展英国的对外贸易,孟也提出了自己的主张。首先在价格方面,对于英国拥有垄断地位的产品,即别国尚未能生产或缺乏条件生产的商品可以以高价出售;同时,降低竞争性商品的价格,这将扩大英国产品的销量,占有更多的市场份额。其次提高产品的质量,他希望政府建立贸易委员会,规范厂商在贸易及工业活动中的行为,确保英国生产出优质产品,赢得国际市场。最后,孟还论述了应该如何利用税收政策实现贸易顺差。他提出降低出口关税水平将有利于英国商品的外销,对于转口贸易型的进口也应降低进口关税,提高那些在食品和服饰等方面的进口关税。

值得注意的是孟除了认为对外贸易可以实现国家富裕之外,又提出人口与技艺对增加财富的重要意义。在他看来,"在人数众多和技艺高超的地方,一定是商业繁盛和国家富庶的。"②他用铁砂和羊毛在

---

① 〔英〕托马斯·孟:《英国得自对外贸易的财富》,袁南宇译,商务印书馆1965年版,第5页。
② 同上书,第12页。

加工之后变成制成品价值大大增加的例子总结出技艺的确可以比自然财富带来更大的利益。在这里,孟已经对价值与财富的源泉有了真正的探索,尽管模糊,但是也指向了劳动(技艺)创造价值的思想。

最后,孟提出了无形收入的概念和思想。他认为一些非商品性的无形收入,例如远洋货运,也会对国际收支平衡产生重要的影响。他建议英国的货物只用英国的船只运输,因为除了产品的售价之外,"还可以加上商人的利润,保险的费用以及将它们运往海外的运费。"[①]他进一步提出要大力发展英国的旅游业,因为这也是一种无形出口,外国人到英国旅游可以增加外汇收入。可见孟已经观察到服务业部门是国民经济的一个重要组成部分。

孟不仅关注流通领域的贸易活动,并将这种关注延伸到了经济活动的实体部分,大大超越了重商主义,是新经济理论体系的先声。

3. 法国的重商主义

法国的商品经济和工场手工业是从16世纪开始发展起来的。出于维持庞大的宫廷开支和战争费用的需要,法国的封建君主采取了鼓励和扶持工商业发展的重商主义政策,以加强经济实力。因此,法国重商主义的形成虽然比英国晚,但实践上却更为彻底和深入。

安徒安·蒙克莱田(Antoine de Montchrestien,1575—1621)生于诺曼底,是一位戏作家,在一次决斗后逃往英国,英国繁荣的工商业活动对他产生了震撼,对其经济思想的形成是一次重要的启发。他回到诺曼底之后,投资创办了手工工场,并在1615年发表了著名的《献给国王和王太后的政治经济学》一书。他认为自己的文章所讨论的商业、工场手工业、国际贸易以及君主的政策等内容已经大大地超出了家庭管理的含义,因此没有采用传统的经济学命名,而是首创了政治经济学一词。

与所有的重商主义者一样,蒙克莱田认为货币(金银)就是财富,

---

① 〔英〕托马斯·孟:《英国得自对外贸易的财富》,袁南宇译,商务印书馆1965年版,第7页。

因为它是人们生活所需,也是国家实现繁荣昌盛的途径。但是在如何致富的问题上,他又与早期的重商主义者不同,他并不认为储藏金银可以使国家富足。他明确提出商业的地位十分重要,因为商业是国家活动的基础,而国家应该保护商人的利益。他甚至反对外国商人在法国进行商业活动,认为会侵犯法国的利益。

让-巴蒂斯特·柯尔培尔(Jean-Baptiste Colbert,1619—1683)出生于一个呢绒商人的家庭,早年在里昂习商,后回巴黎经商,1665年直至去世他一直担任法国国王路易十四的财政大臣,成为左右法国经济政策的关键人物。由于他的原因,法国在17世纪后半叶一直执行具有重商主义性质的政策,因此,虽然他没有什么具体的理论论著,但却被推崇为重商主义的代表人物,甚至法国这一时期的重商主义政策也被称为柯尔培尔主义①。

柯尔培尔认为以金银为代表的货币是衡量国家富裕或贫困的最终标准,因此,国家要致富,就要发展对外贸易且必须坚持贸易顺差。为此,他坚决实施贸易保护政策,调整关税,鼓励本国商品出口,限制外国工业品进口。另外,柯尔培尔发起并组织了庞大的商船队,建立了许多拥有特许权的海外贸易公司,企图借此提升法国在海外市场中的竞争力。与此同时,柯尔培尔还提出发展海外殖民地也是必要手段。柯尔培尔筹集了大量资金壮大法国海军力量,走上了积极的海外殖民扩张道路,通过掠夺其他国家和人民而致富。

在国内,柯尔培尔还推行了一系列政策积极鼓励发展工业。通过引进国外工匠、信贷、兵役豁免、举办官办工场等政策扶持工场手工业;改良公路、开凿运河,大大提高了运输业效率,降低企业成本;针对国内封建割据导致关卡林立税收名目繁多的问题,扩大了税区,统一了税率。

毫无疑问,这些政策措施是法国工商业的迅速得以发展的重要原

---

① 这一名称最早由意大利经济学家弗朗西斯科曼哥在1791年发表的《商业》中提出的。

因。但是这些政策在发挥积极作用的同时,也带来了比较严重的后果。为了支持工业部门,提升法国工业品的竞争力,柯尔培尔采取的降低农产品价格等措施直接导致了当时处于国民经济主导地位的农业部门的衰退,而在工业和商业方面,法国又直接面对地中海国家、荷兰和英国的强大竞争,毫无优势可言。因此,整个国民经济最终陷入濒临破产的绝境。柯尔培尔一生积极推进的重商主义在他死后受到了强烈的抨击,并最终促使了主张自由放任的重农学派的形成。

三、对重商主义的评价

重商主义以商业、工业的一定发展水平为经济基础,代表了资本主义的雏形——商业资本原始积累的要求,因此,与早期的经济思想不同,重商主义者更关注的是实际经验,而不是形而上学的公平与正义。将经济问题放在首要的位置上是经济学说史上的第一次重要转型,为后来的古典经济学的诞生创造了条件。

在刚刚诞生的民族国家里,商业资本家已经成为一个重要的政治阶层。资本的利益与国家的利益史无前例地结合在一起。英国的东印度公司,就是在国王特许下,以贸易特许和专利权形式存在的合法垄断组织。可见,重商主义在本质上是一种国家主义的经济学,是通过国家的法律、政令实施的保护主义政策体系。

与工场手工业发展阶段相关,重商主义在不同时期也存在重大区别。首先,在回答什么是财富的问题上,虽然观点都认为金银是财富,但早期的重商主义主张禁止金银出口,鼓励吸收外国货币,而晚期的重商主义则允许货币输出,只是更强调要保证把更多的货币运回国内,即保证外贸顺差。所以马克思把早期重商主义叫作货币差额论或货币主义,而把晚期重商主义又叫作贸易差额论或真正的重商主义。

其次,在如何获取货币财富的方法上,早期观点认为贸易顺差是主要途径,而晚期重商主义则更重视工业生产,他们认识到了发达的商品生产是在对外贸易中获利的重要基础。因此,晚期重商主义有时

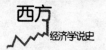

也被称为重工主义。

最后,在对待货币的态度上,早期重商主义主要把货币看作贮藏手段,即以贮藏货币形式积累财富,坚持流通为中心,而晚期重商主义则已把货币看作在运动中增殖自身的手段,看作货币资本,主张把货币投入流通以带来更多的货币。

工场手工业的发展推动了资本主义发展需要的那些制度、政治和社会文化等营养要素的健全,依靠政府干预积累货币的立场逐渐为发展资本主义生产的观点所代替,原来有利于资本主义发展的重商主义反而成为其进一步发展的桎梏。因此,当18世纪英国在世界经济的舞台上取得了绝对的霸权地位后,由于没有势均力敌的对手,自由主义毫无疑问是有利的政策,经济学理论也从主张国家干预走向自由放任,从流通领域走向深入的生产研究,成为资产阶段与封建残余势力斗争的有力武器。

第四章
古典政治经济学体系的确立

17世纪到18世纪,英法两国相继爆发了资产阶级革命。革命清除了封建势力,进一步解放了生产力,为第一次技术革命和工业革命扫清了道路。产业革命的浪潮从英国纺织业开始,逐渐遍及其他工业部门,并传播至其他欧洲国家,深刻地影响了产业组织与市场条件,工业部门代替农业上升成为主导产业。在经济思想和政策方面,曾经推动资本主义发展的重商主义思想与政策,由于过度强调以货币与商业为中心增进财富,严重地背离了产业资本的利益要求,不断地受到反对和批判。在这样的背景下,英法两国的经济学者,分别针对各自国家的实际情况,将研究的视角转移到了产业部门,讨论价值的形成与经济增长的原因,努力挖掘社会经济活动中的规律与联系,逐渐形成了古典政治经济学的理论体系。

古典经济学在英国的奠基者是威廉·配第,在法国以布阿吉尔贝尔为代表,正式的确立则以亚当·斯密的代表作《国民财富的性质和原因的研究》(1776年)的出版为标志。从此,价值理论与经济增长开始成为经济学的核心问题,经济学说史进入了一个崭新的时代。

第一节 英国的经济理论传统

一、威廉·配第的理论思想

1. 威廉·配第的生平

威廉·配第(William Petty,1623—1687)出生于英国南部一个贫穷手工业者家庭。在十三四岁时,配第离开学校在一艘船上工作,因为摔断了一条腿被留在了法国。凭借自己的努力和出色的拉丁语,他被卡昂的耶稣会学院录取。在1640年离开卡昂之后,他在海军度过了三年的时光,又在荷兰学习解剖学和医学。接着,他又再次回到了巴黎,为霍布斯①做了一段时间的助手,并接触了很多数学家及对科学进展感兴趣的学者。1646年,配第返回英国牛津大学学医,1648年获得医学博士,并被牛津大学聘为解剖学教授。但是他很快离开牛津大学,成为一名军医,后因得到赏识,成为英国驻爱尔兰总督的私人秘书,其后又被任命为土地调查员。在短短的几年之内,配第在爱尔兰拥有了5万英亩的大片土地,并通过开办企业等获取了大量的财富。1658年,配第被选为英国国会议员,随后他经常往返于爱尔兰和伦敦之间。1660年斯图亚特王朝复辟,他投靠了查理二世,被后者封为爵士,赏赐了大批土地。到晚年,配第拥有的土地达到27万英亩之多,成为新兴的土地贵族。

除丰富的人生经历之外,配第在学术方面的活动也非常活跃。1662年,他参与创建了英国"皇家学会",积极促进自然科学的发展。同年,他匿名发表了第一本著作《赋税论》,其后他还撰写了《献给英

---

① 托马斯·霍布斯(Thomas Hobbes,1588—1679),英国著名的政治家、思想家、哲学家。他出生于英国威尔特省一个牧师家庭,早年就学于牛津大学,后做过贵族家庭教师,游历欧洲大陆。他是机械唯物主义体系的创立者,以此为基础,他提出了国家起源说,反对君权神授,主张君主专制。著有《论物体》《利维坦》《论人》《论社会》《对笛卡尔形而上学的沉思的第三组诘难》等。

明人士》(1664年)、《政治算术》(1672年)、《爱尔兰的政治解剖》(1672年)、《货币略论》(1682年)。这些作品反映了配第对英国社会税务、货币、战争财政等时事进行的思考,但大多是在他死后出版的。

2. 方法论特点

配第在经济学说史上处于重商主义向古典政治经济学过渡的时期,因此,一方面,他的观点中还不可避免地留有重商主义痕迹,但另一方面,他在对经济理论的探索方面已经大大超越了重商主义者。他不仅分析了如何发展生产以促进财富增长,更重要的是他提出了关于劳动价值论的一些观点,其中对地租、利息和工资等见解也具有一定的科学性。在经济政策方面,他反对国家对产业活动的干预,代表了经济自由主义者的利益。

配第在经济学研究方法论方面的创新是对经济学说史的另一个重大贡献。用他自己的话来说,他所运用的方法"在目前还不是常见的"①。这个"不常见的方法"实际上是归纳主义意义上的实证方法。受到培根的影响,配第主张理性要与经验相结合,要像蜜蜂一样,不仅从花园和田野中汲取花粉,采集材料,还要用自己的力量来转化和消化它们。配第代表了经济学首次对亚里士多德三段式哲学演绎的偏离。

与他的实证主义精神相关,配第主张利用数学方法对经济现实进行深入的探求,运用统计学方法,"用数字、重量和尺度来表达自己想说的问题"②。在《政治算术》中,他利用伦敦和巴黎三年葬礼数的平均值推断出两个城市的富裕程度,有力地驳斥了当时流行的认为英国正经历萧条的观点。尽管他的统计方法还局限在简单平均数的程度,而且一定程度上也存在着估计上的问题,但是根据当时科学发展的条件,配第的方法毫无疑问极大地丰富了经济学的研究方法,经济学开始独立于人们的道德观念和宗教信仰,从而经济分析更具有客观性和

---

① 〔英〕威廉·配第:《政治算术》,陈冬野译,商务印书馆1960年版,第8页。
② 同上。

独立性。因此,配第也被称为"经济计量学的创始者"。

配第认为经济生活像自然界一样,存在着某种不受人们意志所控制的客观规律。他利用医学作类比,提出研究经济问题时要"注意并遵循自然的运动",而不是用人力"反抗自然的运动"①。基于他的学术素养,配第意识到现实生活中的每一个问题并不是孤立存在的,它们只是更大的、更完整的问题的一个部分而已。配第的思想第一次具有一种系统性的特征,由于最早提出了劳动价值论理论,马克思评价他为"英国政治经济学之父"②。

3. 主要的理论观点

(1) 关于价值理论

配第定义并区分了商品的两种价格形式:外部价格和自然价格。外部价格就是经常发生波动的市场价格,而自然价格则是市场价格背后的中心价格。配第着力讨论了自然价格的决定,从而形成了价值论。

配第举例说明了商品自然价格的决定。"假如一个人在能够生产一蒲式耳谷物的时间内,将一盎斯白银从秘鲁的银矿中运来伦敦,那么,后者便是前者的自然价格。"③也就是说,一蒲式耳谷物之所以值一盎司白银,是因为生产谷物的所用时间与运输白银的时间相等,这说明配第已经意识到了生产谷物与生产白银两种具体劳动形式应该具有某种共同的东西,即马克思所说的"人类劳动的一般凝结",从而正确地将商品价值的研究引向了劳动价值论。将商品交换的基础建立在同等劳动的基础上,是配第对经济学的一大贡献。

此后,配第并没有进一步深入挖掘一般劳动的内涵,并从中得到科学的劳动价值论,而是将研究的重点放在了价值量的决定问题上。

---

① 〔英〕威廉·配第:《赋税论 献给英明人士 货币略论》,陈冬野译,商务印书馆 1963 年版,第 62 页。
② 《马克思恩格斯全集》第 13 卷,人民出版社 1962 年版,第 43 页脚注。
③ 〔英〕威廉·配第:《赋税论 献给英明人士 货币略论》,陈冬野译,商务印书馆 1963 年版,第 52 页。

既然配第将交换的基础建立在同等劳动的基础上,自然的他将劳动时间作为价值量的衡量标准和尺度,并以此为基础考察了劳动生产率发生变化对商品价格的影响。他指出,"如果发现了新的更丰富的银矿,因而获得二盎斯白银和以前获得一盎斯白银同样容易,那么,在其他条件相等的情况下,现在谷物一蒲式耳十先令的价格,和以前一蒲式耳五先令的价格,是一样便宜。"①也就是说,谷物的价值与农业劳动生产率成反比,而与白银的劳动生产率成正比。

价值理论在《爱尔兰的政治解剖》中有了进一步的发展。配第关于"土地为财富之母,而劳动则为财富之父和能动要素"②的经典论断表明在价值形成过程中,不仅是劳动,以土地为代表的自然条件也具有决定作用。但此观点仅在商品的使用价值的意义上才是正确的,因为,劳动是商品价值真正的,也是唯一的源泉。配第之所以提出上述观点,并不是为了揭示商品同时具有价值和使用价值两种属性,实际上是为了解决"货币是价值尺度这个意义上的价值尺度"③的难题。因为配第观察到金银,特别是白银,在各个国家普遍都被用来衡量各种物品,但是白银等贵金属重量及成色的评价存在很大困难,即使是重量及成色不变的场合,白银的价格还是会有上涨和下落。因此,配第认为必须要透过货币寻找决定商品交换的自然标准和尺度,既然所有物品都是土地和劳动创造出来的,当然"所有物品都是由两种自然单位——即土地和劳动——来评定价值"④。

这个意图在其后研究土地与劳动的"自然的""等价关系"时表现得更为明显了。土地和劳动是完全不同的两种东西,要让它们成为所有物品共同的价值尺度,还必须解决两者之间的等价关系。配第举了

---

① 〔英〕威廉·配第:《赋税论 献给英明人士 货币略论》,陈冬野译,商务印书馆1963年版,第52页。
② 同上书,第71页。
③ 《马克思恩格斯全集》第26卷第1册,人民出版社1972年版,第388页。
④ 〔英〕威廉·配第:《赋税论 献给英明人士 货币略论》,陈冬野译,商务印书馆1963年版,第45页。

一块未经开垦的土地的例子进行了说明:先是将一头刚断了奶的小牛放在这块土地上放牧,不经过任何人的劳动,一年下来,这头小牛体重增加了100磅。这100磅牛肉可以供一个人食用50天。那么,这50天的食物就是这块土地所生产出来的价值。现在再假定一个人在同样的一块地上劳动,一年生产出可以供给一个人食用60天的食物,那么,减去50天土地生产的价值,剩余的10天食物就是一个人一年的劳动所创造的。这样,配第就把土地和劳动转化为一个共同的尺度,即"一个成年人平均一天的食物"①,而一个人一天的食物似乎和纯银价值一样"稳定不变"②。配第的"自然等价关系"表现得越加完美,他的错误就越加严重,出现了极为混乱的局面,因为他又将劳动的物化结果——"一天的食物",即工资,作为价值尺度了。

配第以劳动为基础研究商品等价交换的规律,是劳动价值论的最早萌芽,在经济思想史上具有重大的意义。但是,作为先驱者,配第还只是停留在商品经济及价值的表现形式上,没有区别交换价值与价值,混淆了价格与价值的关系,毫无疑问存在重大的理论缺陷。

(2) 关于分配理论

配第以自然价格论为基础进一步讨论了工资、地租和利息的决定机制,从而形成了分配理论的基本框架。

配第认为工资是工人劳动的价格,劳动的价格与其他商品一样,应该由市场价格背后的自然价格决定。这个自然价格就是工人为了生活、劳动和延续后代所必需的东西,也就是说,工资应该由维持工人及其家庭所必需的最低限度的生活资料的价值决定。在配第时代,英国法律规定工人工资的最高水平,违反这个规定就会受到法律的惩罚。在讨论政府的工资政策时,他提出,"法律应该使劳动者只能得到适当的生活资料",因为低于这个水平工人就无法维持下去,而"如果

---

① 〔英〕威廉·配第:《爱尔兰的政治解剖》,周锦如译,商务印书馆1964年版,第57页。
② 同上。

你使劳动者有双倍的工资,那么劳动者实际所做的工作,就等于他实际所能做和在工资不加倍时所做的一半。这对社会说来,就损失了同等数量的劳动所创造的产品。"①也就是说,如果工资提高了,工人就会降低其工作的努力程度,那么工作时间就会按比例减少,从而导致社会产品的减少。在这一点上配第沿袭了重商主义者的观点。

根据"土地是财富之母,劳动是财富之父"的逻辑,配第提出,在劳动结果的分配过程中,土地得到的报酬,即地租,应该是除工资之外的全部报酬。"假定一个人能够用自己的双手在一块土地上面栽培谷物;即假定他能够做为耕种这块土地所需要的种种工作……并假定他有播种这块土地所需的种子。我认为,这个人从他的收获之中,扣除了自己的种子,并扣除了自己食用及为换取衣服和其他必需品而给予别人的部分之后,剩下的谷物就是这块土地一年的自然的真正的地租"②。

配第提出了级差地租的最初概念。他分析了由于土地位置距离市场远近的差异、土地肥沃程度的不同而产生的级差地租,还研究了同一块土地因连续投入劳动和资本致使生产率不同而产生的级差地租。

配第并没有区分剩余价值的具体形式,而是将地租作为全部的剩余价值形式与工资相对立,具有明显的局限性。但毫无疑问,他的地租理论已经揭示了资本主义生产的全部秘密,即工人所得的劳动报酬仅是其劳动产品的一个部分。虽然他还没能明确地区分必要劳动时间和剩余劳动时间、必要劳动与剩余劳动的概念,也没有意识到地租作为土地所有权者的收益是产权关系的结果,但事实上他已经形成了古典政治经济学的剩余价值思想。

配第的货币与利息理论则具有典型的过渡特征。一方面,他基于

---

① 〔英〕威廉·配第:《赋税论 献给英明人士 货币略论》,陈冬野译,商务印书馆1963年版,第92页。
② 同上书,第43页。

对商业资本主义的早期观察,正确地把握了货币的性质与功能,坚持货币不是财富,货币积累也不会达到增加财富的目的,在这一方面他比重商主义者进步。货币既是价值标准,也有交易媒介和储藏的职能,特别是货币承担交易媒介的意义更为重大。之前的学者大多将货币比喻成血液,配第则用国家身体上的脂肪来作比,提出了保持合适的货币数量的观点。配第将货币供给与流通速度联系了起来,提出商业所需的货币数量取决于交换的次数和支付额的大小,成为货币数量论的重要奠基者。另一方面,他的利息理论代表了过渡时期资本对土地所有权的对抗,认为正像土地所有者出租土地可以取得租金一样,货币所有者出借货币也应当获取租金,利息是对其所有者使用带来不便的报酬。同时,他还认为利息的高低应该由自然规律决定,而不应该用法律对利息率进行强制性规定。这种自由主义的呼声代表了产业资本的诉求。

(3) 关于经济增长、分工与国家财政

在土地与劳动两个要素中,配第更加看重劳动对价值形成的作用。原因是没有劳动,土地的优势就得不到发挥,而且劳动还可以弥补自然资源的劣势。因此,他特别强调人口增长而不是资本积累对经济进步的推动作用。

另外,他通过观察还发现了分工与产业结构演化的基本规律。一般来说,工业要比农业创造更高的收入,而商业又要比工业创造更高的收入。这一思想在20世纪经过现代学者的验证被发展成著名的配第—克拉克定理。他还正确地提出了分工促进经济发展的原理,并以此解释了爱尔兰土地广袤而肥沃但经济水平远远落后的原因。当时的爱尔兰除了烟草外极少进口,而国内贸易量也非常低,他认为,低水平的交换不会引起对劳动及劳动分工的需求,进而经济水平也相对落后。

配第对国家收入与财富的研究主要服务于其赋税思想。他认为征税显然要比土地公有更有利于增加国家收入。就如何征税的问题上,配第坚持赋税的财富分配效应应该是中性的。也就是要根据公民的富裕程度及不动产的水平征税,实际上就是比例税。征收比例税影响的仅是财富的数量而不是比例形式,也就是说比例税并不改变纳税人的相对地位,同时也不会有人因纳税而使其财产受损。另外,他还提出了转移支付促进社会福利的基本思想,认为政府通过收税,将资金从那些大吃大喝的人手里转移到有益的方面,用于改良土壤、捕鱼、开矿及制造业上,从自然公正的意义上说,这也是有利于国家的。和他的老师一样,配第坚持要根据消费支出而不是财富收入水平平等征税,因为当赋税加在人们消费的那些物品上时,每个人对于他所使用的东西支付了相同的代价。

二、自由主义的倡导者:洛克与诺思

配第虽然没有建立古典政治经济学,但是却开创了经济学的科学方向。在他以后至斯密之前的一百年间,英国的经济学者们更加关心日益发展的资本主义生产关系,强调以私有财产为核心的自然权利以及自由贸易对发展社会经济的意义,代表了新兴资产阶级的利益。

1. 约翰·洛克的经济思想

约翰·洛克(John Locke,1632—1704),英国著名的哲学家、经济学家。他出生于一个富裕的律师家庭,20岁时进入牛津大学宗教专业学习,1659年获硕士学位,毕业后曾留校任教,后来担任过政府的贸易和殖民大臣,曾入选英国皇家学会,主要的经济学著作是《政府论》(1690年)和《论降低利息和提高货币价值的后果》(1691年)。

洛克在《政府论》中提出了财产的基本理论,主张财产私有是保证人身自由与独立最重要的手段。由于个人生活经历的影响,洛克反对所谓的君权神授和贵族特权的思想,坚持每个人天生就应享有不可剥夺的基本权利,包括宗教、政治自由以及私有财产。因此,洛克理解的财产首先是广义的,包括了人民的生命、自由和不动产等利益;同时,他又从物质财货的角度狭义地界定了财产的内涵,他认为,人类通过

个人的劳动施加于自然产品,而其结果是这些产品成为自己的财产。他的这种"财产来自劳动,是自然的权利"的思想集中体现了当时不断发展壮大着的资产阶级的利益,不仅是在英国,在法国、意大利也产生了重大的影响,因而被马克思称为"一切形式的新兴资产阶级的代表"①。

洛克与配第一样,认为自然和劳动都是财富的源泉,但是他更看重劳动的贡献,认为"如果我们正确地把供我们使用的东西加以估计并计算有关它们的各项费用……我们就会发现,在绝大多数的东西中,99%全然要归之于劳动。"②

关于价值的内涵,洛克认为,"任何物品的内在的自然所值(worth)③,在于它能够满足人类生活的需要或能有益于人类生活的享用"④。可见,他所定义的价值实际上是使用价值。洛克基于供给和需求因素又进一步提出了商品价格的决定及其价格变化规律,这是他的价格论。他认为"任何商品的价格,是随着买者和卖者的人数比例而涨落的",由"它们的多寡决定"⑤。他还指出,能够交换和消费只是商品具有价值的必要而非充分条件,要获得价值,它们还必须是稀缺的,即商品的数量不能太大,例如,空气和水有用但没有任何价格就是因为它们的数量太大了。洛克关于价格形成机制的分析具有一定的科学性和合理性,但由于没能区分价格与价值,导致他的价值论与价格论的混乱。

对货币与利息的研究是洛克对经济学说史的另一重要贡献。1694年英格兰银行的成立标志着英国现代资本主义信用制度的诞生。随着货币资本从产业资本中独立出来,如何认识货币的性质以及利息

---

① 《马克思恩格斯全集》第13卷,人民出版社1962年版,第68页。
② 〔英〕洛克:《政府论》下,叶启芳、瞿菊农译,商务印书馆1964年版,第28页。
③ 马克思曾在《资本论》第一卷中总结了17世纪英国著作家在用词方面的特征,即用"worth"表示使用价值,用"value"表达交换价值。
④ 〔英〕洛克:《论降低利息和提高货币价值的后果》,徐式谷译,商务印书馆1962年版,第40页。
⑤ 同上书,第28页。

水平决定机制成为当时比较突出也颇具争议的社会问题。洛克作为英格兰银行的发起人和大股东之一,对货币与利息的问题进行了深入的研究,形成了比较有特色的货币论。

对于货币的功能与性质,一方面他是典型的货币名目论者,承认货币是价值尺度,是"计数器"。货币的价值被作为国内商业交易的约定,记在账本上,代表着交易者对商品的索取权,那么实际上也就不需要任何实际的金银。另一方面,他又认为货币具有固定的内在价值,也就是说,决定货币价值的不是法律,而是金和银所具有的金属内容以及金银的数量。在这方面,洛克又成了货币数量论和金属论者。洛克关于货币性质的思考反映了当时纸币兴起的现实,同时也说明他对货币的认识是模糊不清的。

洛克在对利息的性质与利息率的问题上有着独特的见解。洛克首先提出收取利息与收取地租一样是合理的,自然的,利息产生的原因是货币分配的不平等。有些人因为某种原因获得了较多的货币,因为货币耐久而被储存了下来,那么这些人所持有的财产数量就超过了他所能使用的界限,而另外一些人要使用的数量则超出了他们所能储存的界限。这样,正像土地分配不平等产生了土地的租佃关系一样,货币拥有的不平等关系也就产生了货币的借贷关系,利息就是货币所有者因其所有权而产生的占有货币使用者的劳动产品。洛克正确地指出了利息产生于产权的本源问题,也毫不掩饰地承认利息来自于劳动创造的剩余产品。

对于利息水平如何决定,他认为利息不过是商业利润的二次分配,利率高低只会影响到货币借贷双方分配商业利润的比例而已,不会对国家的经济和投资产生影响。固然高利率会损害商业,但是如果政府为了抑制高利贷而强制地规定一个低的利率,货币所有者就会失去积极性,不愿贷出资金,反而会影响到国家收入。洛克认为根据货币的稀缺状态由货币供求双方决定的自然利率将是最为合理的,政府应该实施有限的管制。这种由市场机制决定利息水平的观点使得洛克获得了自由主义倡导者的地位。

2. 达德利·诺思的贸易理论

达德利·诺思(Dudley North,1641—1691)出生于英国伦敦的一个贵族家庭,12岁开始从事商业贸易,后在土耳其经商,发财后回到英国从政。曾任英国海关官员、财政部顾问,后进入议会,被封为爵士。他在1691年匿名发表了《贸易论》,对贸易、货币与利息等问题进行了深入的讨论。虽然该书发表之后并没有得到重视,①但是作为自由贸易与自由放任思想的早期起源,在经济学说史上仍占有重要的位置。

诺思超越了其所处时代对思想的桎梏,对重商主义进行了有力的批判,认为其贸易观念是虚假和充满错误的,而贸易保护主义的政策也是徒劳无益的。他认为重商主义者没有根据真正的原理考虑一般的贸易问题,往往将自己的眼前利益当作善恶的共同标准。在方法论上,他非常推崇笛卡尔在《方法论》中提出的新哲学思想,认为"笛卡尔的方法在政治经济学上的应用,开始使政治经济学在货币、商业等方面摆脱了古代神话和迷信观念。"②

诺思将财富与贸易、生产活动联系起来进行定义,在问题的起点上与重商主义彻底决裂。财富在他看来不外乎是"有些人由于勤劳和精明从地里生产出超过供应自己消费需要的果实"而形成的剩余,而贸易"不外是多余物品的交换"③。因此,金银本身不会致富,"谁也不会因为货币、金银器等形式把自己的全部财产留在身边而变富,相反,倒会因此而变穷。只有财产正在增长的人才是最富的人,不管他的财产是农场的土地,还是放出去生息的货币,还是投入商业的货物。"④可见,诺思已经认识到生产和贸易活动对经济增长和财富积累的根本

---

① 有研究发现是詹姆斯·穆勒在阅读诺思的兄弟罗杰的传记时发现了有关《贸易论》的内容,后该书在1822年第一次重印。

② 〔德〕马克思:《资本论》第1卷,人民出版社1975年版,第428页脚注(111)。

③ 〔英〕托马斯·孟、尼古拉斯·巴尔本、达德利·诺思:《贸易论》,顾为群等译,商务印书馆1982年版,第102页。

④ 同上书,第109页。

性作用,并且他所讨论的货币是从产业资本中分离出来的商业资本,而不是仅仅执行贮藏和流通职能的货币。

诺思提出贪欲是刺激人们追求财富与贸易的根本因素,并断言仅仅满足于生活必需品的世界将是一个贫穷的世界。他又进一步指出,国内贸易和国际贸易并没有差别,那些"认为国内贸易并不能增长一个国家的财富,而财富的增长只能来自国外贸易"①的观点应该遭到反对,因为"对外贸易没有国内贸易也是不可能维持的,两者是结合在一起的。"②

在此基础上,他进一步提出了自由贸易主张。他认为国家的管制会妨碍贸易的发展,一方面人们总是会设法逃避管制以实现更好的利益,另一方面,如果管制是有效的,总是会损害贸易的一方,使社会不会比以前更好,因此他反对国家对经济生活的干预。"想通过法律的力量把贸易带进来的一切金银保持在国内,期望由此而直接变富。这一切不过是一种奇妙的幻想,已经成了障碍,阻碍了许多国家财富的增长"③。"从来也没有一个人是靠政策致富的;而和平、勤劳和自由却能促进贸易和财富,此外别无其他途径"④。

在《贸易论》中,诺思还着重阐述了利息率的问题。他说:"如果放债人多于借债人,利息也将下降;所以,并不是低利息促成贸易,而是贸易日益发展,增进了国民资本,使利息下降。"可见,诺思在利息的问题上比配第和洛克前进了一大步,已经认识到借贷资本的供求关系的作用,而不是流通中的货币量本身,马克思曾经评价他是"第一个正确理解利息的人"⑤。在如何确定利息率的问题上,他与洛克一样坚持应由市场自由决定,而不应该受到法律的管制。

---

① 〔英〕托马斯·孟、尼古拉斯·巴尔本、达德利·诺思:《贸易论》,顾为群等译,商务印书馆1982年版,第113页。
② 同上。
③ 同上书,第111页。
④ 同上书,第123页。
⑤ 《马克思恩格斯全集》第26卷第1册,人民出版社1972年版,第395页。

三、18世纪的英国经济思想:休谟与斯图亚特

18世纪的英国经济学者虽然还没有完全从哲学和历史学的研究视角里独立出来,但是他们基本上是在配第开拓的道路上前进着,在经济现象、社会发展、历史演变中试图分析资本主义生产关系,同时也带有鲜明的过渡特征。

1. 大卫·休谟的经济学说

大卫·休谟(David Hume,1711—1776),苏格兰哲学家、历史学家和经济学家。他出生于苏格兰爱丁堡的一个富裕家庭。在进入爱丁堡大学攻读古典文学之前,他一直在家中接受教育。后因不适应学校,他辍学离开家乡,到法国学习哲学。他在担任爱丁堡公立图书馆的图书管理员期间开始写作,《英国史》(六卷本)的出版使他成为公认的历史学家。他将历史观融入经济分析之中形成了一系列经济学论文,如《论商业》《论货币》《论利息》《论贸易平衡》等,这些文字后被收录在1752年出版的《政治论丛》中。

在方法论上,休谟强调要将经济学问题的研究置于广泛的社会科学背景之中。他的哲学著作《人性论》以"一个将推理的试验方法引入道德主体的尝试"为副标题表明了他首先是经验主义的。他认为知识只能来源于实践,对问题的把握只能从历史的观察获得。但是他的研究没有仅仅停留在归纳的层面上,而是强调以历史观察为基础的抽象和演绎。休谟在经济学说史上首次区分了规范与实证的研究方法,"是什么"和"应该是什么"从此成为经济学研究方法论的重要划分标准。

休谟正确地指出货币并不是财富,只有劳动力才是货币的基础,因为世界万物归根结底都是劳动力购买的。接下去,他又从功利主义出发论述了财富与财产私有的关系。他认为满足自身欲望是人类工作和劳动的基本动机。人们关心自己,如果物品极其丰富,人们可以无限量地得到满足,那么就不需要存在私有财产,但是显然现存的物质是稀缺的,那么每个人必然将自己的利益置于他人利益之上,每个人享有自己的劳动成果是最适合人类的本性的平等。因此,私有制是正义的,完全平等可能看起来十分有用,但是却会摧毁节俭和勤勉的刺激,而导致普遍的贫穷。

16世纪至18世纪上半叶,美洲金银矿的大发现大大提高了金银产量,充足的金银大量输入欧洲后,市场价格发生了普遍的上涨。休谟并不理解物价上涨的原因是金银开采的劳动生产率提高导致了金银的贬值,而是从货币数量增加在先、物价上涨在后的表象联系出发,认定欧洲物价的上涨是货币数量增加造成的,提出"一切东西的价格取决于商品与货币之间的比例,……商品增加,价钱就便宜;货币增加,商品就涨价。"①这就是典型的货币数量论。

休谟进一步分析了货币供给量增加对社会经济和国际贸易平衡的影响。他认为货币供给的增加对一国的社会经济发展是有利的,因为金、银等金属被开采出来之后进入流通,逐渐集中到一部分商人手中,而商人可以将手中的货币用于投资,生产规模因而扩大了,社会的就业机会也增多了。因此,虽然货币供给量增加致使物价上涨,但总体来说是有益的,可以促进经济增长。对于国际贸易而言,货币供给量增加导致国内价格上涨,从短期来看首先导致出口减少,进口增加,因为国外产品的价格会变得相对便宜,本国的贸易平衡恶化,甚至导致本国货币大量流失。然而从长期来看,随着货币量的减少和消费支出的减少,本国物价也将逐渐下降。这样,进口物品的相对价格上升,进口减少而出口增加。原来的逆差状况好转,国际贸易又会恢复到均衡状态。

休谟以海水的运动类比货币的运动规律,进一步提出了贸易平衡论,反对重商主义政策。他指出,虽然海水在各个地区之间流动,但大海一定有自己的水位,除非切断海洋的其他部分的水源,才能提高某

---

① 〔英〕休谟:《休谟经济论文选》,陈玮译,商务印书馆1984年版,第36页。

个地方的水位。货币的运动规律也是如此,无论出口和进口贸易是否均衡,一个国家的黄金储量总将趋向一个水平。货币本身并不是财富,而只是推动贸易的轮子,"使齿轮的转动更加平滑自如的润滑油"①。既然贸易失衡在长期可以得到调节,那么,那些追逐顺差或逆差的贸易政策也必然没有任何效果。重商主义者提倡的干预贸易促进国家财富增长的目的终究是无法实现的。

基于贸易平衡理论,休谟将个人主义进一步演化成了世界主义,吹响了英国古典政治经济学的号角。他认为国际贸易无论是对富国还是穷国都是有益的,国际贸易不应该受到某个国家贸易政策的阻碍。因为世界贸易量不是固定不变的,而一国的利益与另一国的利益之间并不总是对立的。一个国家的经济增长越快,对邻居的产品的需求就会越大。他还提到为了英国的利益,他也希望德国、西班牙、意大利甚至法国自身的商业繁荣昌盛。

关于利息率,和洛克一样,休谟也认为货币的数量与利息率高低无关,并指出,"想从一国所有的金银量的多寡中寻找利息率涨落的原因,实在是徒劳的。"②接着,他又正确地向前进了一步,将利息率与利润联系了起来,他说:"在可以得到高利息的地方,没有人会以低利润为满足,而在可以得高利润的地方,也没有人会以低利息为满足。"③休谟进一步提出利率的高低在利润的限度内是由借贷货币的供求状况决定的,当然这一过程也要受到人们的生活方式与习惯的影响。例如,在一个农业国家,缺少资本家或储蓄阶级,社会上货币的积累不足,而土地所有者挥霍成性,无论有多少数量的货币进项都会很快被悉数花掉用于满足欲求,因此,利息率会比较高。随着经济的发展,对获取利润有着冲动的商人与制造商不断出现,他们克己节俭,积累资金,货币丰裕会使价格下降,导致利率降低,并促使其他商人增加贷款

---

① 〔英〕休谟:《休谟经济论文选》,陈玮译,商务印书馆1984年版,第29页。
② 同上书,第42页。
③ 同上书,第48页。

以扩大生产规模,从而使市场竞争加剧,最终引起利润率下降。可见,休谟已经发现利息与利润之间存在关系,"都是从大大扩展了的商业中产生的,并且彼此促进"①,但却没能认识到利息只不过是利润的一个部分,甚至认为理解孰因孰果竟是"没有用处"的。

休谟在总结历史经验的基础上,借助他天才般的洞察力,提出了很多真知灼见,尽管很多观点还不够深入,甚至有些模糊,但毫无疑问已经奠定了古典政治经济学成功的基础。

2. 詹姆斯·斯图亚特的经济学说

詹姆斯·斯图亚特(James Stuart,1712—1780)出生于苏格兰贵族家庭,就学于爱丁堡大学法学院,曾在欧洲大陆考察、游学过。1746年,因詹姆斯二世复辟失败他被迫流亡国外,直至1763年才重新返回英国。在法国流亡期间,斯图亚特开始关注当地的社会及经济问题,并开始研究政治经济学,他的代表作《政治经济学原理研究》(1767年)的大部分就是在他流亡德国期间完成的。这本书有一个非常长的副标题:"论自由国家的国内政策的科学,特别是人口、农业、贸易、工业、货币、铸币、利息、流通、银行、交易、公共信用以及赋税"②,其意在于表明他关注的是国民经济宏观运行的方方面面,企图建立一个完整的政治经济学体系。这是经济学说史上第一本以"政治经济学"为名的著作,是斯密之前一次重大的尝试,因此斯图亚特被马克思称为是"建立了资产阶级经济学整个体系的第一个不列颠人"③。

斯图亚特从历史的视角描述了社会经济发展中伴随的产业分工演化。他认为商业和工业从农业中不断分离出来、不断发展的历程就是劳动者与土地分离的过程,"一切发达的、以商品交换为媒介的分工

---

① 〔英〕休谟:《休谟经济论文选》,陈玮译,商务印书馆1984年版,第48页。
② 该书的英文原名为:An Inquiry into the Principles of Political Economy: Being an Essay on the Science of Domestic Policy in Free Nations, in which are Particularly Considered Population, Agriculture, Trade, Industry, Money, Coin, Interest, Circulation, Banks, Exchanges, Public Credit and Taxes.
③ 《马克思恩格斯全集》第13卷,人民出版社1962年版,第47页。

的基础,都是城乡的分离。"①并且他正确地指出以交换价值生产为目的的分工是社会内部自发的,也是自由的。

斯图亚特着眼于商品交换,在供求关系的基础上研究价格的决定,进而从价格论出发讨论了价值。他认为,当供给超过需求时商品价格下跌,而需求超过供给时,商品价格上涨。如果供给与需求趋于平衡,商品的价格就取决于商品的"实际价值",这个"实际价值"由三部分构成:一是一个人在一定的时间内能够完成的产品数量;二是劳动者的生活资料及必要费用的价值;三是生产资料的价值。可见,斯图亚特定义的价值与重商主义者理解的厂商生产成本有直接的联系。他正确地将价值引向了生产过程,但是概念却又是模糊不清的,既有工人的活劳动,也有生产资料中凝结的物化劳动。

斯图亚特在价值论上的错误最终也导致了他在利润理论方面的错误。首先,他将利润归结为产品价格超过实际价值的剩余,利润的高低主要是由需求方面的因素决定。当需求大于供给时,利润会由于价格上升而增加,当需求与供给一致,甚至小于供给时,利润会由于价格下跌而消失,甚至亏本。这样,大规模的需求就成为制造业繁荣的原因。接着,他又把因交换产生的利润称为"让渡利润",意为商品让渡时形成的利润。因此,商品的价值此时又等于实际价值和让渡利润之和。至此,他彻底掩盖了价值和利润来自于劳动的真相,成为"货币主义和重商主义体系的合理的表达者"②。

斯图亚特仍然从商品交换出发分析了货币的性质与职能,提出了独到的货币理论。与很多学者一样,他正确地得出不是流通中的货币量决定商品的价格,而是商品的价格决定流通中所需要的货币量的结论。除了作为一般等价物具有的价值尺度功能外,他也发现了货币作为贮藏手段能够自动调节流通所需货币量的作用,还指出了纸币、铸币与金银之间的区别,将前者称为"社会的货币",而将后者称为"世

---

① 〔德〕马克思:《资本论》第1卷,人民出版社1975年版,第390页。
② 《马克思恩格斯全集》第26卷第1册,人民出版社1972年版,第13页。

界的货币"。但是,他认为辅币和纸币是弥补金银数量不足的手段,这一观点显然是不正确的。

人口论是斯图亚特理论体系的重要组成部分,也是他对经济学说史的重要贡献之一。对于人口增长的关心是古典理论家们的普遍特征。人口的增长既是经济增长的原因也是结果。斯图亚特认为人口增长就是在增加人类需求,对社会有益。研究人口,必然涉及人口数量的自然增长,他认为人的生殖功能,"像是弹簧上压着一块重物",也就是说,人口增长受到一定的力量的压抑,这个压力就是食物的供给。当农业能够生产出更多的产品时,人口数量便会增加,但是如果人口的增长无任何限制,那么很快食物总量又会变得短缺,从而抑制人口进一步增加。斯图亚特的思想后来被马尔萨斯全盘接受,[①]但是他与后者不同,并不认为人口增长与食物增长之间的压力是不可解决的。相反,他提出应该进行大规模的农业经营,努力使用农业工具,提高农业产品的生产率。当然国家还必须调节人口数量,使其维持在最佳的规模之上。

第二节 法国古典政治经济学的早期代表

法国古典政治经济学是西方经济学古典理论中的一个重要组成部分,其核心的代表是重农主义,在此之前是以布阿吉尔贝尔、坎蒂隆为代表的早期探索,他们从生产领域研讨政治经济学理论,从宏观角度来考察一国的生产与消费,强调农业在社会经济发展中的基础作用,从而成为重农主义的先行者,也是后来若干经济理论的先驱。[②]

[①] 马克思曾指出:"马尔萨斯的崇拜者甚至不知道,马尔萨斯的《人口论》的第一版,除了纯粹夸夸其谈的部分以外,除了抄袭华莱士和唐森两位牧师的著作以外,几乎全部抄袭斯图亚特的著作。"参见〔德〕马克思:《资本论》第1卷,人民出版社1975年版,第390—391页,脚注(51)。

[②] 例如,坎蒂隆对一国人口数量与该国所能提供的生活资料数量关系的论述,也奠定了马尔萨斯人口论的基础。

与英国不同,直至17世纪下半叶法国仍然是以小农经济为主导,虽然资本主义工商业有了一定的发展,但是力量相当薄弱。特别是路易十四在位期间,法国穷兵黩武,庞大的战争开支以及封建君主的肆意挥霍导致国库十分空虚。为了增加国库收入,法国王权求助于资产阶级,实行了有利于大工商业资本的重商主义政策,即柯尔贝尔主义①。但是由于长期的沉重剥削,作为国民经济基础的农业长期处于停滞状态,农民的负担十分沉重。农业的凋敝又造成市场狭小,谷物价格上涨,从而影响了工商业的发展。整个社会经济陷于崩溃,社会矛盾日益激化。法国的一些思想家开始重新探索振兴法国经济的道路,从而形成了具有法国特色的政治经济学体系。

一、布阿吉尔贝尔的经济学思想

布阿吉尔贝尔(Pierre de Boisguilbert,1646—1714)出生于法国诺曼底省卢昂,青年时代在巴黎研究法学,曾担任过卢昂的地方法院法官等工作。他曾走遍法国各省,了解到农民绝望的处境,并认识到农民的极端贫困也是造成工业凋敝的主要原因,因此提出了一系列改革计划和方案。但由于他抨击时政,被政府认为是危险分子,他的书籍被查禁,本人也被流放。布阿吉尔贝尔的代表著作主要有《法国详情》(1695—1697年)、《论财富、货币和赋税的性质》(1705年)、《法国的辩护书》(1707年)等。

布阿吉尔贝尔认为法国一切的不幸归因于重商主义政策,因此,在著作中,他以顺从"自然规律"为基础,批判了重商主义的观点与政策。首先,在关于财富及其来源的问题上,他认为金银只是便利交换和流通的媒介物,并不是财富,真正的财富"包括人们全部的享受,不仅是生活必需品,也包括非必需品以及能够满足人们身体官能的快乐

---

① 柯尔贝尔(Jean-Baptiste Colbert,1619—1683)是路易十四时代法国最著名的政治家之一,他长期担任财政大臣,制定并推行了一系列重商主义政策,例如以政府补贴和关税保护扶持法国工业、禁止谷物出口等。因此,法国的重商主义被称为"柯尔贝尔主义"。

的一切物品"①。同时,他还提出一切财富归根结底来源于土地,"一切的财富都是来源于土地的耕种"②。从财富的概念出发,布阿吉尔贝尔将农业作为理论研究的重心,并竭力主张发展农业。

布阿吉尔贝尔指出一切财富都源于农业,农业是其他一切产业发展的基础,"全国没有一个行业不是靠土地的产品来维持生存的"③。因此,他认为法国的困难主要源于农业的凋敝。柯尔贝尔主义为保证"皇家工场"的发展而极力推行禁止谷物输出和维持谷物贱价等极端政策,破坏了农业生产力,粮食价格和农民收入的减少又传递到整个经济,导致社会陷入危机之中。针对这种情况,布阿吉尔贝尔提倡解除谷物输出的禁令,提高谷物价格,与此同时,他又强调为了经济增长,国家富裕,必须在农业与其他各个产业之间保持平衡和协调。在如何保持平衡和协调的问题上,布阿吉尔贝尔认为经济生活中存在着客观规律,因此提倡"听从大自然的安排",这种尊重客观经济规律的思想被后来的学者发展成为"自然秩序"。

针对当时混乱的市场状况,布阿吉尔贝尔对交换进行了讨论。他认为商业活动是经济发展所必需的,但是商品的交换也要符合自然规律,也就是说,在交换过程中,商品必须按照"公平的价格"或者"一定比例的价格"交换。在他看来,这个公平的价格要能够偿付生产商品的费用,而进一步说就是"劳动的比例"。布阿吉尔贝尔将交换原则建立在生产的基础上,并正确地用劳动理解商品的价格,已经具有一定的科学因素。但是,他的理论还不是真正的价值论,也还不能被称为劳动价值论的发现者。

与重商主义者相对立,布阿吉尔贝尔虽然不反对商业活动,但却极力反对货币,认为货币是人民贫困和社会罪恶的原因。在路易十四

---

① 〔法〕布阿吉尔贝尔:《布阿吉尔贝尔选集》,伍纯武、梁守锵译,商务印书馆1984年版,第145页。
② 同上书,第209页。
③ 同上书,第88页。

统治下的法国农民极其贫困,柯尔贝尔推行的税制改革将原来的实物税改为货币税,同时又将谷物等农产品价格限制在极其低下的水平上,还严格禁止法国谷物出口,这一切手段使得农民的生产生活难以为继,而与此形成鲜明的对比,国王、贵族疯狂敛财,生活极致奢华。面对这样的社会现实,布阿吉尔贝尔激烈地批判封建统治阶级的求金欲,认为"理财术"就是一个蒸馏器,它使多得惊人的货物和商品蒸发,以便获得货币这种致命的膏汁。布阿吉尔贝尔将自然和协调的思想贯彻在他的货币论之中。货币的存在仅作为流通的媒介,因此,货币的数量只需足够支付生活必需品的价格就可以了,在这个范围之内,货币是善良的,因为这么多的货币是必需的,有益的,反之,超过了这个数量,货币就成为邪恶的金钱。

最后,布阿吉尔贝尔从整个国家的经济出发,深入而详尽地分析了税制改革对消费的破坏作用。当时的法国税收种类繁多,尤以人头税为重,但是那些贵族、牧师、公务人员可以要求豁免,甚至地主也可以利用各种途径少交,后来法国又实行了沉重的消费税。这些税收吞噬了穷人大部分的收入,使得他们根本无法消费,进而导致公共收入减少。他从宏观经济运行的客观规律出发,提出了"消费和收入只是一种同一样的事物;因此,破坏消费就是破坏收入"[①]的理论。

二、理查德·坎蒂隆

理查德·坎蒂隆(Richard Cantillon,1680—1734)出生于爱尔兰一个贵族家庭,后移居法国,在巴黎从事银行和贸易业务。代表作《商业性质概论》是在他遇害去世二十余年后出版的。该书由三个部分组成,分别讨论了政治经济学的一般理论问题、货币问题和对外贸易问题。这本著作不仅对重农主义学者产生了重要的影响,也受到了斯密的特别关注。然而由于魁奈和斯密这类灯塔式人物的出现,坎蒂隆的

---

① 〔法〕布阿吉尔贝尔:《布阿吉尔贝尔选集》,伍纯武、梁守锵译,商务印书馆1984年版,第40页。

作品不再受到关注。直到19世纪下半叶,杰文斯发表了《理查德·坎蒂隆及政治经济学的民主性》一文,将《商业性质概论》称为"第一篇系统的经济学论文",是"政治经济学的摇篮",坎蒂隆的学说才再次受到世人的关注,对后来的经济学思想产生了重要的影响。

坎蒂隆的理论一定程度上起源于配第,但是又在许多方面超越了配第,特别是在理论的系统化方面。

1. 关于财富及价值

与配第一样,坎蒂隆强调财富的物质属性,并认为土地与劳动是财富形成的重要因素。他提到"土地是所有财富由以产生的源泉或质料。人的劳动是生产它的形式"[①]。既然物品的生产离不开土地和劳动,他自然地把任何物品的价值归结为由土地和劳动来决定,"任何东西的内在价值都可以用在它的生产中所使用的土地的数量以及劳动的数量来度量"[②]。接着,他将劳动还原为维持劳动者及其后代所需的一定量土地产品,进而把它归结为生产该产品所需的土地数量。在这里,由于他混淆了价值与物质财富,因此错误地把土地看作创造物质财富进而创造价值的最终因素。

坎蒂隆的价值论已经具备古典经济学理论体系的雏形。他首先区分了市场价格和内在价值是两个不同的概念,具有不同的形成机制。与其财富论相关,坎蒂隆认为,既然物品的内在价值是由生产过程中的成本决定的,是对进入某种商品的生产过程的劳动和土地的数量与质量的测量,则绝不会发生变动;而市场价格是由市场中的供求关系决定,由于市场供求关系的不平衡,因为一个国家商品生产和消费的比例不可能自始至终是协调的,市场价格就会发生变化甚至这种变化是永不休止的。坎蒂隆进一步指出,在组织完善的社会中,物品的消费是相当稳定一律的,因而,市场价格不会过于偏离内在价值。

---

① 〔爱尔兰〕坎蒂隆:《商业性质概论》,余永定、徐寿冠译,商务印书馆1986年版,第3页。

② 同上书,第21页。

可见,坎蒂隆已经发现了市场价格与价值之间的内在关系,并且也能够正确地理解供求规律。

在此基础上,坎蒂隆进一步阐述了市场价格是如何引导生产与需求实现均衡的。他认为,农场主利用土地生产什么的决定取决于市场价格的高低,如果市场中羊毛的价格高涨,农场主在下一年就会注意多生产羊毛而少种谷物;如果在下一年,相对于需求,羊毛的产量多而谷物的产量少了的话,农场主又会不失时机地调整再下一年土地的利用情况,直到使自己的生产与消费大体适应。实际上,他讨论的就是价格在市场中具有的信号功能,而他提出的消费与生产相适应的思想实际上也是长期均衡问题。坎蒂隆先于其所处的时代提出了系统的经济学理论,可以说他代表了斯密之前经济学的最高水平。

2. 关于农业及社会总产品流通理论

坎蒂隆从财富的物质观出发,极力强调农业及土地耕种在国民经济中的重要地位。他认为农业是一国所有阶级和居民生存和致富的源泉,因为他们的消费最终都来源于农业劳动的产品。坎蒂隆关于农业的观点成为魁奈等人的思想基础之一,也为重农学派的纯产品理论提供了直接的思想来源。

以农业及土地产品为基础,坎蒂隆在经济学说史上第一次系统地考察了社会总产品的流通问题。他将一国的居民区分为租地农场主、城市手工业者和土地所有者三个部分,并以此分析农业年产品是怎样经过循环流通在各阶级之间分配和流通的。在他的理论体系中,土地所有者是最重要的。因为地主通过支出,不仅养活了城市中的手工业者,也因为租出土地为农民提供就业及收入从而养活了农民。由于对农业产品的需求远大于对工业品的需求,因此,货币最终趋于从制造业流向农业部门,同时,租地农场主、农民又要向地主缴纳地租,因此,货币又会从农场主、农民的手中流向地主的腰包,接着,新一轮的生产和支出的循环就会重新开始。土地所有者的爱好、时尚以及生活模式决定了土地等资源在各种用途之间的配置,决定了不同物品的价值,因此,只有土地所有者才是"天然独立"的,是他们推动着整个经济。

3. 关于货币理论

货币论构成了坎蒂隆理论体系中的重要部分。他与洛克一样关注货币的流通过程,建立了货币供给与物价水平之间的联系,提出了"一国中货币的充裕与稀缺永远会提高或降低交易之中的一切东西的价格"的观点。与洛克不同的是,他更深入地研究了流通货币量增加引起商品价格上涨的机制。

他以货币进入经济的不同形式为视角,考察货币量增加对经济中的各个主体产生的影响,提出货币量的增加会使东西变贵,但是流通货币量的增加与物价水平上涨之间并不存在严格的比例关系。他认为,如果是通过采矿获得的货币增加,那么采掘者将首先增加收入,进而支出更多,那么为他们提供服务或商品的农民及其他人会因需求增加而得到更多的收入,所以随着收入增加的效应,需求增加,刺激物品的价格上升,并不断扩散到全国各地。当生产者发现生产的成本增加的时候,就不得不提高他们的物品的价格。当国内物价持续上涨的时候,人们将更倾向于进口,这样就会造成贸易逆差,国内的货币流出以偿付进口商品,那么国内的生产者会陷入困境。如果货币的增加来自贸易顺差,那么国内商人的财富增加,生产出口品的人的收入也增加,土地和劳动力的价格会增加,但是由于货币是在那些热衷于创造财富的商人的手中,他们不会增加消费,而是将货币积累起来以备将来投资支出,这样产出会扩大,而不是支出,因此,物价不会上涨。

因此,货币对经济产生的影响并不是确定的,它取决于是哪些人持有货币,因为不同的人对货币有不同的利用,也就会有不同的结果。

4. 关于贸易理论

坎蒂隆对于贸易政策的态度与重商主义者一样,主张实施以制造业贸易顺差为目标的贸易保护政策。但是他的出发点与重商主义者截然不同,他并非出于经济上的考虑,而是认为贸易顺差可以允许英国有更多的货币进口粮食,从而养活更多的人口,人口的增加毫无疑

问将使英国日益强盛。

三、弗朗斯瓦·魁奈与重农主义体系的建立

重农主义是最早出现的体系化的政治经济学理论,它产生于18世纪50到70年代,创始人是弗朗斯瓦·魁奈(Francois Quesnay,1694—1774)和米拉博侯爵(Victor de Riqueti, Marquis de Mirabeau,1715—1789)。当时的法国正值与英国的七年战争时期,财政面临着巨大压力,而国内经济已经陷入绝境。由于长期实施柯尔贝尔主义,农业已经濒临破产,工商业和对外贸易的情况也不断恶化,法国陷入了经济危机之中。为了解决危机,法国国王采用了英国经济学家、银行家和冒险家约翰·罗(John Law,1671—1729)①的经济建议,企图靠流通领域解决危难,结果导致法国的社会经济状况进一步恶化。在这种情况下,魁奈等人定期聚会,讨论经济问题及政策,通过《农业、商业、财政》杂志公开发表重农思想,并逐渐吸引了一批忠诚的信徒,形成了有共同纲领和有组织的独立的重农学派②。

重农学派的创始人弗朗斯瓦·魁奈出生于巴黎西部的梅里村的一个农场主家庭,接受了正规学校教育,并成为一名外科医生,很快获得了显著的成就。1744年,他获医学博士学位,成为法国科学院的成员。他做过法王路易十五的宫廷医师,被封为贵族。晚年的魁奈对经

---

① 约翰·罗,出生于苏格兰爱丁堡,银行家和经济学家。代表作《论货币与贸易》(1705年)的副标题为"兼向国家供应货币的建议"充分表达了他的经济思想。他坚信货币是财富,而货币的价值是可以主观确定的,因此,在他担任法国的财政大臣期间,实施了一系列政策,创立国有银行,发行用金银、土地作储备抵押的纸币,举办垄断的工商企业等等。短时间内这些措施的确使法国财政状况有所缓解,但最终引发了恶性通货膨胀,国家银行破产倒闭,他自己也被解除职务,逃离法国。

② 这个学派的其他重要成员还有杜邦·德·奈木尔(Du Pont de Nemours,1739—1817)、麦西尔·德·拉·利维埃(Mercier de la Ricière,1720—1793)。重农主义的法语原文为Physiocratie,是由希腊语中的自然和主宰两个词合成的,意为要遵循自然法则,据说由魁奈首创。杜邦在1767年编辑出版魁奈著作选集时,首次提出用该词作为他们理论体系的名称,但是未受到普遍接受。斯密在《国富论》中将魁奈及其学派的理论与重商主义相对立,并将之称为Agricultural System,随着斯密学说的传播,Physiocratie也就成了Agricultural System的代名词。中国学者承袭了斯密的理解将其译作重农主义,称该学术流派为重农学派。

济学和数学产生了浓厚的兴趣,根据他对农业的观察和研究撰写了几篇关于佃农及农业资本的文章发表在《百科全书》上。魁奈构建了完整的重农主义理论体系,并提出了改善法国经济状况的纲领以及一整套政策、主张和措施,成为法国政治经济学的真正领袖。

魁奈主要的经济学著作有《农民论》(1756年)、《谷物论》(1757年)、《赋税论》(1757年)、《经济表》(1758年)、《农业国经济统治的一般准则》(1763年)、《经济表的分析》(1766年)等。在这些作品中,魁奈分析了法国农业经济恶化的原因,提出了与占统治地位的重商主义截然不同的财富观点,并主张改革税制,减轻农业、农民的负担。其中影响最大的是《经济表》与《经济表的分析》。

1. 自然秩序与魁奈的研究方法论

魁奈长期从医的经验及背景对其经济学研究产生了重要的影响。他认为,和物质世界一样,人类社会也存在着不以人们的意志为转移的客观规律,即自然秩序(Physiocratie)。自然秩序根源于造物主的最高意志,因而一切人都必须遵守,来源于自然秩序的理性是人不同于其他动物的主要特征。为了使国家能够稳定繁荣,人们就必须要利用理性去获得关于自然秩序的知识,并按照其准则制定那些政治、法律、经济等人为秩序。"如果在这样的国家,政府为理性的灯光所照亮时,则有害于社会和君主的实在法就会被取消"[1]。反之,如果那些人为秩序违背了自然秩序,整个社会就会处于疾病状态。因此,正如医学中只有了解了病理机制才能制订治疗方案一样,经济学者也必须首先了解经济生活的机制,才能提出解决经济问题的政策方案。

"自然秩序"集中体现了魁奈及其理论体系的价值观基础。虽然承认人类经济活动受到"自然法则"的制约不是历史上的首次,重农主义的自然秩序却是第一次被体系化地贯彻在其理论学说之中,并形成了古典政治经济学传统,为政治经济学提出了认识客观规律的任务。

---

[1] 转引自谈敏:《法国重农学派学说的中国渊源》,上海人民出版社1992年版,第108页。

魁奈的自然秩序还具有有机性的特征。魁奈从血液在人体内循环的道理类推出人类社会中一切事物都是相互内在联系的。种种的要素处在相互斗争的状态中，但同时它们也相互支持，相互促进。"这种令人惊叹的机构的秩序和经过，是由造物主所最后决定的。对于规定这一切事物的伟大规律，是贯穿到各个部分，并且统辖着全体。"①基于经济范畴有机联系的思想，魁奈对经济机制的研究也采用了生理解剖法，深入分析社会总产品生产及流通过程，包括各部分的相互关系及各部分相互作用的结果，形成了以《经济表》为代表的重要理论体系，为政治经济学体系的形成和发展作出了重大贡献。

2. 纯产品学说

魁奈在《谷物论》里首次提出了"纯产品"的概念，纯产品是魁奈及重农主义理论体系的核心，更是重农学派政策主张的基石。魁奈及重农学派学者认为只有物质财产才构成财富，其来源不是流通领域，而是农业。农业的生产活动不断增加产品数量，除了补偿生产中耗费的生产资料（即种子）、工人的生活资料和农场主的生活资料外，还有剩余产品，这个剩余就是"纯产品"。

如果说纯产品是产品的价值超过该产品生产费用的余额，那么实际上就是在说纯产品就是剩余劳动创造出来的剩余价值。因此，纯产品学说实际上是重农学派的剩余价值理论。魁奈通过纯产品的概念，将研究的中心从流通过程引向了生产过程，确定了剩余价值的真正起源，为分析资本主义生产奠定了基础，是真正的现代经济科学的开始。

然而，魁奈及其追随者进一步强调只有农业才是唯一创造财富的部门，认为工商业不过是对财富进行的流通或者是对农产品的加工，并不能使物质财富的数量增加。在此基础上，他们将所有形式的收入都归纳为"自然的赐予"，是"土地的恩惠"，从而否认了劳动的一般抽象性，否认了工商业的劳动者也创造价值的事实，具有片面性。

---

① 〔法〕魁奈：《魁奈经济著作选集》，吴斐丹、张草纫选译，商务印书馆1979年版，第244页。

3. 社会阶级与农工商关系

基于纯产品的概念,魁奈对社会阶级进行了划分,是他的理论体系中重要的内容之一。他认为社会是由生产阶级和不生产阶级两部分构成的,生产阶级是指能够生产纯产品的、从事农业的阶级,包括租地农业资本家和农业工人,并包括地主及其从属人员,以及国王、官吏和教会在内的土地所有者阶级;不生产阶级则指那些不能生产纯产品的阶级,实际上就是工商业资本家和工人。

魁奈这样划分阶级的意义在于将资本范围限定于农业上的投资。他认为只有投在农业上的资本才是生产的资本,投在工业和商业上的资本是不生产的。这样,资本就有了两个部分:年预付和原预付。年预付是指每年农业资本家预付的资本,如种子、肥料和工人的工资等;原预付是指几年才预付一次的部分,如房屋、仓库、耕畜、农具等。可见魁奈已经合理地区分了固定资本与流动资本,对于研究产品总价值的形成与构成奠定了重要的基础。

魁奈常用树根与枝叶的关系来比喻农业与工商业之间的关系,认为农业是国民经济的根本,而工商为末叶,"我们必须培育树木的根基,不应只考虑枝叶的处理。最好使枝叶自由地繁荣发展。但不能忘记为生产和增殖供给必要的树液的土地。"①发展农业"注意的是树干",看到的是"一个大国的经济基础的本质",而重视工商业则"只抓住了它的桠枝","不能摆脱小的贸易国家工业发展的图景","前者引导国家走向富裕,后者会把它搞垮。"②

虽然他认为只有农业才是国家收入的源泉,但魁奈也承认工商业在经济生活中具有重要作用,认为商业越繁荣越有利于农业的发展,对农业帮助愈大,甚至有时他还将从事农产品交易的富裕商人与富裕的租地农场主相提并论,认为前者是仅次于土地所有者的最重要的市

---

① 〔法〕魁奈:《魁奈经济著作选集》,吴斐丹、张草纫选译,商务印书馆1979年版,第55—56页。
② 同上书,第215页。

民阶级,"最诚实而最值得赞赏"。

4.《经济表》

以纯产品学说为基础,魁奈深入分析了一个大规模生产的农业经济社会中社会资产的再生产和流通过程,并在一张表中用连接了六个点的五根线条进行了总结,因此被称为《经济表》。重农学派的另一位重要的代表人物米拉博曾将《经济表》与文字和货币并列为有史以来世界上三个伟大发明之一;[①]马克思也曾高度评价该表"毫无疑问是政治经济学至今所提出的一切思想中最有天才的思想"[②],"魁奈医生使政治经济学成为一门科学;他在自己著名的《经济表》中概括地叙述了这门科学。"[③]

在《经济表》中,魁奈假设了一个不存在国际贸易的封闭的经济社会模型,整个社会被分为生产阶级、土地所有者阶级以及不生产阶级三个部分,产品交换仅在三个阶级之间发生,其内部的流通暂不考虑,价格也不发生变化。全部的起点是一年中已经生产出来的价值为50亿里弗尔(货币单位)的总产品,三个阶级各自的基本情况是:

(1)生产阶级投入生产的原预付为100亿里弗尔,即固定资产投资。每年有十分之一用于消耗(折旧),则计入生产费用10亿里弗尔;年预付20亿里弗尔,全部计入生产费用。那么,总产品价值50亿里弗尔减去30亿里弗尔的生产费用,剩下的20亿里弗尔即为纯产品,由生产阶级将其转化为货币后作为地租交给土地所有者。

进一步来讲,50亿里弗尔的总产品在物质形态上包括了40亿里弗尔的粮食和10亿里弗尔的工业原料;价值形态上分为原预付的折旧10亿里弗尔、年预付20亿里弗尔和纯产品20亿里弗尔。生产者

---

① 魁奈1758年首创了"原表"以后,不断地对该体系进行修正。据统计,此后的10年间,包括米拉博为分析和解释而编制的经济表在内,经济表共出现了46个之多。(参见谈敏:《法国重农学派学说的中国渊源》,上海人民出版社1992年版,第168页。)马克思曾评价重农学派在魁奈的《经济表》中给我们留下了一个谜,对于这个谜,以前的政治经济学批评家和历史学家绞尽脑汁而毫无结果,使得理解其间真谛非常困难。

② 《马克思恩格斯全集》第26卷第1册,人民出版社1972年版,第366页。

③ 《马克思恩格斯选集》第1卷,人民出版社1995年版,第136页。

必须保留 20 亿里弗尔的粮食,相当于年预付,用于下一次生产,因此,这部分总产品不能参与流通;其余 30 亿里弗尔的总产品则进入流通,从物质形态上来讲,包括 20 亿里弗尔的粮食和 10 亿里弗尔的工业原料,在价值形态上包括 10 亿里弗尔的原预付和 20 亿里弗尔的纯产品。

(2) 不生产阶级每年投资 20 亿里弗尔,在流通开始时就有加工出来的价值 20 亿里弗尔的工业品,包括 10 亿里弗尔的生活用品和 10 亿里弗尔的生产用品;从价值上讲,包括不生产阶级的原料预付 10 亿里弗尔和不生产阶级维持生活而消费的 10 亿里弗尔生活资料。

(3) 土地所有者阶级每年从生产阶级手中获取 20 亿里弗尔的地租作为收入,这也是国内流通所需要的货币总额。

这里发生的五次交换行为可以具体描述为:

首先,为满足生活需要,土地所有者阶级以地租收入的一半 10 亿里弗尔向生产阶级购买粮食,然后再以剩余的 10 亿里弗尔向不生产阶级购买工业品。这样,土地所有者阶级以全部的收入换得了 10 亿里弗尔的粮食和 10 亿里弗尔的工业品,满足了他们的生活需要,而生产者阶级和不生产阶级分别得到了 10 亿里弗尔。

然后,不生产阶级用交换得到的 10 亿里弗尔向生产阶级购买农产品(粮食)。这样,生产者阶级又得到了 10 亿里弗尔。

再后,生产阶级用 10 亿里弗尔向不生产阶级购买工业品(如农具等)以补偿原预付。这样,又有 10 亿里弗尔流回到了不生产阶级手中。

最后,不生产阶级又用这 10 亿里弗尔向生产阶级购买农产品作为工业原料以补偿原预付,结果 10 亿里弗尔又回到了生产阶级手里。

在一年的时间里,流通的结果是:土地所有者阶级用地租收入得到了所需的全部消费资料,满足了生活需求;不生产阶级用他们 20 亿里弗尔的工业品换得了 10 亿里弗尔的原料和 10 亿里弗尔的粮食,保证了生活的需求和再生产的继续;生产阶级保留了 20 亿里弗尔的粮食作为下一个年度的年预付,以满足再生产所需,剩余30亿里弗尔的粮食与不生产阶级交换得到了10亿里弗尔的工业品,以补偿预付物质损耗的补偿,并收回了20亿的里弗尔,可作为下一年度的地租交给土地所有者阶级。

这样的过程用一张表可以表达为:

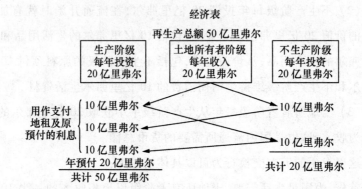

《经济表》的出发点是每年从土地上生产出来的总产品,以一年收获的终结为循环的开始,整体地描述了资本的整个再生产过程。在《经济表》中,流通过程仅仅是这个再生产过程的一个部分,而货币流通也仅仅是资本流通的要素,是为再生产过程服务的,受到生产制约。这样,经济学分析就从流通领域被引向了生产过程,从而为经济学研究指明了正确的方向。

魁奈运用抽象分析方法,以一定的假设为前提,对国民经济的运行与流通进行了科学而深入的分析,"在经济思想史上第一次提出了循环流动的均衡"①,而由其所最先设计出来的这个方法及均衡的思想影响了以后几代经济学家,成为一般均衡论的先驱,甚至著名的经济学家里昂惕夫还将其1941年创制的投入产出表称为"美国的经济表"。尽管《经济表》还存在着各种局限,但其对西方经济学的发展演变毕竟产生了极大的启迪作用,功不可没。

---

① Elizabeth Fox-Genovese, *The Origins of Physiocracy: Economic Revolution and Social Order in Eighteenth Century France*, Ithaca and London: Cornell University Press, 1976.

四、杜阁及其对重农主义的发展

杜阁(Anne-Robert-Jacques Turgot,1727—1781)出生于巴黎的贵族家庭,早期研究神学,后从事政治活动,担任过代理检察长、海军大臣和财政大臣。杜阁不仅是政治家,更是一位经济学家。他曾与一位经济自由主义者有着比较密切的交往,受其影响,杜阁主张取消行业协会等垄断组织,提倡经济自由主义,并在他担任财政大臣期间将其理论付诸实施。

杜阁著作颇丰,主要有《关于商业的重要问题》(1755年)、《市集与市场》(1756年)、《关于财富的形成和分配的考察》(1766年)等。因为工作的需要,杜阁的大部分作品主要是一些考察报告,但是《关于财富的形成和分配的考察》不同,该书是杜阁为指导两个中国留学生学习经济知识而作,在经济学说史上颇具盛名。在这本书中,杜阁总结了重农学派的理论核心,对重农学派的理论进行了最扼要、最明晰的表达。熊彼特对其评价极高,认为杜阁的理论骨架显然优于《国富论》,甚至看起来颇像马歇尔的《经济学原理》。

杜阁的理论思想与重农主义学派非常一致,在一定程度上又超越了重农主义。杜阁同样认为自然秩序是经济社会的根本法则,但与魁奈不同,他并不认为自然秩序是由上帝安排的,而是认为来自于历史和现实中人类经济活动的需要,且与个人的创造力及为个人利益展开竞争相关。重农学派认为"纯产品"是纯粹的自然赐予,杜阁则提出是自然界对土地耕种者劳动的赐予,从而正确地将剩余价值引向了剩余劳动。马克思认为在他那里"重农主义体系发展到最高峰"[1]。

虽然杜阁与重农学派学者之间也有着紧密的联系,但他并不参加重农学派的任何活动,也明确表示自己不归于任何派别。[2] 但是鉴于

---

[1] 《马克思恩格斯全集》第26卷第1册,人民出版社1972年版,第28页。
[2] 杜阁曾对米拉博说过:"我不是百科全书派,因为我相信上帝;我不是经济学派(重农学派),因为不希望国王的存在。"

他在价值观及理论思想方面与重农主义学派的一致性,他在任财政大臣期间推行的政策实际上就是重农主义政策,因此,经济思想史上还是将他归入重农学派之中,作为重要代表人物之一。

1. 关于社会阶级结构

杜阁在魁奈三个阶级的社会结构论基础上,进一步把生产阶级和不生产阶级各自划分为两个对立的阶级,即把生产阶级划分为农业工人和农业资本家,同时把不生产阶级划分为工业工人和工业资本家。他指出资本家就是企业家、制造业主和雇主,他们占有和投入资本,使别人从事劳动,而赚取利润;而雇佣工人则一无所有,只能靠给别人劳动挣得工资。

杜阁正确地剖析了资本主义生产关系中资本家与雇佣工人的对立,并明确地指出雇佣劳动的出现与劳动者与生产资料,即土地的分离有关系,这是一个重要的进步。

2. 纯产品论

魁奈将纯产品视为自然的恩赐,而杜阁则又向前进了一步,将纯产品与劳动联系在一起,强调是农民通过劳作利用自然生产力的结果,而且,农业劳动者"是唯一的这样一种人,他的劳动生产出来的产品超过了他的劳动工资。"[①]在正确地指出纯产品的来源之后,杜阁进一步指出要增加纯产品,增加财富,就必须在生产中使用更多的劳动者,并使他们更好地发挥作用。

在杜阁将纯产品理解为自然界对耕种者劳动的赐予之后,他自然地得出结论:土地所有者占有纯产品是对土地耕种者劳动的占有。这种占有的依据是土地所有权,即不给任何代价或者报酬而占有土地耕种者的剩余劳动。

可见,杜阁已经充分地认识到了剩余劳动与剩余价值之间的关系,并科学地指出地租作为纯产品的转化形式,不过是土地所有者因

---

① 〔法〕杜阁:《关于财富的形成和分配的考察》,南开大学经济系经济学说史教研组译,商务印书馆1961年版,第22页。

其拥有的土地私有权而对他人剩余劳动产品的占有。但是,由于他还没有摆脱农业是唯一生产部分的重农主义窠臼,也不能更一般地理解和揭示价值的本源。

3. 分配论

杜阁将社会收入进行了系统的划分,形成了工资、利润、利息和地租四个部分。在资本的来源和用途方面,杜阁进行了独特的论述。他举出了买进田产,租用土地,从事工业、制造业生产,经营商业,以及放债五种资本的使用方式。土地所有者、租地农场主、工业家、商人和放贷者,与其资本使用方式相适应各自得到自己的收入,而工人因为只能出卖自己的劳动力而只能得到工资。

杜阁还根据自由竞争的原则提出了在当时来说是最好的工资理论。他认为,工人与工人之间为了工作会产生竞争,而竞争的结果,必然使工人的工资限定在为维持他们生活最低限度的生活资料的水平。

杜阁的分配理论带有重农主义的偏见,因而他对雇佣工人的理解存在着混乱和缺陷。他认为被雇佣者不仅包括一无所有的农业和工业部门中出卖劳动力的工人,还包括投入资本经营农业或工业的资本家。另外,由于他把地租视为剩余价值的一般形态,只能在使用价值的形态上进行考察,从而忽视了对商品价值的分析和研究。

4. 经济政策与社会改革主张

杜阁在担任财政大臣期间,积极推进一系列经济改革。为了解决粮食短缺问题,1774年秋他取消对谷物贸易的限制,在国内实施了谷物贸易自由。1775年对运进城市的谷物实行了减少税款的措施;在这一年对特权阶级还实行了征收建造街道税,而对农民则废除了建造街道时的徭役。1776年取消对酒类贸易的限制,并取缔了那些设立行业进入壁垒的同业公会。这些改革对于发展生产和经济显然是有益的,但因触犯了特权阶级和很多既得利益者,引起了朝臣甚至国王的强烈不满,最后杜阁被逐,随即他推行的许多改革措施也被废除。

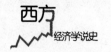

第三节 亚当·斯密体系:古典理论集大成者

亚当·斯密(Adam Smith,1723—1790)生于苏格兰法夫郡的柯卡尔迪。斯密在市立学校接受了启蒙教育,14岁时进入格拉斯哥大学学习,深受哈奇森教授①的影响,也是在哈奇森教授的帮助下,结识了休谟。1740年,斯密因成绩优秀被推荐到牛津大学深造。1748年秋,他在爱丁堡大学讲授修辞学、纯文学及法学,也曾讲授过经济学课程。1751年被格拉斯哥大学聘为逻辑学教授,第二年起继承了哈奇森博士的道德哲学教授席位直至1764年。

1759年,斯密发表伦理学著作《道德情操论》,之后,他将兴趣逐渐从道德伦理方面转向了法学和政治经济学。1764年,斯密接受邀请,辞去教授职位,以私人教师的身份陪同布莱克公爵游历欧洲大陆。斯密在法国居住了两年多,其间,他接触了许多著名的思想家和政治家,也与重农学派的魁奈和杜阁建立了亲密的个人友谊。也是在法国,斯密在长期的酝酿与积累基础上开始着手创作他那部里程碑式的著作《国民财富的性质和原因的研究》(以下简称《国富论》)。经过若干年持续的修改与补充,《国富论》终于在1779年问世。

《国富论》的出版标志着古典政治经济学时代的到来,也为斯密在经济学说史上赢得了永久的地位和声望。1778年,斯密被委任为海关税务专员,定居在爱丁堡,1787年和1788年连续两年被推举为格拉斯哥大学名誉校长。1790年7月10日斯密因病与世长辞。

斯密一生潜心钻研,著作颇丰,但在世时只出版了《道德情操论》和《国富论》两部著作,其他大部分的手稿在他病逝前都被焚毁了,少

---

① 弗兰西斯·哈奇森(Francis Hutcheson,1694—1746),18世纪苏格兰启蒙运动的奠基人,苏格兰哲学之父,主要著作有《逻辑学纲要》(1722年)、《论美》(1725年)、《论道德的善与恶》(1725年)、《论激情与感情的本性与表现》(1728年)及三卷本的《道德哲学体系》(1755年,他去世后由他的儿子发表)。

数几篇在他去世后由管理人编辑出版,包括《哲学论文集》(1795年)和《亚当·斯密关于法律、警察、岁入及军备的演讲》(1896年)等。斯密作为伟大的经济学家,最重要的贡献是构建了政治经济学的理论体系,开创了古典学派并确立了古典政治经济学的历史地位。直至今天,斯密的思想仍然熠熠生辉。

一、斯密学说产生的历史条件

英国工场手工业经过了约两个世纪的时间在18世纪中叶获得了高度的发展。毛纺织遍布全国,纺织业、制铁业、造船业非常发达,工业逐渐成为国民经济中的主要部门,农业退居其次。当时的劳动专业化程度已经相当高,分工深入而广泛,而重要的工业技术不断被发明出来,极大地提高了劳动生产率,英国资本主义工业革命呼之欲出。

当时的英国在商业特别是对外贸易方面也处于世界领先地位。经过若干次战争,英国最终取得了海上霸权,之后,英国又借助东印度公司等国家垄断的贸易公司将其殖民扩张的触角延伸至世界的各个角落,不断从海外殖民地攫取巨额的财富和原料。繁荣的贸易活动极大地促进了以运输为代表的基础设施事业的发展,公路网开始建设,运河也被开凿出来。这一切也为英国工业的发展创造了基础条件。

经济的快速发展给英国封建社会的阶级结构带来了巨大的震动。社会各阶层都经历了深刻的变化。在农村,资本主义大农场随着圈地运动的蔓延而进一步扩展,农业部门的资本主义生产关系逐渐成熟,农民和封建贵族内部分化加剧,一部分加入了正在崛起的新兴资产阶级行列,也有的沦为资本主义的附庸。城市里以资产阶级和无产阶级为格局,在农村中则地主阶级、资产阶级和无产阶级并存。此时的资产阶级在经济上完全掌权,但是在政治上的地位却还不稳定,不得不受到地主贵族阶级的钳制。显然已经过时的重商主义贸易政策、各种保护关税制度以及封建垄断势力严重地损害了资产阶级的利益,成为阻碍资本主义发展的最后一道力量。

在斯密的家乡苏格兰,以爱丁堡大学、格拉斯哥大学以及阿伯丁大学为核心,一大批有思想的天才式人物领导了一场轰轰烈烈的思想启蒙运动。他们受到以牛顿为代表的科学家的启发,将自然科学的发展原则引入对社会科学的探索,在哲学思想层面,他们继承了培根、洛克自由主义的思想精髓,关注社会、关注历史,也关注社会组织如何进化。他们相信人类具有理性的能力,因而可以通过历史的考察获得关于社会进步的基本规律,并且通过理性的思考正确行动,进而改变社会及环境。

对于不断壮大的新兴资产阶级而言,反对封建势力,反对国家干预,实现自由竞争和自由贸易是最高纲领。经济基础与上层建筑之间的不适应,形成了对经济学新思想的需求。其实,代表封建势力利益的重商主义从其产生之日就面临着新思想的猛烈攻击,但是由配第、休谟以及法国的经济学家们开启并率领的斗争,直到斯密理论的形成,才真正获得胜利。

二、斯密学说的主要特征

《国富论》出版于1776年3月9日,斯密在世期间多次修订,前后共五版。全书以"国民财富的性质和原因"为题,表明斯密以"国民财富"为研究对象,探求"富国裕民"之路的意图,即他为政治经济学确立了两个最终目标:"第一,给人民提供充足的收入或生计,或者更确切地说,使人民能给自己提供这样的收入或生计;第二,给国家或社会提供充分的收入,使公务得以进行。"①

1. 体系化的理论

关于劳动创造价值、分工、经济自由的观点在斯密之前就已有人提出,但却是由斯密加以系统化和体系化的。斯密以发展生产力、增加国民财富为主线,以价值论为基础,以资本主义社会三个阶级三种

---

① 〔英〕斯密:《国民财富的性质和原因的研究》下卷,郭大力、王亚南译,商务印书馆1974年版,第1页。

收入理论为核心,最先从理论上系统分析了资本主义生产过程,探讨了资本主义生产关系中的各种基本要素之间的内在联系和运动规律,建立了政治经济学的理论框架。

《国富论》全书共分五篇,分别论述了经济增长、资本积累、经济史、经济学说史和财政学理论。第一、二篇主要阐述了国民财富的性质、源泉和决定国民财富增长的因素,包括了斯密经济学说的全部理论;第三、四、五篇则讨论了影响财富增长的那些因素。《国富论》的篇章布局充分地反映了斯密力求建立一个完整的理论体系的意图。斯密的理论不仅是自配第以后经济思想的凝练,更是升华,在他那里,政治经济学开始发展成为一个整体,其后整个古典时期的经济学,都是对这个体系进行的修正和发展,而现代经济学也不过是以其为骨架,增添新的血肉而已。

2. 经济自由主义

斯密系统阐述了经济自由主义,并使之贯穿整部作品,奠定了古典经济学的价值观基础。斯密的经济自由主义来源于18世纪自然科学领域盛行的牛顿体系及在哲学领域流行的自然秩序思潮。就像万有引力定律统领了自然世界一样,斯密认为在社会和经济关系中,也有一只"看不见的手",在它的引导下,人们追求个人利益的行动最终促进社会利益,从而整个社会实现了自然的和谐。他承认上帝的存在,但是这只"看不见的手"却不是宗教原则,而是指利己主义原则。在斯密的体系中,人的本性都是利己的,但是利己并不是自私,而是指每个人首先和主要关心的是他自己,出于利己心的考虑会产生一种"交换倾向",从而使得个人利益和社会利益有了一致的基础。而以个人利益为目标的经济活动最终会使整个社会获得最大收益,因为"他受着一只看不见的手的指导,去尽力达到一个并非他本意想要达到的目的。"[①]在斯密看来,资本唯一的目的就是获取利润,每个个人努力

---

① 〔英〕斯密:《国民财富的性质和原因的研究》下卷,郭大力、王亚南译,商务印书馆1974年版,第27页。

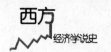

把他的资本尽可能用来支持国内产业,努力管理国内产业,以使其生产物的价值能够达到最高程度,从而实现自己的利益。这时,虽然从主观上看,他们既没有准备促进公共的利益,也不清楚自己能在怎样的程度上促进这种利益,但他们却不自觉地实现了社会公共利益。他认为,追求个人利益,每个人为改善自身境遇所作的一贯的、恒常的努力,是社会、国家和私人富裕由以产生的源泉。

满足"利己心"最好的途径就是实行"经济自由",一方面是经济的自由竞争,另一方面是政府的自由放任。斯密认为,一切限制经济自由的制度、政策和思想,都是阻碍经济发展的,只有"看不见的手"的作用,也就是市场力量和价值规律的作用,才能使个人利益与社会利益得到最大限度的协调。他激烈地批判企图制造垄断、减少竞争的商人及其行为是与公共利益相对立的,他认为只有依靠自由和普遍的竞争才能建立良好经营。而通过经济自由就可以使每个人从利己的动机出发,作出利人之事,达到社会利益的结果,既富国家,又富人民。国家的职能是只需充当自由竞争市场经济创造良好外部条件的"守夜人"即可。

3. 二元方法论

斯密的理论高度融合了历史的归纳法与抽象的演绎法。他对人类经济生活的发展追根溯源,对近代欧洲经济现象进行描述,对分工、交换与货币的起源进行归纳,从而建立经济要素的内在联系,揭示了经济过程的本质及增长机制。可以说,斯密从理论与历史、理性与经验两个方面比较全面地研究了资本主义经济增长问题。

斯密的理论中既有唯物主义因素,又有唯心主义和形而上学。斯密研究的是生产领域,关注的是经济实质的增长,他承认劳动是财富的源泉,认为生产力的发展决定了财富增长和社会经济制度的进步,人们的经济活动决定其他社会活动等等。这些唯物主义元素对于他揭示资本主义生产方式的客观经济规律具有重要意义。然而斯密对客观经济过程和生产规律的剖析却是以唯心主义的人性论为基础的,他从"经济人"的"利己心"出发,把"经济人"的"利己心"看作一切经济现象和经济过程的本源,从而指向资本主义生产关系是永恒的制度这一逻辑结论。

方法论上的二元性导致了斯密整个理论体系贯穿着二重性的矛盾。一方面,斯密从资本主义生产关系的本质出发考察生产劳动、资本等各种经济范畴,寻求经济客观规律;另一方面,他从经济现象的表象理解概念,从而使他的理论具有科学因素的同时,也无法摆脱庸俗成分。

三、分工、交换与货币论

在《国富论》的第一篇《论劳动生产力增加的原因并论劳动生产物自然而然地分配给各阶级人民的顺序》,斯密以分工为全部学说的起点,分析了以交换为目的的分工对生产率的提高,而交换需要一定工具、遵照一定的规则,沿着这样的逻辑,斯密又依次讨论了货币和价值,进而论述了产品的分配原理,即工资、利润和地租。

1. 关于分工

斯密认为分工是提高劳动生产率、增进国民财富的主要原因和方法。他认为,"劳动生产力上最大的增进,以及运用劳动时所表现的更大的熟练、技巧和判断力,似乎都是分工的结果"[①]。斯密从三个层次研究了分工提高劳动生产率的机制:一是分工使劳动专门化,提高了工人的熟练程度,增进劳动者技巧;二是分工节省了一个工人由一个工种转到另一工种而损失的时间;三是分工使专门从事某项操作的工人把全部注意力倾向于一种简单事物上,比较容易改进工具和使用机器。

斯密考察的分工既有劳动分工也有社会分工。首先,他以别针制造业工场的分工为例说明工场手工业内部劳动分工的好处。如果每

---

① 〔英〕斯密:《国民财富的性质和原因的研究》上卷,郭大力、王亚南译,商务印书馆1972年版,第5页。

个工人单独工作制造别针的话,10个人一天最多生产20个别针,但是将别针生产分成18个不同工序,这些工人每人只从事一种工序,一天可以生产48000个以上的别针,劳动分工使得别针的产量提高了2000倍。同时,他也提出劳动力的社会分工也同等重要,他用羊毛呢绒上衣的生产来说明社会各生产部门间分工的结果,并提出这两种分工具有同样的作用,都能提高劳动生产率,它们之间的区别不过是观察者主观认识上的区别而已。

与古希腊的分工理论不同,斯密的分工与人天性的不平等无关,因此,也不是社会阶层划分的依据,与他的自由主义思想一致,斯密认为任何人都有充分的自由选择合适的职业。同时,斯密的确分析了分工造成的不平等现象,分工使工人终生从事一项简单操作,没有机会发挥他们的智力和才能,使他们变得愚钝无知,这是分工唯一的不利结果。

斯密深入分析了分工提高生产效率的机制,得出了分工是社会财富增长动力的科学论断,具有重大的理论价值。

2. 关于交换

在分析了分工之后,斯密又研究了交换及交换与分工的关系。他提出分工不是人类智慧的结果,而是由一种"人类倾向"缓慢发展而逐渐造成的结果,这种倾向就是"互通有无,物物交换,互相交易"。也就是说,交换是产生分工的原因,分工是交换的结果。斯密指出,交换由"人类的本性"所决定。其他动物之间不需要相互帮助,而人类则非要相互帮助、协力生活不可。但是一个人要获得别人的帮助,不能依靠乞求别人的恩惠,而只有你给人以好处,别人才给你好处。因此,交换是人类利己主义本性所决定的固有倾向。在交换过程中,人们认识到如果一个人只从事一种专门职业,专门生产某种产品,并用它同别人交换自己所需要的一切,比他亲自生产自己所需要的一切要有利得多。这样,他就专门从事某一种工作,同时,这样的工作逐渐地发展成为一门独立专业。

在斯密看来,"分工起因于交换能力,分工的程度,因此总要受交换能力大小的限制,换言之,要受市场广狭的限制。"①在这里,他正确地指出,如果市场狭小,将不利于某项工作成为专业职业,从而妨碍分工的发展,而交通运输技术的发展,使得市场范围不断扩大,从而促进了分工。斯密的早期观察引起了人们广泛的兴趣。沿着他提供的线索,现代经济学家们不断深入挖掘市场范围与劳动分工之间的深刻联系,以理解现代经济发展特征及产业组织演化规律。现在,劳动分工理论已经成为解释经济全球化的重要理论分支。

斯密不仅将分工的原因归结为交换,还开创性地提出分工的程度取决于市场范围的思想,对于理解现代经济发展特征具有重要的理论价值。但是,他认为人类交换倾向决定交换,进而决定分工,实际上颠倒了分工与交换的因果关系。另外,因为交换是人类所共有和特有的属性,因而分工也就是人类这种自然的、永恒的本性的产物,斯密抹杀了交换与分工的历史性和社会性,物物交换、简单商品交换和资本主义商品交换在他那里也只有具体形式的差异,因而不能进一步科学地解释价值与货币的本质。

3. 货币理论

斯密认为交换的发展必然产生货币。他首先总结了货币的历史起源,认为货币是为顺利进行交换而产生的工具,"为了避免这种不便,除自己劳动生产物外,随时身边带有一定数量的某种物品,这种物品,在他想来,拿去和任何人的生产物交换,都不会被拒绝。"②这种物品就是货币。可见,货币并不是人类的特殊发明,而是随着分工和交换的发展,为克服困难而自发地产生的。

接着,斯密比较详尽地考察了货币演变和发展的历史,从最初的各种物品,例如牲畜、盐、贝壳、烟草等等,到金属形式。最初是铁,然

---

① 〔英〕斯密:《国民财富的性质和原因的研究》上卷,郭大力、王亚南译,商务印书馆1972年版,第16页。

② 同上书,第21页。

后是铜,最后才使用金、银。后来为了避免称重和检验成色的麻烦,又进一步使用铸币。

斯密明确地提出货币首先是价值尺度,强调货币具有价值尺度的职能源于其本身就是商品,并认为"以货币或货物购买物品,就是用劳动购买,正如我们用自己的劳动取得一样。……它们含有一定劳动量的价值,我们用以交换其他当时被认为有同量劳动价值的物品。"①

在斯密看来,由于金银是价值的尺度,因而也就成了交易的工具,具有流通手段的职能。但是两者之间斯密更强调货币的流通职能,"货币是流通的大轮毂,是商业上的大工具。"②他还正确地指出货币数量取决于流通中的商品价格总额,而不是相反。

既然如此,只要能起到流通手段的作用,货币用什么材料都是可以的,于是,斯密又讨论了纸币代替金属货币的问题,"以纸代金银币,可以说是以低廉得多的一种商业工具,代替另一种极其昂贵的商业工具,但其便利,却有时几乎相等。"③当然,"任何国家,各种纸币能毫无阻碍地到处流通的全部金额,决不能超过其所代替的金银的价值"④。斯密虽然正确地指出了金属货币与纸币之间的联系,但是并没有把握两者之间的本质区别,也忽视了纸币与信用货币的区别,具有历史的局限性。

四、价值与价格论

基于分工、交换及货币的考察,斯密进一步讨论了货币与商品交换比例问题,即价值的决定。在这里,斯密从具体的经济现象走向了理论的抽象,首次对价值理论作了系统的论述。这是他对前人思想成就的重大发展,也是对经济学说史的重大理论贡献。

---

① 〔英〕斯密:《国民财富的性质和原因的研究》上卷,郭大力、王亚南译,商务印书馆1972年版,第26页。
② 同上书,第268页。
③ 同上书,第269页。
④ 同上书,第277页。

1. 关于使用价值与交换价值

斯密认为"价值"有两个不同的含义,有时它表示特定物品的效用,有时又表示由于占有某物而取得的对他种货物的购买力。前者叫作使用价值,后者叫作交换价值。在明确地定义并区分了两个概念之后,斯密进一步论述了使用价值和交换价值两者之间的关系:"使用价值很大的东西,往往具有极小的交换价值,甚或没有;反之,交换价值很大的东西,往往具有极小的使用价值,甚或没有。"[①]这就是著名的水和钻石价值悖论。

斯密正确地指出了使用价值不是交换价值的决定因素,但却不了解使用价值实际上也是商品交换价值的物质前提,从而错误地认为没有使用价值的东西会有交换价值。他没有认识到使用价值和交换价值是商品的两个属性,也就不能解决价值悖论,而其后的古典经济学家也是如此。

2. 关于价值的决定

斯密明确指出劳动是衡量一切商品交换价值的真实尺度,这是他的主要贡献之一。斯密并没有区分劳动的具体形式,而是认为无论哪个部门的生产劳动都能创造价值,将决定价值的因素归为一般社会劳动,在这一点上他要比配第以及重农主义者前进了一步。

在回答劳动是如何决定价值的问题上,斯密给出了两种价值论的解释。首先,他从生产领域出发,认为生产商品时所耗费的劳动决定了该商品的价值。他说:"任何一个物品的真实价格,即要取得这物品实际上所付出的代价,乃是获得它的辛苦和麻烦。"[②]由此,斯密创造了商品的"真实价格"的概念,就是指商品在生产过程中耗费的劳动量而决定的价值。接着,他指出,商品价值量同生产该商品时所耗费的劳动量成正比。"获取各种物品所需要的劳动量之间的比例,似乎是

---

① 〔英〕斯密:《国民财富的性质和原因的研究》上卷,郭大力、王亚南译,商务印书馆1972年版,第25页。
② 同上书,第26页。

各种物品相互交换的唯一标准……一般地说,二日劳动的生产物的价值二倍于一日劳动的生产物"①。同时,斯密还区分了简单劳动与复杂劳动,提出了要将复杂劳动还原为简单劳动来计算价值量的观点。他说:"一点钟艰苦程度较高的劳动的生产物,往往可交换两点钟艰苦程度较低的劳动的生产物。"②这些观点毫无疑问是正确的,但斯密有时又从主观的角度来理解耗费的劳动,认为它是劳动者对自己安乐、自由和幸福的牺牲,劳动量的大小不是取决于所耗费的劳动时间的多少,而是取决于这种主观牺牲程度的大小。这种观点在一定程度上为其后的经济学家以"负效用"理解劳动提供了基础。

既然价值是生产商品时所耗费的劳动,那么,商品交换实质上不过是体现在这些商品中的劳动量的交换。这就是斯密的第二种价值观,即商品价值是由这个商品所能购买或支配的劳动决定的。他说:"一个人占有某货物,但不愿自己消费,而愿用以交换他物,对他说来,这货物的价值,等于使他能购买或能支配的劳动量。因此,劳动是衡量一切商品交换价值的真实尺度。"③

斯密的劳动具有二重性,既是生产商品时耗费的劳动,又是商品在交换中购买后支配的劳动。因此,商品价值还具有由外在尺度决定的二重性。对于已得此物但愿用以交换他物的人来说,它的真正价值,等于占有它而能自己省免并转加到别人身上去的辛苦和麻烦。

斯密认为劳动决定价值的规律只适用于简单商品生产,不适用于资本主义社会。因为,在资本主义社会中,耗费劳动决定价值同购买劳动决定价值之间有矛盾,二者量上的差异使得斯密不得不抛弃了劳动价值论而转向收入构成价值论,即"工资、利润和地租,是一切收入

---

① 〔英〕斯密:《国民财富的性质和原因的研究》上卷,郭大力、王亚南译,商务印书馆1972年版,第42页。
② 同上。
③ 同上书,第26页。

和一切可交换价值的三个根本源泉。"①对此,他的解释是,随着社会的进步,资本积累和土地私有的出现使得生产原材料增加的价值不能全部属于劳动者,而要扣除给予资本家的利润以及给予地主的地租两个部分。这样,商品的真实价格就有了工资、利润和地租三个部分。这就是著名的"斯密教条"。

综上所述,斯密不能理解价值形成的全部秘密,因而在价值论中出现了混乱,在他的体系中,"不但看到两种,而且看到三种,更确切地说,甚至四种尖锐对立的关于价值的看法,这些看法在他的书中相安无事地并存和交错着。"②不过,总体来讲,斯密基本上还是立足于价值由耗费劳动来决定这个正确观点之上的。

3. 自然价格和市场价格

通过观察,斯密发现市场中的商品价格并不是固定不变的,而是经常发生变动的,但是存在一个中心价格,"各种意外的事件,固然有时会把商品价格抬高到这中心价格之上,有时会把商品价格强抑到这中心价格之下。可是,尽管有各种障碍使得商品价格不能固定在这恒固的中心,但商品价格时时刻刻都向着这个中心。"③这个中心价格就是自然价格,商品的价格即市场价格。

斯密的自然价格即价值,"一种商品价格,如果不多不少恰恰等于生产、制造这商品乃至运送这商品到市场所使用的按自然率支付的地租、工资和利润,这商品就可以说是按它的自然价格的价格出售的。"④

斯密把市场价格围绕自然价格波动看作规律性的现象,认为市场的供求关系变化决定了市场价格围绕着自然价格上下波动。当某种商品供不应求时,由于买方之间的竞争,市场上商品实际出售价格上

---

① 〔英〕斯密:《国民财富的性质和原因的研究》上卷,郭大力、王亚南译,商务印书馆1972年版,第47页。
② 《马克思恩格斯全集》第20卷,人民出版社1971年版,第254—255页。
③ 〔英〕斯密:《国民财富的性质和原因的研究》上卷,郭大力、王亚南译,商务印书馆1972年版,第53页。
④ 同上书,第50页。

升到自然价格之上;而当市场上商品供过于求时,卖方的竞争促使商品实际出售价格下降到自然价格之下;而市场的供求平衡时,市场价格便和自然价格完全或者大致相同。斯密进一步指出,市场价格对自然价格的背离通过劳动和资本的增减可以对生产起到自然的调节作用,形成市场供求关系的最终平衡,而使市场价格和自然价格趋于一致。

五、分配理论

从收入决定价值的理论出发,斯密分析了三种收入分配的问题。他认为,商品的价值由工资、利润、地租三个部分构成,合在一起理解时,一国全部劳动生产物的一切商品价格,必然也要由这三个部分构成,而且作为劳动工资、土地地租或资本利润,在国内不同居民间分配,即构成价值的三种收入,必然要分别分配给工人、地主和资本家三大阶级所有。斯密将社会划分为工人、资本家和地主三大阶级,并认为"一切其他阶级的收入,归根结底,都来自这三大阶级的收入。"①

1. 关于工资

斯密认为工资从性质上说是劳动者的收入,也是商品价值的构成部分和源泉之一。与价值论一致,斯密在分配领域中也提出了两种不同的工资理论。一方面,他将工资理解为劳动的自然价格或价值,由维持工人及其家属生存和生活所必需的生活资料决定。"需要靠劳动过活的人,其工资至少须足够维持其生活。在大多数场合,工资还得稍稍超过足够维持生活的程度,否则劳动者就不能维持赡养家室而传宗接代了。"②在斯密看来,在土地私有与资本出现之前,劳动者占有所有的劳动成果,但是在资本主义生产条件下,劳动者不得不与地主和资本家分享,在与雇主较量的过程中过,显然雇主更为成功,从而劳

---

① 〔英〕斯密:《国民财富的性质和原因的研究》上卷,郭大力、王亚南译,商务印书馆1972年版,第241页。
② 同上书,第62页。

动者及其家庭生存需要成为工资水平的最低限。

另一方面,斯密认为劳动与其他商品一样,不仅有自然价格,也有市场价格,而工资的市场价格是由市场上的供求关系决定的。斯密详细地考察了影响劳动力市场供求的因素及其对工资水平的影响。他认为,在经济繁荣的国家,随着资本积累的增加,对劳动的需求也相应地成比例增加,这时工资水平就会上涨,劳动人民的生活水平得以改善,因而对社会全体有利。并且,"使劳动工资提高的,不是庞大的现有国民财富,而是不断增加的国民财富。因此最高的劳动工资不在最富的国家出现,而却在最繁荣,即最快变得富裕的国家出现。"① 这里,斯密正确地讨论了资本积累的增加会增加对劳动的需求,但却忽视了技术进步而导致的资本有机构成的变化对劳动及工资的影响。

同时,斯密也观察到了社会各种劳动者之间存在的工资差别,并就其原因进行了分析。他指出,除了各行业、各工种受到因行业工会的制约而缺乏自由平等的竞争环境形成的工资差异外,行业不同性质也会导致工资出现差别。他主要分析了职业能否使人感到愉快、职业学习所需费用及学习难易程度、工作是否安定、责任轻重以及职业成功的可能性大小等因素。

2. 关于利润

将利润作为独立的经济范畴来研究是斯密对经济学说史的贡献之一。斯密承认利润是劳动者生产出来的价值的一部分。在资本主义生产方式下,劳动者对原材料增加的价值有两个部分,其中一部分用来支付劳动者的工资,第二个部分用来支付雇主的利润。斯密将利润看作劳动创造的全部价值中扣除工资后的余额,而实质上就是剩余价值,正是在这个意义上,马克思指出,"斯密认识到了剩余价值的真正起源。"②

---

① 〔英〕斯密:《国民财富的性质和原因的研究》上卷,郭大力、王亚南译,商务印书馆1972年版,第63—64页。
② 《马克思恩格斯全集》第26卷第1册,人民出版社1972年版,第58页。

斯密从收入分配的角度又提出了利润的第二种解释。与传统理论中将地租看作剩余价值基本形式的观点不同,斯密认为资本积累和土地私有权产生以后,资本所有者要从劳动者生产的全部劳动产品中扣除一部分作为利润,土地所有者也要扣除一部分作为地租。可见,在这里,斯密研究的是真正意义上的利润。他不仅继承而且发展了休谟关于利润的思想,即将工业利润看作剩余价值最初为资本占有的形式,利息和地租仅仅是工业资本家分配给其他阶级的剩余价值的一部分。

斯密正确地指出了利润作为剩余价值的一种形式的真正本源,但是由于斯密价值论上存在的二元论,他的正确观点却在两个不同的体系中被分散开来,有时又是模糊不清的。有时他也将利润看作资本投资风险及困难的报酬,这些错误的观点完全掩盖了资本对劳动的剥削。

在研究了利润的性质之后,斯密还考察了利润率的变动规律。他认为,利润量的变动与劳动者工资的变动,同样要取决于社会财富的增减,但变动的方向则相反,即随着资本积累的增加,工资提高,利润下降,而资本的相互竞争也会导致利润减少。总之,斯密看到了利润下降的长期趋势,但是并不能正确地解释其原因。

对于利息,斯密认为是借入资本的人从利用借入资本所获的利润中拿出一部分来给予借出资本的人的报酬,因而是利润的派生收入。同休谟等人一样,斯密认识到了利息作为剩余价值的本质,但是由于斯密将利润看作剩余价值的一般形态,因而他得出结论认为利息是利润的一种派生形态,而且利息率与利润率将成正比例变化,随着利润率的下降,利息率也将有下降趋势。他认为这种趋势是自然的,对社会有利。

3. 关于地租

斯密在考察了工资、利润及利息之后,又进一步阐述了地租的问题。他一方面认为地租是劳动生产物及其价值的一部分,是因土地私有而产生的劳动价值的分配。他说:"土地一旦成为私有财产,地主就要求劳动者从土地生产出来或采集到的几乎所有物品中分给他一定份额。因此,地主的地租,便成为要从用在土地上的劳动的生产物中扣除的第一个项目。"①他正确地将地租的本源归结为劳动的剩余产品,揭示了资本主义生产关系中地租的剥削性质,并深刻地指出产权是产生地租的制度条件。

同样的,斯密还提出了与之矛盾的一种地租理论,即地租是自然力的产物。在他看来,自然力的作用也是一种劳动,自然的劳动虽然没有代价,但是其生产物和工人劳动的生产物一样,也是有价值的。由此,地租是"地主借给农业家使用的自然力的产物。"②显然这种观点与劳动价值论相对立,混淆了产品的使用价值与价值形态的差别。

另外,斯密还将地租看作商品价值的源泉之一,是价值或自然价格的组成部分,是租地人支付给土地所有者的最高价格。地租是土地所有权的结果,即使是使用未经改良的土地,对于包括水力在内的各种自然力也要支付相应的价格。但是斯密并不赞同将地租理解为改良土地的资本的合理利润或利息的观点。斯密认为地租是一种垄断价格,由于土地私有权的干预,使产品按照高于生产价格的垄断价格出售,差额就是地租。这样,斯密的观点又出现了前后矛盾,否认了地租是自然价格的组成部分。

六、经济增长理论与政策

斯密理论的核心任务是研究国民财富如何增长。对于斯密来说,财富不是用金银来衡量的,而是用一国土地和劳动年产物的价值来衡量的。这样,斯密关于国民财富的理解基本上等同于现代经济学中的国民收入。如果说对财富性质的探究、对价值与价格的讨论是斯密经

---

① 〔英〕斯密:《国民财富的性质和原因的研究》上卷,郭大力、王亚南译,商务印书馆1972年版,第59页。
② 同上书,第334页。

济学的微观基础的话,那么,围绕国民财富增长的话题,斯密分析了社会资本再生产问题、政府职能与赋税原理等,这些则构成了他的宏观经济学框架。

斯密认为生产劳动者占总人口比例的增加是除分工之外增进社会财富的第二个基本因素,而劳动者数量的增加又与资本的积累相关,因此,他依次对生产劳动、资本以及社会资本再生产进行了系统的分析。

1. 关于生产劳动

斯密以劳动的作用为标准对劳动进行了定义,生产劳动是生产资本和商品的劳动,所以凡是能增加物的价值的劳动都称为生产劳动,而非生产劳动是那些不能增加物的价值的劳动。进一步而言,能够与资本进行交换并能为资本家提供利润的劳动是生产劳动;而仅与收入相交换,却不能把工资再生产出来,也不能为资本家提供利润的劳动,便是非生产性劳动。斯密从资本主义生产关系的本质出发定义生产劳动被马克思评价为是斯密的巨大科学功绩之一,认为他触及了问题的本质,抓住了要领。

同时,斯密又提供了一种以劳动结果是否具有物质形态为划分标准的观点,认为生产劳动是生产物质商品的劳动,制造业工人的劳动可以固定在特殊的商品上,经历一段时间,不会随生随灭;反之,家仆的劳动,随生随灭,不能固定也不能实现在一定物品上,要把它的价值保存起来,供日后使用是很困难的。他还具体列举了官吏、牧师、演员、丑角等的劳动,以说明非生产劳动的特点。① 可见,斯密的第二种划分实际上将社会经济部门划分为了农业、工业以及服务业三个产业,这对于认识经济发展中的结构特征具有一定意义,但是他认为服务业不是生产劳动的观点具有鲜明的历史局限性。

---

① 斯密将当时还带有浓厚的封建色彩的官吏、牧师等与丑角并列,表明了他的反封建意识,马克思认为这个概念是"具有革命性的资产阶级说的话"。

2. 关于资本理论

斯密将资本积累作为增加生产劳动者人数的前提条件,因此,为了研究增进社会财富需要,他对资本的性质、分类、积累等进行了系统的分析,这也是经济学说史上的首创。

首先,斯密从资本的本质出发,讨论了资本历史特征。他认为资本是社会发展到一定阶段,随着劳动和劳动条件的分离而产生的,资本也是迫使工人从事劳动并占有劳动成果的一种权利或手段。他以生产过程中资本的作用出发,提出资本是一种预蓄资财,与消费资财相对,用来投入再生产以获取收入。斯密在再生产的意义上理解资本是正确的,但是认为资本就等同于生产资料的观点抹杀了资本本身具有的生产关系特征,显然又是错误的。

其次,根据提供利润形式的差别,斯密将资本划分为固定资本和流动资本两个部分。需要经过流通才能带来利润的是流通资本,不需经过流通就能带来利润的是固定资本。固定资本又由四项构成:一是一切便利和方便劳动的有用机器和工具;二是一切有利润可取的建筑物;三是开垦、排水等用于农业的土地改良费;四是社会上所有人学到的有用才能。流动资本也分为四项:一是货币;二是各种食品;三是制造衣服、家具、房屋之类的材料;四是已经制成但尚滞留在生产者或商人手中的未出售的商品。

斯密摆脱了前人及重农主义者只关注农业生产领域的狭隘观念,对社会资本进行一般分析,是理论的进步。但是他并没有正确地认识到资本具有生产资本、流通资本等各种价值形态,从而混淆了流动资本与流通资本,认为固定资本不参加交换和流通的观点显然也是错误的。

再次,斯密对资本积累进行了深入的讨论。他认为资本积累是扩大社会生产和增加财富的重要条件,而资本积累的途径是节俭。"资本增加,由于节俭;资本减少,由于奢侈与妄为。"①他极力反对奢侈浪费,特别是政府,因为个人的节俭与浪费比,自发地大占优势;而政府的奢侈与妄为,往往会造成社会的灾难和穷困。斯密节俭的主张,反映了资产阶级在早期积累致富的愿望,具有一定的进步意义,但是他并没有看到资本的积累不过是剩余价值资本化的必然要求,仍然具有一定的庸俗性。

最后,斯密对资本的用途也有着独到的见解。他指出,虽然一切资本都可用来维持生产性劳动,增加价值,但等量资本所能推动的生产性劳动,从而对一国年产品所能增加的价值,会随着资本用途的不同而不同。资本的用途按照价值增加大小的顺序依次是:首先用于生产原生产物,如经营农业、渔业、采矿业,因为这些部门有自然力参加劳动;其次用于对原生产物的加工、制造业;再次用于交通运输;最后是用于零售业。显然,斯密的顺序符合产业发展的规律,是现代经济学中对三次产业划分标准的最早来源。

3. 社会资本再生产理论

在他的资本论和价值理论基础上,斯密提出了社会资本的再生产理论。他认为,个别资本家的资产分为个人消费资料和用于生产的资本两个部分,而资本又分为固定资本和流动资本。他进一步推论,社会财产作为全体居民财产的总和也必然分为消费资料、固定资本和流动资本三个部分。消费资料需要依赖固定资本和流动资本的共同作用而获得;固定资本则由流动资本转化而来,并不断地从流动资本中得到补充。例如,制造机器需要原料和工人,那就需要流动资本,流动资本又来源于原生产物,而取得原生产物还是需要固定资本和流动资本。这样,原生产物除了补偿投入本部门的资本并支付利润之外,还要补偿社会上所有其他资本并支付利润。当然,这个过程需要货币这个大车轮来促使其相互交换而实现。举例来说,农民先用自己的土地

---

① 〔英〕斯密:《国民财富的性质和原因的研究》上卷,郭大力、王亚南译,商务印书馆1972年版,第311页。

产品换取货币,然后用货币换取工业品以补偿自己消耗的农具和生活用品。

斯密从社会总产品在实物和价值两种形态的补偿角度分析了社会资本再生产和流通的问题,这是政治经济学的一个重要理论部分。但是斯密将之建立在自己的收入价值论基础之上,混淆了年产品价值与年价值产品,结果造成了理论上的混乱。斯密提出一切商品的交换价值都可分解为工资、利润和地租。以谷物价格为例,虽然对于个别产品价值来讲,耕畜和农具的消耗需要补充,也就是说要包括生产资料价值,但是耕畜和农具的价值本身也是由工资、利润和地租构成的,那么,从全社会所有商品的价值来看,归根结底仍只能分解为工资(可变资本)和剩余价值(利润和地租),生产资料(不变资本部分)的价值就被丢掉了。这就是著名的"斯密教条"。

"斯密教条"给分析社会再生产带来了巨大的困难,因为丢掉了生产资料的价值,下一年的再生产是无法继续进行的。斯密也意识到了这个问题,为了解决理论上的矛盾,他提出了"总收入"和"纯收入"的概念。他说:"一个大国全体居民的总收入,包含他们土地和劳动的全部年产物。在总收入中减去维持固定资本和流动资本的费用,其余留给居民自由使用的便是纯收入。"①这里的总收入包含了不变资本的价值,而纯收入则只包含产品的新创造价值。斯密通过总收入的概念,又将不变资本的价值塞了回来,不仅没有解决矛盾,还引起了更多的混乱。因为斯密的总收入即国民收入,但是国民收入实际上是在年产品总价值中扣除耗费的生产资料价值后的剩余,就是产品的新创造价值,与斯密纯收入的概念是相对应的。

斯密与重农主义者一样局限于简单再生产的分析,但是他混淆了年产品价值和年价值产品,又不能区分个人消费和生产消费,造成了他在再生产理论方面的困难,"不仅没有比他的前辈特别是重农学派

---

① 〔英〕斯密:《国民财富的性质和原因的研究》上卷,郭大力、王亚南译,商务印书馆1972年版,第263页。

有所进步,甚至有决定性的退步。"①

4. 自由主义的政策主张

为实现国民财富的增长,斯密坚决主张实行自由放任的经济政策。"一切特惠或限制的制度,一经完全废除,最明白最单纯的自然自由制度就会树立起来。每一个人,在他不违反正义的法律时,都应听其完全自由,让他采取自己的方法,追求自己的利益,以其劳动及资本和任何其他人或其他阶级相竞争。"②

具体而言,他主张:(1)废除学徒规章和居住法,实行劳动力的自由买卖和流动;(2)废除限嗣继承法、长子继承法以及其他限制自由转让土地的规定,实行土地自由买卖;(3)废除地域关卡税及其他一些税收制度,实施国内自由贸易;(4)废除保护关税政策和对外贸易的商业禁令与特许公司的商业垄断,实行对外贸易自由。

这些自由放任的政策主张旨在消除对自由、充分的市场机制的各种人为限制和干扰,实现生产要素的自由流动,创造自由、公平的竞争环境。这不仅是当时英国正在向机器大生产过渡的自由资本主义的要求,也符合现代社会提高经济效率和经济发展的基本要求。

5. 政府职能与赋税原理

斯密在《国富论》的第五篇"论君主或国家的收入"中论述了关于国家政府职能的观点,系统地分析了国家的支出、收入和公债等理论问题,对以后的财政学有着极为深远的影响。

斯密高度推崇"看不见的手"的作用,反对政府干预经济。他认为,在自由的制度条件下,君主们虽然被解除了监督私人产业、指导私人产业使之最适合于社会利益的义务,但仍有三个应尽的义务:第一,保护社会,使其不受其他独立社会的侵犯;第二,尽可能保护社会上每个人,使其不受社会上任何其他人的侵害或压迫,这就是说,要设立严

---

① 《马克思恩格斯全集》第23卷,人民出版社1972年版,第648页脚注(32)。
② 〔英〕斯密:《国民财富的性质和原因的研究》下卷,郭大力、王亚南译,商务印书馆1974年版,第253页。

正的司法机关;第三,建设并维持某些公共事业和某些公共设施,不仅包括便利社会商业所需要的良好的道路、桥梁、运河、港湾等,还包括教育设施。

为了执行上述职责,政府自然需要一些费用,但是,他认为必须注意节约开支,主张"廉价政府"。因为资本的增加与积累来自节俭,而王公大臣毫无疑问是社会上最浪费的阶级,除此之外,维持大量的牧师和军队等非生产人员也是不利于资本的积累的。因此,政府还要尽量防止和避免战争,缩减政府开支,达到社会资本积累的目的。

政府的支出自然需要有合理的收入来源,这就是财政问题。斯密提出了著名的公平、确定、便利、经济四大税收原则,即:"一、一国国民,都须在可能范围内,按照各自能力的比例,即按照各自在国家保护下享得的收入的比例,缴纳国赋,维持政府。……二、各国民应当完纳的赋税,必须是确定的,不得随意变更。完纳的日期,完纳的方法,完纳的额数,都应当让一切纳税者及其他的人了解得十分清楚明白。……三、各种赋税完纳的日期及完纳的方法,须予纳税者以最大便利。……四、一切赋税的征收,须设法使人民所付出的,尽可能等于国家所收入的。"①

斯密认为各种赋税的最终来源就是个人收入的三个源泉,并认为地租是最适宜的征税对象。因为对利润征税,资本就会把税收转嫁到货币利息上,少付利息,或者提高价格,从而转嫁到消费者身上;对利息征税也不合适,因为货币容易隐藏,流动性大,如果对它课税,就会促使它流到国外去,对本国不利;对工资课税只会引起工资上涨,从而提高商品的价格,结果仍然要转嫁给消费者。而地租是地主以及土地所有者"不用亲自劳神费力,便可享得的收入",对这种收入"提出一部分充国家费用,对任何产业,都不会有何等妨害","这样看来,地皮

---

① 〔英〕斯密:《国民财富的性质和原因的研究》下卷,郭大力、王亚南译,商务印书馆1974年版,第384—385页。

租及其他普遍土地地租,就恐怕是最适宜于负担特定税收的收入了。"① 当然,只要遵循四大税收原则,斯密也不反对向利润和工资课税。

公债是政府为弥补财政赤字采取的增加财政收入的手段。在现代商业社会中,国家遇有战争等非常重大的财政支出,就往往要举借公债,而同时,因为很多商人愿意并且能够随时借款给国家,借债也是可能的。但是斯密认为,除了解决战争费用问题不得已而为之外,公债实在是没有什么好处。因为公债是向资本募集的,公债的增加就意味着维持生产劳动的资本数额的减少,所以公债实在是有害的举债制度。

斯密承袭了配第以来的古典经济学思想,通过对现实经济的深入观察研究,提出了一套比较完整的政治经济学理论体系,从此,政治经济学摆脱了对伦理哲学等学科的依附,开始成为一门独立的科学。而斯密对劳动价值论、资本理论以及社会再生产问题的探讨,客观上揭示了资本主义生产的本质,触及了资本主义生产关系的内部联系,具有相当的科学价值,为马克思主义政治经济学提供了科学的营养成分。他所倡导的自由竞争、市场与分工理论及经济发展等理论对现代经济学及政策产生了深远的影响,他的赋税原理对现代财政学也奠定了重要的理论基础。当然,由于方法论上的二元性,以及历史的客观局限,斯密的理论中也不可避免地出现一些模糊不清甚至错误之处,为后来的庸俗经济学家们加以利用和发挥。总之,斯密创立了经济学说史上第一个政治经济学理论体系,具有划时代的革命意义。

---

① 〔英〕斯密:《国民财富的性质和原因的研究》下卷,郭大力、王亚南译,商务印书馆1974年版,第403页。

第五章
古典政治经济学的重要发展

起源于英、法两国的古典政治经济学在斯密那里完成了理论体系的构建,到了 18 世纪晚期,在英国和法国又分别获得了更大的发展,在英国的代表是大卫·李嘉图,在法国是西斯蒙第。

第一节 李嘉图的经济学说

大卫·李嘉图(David Ricardo,1772—1823)出生于英国伦敦的一个富有的犹太家庭,只接受过短暂的学校教育,14 岁起就随父亲从事证券交易活动,21 岁时因婚姻和宗教问题,与家庭脱离关系,独立经营证券交易,25 岁成为百万富翁。此后,他致力于学术学习,先是研究自然科学。1799 年,他接触到了斯密的《国富论》,对政治经济学产生了浓厚的兴趣,进而开始转向研究经济学。

当时英国政府为了弥补战争引发的财政赤字发行了大量的银行券,引起纸币贬值,物价上涨。李嘉图针对这个问题,撰写并出版了《黄金价格》等一系列文章,被评价为著名的货币理论家。1815 年他发表了《论谷物价格低廉对资本利润的影响》,抨击刚刚通过的谷物法修正案,指出国内谷物价格高昂,将引起资本利润降低,人民生活状况恶化,阻碍经济发展。1822年,他去世的前一年发表了《论对农业的保护》,指出地主阶级的利益不仅和工业资产阶级的利益相矛盾,也和全社会的利益相矛盾,再次呼吁废除谷物法,争取廉价谷物和农产品的自由进口。

李嘉图的代表作是出版于1817年的《政治经济学及赋税原理》,该书的出版使他成为当时最著名的经济学家。很快李嘉图入选英国下议院,并将自己的理论付诸政策实施。李嘉图于1823年因病逝世。

《政治经济学及赋税原理》由32篇独立的论文组成,各成一章,前后没有一定的逻辑联系,甚至各篇内容还存在一定的重复。虽然这本书更像是一部论文集,但是李嘉图提出的价值论却在逻辑上坚持了一致性,其前后一贯的抽象方法大大超过了斯密,被称为古典政治经济学的巅峰之作。由于其具有的科学性,李嘉图的劳动价值论成为马克思政治经济学的直接来源。

一、李嘉图学说产生的历史条件及理论特点

1. 时代背景

李嘉图从事经济研究比斯密晚了近半个世纪,在李嘉图的时代,工业革命已经进入高潮时期,资本主义生产制度也逐渐成熟,英国的经济、政治和社会面貌发生了巨大而深刻的变化。在纺织、冶金、煤炭、机械制造等主导产业部门,机器大生产代替了手工作坊,技术进步提高了劳动生产率。而在世界范围内,由于英国劳动生产率的提高以及对外贸易的优势,英国作为欧洲大陆及美洲国家工业品的主要供应者,成为名副其实的"世界工厂"。

生产力的迅猛发展促进了社会进步与经济增长,同时也引发了一系列的问题和矛盾。货币贬值和谷物法就是困扰着英国的两个重要问题。首先关于货币贬值,18世纪末英国卷入了与法国的战争,英格兰银行大量增发银行券为政府筹措军费。由于银行券发行过多,黄金储备不足,引起了兑现困难;同时,英国农业歉收,农产品进口增加,而

英国的工业品又因法国的大陆封锁很难输出,因此,英国国际收支出现逆差,黄金净输出加剧了银行券兑现困难的局面。最后,英国政府被迫在1797年停止了银行券对黄金的兑现,从此,银行券大幅度贬值,物价飞涨。到1809年,购买力下降约25%,英国陷入了经济危机之中。

另一个问题是关于谷物法。谷物法始于重商主义时代,是英国为保护农业及国内消费者,调节农产品进出口而制定的一系列法令的总称。英法战争期间,受到法国的封锁,英国谷物进口中断,粮食供应不足,粮价高企,地租攀高。战争结束后,地主阶级担心国外廉价的谷物进口影响自己的利益,通过其把持的议会修订了限制粮食进口的法案,规定只有当粮食价格高于法定价格时,才允许粮食进口,但同时又把国内法定价格定得非常高,以保护地主阶级的既得利益。

时代的变化使得分配问题成为李嘉图理论的中心,解释并解决这些重大经济问题,扫清资本主义工业大发展的障碍成为李嘉图理论的核心任务。马克思曾评价,"只要政治经济学是资产阶级的政治经济学,就是说,只要它把资本主义制度不是看作历史上过渡的发展阶段,而是看作社会生产的绝对的最后的形式,那就只有在阶级斗争处于潜伏状态或只是在个别的现象上表现出来的时候,它还能够是科学。"① 英国古典政治经济学的"最后的伟大的代表李嘉图,终于有意识地把阶级利益的对立、工资和利润的对立、利润和地租的对立当作他的研究的出发点,因为他天真地把这种对立看作社会的自然规律。这样,资产阶级的经济科学也就达到了它的不可逾越的界限。"②

围绕当时的社会经济问题,马尔萨斯、萨伊、西斯蒙第、圣西门、付立叶、欧文等人站在各自阶级利益立场提出了不同的理论,学术界的争议非常激烈。作为英国资产阶级古典政治经济学的完成者,李嘉图继承并发展了斯密学说中的科学成分,对西斯蒙第、马尔萨斯等人的

---

① 〔德〕马克思:《资本论》第1卷,人民出版社1975年版,第16页。
② 同上。

猛烈抨击坚决予以反击。理论的交锋促进了经济思想的前进，百家争鸣是李嘉图学说产生的重要条件。

2. 李嘉图理论的主要特征

在研究方法上，与斯密的经验主义不同，李嘉图更倾向在严格的逻辑基础上对资本主义经济活动进行抽象和一般化。他注意到斯密理论中的二元化矛盾，力图在他的理论中把劳动价值论贯彻到底，这使得他能够以劳动价值论为基础去分析资本主义的一切经济范畴和经济关系，从而在资产阶级的限度内最深入地分析和揭示了资本主义生产方式的内在联系。

与此相关，李嘉图的《政治经济学及赋税原理》在形式上远不如《国富论》那样结构严密，但却是古典政治经济学最深刻的、体系化的理论。李嘉图理论的中心议题是收入的分配，即土地、劳动和资本在收入中的相对份额是怎样决定，怎样分配的。始终坚持劳动价值论，李嘉图在生产领域里寻找货币工资降低、利润增长、地租减少的因素，从而符合逻辑地得出结论，指出自由贸易促进利润增长和资本积累，使社会生产力和国民财富得到迅速的、无限的增长，为其倡导经济自由主义提供了有力的支撑。

尽管有些理论，例如级差地租和比较优势原理，在李嘉图之前就已经出现，但是李嘉图将其与其他原理结合在一起成为思想体系，是他对经济学说史的独特贡献，而李嘉图的逻辑演绎也为现代经济分析的形成指明了方向。

李嘉图的研究方法在具有科学性的同时也有局限性。他的抽象法虽然也有唯物主义，但基本上是唯心主义形而上学的，有时抽象不足，有时又过于抽象。抽象不足表现在他不能从数量分析抽象到本质分析，特别是在研究价值决定时，不能抽象掉利润和平均利润，即不能抽象掉价值增值和按资本大小进行的价值分配。过于抽象表现在研究资本、工资、利润、地租等资本主义经济范畴时，抽象掉了它们的资本主义性质，认为这些范畴与资本主义生产关系一样是自然的，即抽象掉了它们的历史性和特殊社会性。

二、价值论

劳动价值论是李嘉图全部经济学说的基础和出发点。他继承了斯密关于耗费劳动决定商品价值的观点,进一步发展形成了他的价值论,并始终一贯地运用这一原理来考察资本主义的一切经济范畴和规律,这是他对劳动价值论和政治经济学的最重要贡献。

1. 关于使用价值和交换价值

李嘉图肯定了斯密关于使用价值和交换价值的区分,对于斯密提出的钻石与水的悖论,他认为使用价值很大的东西可以没有交换价值,但是没有使用价值的东西就一定不会有交换价值。在他看来,"一种商品如果全然没有用处,那就无论怎样稀少,也无论获得时需要多少劳动,总不会具有交换价值。"①李嘉图正确地认识到使用价值是交换价值的物质前提,但并不认为价值可以由使用价值决定,"效用对于交换价值说来虽是绝对不可缺少的,但却不能成为交换价值的尺度。"②

李嘉图在研究交换价值如何决定时指出:"具有效用的商品,其交换价值是从两个泉源得来的,一个是它们的稀少性,另一个是获取时所必需的劳动量。"③接着,李嘉图将市场上的商品进行了分类,并分别讨论了其价值的决定。第一种是劳动不能增加其数量的商品,如罕见的雕像和图画、稀有的书籍和古钱等等,其价值同原来生产时的必要劳动量无关,而是由它们的稀少性决定,随着需求者个人财富和嗜好的变动而变动。这样的价格被马克思称为"垄断价格",并将其观点归纳为:"当我们说垄断价格时,一般是指这样一种价格,这种价格只

---

① 〔英〕李嘉图:《政治经济学及赋税原理》,郭大力等译,商务印书馆1962年版,第7页。
② 同上。
③ 同上。

由购买者的购买欲和支付能力决定,而与一般生产价格或产品价值所决定的价格无关。"①李嘉图指出,这部分商品实际上并不多,绝大多数是劳动可以无限增加其数量的那类商品。对于这类商品,它们的价值是由生产时所耗费的劳动量决定的,价值的大小与耗费劳动量成正比。这类商品的价值如何决定是李嘉图研究的重点。

2. 关于交换价值的决定

在劳动决定交换价值的问题上,李嘉图始终坚持一元论。他首先批评了斯密认为商品价值决定于其购买的劳动的观点。他说:"斯密如此精确地说明了交换价值的原始源泉,他要使自己的说法前后一贯,就应该认为一切物品价值的大小和它们生产过程中所投下的劳动量成比例;但他自己却又树立了另一个价值标准尺度,并说各种物品价值的大小和它们所能交换的这种标准尺度的量成正比。"②

其次,针对斯密关于三种收入决定价值的观点,李嘉图又提出了批评意见。斯密不理解工人出卖的是劳动力而不是劳动,因此,他认为生产投入的劳动量决定价值只适合于资本主义生产关系之前的社会,在那时,资本和土地都属于个体生产者自己,而在资本主义社会里,如果价值成为劳动者的工资,利润和地租就失去了源泉。因此,斯密提出价值是由工资、利润和地租三种收入决定的错误原理。李嘉图虽然不能正确地理解斯密的错误,但是却能坚决地反对。他指出,即使在资本主义社会,商品的价值仍然取决于制造它和把它运到市场所必需的劳动总量。工资、利润和地租是已经生产出来的价值的分割,这并不能改变价值决定于劳动时间这一原理。

3. 关于创造价值的劳动

李嘉图对创造价值的劳动进行了深入分析,提出的一些科学见解为马克思政治经济学奠定了基础。

---

① 〔德〕马克思:《资本论》第3卷,人民出版社1975年版,第873页。
② 〔英〕李嘉图:《政治经济学及赋税原理》,郭大力等译,商务印书馆1962年版,第9页。

他首先承认劳动具有不同性质,有些是复杂劳动,有些是简单劳动,并认识到,在同一时间里,复杂劳动创造的价值要大于简单劳动。但是对于简单劳动与复杂劳动如何换算的问题,李嘉图认为市场机制就可以解决,"为了实际的目的,各种不同性质的劳动的估价很快就会在市场上得到十分准确的调整,并且主要取决于劳动者的相对熟练程度和所完成的劳动的强度"①。但是"估价的尺度一经形成,就很少发生变动"②,因此,他认为研究这个问题没有什么重要性。

其次,在商品价值量的决定问题上,李嘉图比斯密有了一定的进步。他认为决定商品价值的不仅有投在商品上的直接劳动,还有投在协助这种劳动的器具、工具和工场建筑上的间接劳动。以棉袜为例,其价值除了有纺纱工人和织袜工人的劳动,还要包括修建织袜工厂和织袜机器的劳动以及生产、运送棉花的劳动等等。但是,在李嘉图看来,间接劳动并不创造价值,而只是将价值转移到生产物上。但是对于在同一生产过程中,新价值的创造和原有价值的转移是怎样同时进行的,李嘉图并没有给予说明。

最后,李嘉图提出了社会必要劳动的概念,认为决定价值的不是每个生产者实际耗费的劳动,而是社会必要劳动。将个别劳动抽象为社会劳动是李嘉图天才的创造,但是他的社会必要劳动并不是全社会的抽象平均,而是边际生产条件下的生产者生产商品所需要的劳动时间。他说:"一切商品,不论是工业制造品、矿产品还是土地产品,规定其交换价值的永远不是在极为有利、并为具有特种生产设施的人所独有的条件下进行生产时已感够用的较小量劳动,而是不享有这种便利的人进行生产时所必须投入的较大量劳动;也就是由那些要继续在最不利的条件下进行生产的人所必须投入的较大量劳动。"③李嘉图的

---

① 〔英〕李嘉图:《政治经济学及赋税原理》,郭大力等译,商务印书馆1962年版,第15页。
② 同上。
③ 同上书,第60页。

观点可以正确地解释农业产品的价值现象,但是将其一般化到制造业显然是不科学的,具有局限性。

4. 关于价值和交换价值

李嘉图用价值、绝对价值或者实际价值等表达价值的范畴,用交换价值、相对价值或比较价值来表示交换价值的范畴,并认为一种商品的价值是由生产这种商品所耗费的劳动时间决定的,而交换价值是两种商品交换时数量的比例关系。

李嘉图坚持认为商品具有绝对的、实际的价值,但是在解释相对交换价值的变化及其与这个不变的尺度之间是什么关系时,却是模糊不清的。有时,他将交换价值理解为价值的自然表现,"劳动使用的节约必然会使商品的相对价值下降,无论这种节约是发生在制造这种商品本身所需的劳动方面,还是发生在构造协助生产这种商品的资本所需的劳动方面。"①有时,他还将价值的变化理解为相对价值的变化,"如果我看到一盎司黄金所换得的……商品量都已减少,并且看到……用较少量的劳动量就可以获得一定量的黄金,那么,我就有理由说,黄金相对于其他商品的价值发生变动的原因,是它的生产……所必需的劳动量已经减少"②。

交换价值的变化受到三种情况的影响:(1)生产商品所耗费的劳动的变化;(2)与这个商品相交换的其他商品在生产时所耗费的劳动的变化;(3)两者同时发生变化。李嘉图还不能正确地理解私人劳动与社会劳动的矛盾,因而无法理解为什么会产生相对价值,进而也无法说明相对价值变化的规律。

5. 理论体系的两大矛盾

李嘉图虽然希望能够将劳动价值论坚持到底,但是却不能解决两个根本矛盾,从而最终导致了其理论体系的破产。

---

① 〔英〕李嘉图:《政治经济学及赋税原理》,郭大力等译,商务印书馆1962年版,第20页。
② 同上书,第13页。

第一个矛盾是价值规律与利润规律的矛盾。李嘉图等人都认为工人出卖的是劳动,工资是劳动的价值或价格。这样演绎的结果就是,资本要同劳动相交换,如果按价值规律进行,就要等价交换,商品价值表现为工人的工资,就不存在利润;如果存在利润,就破坏了价值论的基础。解决这个矛盾需要理解劳动与劳动力的区别,李嘉图因为没能深刻地理解资本主义生产方式与生产关系,陷入了左右为难的境地。

第二个矛盾是价值规律与等量资本获取等量利润规律的矛盾,即价值规律与平均利润率之间的矛盾。当时各部门间的资本有机构成因技术进步的原因差异越来越明显,竞争使得各部门利润已经平均化为一般利润率,从而商品的价值转化为生产成本加平均利润得到的生产价格。李嘉图看到了这种经济现象,并抽象为等量资本将实现等量利润的基本规律,但他并没有认识到生产价格和平均利润率的规律,而是直接从表象上将价值和生产价格等同起来。这样,当李嘉图坚持劳动价值论,将产品的价值分割为工资和利润时就遇到了困难。工人工资的增减只能引起利润水平反方向的变动,而不能影响商品的价值。但是,这只适用于各个部门的投资都是用在劳动上,或者各部门资本有机构成相同两种极特殊情况,如果各个部门的资本有机构成不同,在等量资本获得等量利润的前提下,工资的变动也会引起商品价值的变动,"因采用机器及固定耐久资本,这个原则的运动,遂大受修正"①。

李嘉图为了捍卫劳动价值论,提出工资的变动虽然会影响商品价值,但是这种影响是微不足道的;影响商品价值的主要因素仍然是耗费掉的劳动量,如果确实存在资本有机构成、资本周转速度等因素引起的商品价值变动,那只是一种例外。对于李嘉图理论中的缺陷,马尔萨斯曾进行了深刻的批判,"李嘉图先生自己也承认他的法则有相

---

① 〔英〕李嘉图:《政治经济学及赋税原理》,郭大力等译,商务印书馆1962年版,第23页。

当多的例外",如果研究一下,就会发现,"其为数之多,使得该法则可以看作是例外,而例外倒成为法则了。"①

三、分配论

李嘉图在《政治经济学及赋税原理》的序言中指出:全部土地产品要在地租、利润和工资的名义下分配给各个阶级,确定支配这种分配的法则,乃是政治经济学的主要问题。他认为前人虽然已经在这个问题上有所贡献,但是还不能令人满意。因此,他将分配问题作为了自己理论的核心。

李嘉图对分配问题的研究是从生产过程出发的。既然价值是由劳动创造的,工资就构成了社会产品价值中一个决定性的要素,这构成了他理论分析的逻辑起点。

1. 工资理论

李嘉图认为工资是劳动自身的价值或价格,即"劳动的价格",是劳动所创造的价值的一部分。同其他商品一样,劳动也有自然价格和市场价格之分。劳动的自然价格是"让劳动者大体上能够活下去并不增不减地延续其后裔所必需的价格","取决于劳动者维持其自身与其家庭所需的食物、必需品和享用品的价格"②。李嘉图没有区别劳动和劳动力,他所说的劳动的自然价格实际上就是劳动力的价值。

李嘉图还分析了劳动的自然价格受不同因素的影响而发生变化的情况。不同国家之间、同一国家不同时期劳动的自然价格也会不同,人民的风俗习惯也有影响。另外,食物和必需品涨价,劳动的自然价格也会上涨;这些东西跌价,劳动的自然价格也会跌落。

李嘉图认为劳动的市场价格是"根据供求比例的自然作用实际支

---

① 〔英〕马尔萨斯:《政治经济学原理》,厦门大学经济系翻译组译,商务印书馆1962年版,第13页。
② 〔英〕李嘉图:《政治经济学及赋税原理》,郭大力等译,商务印书馆1962年版,第77页。

付的价格"①,也就是劳动力价值和它的货币表现之间的关系。劳动供不应求时,价格上涨;供过于求时,价格就下跌。但是由于劳动者人口自然繁殖率的变化起到了自动调节的作用,因此,工资必然趋向自然价格。

李嘉图关于相对工资的分析是理论的主要贡献之一。相对工资即工资与利润之间的相互关系,他指出雇佣工人劳动创造的价值在工人与资本家之间进行分配,"作为工资而付出的比例,对利润问题是极为重要的,因为我们一眼就可以看清楚,利润的高低恰好和工资的高低成反比。"②

李嘉图认为随着社会的进步、财富的增加,以及资本的积累,货币工资有上涨的趋势,但实际工资有下降的趋势。货币工资上涨是因为维持工人最低生活资料的价格上涨。农产品价格会由于资本的积累、工人人口增加而扩大耕种劣等土地进而加大生产上的困难而上涨。而实际工资下降的原因主要是:第一,资本增长的速度赶不上工人人口增长的速度,即对劳动需求的增长赶不上劳动供给的增长。第二,货币工资增长速度赶不上谷物价格上涨的速度,所以,增长了的货币工资不足以购买从前那么多的生活必需用品;而且总是谷物价格上涨在先,货币工资上涨在后,后者总赶不上前者。

李嘉图正确地指出了资本主义条件下工人实际工资下降的趋势,但对其原因的解释却是错误的。他的这个论断不是基于历史事实的理论抽象,而是从错误的土地从优到劣的耕种顺序、土地报酬递减规律以及马尔萨斯人口论中推论出来的。

2. 利润理论

李嘉图认为利润是资本所有者的收入,并坚持利润是劳动创造的价值的一部分。如果不加入地租的因素,即制造业者以及那些耕种最

---

① 〔英〕李嘉图:《政治经济学及赋税原理》,郭大力等译,商务印书馆1962年版,第78页。
② 同上书,第21页。

劣等土地因而不支付地租的农场主,他们的商品"全部价值只分成两部分:一部分构成资本的利润,另一部分构成劳动工资。"①李嘉图并没有独立的剩余价值概念,但是当他论述利润问题时,经常把用于生产资料方面的资本略去不谈,而只研究用于工资的资本即可变资本与利润的关系。显然他考察的实质上就是剩余价值的问题。

既然利润是劳动创造的价值超过工资的余额,那么利润量就会受到工资变化的影响而成反比例变化。李嘉图讨论了影响工资与利润之间量的比例变化的各种因素,提出财富增长、人口增长、土地报酬递减都会抬高工资,压低利润;而机器运用、技术改良、农业科学发展、粮食自由进口都可以降低工资,增加利润。总之,凡是减低劳动生产率使生产商品耗费劳动量增加的因素都倾向于提高工资而降低利润;凡是提高劳动生产率,降低商品生产耗费劳动量的因素都倾向于降低工资而增加利润。

李嘉图确信工资和利润二者量的变动是完全对立的,并总结出三条规律:第一,如果工人每天劳动时间的长度一定,不论劳动生产率如何变化,工人每天总是生产等量价值;第二,在这种条件下,劳动生产力的变化,使工资向相反方向变化,使利润向相同方向变化,所以,工资和利润成反方向变化;第三,劳动生产力变化首先引起工资变化,然后才引起利润变化,所以利润变化始终是工资变化的结果,绝不是它的原因。

李嘉图在利润的名义上讨论了剩余价值理论,深刻地揭示了工人和资本家的根本对立,但是他的理论中只强调了相对剩余价值,忽略了因延长劳动时间或者提高劳动强度而形成了绝对剩余价值,在这种情形,工资不会下降,而利润仍然可以上升。

在利润率下降的问题上,李嘉图的解释是不正确的。他认为人口的增长对谷物需求增加,导致贫瘠土地也要投入耕种,另一方面,原有

---

① 〔英〕李嘉图:《政治经济学及赋税原理》,郭大力等译,商务印书馆1962年版,第92页。

土地上追加投资导致土地收益递减,从而农产品价格提高,这样,工资的份额上升,利润率下降。实际上,利润率下降是资本有机构成不断提高的结果。随着资本的积累、技术的进步,不变资本增加得快,可变资本增加得慢,资本有机构成提高,可变资本产生的剩余价值量相对于增加的总资本来说变得更少,就表现为利润率的下降。

3. 地租理论

李嘉图首先在土地所有权的意义上正确地研究了地租的性质。他说:"地租是为使用土地的原有和不可摧毁的生产力而付给地主的那部分土地产品。"①他接着又指出,地主从出租土地得到的全部收入并不都是地租。将全部收入叫作地租只是通俗的说法,地租是地主除了由于占有土地外,没有付出任何代价,不劳而获的收入,那些为改良土地及修建建筑物的投资而支付的利息并不是真正的地租。可见,李嘉图区分了真正的农业地租与投资在土地上的资本利息。

李嘉图在坚持劳动价值论的基础上阐述了地租产生的条件。他认为地租之所以产生一是土地有限,二是土地肥沃程度不同、位置有差别。在他看来,土地耕种是按照从优到劣的顺序扩展的。人口增长对农产品的需求增加,原有的优质土地生产的农产品不能满足社会需要,不得不利用劣等地。而同量资本和劳动投在面积相同但质量和位置不同的土地上,所产生的农产品就有差额,这差额就是优质土地的地租。

显然李嘉图讨论的是因质量差异形成的第一种形态级差地租。李嘉图是第一个提出了级差地租理论的资产阶级经济学家,他正确地将级差地租与劳动价值学说联系在一起,提出了农产品的价值由劣等土地上所耗费的劳动,即最不利条件下的劳动决定的观点。这样,优等和中等的土地耕种者在按照社会价值出售其农产品时,就获得了超额利润,这种超额利润转化为级差地租,被土地所有者占有。

---

① 〔英〕李嘉图:《政治经济学及赋税原理》,郭大力等译,商务印书馆1962年版,第55页。

除此之外,李嘉图还研究了由于在原有土地上追加等量资本和劳动,集约耕种而产生的第二种形态的级差地租。李嘉图为了解释第二种形态的级差地租的形成,提出了土地报酬递减的规律,即在同一块土地上追加等量资本和劳动虽然能够带来产品的增加,但是增加的量是递减的。土地报酬递减规律在一定范围内是正确的,但并不是级差地租产生的充分条件。虽然如此,李嘉图学说中体现的边际递减原则却为现代经济学奠定了重要的理论基础。

为了坚持劳动价值论,李嘉图否认绝对地租的存在,即租种劣等土地也是需要支付地租的。因为在他看来,农产品的价格在补偿了生产商品花费的资本后,除了提供平均利润之外,还提供绝对地租,就必须要承认农产品的价格高于平均价格即价值。这样,绝对地租的存在与劳动价值规律就出现了矛盾。李嘉图的错误在于他不能理解价值的创造与价值的分配是两个不同的范畴,绝对地租是土地私有权的结果。

李嘉图的地租理论是他反对谷物法的有力武器。按照李嘉图的意见,随着人口的增长,社会对农产品的需求增加,农产品供给增加不能满足需求,则农产品价格上涨,地租随之提高,地主的利益增加。但是农产品价格上涨意味着工人消费资料价格上涨,工人货币工资提高,而实际工资并未增加,且利润下降。利润下降又会引起资本积累不足,从而阻碍生产的发展和财富的增加。总之,除了地主阶级外,一切阶级都会因农产品价格上涨而遭受损失。当时英国实行的谷物法,限制外国廉价农产品进口,只维护了地主阶级的利益,因此必须废除。

四、货币学说

1. 关于货币与货币流通规律

李嘉图继承了斯密关于货币也是商品的观点,认为货币的价值也是由生产金银时耗费的劳动决定的,"黄金和白银象一切其他商品一样,其价值只与其生产以及运上市场所必需的劳动量成比例"①。他以劳动价值论为基础进一步解释了金银价格存在的显著差异,他说:"金价约比银价贵十五倍,这不是因为由于黄金需求大,也不是因为白银的供给比黄金的供给大十五倍,而只是因为获取一定量的黄金必须花费十五倍的劳动量。"②

李嘉图认为金银是合适的价值尺度,并进一步讨论了商品价格和货币流通规律。他认为,撇开供求变动的因素,商品的价格由商品价值及货币价值决定。商品价值的改变会引起商品价格发生正比变化,而货币价值的改变会引起商品价格的反比变化。由此,他得出结论,在商品总量和商品价值不变的条件下,或者说流通中的商品总价值不变,流通中所需要的货币量取决于货币本身的价值。货币价值减少了,货币流通量就会增加;货币价值增加了,货币流通量就会减少。

2. 货币数量论

针对当时银行券贬值,物价飞涨的情况,李嘉图提出了货币数量论进行解释。货币数量论的核心结论是当流通中的商品价值一定时,货币的价值将决定流通所需的货币数量。由于李嘉图不理解私人劳动与社会劳动的区别,因此,他错误地认为货币(包括金银和纸币)只是流通手段,只是处于流通过程。这样,当流通中的货币数量多于正常需要水平时,商品价值就以多量货币来表现,于是商品价格上涨;相反,当流通中货币数量小于正常需要水平时,商品价值就以少量货币来表现,于是商品价格下跌。当时的英格兰银行为了给政府筹资发行了大量的银行券,其流通量大于在没有纸币流通时所需要的金银币流通量,因而发生纸币贬值,致使包括黄金在内的商品价格上涨。

虽然货币数量论可以为当时飞涨的物价提供合理的解释,但是却违反了劳动价值论的规定。因为,按照劳动价值论,黄金作为货币,其

---

① 〔英〕李嘉图:《政治经济学及赋税原理》,郭大力等译,商务印书馆1962年版,第301页。
② 同上。

价值是由生产它时耗费的劳动量决定的,在这里,黄金的价值又是由其流通的量决定。李嘉图也意识到了这个问题,在他的理论中进行了进一步的分析,企图解决两者的矛盾。

首先,他指出货币流通量的失衡可以通过黄金在国内的生产与供给解决。在商品价值和商品数量即商品总价格已定的条件下,如果流通中的货币量决定于作为货币的黄金的价值,那么流通中的货币量就处于正常水平。如果商品总价值减少,或黄金的产量增加,流通中的黄金数量就超过正常水平,黄金的价值就跌到原来的金属价值之下,商品价格就上涨;反之亦然。在前一种情况发生时,黄金的生产就会减少,直到由于供给减少再把它的相对价值提高到内在价值为止;反之,当黄金的相对价值上升到其内在价值以上时,就会引起其生产量增加,直到它由于供给增加其相对价值下降到内在价值水平为止。

接着,他还分析了在开放经济条件下如何通过黄金的自由流动来调节。李嘉图认为,在正常的流通条件下,黄金不仅在国内是按照其价值来流通的,在一切国家也都将有相同的价值,在这种情况下,不会有货币的输出和输入。如果因为某一个国家发现了金矿,货币流通量过多导致物价上涨,货币价值就会下跌以至于低于黄金价值,这种情形下,其他国家的商品因为价格相对较低就会流入该国,而该国的黄金就会流到其他国家去,直到恢复正常的货币流通量;反之亦然。

这样,通过黄金的供给调节与自由流动,它作为商品的价值与它作为流通手段的相对价值之间的矛盾就得到了解决,流通中所需货币量的正常水平也得到了恢复,商品价格水平与其价值量相符合。

李嘉图在表面上解决了劳动价值论与货币数量论的矛盾,但实际上,他"应该证明的是,商品价格或金的价值决定于流通中的金量。要证明这一点必须先证明:用作货币的贵金属的任何数量,不论与其内在价值成何比例,必定成为流通手段,成为铸币,因而成为流通中商品的价值符号,而不管这些商品的价值总额如何。换句话说,这个证明就在于抹煞货币除了作为流通手段的职能以外的一切其他职能。"①

3. 关于自由贸易与通货稳定

李嘉图以货币理论为基础,支持其自由贸易的政策主张。根据他的理论,金银输出,是由于数量过多,价值下跌,它的输出正好可以减少其流通量,恢复其正常价值水平。"虽然通常称作贸易差额的部分会于出口货币或金银块的国家不利,但显然它是在进行一种最有利的贸易,因为它是在出口一种对它已经没有什么用处的东西,以换取各种可以用于扩大其制造业并增加其财富的商品。"②

李嘉图认为稳定的通货必须建立在贵金属基础上,因此主张实行金本位制。因为贵金属具有稳定的内在价值,所以适合于作为本位,以衡量其他物品的价值。但是流通中完全使用黄金是一种不生产的耗费,因此,可以以一种与黄金等值的、随时可以兑换黄金的银行券来全部代替黄金,投入流通。而国家则可以用黄金用来交换原料、用具和食物,使用这些东西,国家财富和享受品都可以得到增加。

当然,发行纸币还要防止银行券的贬值。国家必须用法律规定银行发行纸币的最高限额,超过最高限额发行的纸币,银行应有十足的金准备。允许纸币随时地、无限制地兑换金币或金块,并允许金币、金块自由进出口,可以使货币数量的自动调节在纸币流通中同样发生作用。

李嘉图虽然科学地指出了货币的内在价值、流通职能,也接近正确地总结了货币流通规律及货币流通量的决定因素,但是由于劳动价值论的缺陷,他将资本主义生产关系看作是历史的,不能认识到私人劳动、社会劳动的差别,引致了错误的货币数量论,从而使得他的货币学说同他的整个理论体系很不协调。

---

① 《马克思恩格斯全集》第 13 卷,人民出版社 1962 年版,第 164 页。
② 〔英〕李嘉图:《黄金的高价》,载〔英〕斯拉法主编:《李嘉图著作和通信集》第 3 卷,经文正译,商务印书馆 1977 年版,第 58 页。

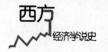

五、资本与再生产理论

1. 资本学说

李嘉图抹杀了资本具有的历史属性,将资本直接等同于生产资料,认为资本就是用于生产的物质财富,这是他比起斯密在理论上的倒退。在分析资本积累的问题时,李嘉图不自觉地提到"在不同的社会阶段中,资本或雇佣劳动的手段的积累速度是有大有小的"①,"他的用语'资本,或者说,使用劳动的手段',实际上是他把握资本的真正本质的唯一用语。"②在资本理解为雇佣劳动的手段上他又触及了资本的真正本质。

同斯密一样,李嘉图将资本划分为固定资本和流动资本两部分,但是在如何分类的问题上,他陷入了理论上的混乱。他说:"资本有些消耗得快,必须经常进行再生产,有些则消耗得慢。根据这种情形,就有流动资本和固定资本之分"③。也就是说,李嘉图是根据资本的耐久程度、消耗快慢、取回这些预付资本时间的长短为标准划分固定资本和流动资本的。这一缺陷在他进一步解释时就充分地表现了出来,李嘉图认为:"农场主买来播种的小麦相对于面包坊主买来准备做面包的小麦而言是一种固定资本。前者把它种在地里,一年之内不能取得报酬;后者把它磨成面粉,做成面包出售给他的顾客,使他的资本在一星期内就可以重新进行同一事业,或开始任何另一事业。"④但是,小麦无论是作为耕种的种子还是做面包的原料都属于流动资本,这与它流通的时间长短并无关系。而且用时间长短划分资本的属性也没有明确的标准,他自己也承认"要严格地说明流动资本和固定资本的

---

① 〔英〕李嘉图:《政治经济学及赋税原理》,郭大力等译,商务印书馆1962年版,第81页。
② 马克思:《马克思恩格斯全集》第26卷第3册,人民出版社1974年版,第122页。
③ 〔英〕李嘉图:《政治经济学及赋税原理》,郭大力等译,商务印书馆1962年版,第24页。
④ 同上。

区别从哪里开始却很困难。因为资本耐久性大小的等差几乎是无限的。"①

李嘉图进一步说明固定资本就是投在劳动资料上的资本,即投在工具、机器和建筑物上的资本,流动资本就是用来维持劳动者生活的资本。这样的划分使得投在原材料上的那部分资本消失了。因为李嘉图认识到投在原材料上的资本的流通与固定资本是完全不同的,但是也不能放在流动资本那里,否则就会出现与劳动价值论相矛盾的情况。

李嘉图从发展生产力、扩大生产的角度提出了资本积累学说。他认为资本积累只能出自纯收入,即利润和地租,而在纯收入中,利润才是资本积累的真正源泉。要增加积累,一方面要增加利润,另一方面要压缩非生产性消费。因为在收入一定的条件下,非生产性消费的增加就是利润的减少,从而减少积累。非生产消费主要指地租和赋税,所以,他强调必须采取有力措施降低地租和赋税。而减少地租的主要方法除提高农业劳动生产力外,还有实行对外谷物自由贸易,特别是废除谷物法。

总体来看,国家财富增长有两个主要途径:一是用更多的收入来维持生产性的劳动,这不仅可以增加商品的数量,而且也可以增加其价值;二是不增加任何劳动量,而使等量劳动的生产效率增大,这会增加商品的数量,但不会增加商品的价值。简而言之,李嘉图认为资本积累可以通过技术和机器的改良提高劳动生产率实现,也可以通过增加生产性消费实现。

李嘉图立场鲜明地维护资产阶级的利益,将资产阶级利益同社会生产发展及大多数劳动人民的利益看作是一致的,甚至是高于一切其他阶级的。但是他片面地将资本积累理解为收入转化为工资的积累,进而在积累问题上并没有得出正确的解释。

---

① 〔英〕李嘉图:《政治经济学及赋税原理》,郭大力等译,商务印书馆1962年版,第127页。

2. 关于再生产与经济危机

沿着资本积累和扩大再生产的问题,李嘉图进一步研究了生产过剩与经济危机。李嘉图正确地指出生产决定消费,但是在讨论生产与消费的关系时,却接受了萨伊的观点,认为生产可以为本身创造市场,他说:"产品总是要用产品或劳务购买的,货币只是实现交换的媒介。某一种商品可能生产过多,在市场上过剩的程度可以使其不能偿还所用资本;但就全部商品来说,这种情形是不可能有的。"[①]显然,他认为资本主义生产有无限扩大的可能,如果有危机的话,也只能是局部的、个别的,并不会出现普遍的全面危机。

李嘉图的这种观点与其所处的历史环境不无关系,因为除了1819年以前几次局部危机外,英国还没有出现过全面的经济危机。正如马克思评价的,"李嘉图自己对于危机,对于普遍的、由生产过程本身产生的世界市场危机,确实一无所知。"[②]从理论的条件上说,他对于资本积累的分析就已经为再生产理论埋下了错误的种子。李嘉图认为积累是用于购买劳动力的劳动者的消费资金,归根结底,扩大再生产是资本家牺牲了自己的消费资金实现的,所以积累不会影响消费,生产也不可能超过消费,"需求是无限的——资本的运用只要还能产生一些利润,便也是没有限制的。"[③]

李嘉图忽视了资本主义扩大再生产过程中包含的生产与消费的矛盾,没有看到随着资本主义生产的发展、资本有机构成的变化,积累中将有越来越大的比重用于购买生产资料,而不是用于购买劳动力。结果,资本主义生产的无限扩大与社会有支付能力的需求之间必然出现矛盾,生产过剩的经济危机是必然的。

---

① 〔英〕李嘉图:《政治经济学及赋税原理》,郭大力等译,商务印书馆1962年版,第248页。
② 《马克思恩格斯全集》第26卷第2册,人民出版社1973年版,第567页。
③ 〔英〕李嘉图:《政治经济学及赋税原理》,郭大力等译,商务印书馆1962年版,第252页。

六、国际贸易理论

自由贸易是古典经济学家的理论之一,也是他们最主要的政策主张。李嘉图时代的英国在经济地位上仍然远远高于其他国家,棉花、粮食等农产品既是人们生活消费的必需品,也是英国工业重要的原料。为了维护英国经济利益,经济学家们极力主张有利于英国利益的自由贸易理论,李嘉图也不例外。

1. 比较成本学说与国际分工

李嘉图国际贸易理论的起点是斯密的绝对成本说。但是李嘉图对斯密的理论进行了重大的修正,因为按照斯密的理论,在生产上没有绝对优势的国家就不可能有国际贸易,这样的结论显然不符合实际。李嘉图认为,在国际贸易中,交换双方其实都是用本国生产上具有优势的商品去换取本国生产上处于劣势的商品,即交换的基础是比较成本而不是绝对成本,"如果两人都能制造鞋和帽,其中一个人在两种职业上都比另一个人强些,不过制帽时只强 1/5 或 20%,而制鞋时则强 1/3 或 33%,那么这个较强的人专门制鞋,而那个较差的人专门制帽,岂不是双方都有利么。"①他把这个结论进一步扩展到国家的范围,得出了著名的比较优势学说。

在他的两国两商品模型中,假设生产 1 单位的毛呢,英国需要 100 单位的劳动,葡萄牙需要 90 单位;生产 1 单位的葡萄酒,英国需要 120 单位的劳动,而葡萄牙需要 80 单位。虽然英国在两种产品的生产上完全处于劣势,葡萄牙处于完全的优势,但是只要葡萄牙集中它的资源来生产更有成本优势的葡萄酒,而英国也将所有资源用于比较有优势的毛呢生产,然后英国向葡萄牙输出毛呢,换回葡萄酒,两国得到的毛呢和葡萄酒都将大于没有分工时的情形。所以每个国家都应专门生产自己生产上占相对优势的产品,生产那种成本相对低、比较低的

---

① 〔英〕李嘉图:《政治经济学及赋税原理》,郭大力等译,商务印书馆 1962 年版,第 114 页。

商品,用以同别国交换,从而可以实现最大的利益。

李嘉图的比较优势学说从国际贸易的角度揭示了分工促进效率的基本原理。每个国家都要对自己的优势或劣势进行比较分析,做到两优取其重、两劣取其轻,以便在现有的自然、技术和经济条件下更有效、更节约地分配劳动和利用资源,形成合理的、最有利于本国的生产要素配置和生产力布局,以最小的劳动消耗取得最大的经济效果。

李嘉图的比较优势学说是现代国际贸易理论的重要基石,也是现代国家不断融入全球价值链、参与国际分工、获取经济全球化利益的重要依据。同时,李嘉图理论也具有若干局限性。比较优势学说是一种静态学说,忽视了在发展中技术进步对突破比较优势的重要作用。更为重要的是,看上去是原理的比较优势学说代表的是贸易伙伴中具有经济优势的国家的利益。在李嘉图时代,就是英国。按照他的理论,英国在工业机器和技术方面占有优势,因此,他得出葡萄酒应在法国和葡萄牙酿制,谷物应该在美国和波兰种植,金属制品和其他商品则应在英国制造的结论。虽然落后国家从交换中也可以获得好处,但是长期坚持按比较优势原则进行分工,就永远摆脱不掉被富有的国家剥削和俘获的命运。

2. 关于对外贸易与利润率

李嘉图认为"对外贸易的扩张虽然大大有助于一国商品总量的增长,从而使享受品总量增加,但却不会直接增加一国的价值总额"[①]。也就是说,对外贸易的扩张不一定会提高本国的利润。李嘉图的理由是,由于竞争的存在,包括外贸在内的各行业的利润固然存在进退与共的趋势,但利润的均等并不是由利润的普遍上升,而是由特惠行业的利润很快下降到一般水平来实现的。虽然贸易使得商品丰富而价格低廉,极大地刺激了储蓄和资本积累,但是除非输入的商品是属于用劳动工资所购买的品类,否则就不会有提高资本利润的趋势。

---

① 〔英〕李嘉图:《政治经济学及赋税原理》,郭大力等译,商务印书馆1962年版,第252页。

李嘉图忽略了这样的情况,即由于进口的生产资料便宜,不变资本的价值下降,生活资料价格便宜,劳动力的价值就会下降。这样,剩余价值率提高,预付资本减少,剩余价值量增加,利润率就提高了。有些出口部门能够取得高的利润,是因为它们的商品的个别价值或生产价格低于世界水平,进而从贸易中获得了超额利润。在自由竞争条件下,它必然转化并提高平均利润,而不是回到原有的低的利润水平上。

在英国与殖民地贸易的问题上,斯密曾提出,英国垄断殖民地贸易导致其他一切行业利润率的提高,这样会提高英国商品的价格,降低英国与其他国家进行竞争的能力,结果是英国对殖民地贸易扩展了,但是与其他国家贸易却相对缩小。因此,他主张废除英国对殖民地贸易的垄断,全部实行自由贸易政策。

李嘉图的观点与斯密截然不同,他说:"这位权威学者的说法……有一点与鄙见相同,即不同行业中的利润有彼此一致,进退与共的趋势。彼此的分歧点在于,他们认为利润的均等是由利润的普遍上升造成的,而我则认为受特惠的行业的利润很快会下降到一般水平"[1]。

在李嘉图看来,除了平均利润率不可能提高外,即使是平均利润率提高了,商品的自然价格也不会提高。原因是,一个国家的收入和资本加起来就是该国拥有的总价值,这个总价值一定就决定了它的总需求,这个总需求包括外国商品和本国商品,彼此之间是此消彼长的关系。只要在价值中利润增加了,工资就只能减少,而不是使商品价值或价格提高。也就是说,"价格既不由工资,也不由利润决定"[2]。

虽然解释上有错误,但是斯密看到了有利的贸易条件会提高先进国家价格水平的现象,是值得肯定的。而李嘉图将斯密的自然价格理解为商品价值加以批判是有问题的。先进国家在世界市场上能够实现更多的价值,总生产价格也大。这种商品在整体商品中的比重越

---

[1] 〔英〕李嘉图:《政治经济学及赋税原理》,郭大力等译,商务印书馆1962年版,第109页。
[2] 同上书,第296页。

大,总价值或总生产价格的增加就越显著。这个道理同有利的对外贸易会直接提高平均利润率一样。

七、赋税原理

1. 关于赋税的性质与来源

赋税是李嘉图理论体系中的重要组成部分。在李嘉图看来,政府开支与地租一样是非生产性消费,归根结底来自于生产性劳动。李嘉图将政府支出看作一种浪费,强调政府的浪费会导致国家的贫穷。以此为基础,他强烈要求限制国家职能,减少国家执行职能时所需要的巨额经费,并提出最好的赋税就是税额最少的赋税。基于这样的观点,李嘉图主张财政平衡,抑制公债,即使在特殊的情形下政府举债以应付非常支出,也应当在平时努力偿还,否则将使国家陷入困境。

2. 三种赋税

在对赋税的实际问题上,李嘉图赞同斯密的四项原则,反对英国当时对所有土地按亩征收均等的土地税的政策。他认为,等量资本在质量不同的土地上所生产的农产品数量将非常不同,不论土地质量的差别征收均等土地税,最终将导致谷物价格上涨,涨价的幅度等同于最劣等土地耕种者所支付的税额。

接着,李嘉图坚持税收来自资本或收入的观点,分别讨论了地租税、利润税和工资税等问题。

关于地租税,李嘉图认为地租是最合适的课税对象,因为,"地租税只会影响地租,全部都会落在地主身上,不能转嫁到任何消费阶级上。"①李嘉图区分了被称为地租的两种收入,其中一部分是真正意义上的地租,另一部分实际上是资本的利息。李嘉图认为,对属于资本利息的收入征税会使土地所有者在土地上的投资得不到普通的利润,对生产不利,应该区别对待。

---

① 〔英〕李嘉图:《政治经济学及赋税原理》,郭大力等译,商务印书馆 1962 年版,第 129 页。

关于利润税,李嘉图认为政府的课税最终会通过提高商品价格转嫁给消费者。关于工资税,李嘉图认为对工资征税会使工资增加,增加的数额至少等于税额。他进一步指出,这部分的税额负担即使不由雇主直接支付,最后也是要由雇主支付。因此,他得出结论:"任何税如果有提高工资的效果,便都要靠减少利润来支付。所有工资税事实上就是利润税。"①

总体来说,李嘉图是英国古典政治经济学的伟大代表和完成者。他继承和发展了斯密学说中的科学因素,建立起以劳动价值论为基石、分配论为核心的理论体系,对当时及其以后的学说思想都产生了重大的影响。

第二节 西斯蒙第的经济学说

西斯蒙第是古典政治经济学在法国的完成者,他继承并发展了斯密的经济理论,但又立场坚定地反对李嘉图学说。他代表的是小资产阶级利益,提出消费不足的危机论,主张抑制资本主义的迅猛发展,理论的独树一帜使他成为小资产阶级政治经济学的创始人。

西斯蒙第(Simonde de Sismondi,1773—1842)出生于瑞士日内瓦法语区的一个新教牧师家庭。因父亲破产被迫中止在巴黎大学的学习,到里昂的一家银行当职员。1792年里昂爆发革命,他回到日内瓦。不久,法国大革命的烈火蔓延到瑞士,革命党人推翻了贵族政权,西斯蒙第的父亲获罪入狱。出狱后,全家迁居英国,后又迁居意大利,在意大利置办农庄。1800年西斯蒙第重回日内瓦,一度从事政治活动。以后,他一直在故乡从事写作,成为著名的经济学家和历史学家。1838年被选入法国社会政治科学院,1841年被法国政府授予荣誉军团大十字勋章。1842年因病逝世。

---

① 〔英〕李嘉图:《政治经济学及赋税原理》,郭大力等译,商务印书馆1962年版,第192页。

西斯蒙第在1803年出版了《论商业财富》,在这本书中,他诠释了斯密学说并将英国政治经济学介绍给欧洲。系统地阐述他的理论观点的是发表于1819年的《政治经济学新原理》。1838年他又出版了两卷本的《政治经济学研究》,进一步论证了1819年著作中的观点。

一、西斯蒙第经济学说产生的历史背景与特点

西斯蒙第与李嘉图是同时代的人,但由于18世纪末19世纪初的法国在政治、经济上与英国存在重大的差异,他的经济理论具有一定的独特性,与李嘉图的观点存在着对立和分歧。

1. 西斯蒙第学说产生的历史条件

西斯蒙第生活在不断发生重大变动的欧洲大陆。在英国,产业革命摧毁了封建制度的经济基础,但是在欧洲,资产阶级与封建势力的斗争却是从法国大革命开始的。18世纪的法国还是一个典型的农业国,80%的人口是农民,小农经济在农村、手工业生产在城市里占有绝对优势。当法国资产阶级革命席卷欧洲时,西斯蒙第从小生产者的利益出发,接受了斯密关于自由竞争和自由贸易的思想,鼓吹经济自由主义。但是当产业革命从英国冲击到欧洲大陆时,为了维护小资产阶级的利益,西斯蒙第的立场发生了改变。

受到产业革命的影响,法国的机器大工业也发展起来了。煤炭生产激增,冶金业、钢铁业以及棉纺织业发展迅猛,工业中越来越多地利用机器生产。机器的使用在提高劳动生产率的同时,也引起了深刻的产业组织与社会的变革。

与深厚的农业传统相关,法国的资本主义生产关系要远远落后于英国。农村的小农经济和城市中的手工业阶级占绝对优势,政治上封建色彩也极为浓厚。产业革命带来的是大生产对小生产的胜利,大量的小生产者和劳动群众面临破产和贫困的境地。

法国和瑞士的社会状况引起了西斯蒙第的关注,针对机器大工业的发展及其引起的消极后果,他一方面支持资本主义生产制度,但是又力图反抗大资本对小生产者的威胁,幻想回到理想中的小生产方式中去。因此,西斯蒙第的理论"是用小资产阶级和小农的尺度来衡量资产阶级制度","在维护工人事业的时候总是从小资产阶级的观点出发。这样就产生了小资产阶级的社会主义。""西斯蒙第不仅在法国而且在英国,就是这类文献的头面人物",其内容"既是反动的,又是空想的"①。

2. 西斯蒙第理论的特点

西斯蒙第虽然接受了英国古典政治经济学特别是斯密学说的基本理论和范畴,但他的理论却与李嘉图等人显著对立。

关于政治经济学的研究对象,西斯蒙第首先批判了古典学派的财富观,认为研究财富不能算是政治经济学,顶多是货殖学。他认为:"人一生下来,就给世界带来要满足他生活的一切需要和希望得到某些幸福的愿望,以及使他能够满足这些需要和愿望的劳动技能或本领。这种技能是他的财富的源泉;他的愿望和需要赋予他一种职业。人们所能使自己享有价值的一切,都是由自己的技能创造出来的,他所创造的一切,都应该用于满足他的需要或他的愿望。"②基于此,他认为"财富正是属于人而且为人所享受的"③,英国古典学派的错误就在于他们忘记了财富的增加并不是目的,而只是使劳动者享福的手段。他指出,正是因为单纯地追求财富,忽视人们的需要,在英国已经出现了贫富的两极分化,国家财富的增加给人民带来的却是忧虑、困苦和破产。

在财富观的基础上,西斯蒙第强调政治经济学应该以消费为首,将收入分配作为研究中心。他又进一步指出政治经济学应该是政治学的一部分,因为只要国家和政府指导财富的生产、流通和分配,就能使社会经济获得发展,从而能够真正地为人们提供物质福利。在这个

---

① 《马克思恩格斯全集》第4卷,人民出版社1958年版,第494页。
② 〔瑞士〕西斯蒙第:《政治经济学新原理》,何钦译,商务印书馆1964年版,第49页。
③ 同上书,第47页。

意义上,西斯蒙第反对自由主义,支持政府干预,与英国古典政治经济学的价值观完全对立。

西斯蒙第不仅反对政治经济学的价值观,也明确地表明他反对李嘉图的抽象研究方法。"他的英国新学生,陷入了抽象,这就使我们把人遗忘了,而财富正是属于人而且为人所享受的。……英国的新经济学家所写的作品是非常晦涩的,需要费很大力量才能理解,因为我们的脑筋对他们所要求的那种抽象能力是不肯接受的;但是,这种反感本身就是我们脱离真理的警告,在伦理学方面,一切都是彼此联系着的,我们只力图把一个原理孤立起来,而且只着眼于这一个原理,我们就会脱离真理。"① 西斯蒙第又指出斯密也认为政治经济学是一门实验科学,"他始终竭力根据社会状况中的每一桩事实来进行研究。……他永远不忽视足以影响国民幸福的各种结果。"②

这样,西斯蒙第将自己的学说称为"政治经济学新原理",言外之意,他的"新原理"就是要阐述与英国古典学派理论不同的理论,他不仅要研究财富,而且要研究人的享受。西斯蒙第的研究补充了古典政治经济学中显然缺少的那部分,但是他的研究却是基于主观唯心和形而上的。他认为资本主义的不良现实是政府错误的思想和政策的结果,只要改变了这种思想和政策就能改变现实。他把小生产制度理想化、绝对化,看不到小商品生产和资本主义商品生产之间的历史联系。他从孤立的个人出发来阐述他的理论,认为个人的历史"就是人类的历史"。

二、价值理论

西斯蒙第也主张劳动价值论,认为劳动是价值的基础。与李嘉图相比,他进步的地方在于认识到了劳动所具有的社会属性。他指出,

---

① 〔瑞士〕西斯蒙第:《政治经济学新原理》,何钦译,商务印书馆1964年版,第47—48页。
② 同上书,第47页。

在资本主义以前的社会,劳动直接满足个人的消费,消费直接决定生产,因而产品的价值决定于它对人的效用。而自从有了资本主义商业,个人的需求必须通过交换得到满足,任何人都不只是为自己劳动,而是为一个自己所不认识的人劳动,效用概念就被交换价值代替了。而交换价值的基础就是劳动时间,"每个人都要估计一下自己生产自己所提供的那件物品花去多少劳动和时间,这就是售价的基础;他也要把自己要给别人的物品所需要的劳动和时间和自己需要的物品所付出的劳动和时间作比较,这是确定买价的计算根据。只有进行交换的双方经过计算,每个人都认为用这种方式取得自己所需要的东西比自己亲自去作更方便的时候,交换才能实现。"①

西斯蒙第还从价值是一种社会规定的认识出发,把价值量归结为社会必要劳动时间,并对这种社会必要劳动时间作了具体的分析。对于单位商品而言,生产所需要的平均劳动日决定该商品价值,这里反映的是产品与取得这种产品的劳动之间的比例,西斯蒙第将之称为内在价值;某一类的商品价值则是由竞争决定的社会需要和足以满足这一需要的劳动量之间的比例关系决定的。社会需要的商品量是社会总劳动在各个生产部门之间的按比例分配量。当社会需求大于社会生产时,价值趋向于劣等生产条件的劳动耗费,交换价值就会高于平均价值;反之,价值就趋向于优等生产条件的劳动耗费,交换价值就相应低于平均价值;供求平衡时,由平均劳动量决定交换价值。

马克思曾肯定并高度评价了西斯蒙第在价值论上的贡献,"在同李嘉图的直接论战中不仅强调指出生产交换价值的劳动的特殊社会性质,而且指出:'我们经济进步的特征'在于把价值量归结于必要劳动时间,归结于'全社会的需要和足以满足这种需要的劳动量之间的比例'。"②

西斯蒙第的价值论是从消费决定生产的观点出发的,由于他颠倒

---

① 〔瑞士〕西斯蒙第:《政治经济学新原理》,何钦译,商务印书馆 1964 年版,第 54 页。
② 《马克思恩格斯全集》第 13 卷,人民出版社 1962 年版,第 51 页。

了生产与消费的关系,而且把价值规律由自发调节商品生产的规律,变成了按照每个人的劳动支出保证他们的需要得到满足的规律,因此,西斯蒙第的价值理论是错误的,在学说史上并未占有重要地位。

三、分配理论

西斯蒙第的经济学是以人的需要为基本出发点的。他认为收入决定着人们的需求和消费,也决定着人们的幸福,因此,他提出研究收入分配能够最好地达到政治经济学的研究目的,收入分配论是理论的中心。

西斯蒙第将他的分配论建立在劳动价值论的基础上。首先从劳动的目的是创造能够满足人们需要的物质财富出发,西斯蒙第提出了财富必须同时具备的三个条件,即:财富必须是通过直接或间接的劳动创造的;财富必须对人有利,能直接或间接为人所使用;财富必须是能积累、保存以备日后消费的东西。这样,劳动就有了生产性和非生产性的区分,"如果这些劳动的果实是永远不能保存起来以备日后消费,它就是非生产性的劳动。只有生产性的、或创造财富的劳动才能至少给他所付出的劳动以同样价值的报酬"[①]。另外,社会不仅需要生产财富的生产劳动者,还需要行政人员、立法者、法官、律师、武装力量等,他们的收入不能动用资本,而要动用社会收入。西斯蒙第正确地指出了同资本交换的劳动是生产劳动,而同收入相交换的劳动是非生产劳动。

在西斯蒙第看来,收入的分配就是分享人类劳动的果实,具有三种不同形式:地租、利润和工资。在这三种收入的来源上,西斯蒙第的说明是含糊不清的,一方面他认为它们都是劳动生产的,都是劳动产品的一部分,另一方面又认为这三种收入来自三种不同的源泉:土地、资本和劳动。

---

① 〔瑞士〕西斯蒙第:《政治经济学新原理》,何钦译,商务印书馆1964年版,第52—53页。

对于工资,西斯蒙第认为是富人用来换取工人劳动的价格,是工人的劳动所创造的产品在扣除了利润和地租后,"以工资的名义"留给工人的部分。但是工资并不是劳动的绝对量,而只是维持前一年工人生活的生活资料。他指出资本主义的分配是不公平的,工人因为被剥夺了一切财产,只有自己的劳动力可以出卖,因此也只能与资本家和土地所有者一起分享自己的劳动成果。此外,西斯蒙第还指出,随着资本的积累,工人阶级将日益贫困,而不是像有的观点认为的那样会从产品价格下降中得到好处。

西斯蒙第将利润定义为企业家得到的报酬,"一个企业家的利润有时只是对他所雇佣的工人的一种掠夺"①,是"把工人所生产的、超过他生活的价值的一切据为己有。"②而地租则是土地所有者提供土地所获得的报酬,也是从工人的劳动产品中扣除出来的东西。利润和地租在内涵上是统一的,与工资相对立。因此,劳动和资本、土地所有者之间是互相矛盾斗争的。

他认为资本家对工人进行掠夺的结果就是社会阶级的两极分化,并指出自由竞争毫无疑问加剧了这个过程,其结果是中产阶级完全消失,社会上除了大资本家和其雇佣者之外,没有其他阶级的存在余地。

西斯蒙第正确地指出三种收入源于生产资料与劳动的分离,而且深刻地揭示了资本主义社会里工人与地主及资本家的对立,他进一步阐释了资本主义分配既不能保证每个人的幸福,又不能使经济顺利发展,这种弊病和矛盾不应长久存在下去。他主张让工人分享利润,成为企业的小股东;或者,实行宗法式农业和行会式工业组织,使工人都变成小生产者,回到小生产社会。可见,西斯蒙第"中肯地批判了资产阶级生产的矛盾,但他不理解这些矛盾,因此也不理解解决这些矛盾的过程。"③

---

① 〔瑞士〕西斯蒙第:《政治经济学新原理》,何钦译,商务印书馆1964年版,第68页。
② 同上书,第74页。
③ 《马克思恩格斯全集》第26卷第3册,人民出版社1974年版,第55页。

四、再生产与经济危机理论

西斯蒙第认为,在生产和消费之间,消费先于生产,是生产的动力和目的,因此生产应该服从消费,不过,在商品经济中,生产服从消费的原则转化为供给服从于需求。李嘉图和萨伊一样认为"商品是以商品来购买"的,因而供给可以自己创造需求。但是西斯蒙第认为商品既然是以商品购买的,那么购买者在购买之前必须先有自己的商品,才能购买他人的商品,因此,不是供给创造需求,而是需求使供给成为可能。

西斯蒙第进一步分析了生产持续稳定增加的条件,他认为生产只有在相应的消费增加时才有可能持续增加,他指出,"只有消费的增加才能决定再生产的扩大,而消费则只能根据消费者的收入来加以调节"[①]。受收入调节的消费,即有支付能力的消费对生产起到约束作用。因此,收入通过消费决定了生产,这构成了西斯蒙第的再生产理论。

在他看来,保持生产和消费之间的平衡是社会经济顺利发展的必要条件,也是政治经济学中的一个基本问题,"生产要随需要的比例而相应地增减,这已经成为政治经济学中的一项定理"[②]。但资本主义制度必将破坏两者之间的平衡,造成生产和消费之间的矛盾,就这样,西斯蒙第在收入决定生产的理论基础上论证了资本主义必然产生经济危机。

西斯蒙第认为,资本主义生产的目的就是追求财富的增长,生产者之间受自由竞争的支配,工业利用机器生产,企业不断集中,这一切都造成生产的无限扩张。与此同时,由于资本主义不合理的分配制度,收入和财产集中在少数人手中,而占国民人口大多数的劳动者却日益贫困,从而使得国内市场日益缩小,而一旦生产猛然超过消费,就

[①] 〔瑞士〕西斯蒙第:《政治经济学新原理》,何钦译,商务印书馆1964年版,第87页。
[②] 同上书,第201—202页。

会引起严重的贫困。他认为,目前资本主义还在发展是因为有国外市场的存在。但是当求助于国外市场的国家越来越多的时候,"整个文明世界完全变成了一个市场,这时,在一个新的国家里再也找不到新的顾客。而世界的普遍市场的需求是各个不同的工业国家所争夺的精神数量。一个国家供应得多些,就会损害另一个国家。"①

西斯蒙第是第一个承认资本主义存在危机的西方经济学家。他强调个人消费在再生产中的重要意义,承认资本主义生产和消费的矛盾,指出了资本主义生产方式的历史属性,并揭示了资本主义经济危机的必然性。然而,他虽然认识到了资本主义社会中生产的社会化与生产资料私人占有之间的矛盾,却没有深入下去,而只是停留在供给与需求、生产与消费这些表层矛盾上,从而错过了解释经济危机根本原因的机会。这使他在政策建议上陷入了小资产阶级的浪漫主义。

五、改良主义政策

西斯蒙第同情劳动人民,强烈指责资本主义发展所带来的恶果,揭露资本主义的矛盾和缺陷,抨击资产阶级经济学家把资本主义说成是合理的自然制度。他设想利用农业中的宗法制度和行会制度来改良资本主义,提出应将农场和企业分散为数目众多的小农场和小作坊。让社会各阶级都变成小生产者的目的是让劳动者和生产资料相结合,以彻底消除资本主义生产的矛盾。

他把资本主义的社会问题归结于人们受错误思想支配,归结于执政者错误的政策和学说。因此,他希望通过国家干预实现他的理想。西斯蒙第认为政府应该限制自由竞争,在他看来,自由竞争只有在社会需求不断增加的情况下才会有利于生产。否则,自由竞争只会帮助那些资本雄厚、精明强干的资本家打倒竞争对手,但却不能给予消费者任何好处。而为了竞争,企业家不仅节省原材料还要节省人工,结

---

① 〔瑞士〕西斯蒙第:《政治经济学新原理》,何钦译,商务印书馆 1964 年版,第 449 页。

果工人昼夜服役,拿到的却是极其低微的工资。即使自由竞争可以使价格降落一些,但是对于给劳动者带来的物质和健康的损害,却得不到任何补偿。

　　此外,西斯蒙第还提出了一系列改良措施,要求政府进行税制改革,使财产能够更均衡地分配;要求采取一整套立法,缩短工人工作时间,禁止使用女工、童工,增加工资,并实行劳动保险。由于他提出了一系列有利于工人和广大人民的措施建议,有人称他为"社会主义者"。但是他本人并不同意以欧文等人为代表的空想社会主义,他认为社会主义不过是企图利用集团利益代替个人利益,是根本不可能的。

　　西斯蒙第所理想的社会是消除了资本主义社会矛盾的社会。但是他的理论缺乏真正的科学分析,始终没有能够超越小资产阶级的历史局限。

第六章
古典政治经济学的分裂与完结

到了18世纪末、19世纪初,资产阶级在英法两国已经掌权,社会主要阶级矛盾已经转化为工人阶级与资产阶级间的对立,政治经济学的历史任务也就从反对封建阶级转变为反对工人,为资产阶级辩护,其理论的特征是越来越局限于资本主义经济的外在表象,而忽略对其内在规律和矛盾的探求,马克思将这一阶段的政治经济学称为"堕落的最新经济学"和"庸俗论证"。古典经济学庸俗化的演变过程主要是围绕李嘉图学说的两大矛盾展开,在英国和法国均出现了各自的代表人物和代表学说。经过他们不成功的努力,李嘉图理论的矛盾非但没有得到解决,反而倒退了一大步,最后李嘉图学派彻底解体,古典政治经济学走向没落。

第一节 萨伊的经济学说

让-巴蒂斯特·萨伊(Jean-Baptiste Say, 1767—1832)出生于法国里昂的一个新教徒商人家庭,早年经营商业,后去英国学习,体验并经历了英国产业革命,接触到斯密的经济学说。在1789年法国爆发大革命后,他积极参政并一度从军,后因不满雅各宾派转而反对革命。

他从1794到1799年任《哲学、文艺和政治》旬刊主编。1815年萨伊被波旁王朝派往英国考察工业,认识了边沁、李嘉图等人。1830年萨伊担任法国法兰西学院政治经济学教授,直至逝世。

萨伊的主要代表作是1803年出版的《政治经济学概论》、1817年出版的《政治经济学问答》以及1828—1830年出版的六卷本《政治经济学教程》。其中最有代表性的是《政治经济学概论》。除了绪论外,该书分为财富的生产、财富的分配和财富的消费共计3篇42章,系统化地解释了斯密的经济理论,在欧洲大陆产生了广泛的影响。李嘉图称萨伊为"大陆著作家中首先正确认识并运用斯密原理的人。他对欧洲各国介绍这一启迪人心,裨益民生的体系的各项原理,功绩大于所有其他大陆著作家的全部功绩,不仅如此,他还使这门科学更合乎逻辑,更富于启发性,并以独创的、精确的而又深刻的若干议论丰富了他的内容"[1]。实际上,萨伊不过是"把亚·斯密著作中这里或那里渗透的庸俗观念分离出来,并作为特殊的结晶和亚·斯密并存"[2]。

一、关于政治经济学的对象和方法

萨伊认为以往的经济学家们笼统地称政治经济学是研究财富的科学是不够的,任何科学必须有确定的研究对象才能取得进展,因此,他在《政治经济学概论》中明确提出政治经济学的研究对象是阐明财富是怎样生产、分配与消费的,相应的,他把政治经济学内容划分为生产、分配和消费三个部分,这就是经济学说史上著名的三分法。

对于经济学的研究方法,萨伊受到18世纪西方兴起的唯物主义世界观和认识论的影响,提出经济学研究要基于观察的经验主义观点。"事物怎样存在或怎样发生,构成所谓事物本质,而对于事物本质

---

[1] [英]李嘉图:《政治经济学及赋税原理》,郭大力等译,商务印书馆1962年版,第4页。
[2] 《马克思恩格斯全集》第26卷第3册,人民出版社1974年版,第557页。

的仔细观察,则构成一切真理的唯一根据。"①接着,他又将科学分为两类:一是叙述科学,它告诉人们物体的正确知识,如植物学或博物学;另一类是实验科学,阐明事件是怎样发生的,如物理学、化学。他认为政治经济学是实验科学的一部分,"根据那些总是经过仔细观察的事实,告诉我们财富的本质。"②

萨伊强调政治经济学所依据的事实不是个别的事实,而是一般事实,是通过对个别事实的观察和归纳,发现的一般事实以及一般事实与它所包含的个别事实的关系。也就是说,萨伊的方法论不仅有归纳方法,也有演绎法,就像数学一样,是由一些基本定理以及由这些定理演绎出来的结论组成的。

为了解释经济现象产生的原因,对事实进行广泛观察、归纳及演绎显然是必要的,也是科学的。但是这种观察、归纳和演绎脱离了当时的社会政治经济背景,使得萨伊的理论在获得了科学面目的同时也存在着严重的历史局限性。

二、价值与生产三要素论

萨伊将商品的价值定义为效用,并以效用论为基础提出了生产理论。他认为,人们在生产中所创造的不是物质,而是效用,因为人类不能创造物质,也不能使物质的数量有所增加或减少,只能改变原有物质的形态,使它具有新的效用,或扩大原有效用。"当人们承认某东西有价值时,所根据的总是它的有用性……物品的效用就是物品价值的基础,而物品的价值就是财富所由构成的。"③萨伊理解的效用实际上就是使用价值,他提出创造效用就是创造价值,是混淆了价值与使用价值。

萨伊认为效用即价值,而价值是在生产过程中由劳动、资本和土

---

① 〔法〕萨伊:《政治经济学概论》,陈福生、陈振骅译,商务印书馆1963年版,第17页。
② 同上书,第18页。
③ 同上书,第59页。

地三个要素共同创造的,是劳动、资本和自然力这三个方面共同作用和协力的结果。他批判斯密只看到了劳动的贡献,而忽略了其他两个要素的重要作用。

萨伊从所谓的生产的一般提出了三要素论,因为任何社会的生产都离不开劳动、资本和土地。这样,他就把一定生产关系下进行的生产,归结为一般物质资料的生产过程,用一般生产来偷换资本主义生产,企图掩盖资本主义生产关系的矛盾。

关于价值量的决定,在萨伊看来,既然效用是价值的基础,那么价值量就取决于效用的程度。而对一个物品效用程度的测定,要取决于测定者的判断力、知识、习惯和成见。由于每个人的情况不同,因此,效用程度无法统一。萨伊提出可以用比较的尺度来衡量价值,因为物品通常是与货币相交换的,所以该物品的价格就是测量物品价值的尺度。实际上,他所指的比较的尺度就是物品的交换价值。由于在价值本源上的错误,萨伊将交换价值与价值、价值与价格混为一谈。

接着,萨伊还解释了市场供求关系对价格的决定,他说:"在一定时间和地点,一种货物的价格,随着需求的增加与供给的减少而比例地上升;反过来也是一样。换句话说,物价的上升和需求成正比例,但和供给成反比例。"① 虽然萨伊正确地归纳了市场供求关系与价格变化之间的规律,但是仍然无法说明价值本身。

为了解释供求平衡的机制,萨伊又提出了生产费用价值论。他认为,如果任何一种物品的法定价格低于它的生产费用,这种物品的生产就将停止,因为谁都不愿意亏本生产。在这里,萨伊将生产物品时的费用看作物品价值的基础,但是他对于生产费用的解释却是继承了斯密的收入价值论,认为就是工资、利息和地租的总和。

显然,在价值论的问题上,萨伊陷入了逻辑上的混乱。但是对于其后的经济学者来讲,通往效用价值论和均衡价格论的桥梁已经有了基础。

---

① 〔法〕萨伊:《政治经济学概论》,陈福生、陈振骅译,商务印书馆1963年版,第325—326页。

三、分配与三种收入论

萨伊正确地将收入分配与要素的所有权联系在一起,认为"处理收入的专有权利乃是生产手段专有权利或生产手段所有权的结果。"①但是,在说明工资、利润和地租三种收入的形成时,萨伊又以其价值论为基础提出了三位一体的分配公式。他提出,既然三种要素在生产中都提供了服务,创造了价值和效用,那么,工人、资本家和地主就应该从产品价值中得到相应的报酬:分配给工人的部分叫作工资,分配给资本家的部分称为利润,分配给地主的部分则是地租。

萨伊认为工资是对劳动的生产努力所支付的代价,是企业主借用劳动力所付的价格,是劳动服务的报酬;而另一方面,他又认为工资取决于劳动要素的供求,并基于供求论对工资水平的决定进行了论述。他首先区分了简单劳动和复杂劳动,并认为简单劳动总是充分供给的,因此,工人在和雇主的谈判中总是处于不利地位,而他们的工资也常常只能维持在保持生存的水平;对于复杂劳动而言,因为他们要经过训练从而获得劳动技能,这些劳动能力训练的费用被萨伊视为积累资本,所以,复杂劳动的工资比较高,是积累资本的利息报酬。

对于企业主的收入,萨伊指出企业家提供的就是一种复杂劳动,企业家要靠自己的信用取得资金,必须具有判断力、专业知识和冒险精神,这种高级的复杂劳动总是供小于求的,因此,其价格总是很高。

萨伊将利润分为资本的利润和使用资本的劳动的利润两个部分,并认为它们有不同的源泉。资本的利润是利息,是对于资本的效用或使用所付的租金,也就是资本的报酬。使用资本的劳动的利润是企业主收入,是对资本家经营企业支付的报酬,也是企业家的劳动工资。

萨伊认为地租是对土地生产性服务的报酬,是对土地(自然力)的生产努力支付的代价。因为土地有能力改变很多物质,使它适合人类

---

① 〔法〕萨伊:《政治经济学概论》,陈福生、陈振骅译,商务印书馆1963年版,第328页。

的使用。另一方面,他认为地租也是一种利润,人们对农产品的需求足够大,使得农产品的价值除了弥补成本之外,还能超过资本的利息。他对地租的看法有时又是混乱的,认为地租是地主实行节约和发挥智慧的结果。

萨伊提出三种收入理论目的在于证明资本主义的分配关系是合理的。工资是劳动者在生产过程中提供劳动所得到的报酬,利润是资本提供生产性服务的报酬,地租是土地提供自然力而应该得到的报酬。因此,对于工人来说,他们并没有受到剥削,也就不应该要求更多的产品。这种理论直接来源于斯密分配理论中的庸俗成分,掩盖了资本主义生产关系的本质,几乎成为后来资产阶级政治经济学的标准学说。

四、萨伊定律与再生产理论

在《政治经济学概论》中,萨伊专门利用一章的篇幅讨论了商品购买力的源泉和开拓商品销路的问题,并断言"生产给产品创造需求。"[①]这就是著名的萨伊定律。

萨伊认为,商品交换的最初形态是使用价值不同的商品之间的直接交换,生产物的交付同时也是生产物的取得,在货币充当了交换媒介之后,情况并没有发生实质性的变化,因为,"以产品换钱、钱换产品的两道交换过程中,货币只一瞬间起作用。当交易最后结束时,我们将发觉交易总是以一种货物交换另一种货物。"[②]货币不过是媒介而已,因此,"销路呆滞决不是因为缺少货币,而是因为缺少其他产品。"[③]

产品归根结底是用产品购买的,那么,卖主同时也就是买主,"一

---

① 〔法〕萨伊:《政治经济学概论》,陈福生、陈振骅译,商务印书馆1963年版,第142页。
② 同上书,第144页。
③ 同上书,第143页。

种产物一经产出,从那时刻起就给价值与它相等的其他产品开辟了道路。"①既然供给本身就会创造出需求,经济危机是不可能发生的。

从再生产过程来看,在市场充分发挥作用和不存在外部干扰的情况下,萨伊认为总供给总是等于总需求的。总供给是决定的力量,在他看来,某种产品的供给过剩是可能的,是因为对产品的需求不足,人们的购买力缺乏导致的;要增加人们的购买力和需求,就得增加他们的收入;而收入的增加只能是他们提供的产品的价值实现的结果。因此,要解决产品销路,就要增加另一些产品的供给。

当外部因素导致某种产品的供给过剩时,市场机制会实现两者的再次均衡,而不需要政府的干涉。"过度利润一定会刺激有关货物的生产,因此,除非存在某些激烈手段,除非发生某种特殊事件,如政治变动或自然灾害等,……否则一种产品供给不足而另一种产品充斥过剩的现象,决不会永久继续存在。……如果对生产不加干涉,一种生产很少会超过其他生产,一种产品也很少会便宜到与其他产品价格不相称的程度。"②

基于"生产给产品创造需求"的定律,萨伊演绎出了几个重要的结论:一是在一切社会,生产者越多,产品越多样化,产品就销得越快越多越广泛,生产者得到的利润越大。二是每个人都和全体共同繁荣利害相关。一个企业的成功,就可帮助其他企业也能够办得成功。一个人周围的人越发达,他就能得到越丰厚的报酬,能够越容易找到工作。不仅个人和企业之间的关系如此,城市和乡村之间、地区与地区之间,乃至国家与国家之间也是如此。三是购买或输入外国货物不会损害国内或本国的产业和生产。因此,他坚决反对保护关税,主张贸易自由。四是仅仅是鼓励消费无益于商业,因为困难不在于刺激消费的欲望,而在于提供消费的手段。所以,刺激生产是英明的政策,鼓励消费

---

① 〔法〕萨伊:《政治经济学概论》,陈福生、陈振骅译,商务印书馆1963年版,第144页。
② 同上书,第145页。

则是拙劣的政策。

萨伊继承了斯密学说中的经济自由主义,重视供给方面的因素,鼓励发展生产,结合当时法国的具体情况,反对国家对经济的干预和保护关税等重商主义的政策,其理论中存在着对发展经济有益的内容,具有一定的进步意义。但是他将商品流通与直接的产品交换直接等同起来,否认资本主义生产中生产与销售、卖与买之间的矛盾,就否认了资本主义生产中经济危机的必然性,因而又是缺乏科学依据的。

第二节 马尔萨斯的经济学说

托马斯·罗伯特·马尔萨斯(Thomas Robert Malthus,1766—1834)出生于英国一个贵族家庭,早年跟着父亲学习,1784 年进入剑桥大学学习,以优异的成绩毕业后留校担任研究员。1796 年,他在萨立州的奥尔巴任牧师。1799 年至 1802 年间,他曾在欧洲各地旅行。他因结婚而失去神职后,一直在东印度公司在伦敦附近设立的东印度学院担任历史和政治经济学教授。1819 年,马尔萨斯当选为英国皇家科学协会会员。1821 年,他与李嘉图、詹姆斯·穆勒共同发起建立了经济学会。1834 年,他发起并组织了英国皇家统计协会。同年因病去世。

马尔萨斯的代表作有《人口原理》(1798 年匿名发表)、《价值尺度》(1823 年)、《地租的性质与发展的研究》(1815 年)、《政治经济学原理》(1820 年)等。

马尔萨斯与李嘉图是同时代的人,生活在产业革命的高潮时期,资本主义大工业生产已经普及,与资产阶级和封建地主的斗争相比,资产阶级与无产阶级的斗争还居于次要地位。在父亲的影响下,马尔萨斯接触了当时风靡一时的改革思想家威廉·葛德文(Willian Godwin,1756—1836)和法国革命家、哲学家孔多塞(Marquis de Condorcet,1743—1794)的作品。葛德文在 1793 年发表了《政治正义论》,孔多塞在1794年发表了《人类理性发展的历史观察概论》。他们都宣扬人性的完善和自由主义与平等主义,一致认为私有制是一切贫困、灾难和罪恶的根源,提出了消灭私有制的要求。马尔萨斯并不认同他们的观点,也不赞同法国大革命,因此与其父产生了重大的思想分歧,与父亲的辩论使得他产生了深入研究人口问题的想法,最终形成了《人口原理》。

马尔萨斯并不是研究人口问题的第一人,[①]但由于他进行的系统性研究,人口问题开始受到社会和思想界的关注,并逐渐发展成为人口学这一门独立的科学领域。从这个意义上说,马尔萨斯和他的《人口原理》具有划时代的意义。但马尔萨斯的经济学理论真正对西方经济思想界产生影响却是在凯恩斯对其进行了高度评价之后。[②]

一、人口理论

马尔萨斯总结了葛德文和孔多塞的观点,认为核心问题是人类的未来到底是前景远大,还是徘徊于幸福和灾难之间。在证明自己的理论之前,他提出了两个公理:第一,食物为人类生存所必需;第二,两性间的情欲是必然的,恒常的。毫无疑问,这两个公理并非马尔萨斯的首创。斯图亚特在《政治经济学原理研究》中曾提出,一切动物包括人类增殖基本原理首先是生殖,其次是食物,生殖赋予生存,而食物则维持生存。休谟也早就提出,饮食男女乃是人类的本能。

接着,马尔萨斯提出了两个"级数"原理:"我的公理一经确定,人口增殖力,比土地生产人类生活资料力,是无限地较为巨大。人口,在无所妨碍时,以几何级数率增加,生活资料,只以算数级数率增加。略

---

① 在马尔萨斯之前,斯图亚特和休谟都曾在各自的著作中详尽地分析过人口问题。马尔萨斯在自己的作品中还引用了美国经济学家本杰明·富兰克林的观点。
② 凯恩斯在《传记论文集》中称赞马尔萨斯的理论,并认为他是近代有系统的经济思想的开始。See John Maynard Keynes, *Essays in Biography*, 1933, as reprinted with additions in keynes, *Collected Writings*, Vol. X, London: Macmillan for the Royal Economic Society, 1972.

有数学知识的人,就会知道,与后一种力比较,前一种是怎样巨大。"①对比了这两个不同增长率的结果,马尔萨斯断言人口增长必然超过生活资料增长。

马尔萨斯承认的确没有足够的历史经验可以说明人口增长的最大潜能是什么,但是他认为美国是比较合适的例证,因为在那里,资源更为丰富,人们的行为更为纯粹,而早婚等抑制性因素比欧洲要少,美国的人口在25年中翻了一番,所以,马尔萨斯将每25年翻一番作为人口增长法则的基础。

接着,马尔萨斯又撇开美国,转而以英国为例说明生活资料增长中的算术级数原理。他认为,由于有尽可能优良的政策开拓了更多土地并奖励农业,这个岛国的生产物,在最初25年间增加了一倍,在第二个25年间,决不能假设生产物能增加四倍,其最大限度的增加额,也许可能与原生产额相等。像这样的增加,只要两三个世纪,就会使这个岛国的每一英亩土地,耕得像菜园一样。在第二版中,他又借用了土地肥力边际递减规律进行论证。他说,"我们可以完全有把握地说,在有限的地域里,土地出产的增长率必定是和人口的增长率有不大相同的性质的。人口的力量每二十五年由十亿增加一倍和由一千增加一倍是一样容易的。可是,要取得维持所增长的十亿人口的食物就断乎不会和取得一千人的食物同样容易了。人必然地为空间所限制。当全部的良田一亩接着一亩地被占完以后,食物的每年增加额必然要依靠已占有的土地的改良。这笔土地总基金,从一切土壤性质来说,都不会递增,而且必然会逐步递减。"②

以此为基础,马尔萨斯得出了三个基本命题:第一,人口必然为生活资料所限制;第二,只要生活资料增长,人口一定会坚定不移地增长,除非受到某种非常有力而又显著的抑制的阻止;第三,这些抑制和那些遏止人口的优势力量并使其结果与生活资料保持同水平抑制,全

---

① 〔英〕马尔萨斯:《人口论》,郭大力译,商务印书馆1959年版,第5页。
② 〔英〕马尔萨斯:《人口原理》,子箕等译,商务印书馆1961年版,第4页。

部可以归纳为道德的节制、罪恶和贫困。

根据马尔萨斯的人口论,社会上出现的贫穷、大批失业人口的苦难是人口规律自然作用的结果,而绝不是"一切的政治法规和由来已久的财产所有制度。"①因此,"任何幻想的平等,任何大规模的农业条例,也不能除去这法则的压力,甚至要把它除去仅仅一世纪亦不能够。要社会上全体人的生活都安逸、幸福,而比较闲暇,不必悬念自身及家族的生活资料如何供给,那是无论如何亦不可能。"②所以,他极力反对当时英国实施的《济贫法》,认为这是一个供养贫民以创造贫民的措施,应该予以废除。③

在第一版中,马尔萨斯认为只有增加死亡率,才能阻碍人口增长,使它和生活资料保持平衡。但随后在第二版中他修正了这种极端的观点,提出了通过道德抑制,即降低人口出生率来保持人口和生活资料之间的均衡比例。他在著作中多次提到劳动基金,认为工人的工资水平和生活状况随工人人口的增减而进退,劳动贫民的安乐与工资高低完全取决于工人的人口数量。这一理论后来一直被学者们沿袭并形成了工资基金学说。

二、价值理论

马尔萨斯几乎在所有重要原理上都是李嘉图的反对者,1817 年李嘉图发表了著名的《政治经济学及赋税原理》,三年后,马尔萨斯也出版了《政治经济学原理》,与李嘉图的经济学说相抗衡。李嘉图作为英国古典政治经济学的完成者,确立了劳动价值论的核心地位,并以此为基础提出了工资、利润与地租的对立。而马尔萨斯则从斯密购买劳动决定价值的观点出发,吸收了萨伊的生产三要素论,利用李嘉图劳动价值论中的两大矛盾攻击李嘉图的价值学说,以彻底否定劳动价

---

① 〔英〕马尔萨斯:《人口原理》,子箕等译,商务印书馆 1961 年版,第 14 页。
② 同上书,第 5 页。
③ 根据马尔萨斯的思想,英国在 1834 年以新的济贫条例取代了《济贫法》。

值论。

马尔萨斯认为价值有三种不同的含义:一是使用价值,即商品的内在效用;二是名义交换价值或价格,除特别指明其他物品外,它不过是以贵金属来估量的商品价值;三是内在交换价值,指商品由内在原因产生的购买力,在没有其他说明的时候,物品的价值总是指这种意义上的价值。

关于价值如何决定,马尔萨斯始终坚持供求论,他说:"这种定义的价值恰恰等于根据占有欲望和获得的困难而决定的商品的估价","在任何时间和任何地点,商品的估价总是决定于需求和供给的相对状况,而且通常是决定于基本的生产成本。"①他又提出,供求关系决定价格具有普遍性,"生产费用只能处于从属地位,也就是仅仅在影响供求的通常关系的场合,才能对价格发生影响。"②

显然,马尔萨斯的价值论就是供求论。在他看来,价值就是交换价值,这样,在供求关系的影响下交换价值由价值决定并围绕价值摆动的规律就自然地被他理解为供求关系决定价值。他又进一步阐述了需求的实际程度和供给的实际程度比较起来,二者总是大致相等的。如果供给总是很少,需求的程度就不能提高;如果供给总是很多,需求的程度,在大多数情况下,将比例地按照亟待脱售的愿望所引起的价格下跌而提高,最后消费将等于生产。所以,在这种意义上,供求比例的变动不可能发生。因此,他认为绝对有必要在一开始就弄清楚决定商品价格的供求关系的变化究竟是什么性质。为了解决这个难题,他又提出了商品价值决定于"需求强度"的观点。

马尔萨斯说:"人们对于任何商品的需求可以解释为,人们对于该商品的具有一般购买力的购买愿望;供给可以解释为具有出售愿望的待售商品的数量。"也就是说,所谓的需求强度不过是人们具有购买力

---

① 〔英〕马尔萨斯:《政治经济学原理》,厦门大学经济系翻译组译,商务印书馆1962年版,第55页。
② 同上书,第64页。

的愿望而已。显然,具有购买力的愿望要以商品价格的存在为前提。这样马尔萨斯就陷入了循环论证:商品价格决定于供求关系,供求关系又要以价格为前提。最终,他又不得不借助于萨伊的生产三要素:"任何可以交换的商品的通常价格,可以认为包括三个部分——在生产中所雇佣的劳动者的工资;使生产得以便利进行的资本的利润(包括对劳动者的垫支在内);地租,即使用地主的土地的肥力的报酬。"①

马尔萨斯极力反对以生产耗费的劳动作为价值尺度的观点,认为唯有在只使用劳动就能生产商品的场合,生产所耗费的劳动才能成为价值尺度。但是,这种情况是极为罕见的。在大多数情况下,而且"在很早的时期,利润就作为供给的一个必要条件,广泛地被考虑在交换价值之内。"②利润是从商品价值中的扣除,如果承认生产耗费的劳动决定价值,那么就无法解释为什么等量资本获得等量利润。李嘉图没有解决这个问题,马尔萨斯抓住这个矛盾,认为能够成为价值尺度的不是生产商品时耗费的劳动,而是商品能够换取的劳动,即商品生产中所使用的劳动加上利润。

三、地租论

针对当时不断攀升的地租,以李嘉图为代表的经济学家对地主阶级进行了严厉抨击,认为高地租将对社会不利。马尔萨斯却独树一帜地认为高地租是经济繁荣和社会富裕的标志。

马尔萨斯将地租定义为总产品中扣除耕种费用后归于地主的部分。对于产生这个剩余部分的原因,他认为有三个:"第一,也是主要的,是土地的性质,基于这种性质,土地能够生产出比维持耕种者的需要还多的生活必需品。第二是生活必需品所特有的性质,基于这种性质,生活必需品在适当分配以后,就能够产生出它自身的需求,或者能

---

① 〔英〕马尔萨斯:《政治经济学原理》,厦门大学经济系翻译组译,商务印书馆1962年版,第68页。
② 同上书,第75页。

够按其生产量的多寡而养活若干的需求者。第三是肥沃土地的相对稀少性,或是天然的或是人为的。"① 也就是说,马尔萨斯认为地租的产生根本上源于土地的自然力,是土地性质决定的,那是一种"自然对人类的赐予",是"上帝对人类的赐予"。因此,那种认为土地所有权的垄断导致地主获取剩余产品的说法并不正确。

与其他产品不同,土地所生产出来的产品能够不断地生产出对它自身的需要。其他产品如果供给超过需求,那么价格就会下跌;反之亦然。但是就农产品而言,它在数量上的增长,必然促进人口的增加,而人口增长,又必然要求生活资料能够增长以维持人类的生存。因此,地租作为土地产品的一个剩余部分,不但不具有剥削性质,反而是促进人口增长和社会发展的重要因素。

马尔萨斯进一步分析了引起地租上涨的因素:一是资本积累使利润下降;二是人口增加使劳动者工资减少;三是农业改良或劳动强度高使生产所需劳动者人数下降。这三个原因导致生产费用的降低,在其他条件不变的情况下,扩大了农产品价格与生产费用之间的差额,结果必然是地租的上涨。除此之外,他认为农产品价格因为需求的增加而上涨也是促使地租上涨的重要原因。马尔萨斯的人口论表明人口增长的速度必然超过生活资料的增长速度,需求增加引致农产品价格上涨,即使生产费用没有降低,两者之间的差额,即地租毫无疑问是上升了的。

总之,马尔萨斯认为地租的上涨是社会进步的结果,因为人们更多地利用资本,改良生产技术,同时,地租上涨也是农产品价格上涨的结果,说明地主阶级的利益与农业和农业劳动者的利益并不矛盾,相反,却能给人们带来好处。

---

① 〔英〕马尔萨斯:《政治经济学原理》,厦门大学经济系翻译组译,商务印书馆1962年版,第119页。

四、经济增长与危机理论

马尔萨斯的经济增长理论其实是其人口理论的自然延伸。在他看来,对人类必要的、有用的和适意的物质东西才是财富。而价值不过是人们对所生产出来的种种物品的需求愿望和购买力。两者有着本质的不同。因此,价值增加并不代表着财富的增加,如果财富增加了,但人们的购买力没有增加,财富便无法持续增加。因此,要使财富能够持续增加,必须有价值的持续增加。而财富的增加来源于生产的增长,价值的增加又取决于分配,因此,财富与价值的关系实质上就是生产与分配的关系。与李嘉图的概念不同,马尔萨斯定义的分配是指产品如何在市场上实现的问题。也就是说,马尔萨斯考虑的生产与分配的关系实际上是生产与需求之间的关系问题。

马尔萨斯提出生产和分配是财富增长的两个重大因素,他批评过去的经济学家只重视人口的增加、资本积累、土地肥力以及技术进步等生产的因素,而忽视了"不受阻碍的对全部产品的有效需求",他认为"生产能力无论怎样大,总不足以单独保证财富按比例地增长",还必须能够有一种"能使全部商品的交换价值不断增加的产品分配方式,并使这种产品能适应消费者的欲望。"①

李嘉图、萨伊、詹姆斯·穆勒等人都认为资本主义生产方式中只存在某些特殊商品的过剩,或叫局部过剩,因为商品是与商品进行交换,所以一般的商品过剩是不存在的。马尔萨斯不同意这种说法,认为这些理论毫无根据。首先,商品不都是和商品交换的,很多商品还和生产性劳动或私人服务交换。如果一种商品供给过多,和它们相交换的劳动比起来,价值可能就会下降。而且,社会资本的积累往往决定于劳动人口的繁殖这一现象,容易导致积累与消费的不平衡,当总供给与总需求之间存在不适应,普遍的过剩还会进一步演化为社会长

---

① 〔英〕马尔萨斯:《政治经济学原理》,厦门大学经济系翻译组译,商务印书馆1962年版,第298页。

期的经济萧条。因为在供给过剩时期,工人工资水平保持不变,实际工资上升,资本家必然缩减生产、解雇工人,通过总供给的减少来恢复平衡。如果降低工人的货币工资,虽然工人就业,但是有效需求却不能充分发挥对生产的刺激,结果利润率仍然不会很高,而且会长期保持低水平,从而出现萧条。

马尔萨斯对资本主义生产与消费的矛盾以及生产过剩危机的判断毫无疑问是正确的,但是在如何解决这个矛盾的问题上,他并没有给出正确的答案。从分配手段上讲,马尔萨斯认为增加产品价值的最有利的因素有三个:"(1)地产的分割;(2)国内和国外贸易;(3)使社会中占适当比例的一部分人从事于私人服务,或者可能以其他方式提出对物质产品的需求,而不直接参予产品的供给。"[1]

马尔萨斯将土地财产的分割作为保证购买力和需求愿望的第一个因素。他认为土地如果像封建社会那样集中,就会妨碍有效需求的增加,但是如果过于分散,像法国那样,同样也会不利。因此,他极力主张英国废除长子继承法,要求维护适合于资本主义生产方式的土地私有制。扩大国内外贸易毫无疑问是增加社会产品有效需求的重要途径。对于第三个因素,马尔萨斯实际上指的是社会中只消费不生产的阶级。劳动者阶级显然不能成为这个非生产性消费者,因为劳动者增加消费就意味着生产费用的提高,这会导致利润的下降,从而不利于积累。而对于资本家来说,他们一生的重大目的就是节约和积累资本,不会把全部收入都消费掉。因此,必须有一个相当大的阶级"愿意也能够消费掉比他们所生产的数量更多的物质财富,否则商人阶级就不能继续有利地生产多于他们所消费的数量",这个阶级包括地主、官吏、年金领受人、牧师等等,其中地主"无疑地居于显著的地位"[2]。

虽然马尔萨斯及其理论不遗余力地为地主阶级的利益进行辩护,

---

[1] 〔英〕马尔萨斯:《政治经济学原理》,厦门大学经济系翻译组译,商务印书馆1962年版,第306页。

[2] 同上书,第328页。

但是不可否认的是他在危机理论中提到的供给与需求、生产与消费要保持均衡的思想对现代西方经济学的影响是积极和深远的。

第三节 李嘉图学派的解体

李嘉图的代表作《政治经济学及赋税原理》在1817年发表不久就遭到了以罗伯特·托伦斯、塞米尔·贝利以及马尔萨斯为代表的学者的抨击,他们利用李嘉图经济理论中的矛盾,企图证明劳动价值论和剩余价值论是错误的,李嘉图则进行了反驳,从而掀起了一场声势浩大的经济学论战。这场论战在李嘉图死后仍然继续了下去,作为李嘉图理论的辩护者,詹姆斯·穆勒和麦克库洛赫将李嘉图的经济学说看作一个完美无缺的体系,对其存在的矛盾与错误作了庸俗化的解释,反而导致了李嘉图学派的解体。

一、詹姆斯·穆勒对劳动价值论的辩护

詹姆斯·穆勒(James Mill,1773—1836),英国经济学家和历史学家,出生于苏格兰一个制鞋的农户家庭,1791年进入爱丁堡大学攻读神学,毕业后担任过一段时间的家庭教师,后来受到李嘉图的帮助进入英国东印度公司担任职员。作为边沁的朋友,穆勒同时又是边沁的弟子及其思想的传播者。1804年,穆勒发表了《关于谷物奖励金的失策和谷物贸易所应采取的原则》,1807年发表了《商业保护论》。他在1821年发表的《政治经济学纲要》第一次系统地阐述了李嘉图的经济理论。他力求逻辑一致地对李嘉图的理论进行解说,但也就是从他这里李嘉图学派开始解体。

穆勒坚持李嘉图提出的劳动价值论。他认为,商品价值通常是由供求决定,但最终还是由生产费用决定的。而生产费用由资本和劳动两个部分构成,劳动是直接的劳动,资本就是生产资料。穆勒继承了李嘉图关于资本是蓄积劳动的观点,在他看来,资本也是一种劳动,是

过去劳动过程中生产出来的,是过去劳动的结果。既然资本也是劳动,那么资本和劳动都创造价值。在商品价值的问题上,李嘉图认为生产资料所代表的蓄积劳动应该包括在价值之内,但是这部分价值只是被"转移"到新产品中,穆勒却通过蓄积劳动也是劳动的推理,认为蓄积劳动也是创造价值的,虽然他的目的在于坚持劳动价值论,但却已严重背离了李嘉图。

穆勒对李嘉图理论体系的第一个矛盾进行了解释,即价值规律与劳动和资本的交换规律之间的矛盾,但显然并不成功。他认为,价值是由直接劳动(劳动)和蓄积劳动(资本)共同创造的,资本家和劳动者同样都是未来商品的所有者,工人得到了自己应得的一部分,就是工资。工人将未来属于他的那一部分产品卖给资本家,资本家就把这一部分商品价值以工资形式付给了工人。因此,资本与劳动之间不过是商品与商品之间的等量交换,这与价值规律并不矛盾。这里的关键在于说明未来产品究竟应该按照什么比例在工人和资本家之间分割,如果承认劳动价值是由劳动决定的,那么穆勒就会陷入逻辑上的矛盾。因此,穆勒提出劳动的价值实际上是由市场上对劳动的供求决定的,而市场上对劳动的供求又取决于资本与人口的比例,这样,他又不自觉地与李嘉图的反对者走到了一起。

对于第二个矛盾,即价值规律与等量资本得到等量利润的规律的矛盾,穆勒以新葡萄酒和陈葡萄酒为例进行了解释。生产新葡萄酒和陈葡萄酒的劳动时间是相同的,但是陈葡萄酒要比新葡萄酒贵得多,他认为原因是陈葡萄酒多经历了一段"劳动"时间。在酒窖的过程里,虽然人的直接劳动时间已经停止,但是生产新酒时所耗费的蓄积在其中的劳动,也就是资本,仍在持续着。因此,在葡萄酒贮藏的整个时间里,其价值仍然在增长。

从李嘉图关于资本是蓄积劳动的观点出发,穆勒认为创造商品价值的既有劳动者的直接劳动,也有资本家的积蓄劳动,产品的价值就是由这两种劳动决定的。这样,表面上看,穆勒维护了劳动价值论形式上的统一,但实际上已经背离了劳动价值观。他不能够认识到劳动在生产过程中既能创造新价值也能转移旧价值的性质,也不能区别生产价格与价值的关系,不仅不能回答反对派的诘难,还使李嘉图学说陷入更大的矛盾之中。

二、麦克库洛赫对劳动价值论的坚持

约翰·雷姆赛·麦克库洛赫(John Ramsay McCulloch,1789—1864)出生于苏格兰维格顿郡,在爱丁堡大学学习期间,一开始他学习的是法律,后来转为研究政治经济学。毕业后,他曾做过一段时间的《苏格兰人》的编辑,后来成为《爱丁堡评论》的经济评论家。在此期间,麦克库洛赫竭力宣传李嘉图的政治经济学及经济政策主张。从1828年到1832年,麦克库洛赫在伦敦大学教授政治经济学,1832年被任命为英国文书局审计员。他主要的经济学著作包括《政治经济学原理》(1825年)、《论赋税和公债制度的原理及实际影响》(1845年)、《政治经济学文献》(1845年)。另外,麦克库洛赫还编辑出版了1828年版斯密的《国富论》及1846年版的《李嘉图著作集》。

除了在经济学说史方面的一些贡献外,麦克库洛赫以坚持李嘉图的劳动价值论而闻名。他认为在出现资本积累及私有财产之前,劳动是商品价值的唯一决定因素,但是资本积累和私有财产出现后,情况发生了变化,因为资本参与到产品生产过程中来,但是资本不过就是积累的劳动,与直接的劳动只有形式上的不同,因此,商品的价值"显然不仅决定于直接的劳动量,而且决定于生产它们所必须付出的直接劳动和积累起来的劳动、或资本的总量。"①

为了解决价值规律与劳动和资本交换规律的矛盾,麦克库洛赫首先区分了"真实价值"和"相对价值"。他认为真实价值总是取决于,并且完全相应于生产它或获得它时所需要的劳动量,相对价值则决定

---

① 〔英〕麦克库洛赫:《政治经济学原理》,郭家麟译,商务印书馆1975年版,第163页。

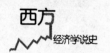

于且完全相应于它将交换到的任何其他商品的量或劳动量。所以,他的真实价值就是实际价值,相对价值就等于交换价值。在他看来,通常的情况下,商品交换时相对价值等于真实价值。但是实际上,因为供求关系,相对价值总是会超过实际价值的,他说:"一个为一定量劳动所生产的商品,……绝不会交换到或买到生产它所费的完全等量的劳动"①,"事实上,它总是交换到多一点,这个多余的部分,便构成利润。没有一个资本家愿意把已经制成的一定量劳动的产品,来交换尚待制造的同量劳动产品。这等于不收取利息的贷款。"②在这里,麦克库洛赫将利润转化为贷款的利息,是积累劳动的报酬,因而劳动与资本的交换与等价交换之间就不存在矛盾。表面上,麦克库洛赫是在为劳动价值论辩护,实际上他已经背离了李嘉图,将利润的产生归结为交换流通环节。

对于李嘉图学说中的第二个矛盾,麦克库洛赫认为必须对创造价值的劳动进行重新解释。他将劳动定义为任何一种旨在引起某一合乎愿望的结果的作用或操作,而不管它是由人、由动物、由机器还是由自然力完成的。这样,他就将创造价值的劳动扩展到资本即机器及自然力的作用。借此,他提出陈葡萄酒之所以价值高于新葡萄酒是因为在窖藏期里自然力劳动的结果。

和穆勒一样,麦克库洛赫竭尽全力企图解决李嘉图理论中的矛盾,维护劳动价值论,但是其结果不过是将劳动价值论进行了庸俗化解释,不仅没有达到目的,反而加速了李嘉图学派的解体。穆勒标志着李嘉图学派解体的开始,而麦克库洛赫则是李嘉图学派彻底解体的最可悲的样板。

---

① 〔英〕麦克库洛赫:《政治经济学原理》,郭家麟译,商务印书馆1975年版,第125页。
② 同上书,第125页脚注①。

第四节 古典政治经济学的完结

古典政治经济学在李嘉图那里得到了最高发展,但是到了19世纪20年代,从穆勒和麦克库洛赫开始,李嘉图学说就不再是政治经济学的主流理论,而英法古典政治经济学也从此衰落下去。在30年代以后,越来越多的经济学家不再以斯密、李嘉图门徒的面貌出现,他们在理论上独树一帜,而不是继续发展劳动价值论,新的、重大的经济学分析方法也开始出现,为现代西方经济学的形成与发展提供了重要的基础。

一、西尼尔的理论及方法

纳索·威廉·西尼尔(Nassau William Senior,1790—1864)出生于英国波克郡的一个西班牙裔的乡村牧师家庭,曾就读于伊顿学院,1807年进入牛津大学,1812年大学毕业后在伦敦从事律师工作。从1821年开始,他撰写了一些经济评论文章,并参加了经济学会,1825年成为牛津大学第一位政治经济学教授。他还担任过政治经济学考试委员会、调查集会结社、罢工运动委员会、济贫法修改委员会委员,高等法院院长等职。

西尼尔主要的代表作有《政治经济学绪论》(1827年)、《政治经济学大纲》(1836年)、《关于生产财富问题的讲演》(1847年)、《关于政治经济学入学的四次讲演》(1852年)。

1. 政治经济学的研究对象与方法

西尼尔认为过去的政治经济学范围过于广泛,主张将立法、行政、哲学等问题从政治经济学中排除掉,以建立一个纯粹的经济学。他提出,政治经济学应该以财富的性质、生产和分配为研究对象,就是研究财富如何被生产出来、如何在社会成员之间进行分配的客观规律,这些规律引起的后果是否合适、公平与合理的问题则不在研究范围

之内。

与其研究对象相关,在研究方法论上,西尼尔努力将经济学的研究脱离价值判断和政策建议,成为实证主义的"纯粹"的科学,这种立场是19世纪70年代以后实证经济学的最早起源。西尼尔认为经济学应该是演绎和推理的,它的任务就是要提出和检验用于解释经济现象的理论。西尼尔提出了四个命题作为经济学研究的基本前提:(1)每个人都希望以尽可能少的牺牲取得更多的财富;(2)限制世界上的人口的原因,不是由于精神上或物质上的缺陷,就是出于人们按照不同风俗习惯的要求,担心财富可能会不足以适应他们需要的顾虑;(3)劳动的力量和生产财富的其他手段的力量,借助于将由此所生产的产品作为继续生产的工具,可以无限地增加;(4)假定农业技术不变,在某一地区内的土地上所使用的增益劳动,一般会产生比例递减的报酬。

西尼尔认为这四个命题不需要任何的证明,因为"差不多每个人一听到就会觉得在他思想上久已存在,或者至少是在他的知识范围之内"[①],而且在他看来,从这个四个命题出发就可以引申出一套经济理论。第一个命题是边沁主义的延续,将人性都是追求快乐、避免痛苦的原则应用在经济活动中,就形成了用最少的支出取得最大的收益的行动准则。这个心理规律是现代西方经济学的重要理论基础之一。对于其他三个命题,西尼尔认为是对第一个基本命题的注解,属于观察的结果。其实第二个命题不过是马尔萨斯人口论的翻版,第三个命题强调的是生产要素的增长,而第四个命题已经包含了边际收益递减的含义。因此,西尼尔也被看作边际主义的先驱者之一。

2. 财富与价值论

财富是西尼尔的研究起点。他认为财富由有价值的东西构成,所以财富就是价值。财富必须具备三个要素:效用、供给有定限和可转

---

① 〔英〕西尼尔:《政治经济学大纲》,蔡受百译,商务印书馆1977年版,第11页。

移性。西尼尔定义的效用并不是物品所具有的使用价值,而是消费者的主观感觉和评价。供给有定限是指相对于人的需要而言,事物的供给具有稀缺性的特点。可转移性是所有权的可转移性,也就是财富可以进行交换。

在这三个因素中,西尼尔认为效用和可转移性是不可或缺的,但并不是起到决定性作用的,在他看来,供给有定限,也就是供给的稀缺性才是最重要的。财富的生产受到劳动、资本和自然这三种生产手段的制约,其中劳动和资本这两个因素供给是有限的。他在他的第一命题基础上解释了劳动和资本。劳动是劳动者的一种牺牲,也就是牺牲了他的享乐、幸福和自由。而资本则是资本家的一种牺牲,资本家为了提供生产资料,牺牲了个人消费所得到的享乐和满足,即为了将来的利益而放弃了眼前的享受。他认为非常有必要用"节制"的概念代替资本,因为资本是并不是单纯的生产手段,是三种生产手段结合起来的结果。

商品的效用表现为对该商品的需求,而商品的稀缺性则取决于商品的供给。因此,在西尼尔看来,商品的价值决定于对"这一商品的需求和供给"①。西尼尔强调对财富生产起作用的是劳动和节制两个要素。这两个因素限制着商品的供给,也就是商品的生产成本,那么,所谓的生产成本就"相等于生产所需要的劳动和节制的总和,或者换个比较通俗的说法,其价格相等于为了使生产者愿意继续努力所必须支付的工资与利润的总量。"②

从人性的心理规律出发,综合了生产费用价值论和边际效用价值论,西尼尔提出了独特的价值理论,是劳动价值论向边际效用价值论的重要过渡。

3. 分配论和"最后一小时"

西尼尔的分配论实际上是萨伊的三要素论和三位一体理论的翻

---

① 〔英〕西尼尔:《政治经济学大纲》,蔡受百译,商务印书馆1977年版,第32页。
② 同上书,第157页。

版,不过被他"加入一些新的词,扩大或缩小一些其他的词的涵义。"①他认为,生产的三个手段是劳动、资本和土地,相应的,社会由三个阶级构成:劳动者、资本家和自然要素的所有者。既然商品或财富是这三种手段的所有者共同努力的结果,那么,当共同努力下的产物出售以后,所得的报酬就要由大家共同分配,工资是劳动者牺牲安逸的报酬,利润是资本家牺牲眼前享乐的报酬,地租是自然要素所有者所取得的报酬。

在分配问题上,西尼尔特别强调资本家的作用,他认为,"经济学家把地主、资本家和劳动者说成是成果的共享者的那种通常说法,只是出于杜撰。差不多一切所生产的,首先是资本家的所有物;他预先支付了在其生产中所必要的地租和工资,偿付了在生产中所必要的节制行为,他是在这个方式下购入的。他购入以后,自己所消费的只是其中的一部分,一般只是其中的一个极小部分,然后将其余的部分售出。"②

1833年英国通过了工厂法,将法定工作日缩短为10小时并限制使用童工,这个工厂法遭到工厂主的反对,在1836年的曼彻斯特工厂主大会上,西尼尔应邀出席并作了演讲。根据这次演讲稿,他整理发表了《论工厂法对棉纺织业的影响的书信》。该篇论文主要证明了工厂主的利润是在11.5小时的最后一小时生产出来的,如果工作时间缩短1个小时,那么纯利润就会消失,如果工作时间缩短1.5个小时,则总利润就会消失。这就是他著名的"最后一小时"理论。

西尼尔认为利润是工人在最后一个小时的劳动时间里生产出来的观点显然与他的节制论相对立,因为根据他的分析,利润来自资本家的"节制",与工人的劳动无关。虽然西尼尔竭力为资本家进行辩护,但是由于他理论的自相矛盾、概念上的混乱,很快,他的"最后一小时"理论也就失去了影响。

---

① 〔英〕西尼尔:《政治经济学大纲》,蔡受百译,商务印书馆1977年版,第137页。
② 同上书,第145页。

二、巴师夏的经济学说

弗雷德利克·巴师夏(Frédéric Bastiat,1801—1850)出生于法国南部一个富商之家,1825年继承遗产而成为法国葡萄酒酿造业大资本家。1830年法国革命之后,他成为积极的社会活动家,曾担任地方法官及顾问。后来,巴师夏迁居巴黎,并投身于自由贸易的宣传活动,在1846年创建了"法国争取自由贸易协会",成为法国自由贸易派的旗帜。1848年革命风暴席卷欧洲之后,巴师夏又成为反对社会主义的"战士",担任了制宪会议和立法会议的代表。

除了一些反对空想社会主义的作品之外,巴师夏的经济著作主要有宣传自由贸易的《科布登与同盟》(1845年),论证经济和谐的《经济和谐》(1850年)和《经济诡辩论》(1847年)。马克思曾将巴师夏与萨伊进行比较,说:"萨伊同例如巴师夏比较起来还算是一个批评家,还算无所偏袒,……而巴师夏却是一个职业的调和论者和辩护论者",萨伊"在参与解决经济问题的时候还或多或少地从政治经济学的观点出发,……而那位巴师夏却只有剽窃,并且力图用自己的论据把古典政治经济学中不合口味的方面除掉。"①

1. 政治经济学的研究对象与经济和谐论

巴师夏认为政治经济学应该以人为研究对象,但是并不是要研究人的一切,作为一门科学,政治经济学研究的是有关个人利益的领域,是从需要及满足需要的手段的角度来考虑的人。因此,人及人的本性成为他理论的出发点。

关于人的本性,他接受了斯密《国富论》和《道德情操论》中的观点,认为在经济活动中人是利己主义者,各人为自己打算不可避免地成为主要的行为动机。但是在上帝的作用下,在道德和情感领域里,人又是利他的,各人为一切人打算。从这里出发,他坚信受到人类天

---

① 《马克思恩格斯全集》第26卷第3册,人民出版社1974年版,第557页。

性的普遍规律的支配,资本主义社会必然是和谐的,因而也是自然的。因为在这样的社会里,谁也不会强迫谁去替别人劳动,人人是在自然愿望和自我利益的推动下工作的,最终经济生活的各要素之间、各领域之间、各阶层之间达到自由的和谐、平等的和谐。

受其和谐信念的影响,巴师夏提出经济自由主义是最符合人的本性的制度,并进一步考察了资本主义社会的经济自由。他认为一个社会可以从两个方面进行考察:一方面,社会是生产者的总和;另一方面,社会还是消费者的总和。在他看来,生产者就是反和谐的,因为每个生产者都希望自己能够获胜,垄断生产,葡萄种植者希望严冬能把除自己而外的所有葡萄园统统毁掉,制铁业者希望市场上除了自己的铁之外,没有其他的铁。所以,生产者代表的利益是反社会的。但是消费者则不然。当人作为消费者时,他希望产品丰裕,市场供应充足,能够以低廉的价格自由地采购商品,而不希望有人垄断市场。因此,保护主义实际上是考虑生产者的利益,本质上是反社会的,而经济自由主义则从消费者的利益出发,是有利于全社会的利益的。巴师夏承认资本主义社会的确存在一些弊病和缺陷,但认为这不是经济自由主义带来的,而恰恰是经济自由没有完全实现的结果,因此,他极力宣扬经济的完全自由,反对保护主义和所有其他形式的政府干预。

2. 交换及价值论

巴师夏从人的本性出发提出,人类社会要求不断地避免痛苦和追求满足与愉快,而这一目的只有通过相互交换才能达到,因此,人类社会就是交换的社会,而交换也就成为巴师夏经济分析的基点。

巴师夏认为人们交换的过程是在相互帮助、相互替代对方工作,是在提供服务。因此,交换不过是各种服务的交换。这样,价值就是交换着的两种服务的关系。在经济自由的条件下,等价交换当然是公平的。

为了说明等价交换,巴师夏必须说明价值是怎样产生和测量的。在他看来,价值没有任何物质的,甚至是效用的因素,不过是交换服务的比例关系,而这个比例关系,又可以通过两种尺度来衡量:提供服务的人所作的努力和紧张的程度,以及接受服务的人免除努力和紧张的程度。从效果上看,两种方法得到的结果是一样的。

巴师夏离开了物质生产过程用主观因素来说明价值,把它单纯看作相互提供服务或劳务的关系,根本目的是服务于他的经济和谐论。

3. 分配论

巴师夏认为尽管有股票、证券等种种形态,资本归根结底是由商品或产品构成的,就是工具、材料和食物等。资本是其所有者通过自己的劳动或者节俭创造的,是延缓了自己的消费或享受的结果。因此,在他看来,资本所有者将资本让渡给别人,不仅表明他自己是节欲的,而且还把可能带来利益的工具或手段让给了他人。

根据交换的基本原则,巴师夏进一步指出,利润是资本家为社会服务所得到的补偿。利润由企业主的收入和利息两部分构成。就企业主的收入而言,利润是企业主劳动、努力和紧张应该获得的报酬;而利息则是因为资本延缓了个人的消费或享受而应该获得的报酬。

从利息的理论出发,巴师夏提出不仅资本带来的收入是利息,其他收入如工资、地租也是。地租是土地所有者作为社会和自然界的中间人,在开发和改良土地时所提供服务的报酬。工资则是劳动者提供劳动服务的报酬。

在劳资关系的问题上,巴师夏极力宣扬和谐论,反对李嘉图将利润、地租和工资对立起来的见解。他认为资本家提供生产资料和生活资料,工人则替资本家进行生产,这是两种相互的服务,而工资和利润就是这两种服务的报酬。所以,在经济自由的条件下,这两种服务的交换是等价的,不存在剥削,劳资并不是对立的。

巴师夏通过举例说明存在所谓的"和谐规律"。他认为随着资本的增长,社会总产品中分配给资本家的那部分产品绝对额增加了,但是它的相对份额却降低了,而分配给劳动者的那部分产品的绝对额和相对份额都增加了。尽管没有任何能够证明其论点的数据,巴师夏坚

信这是一个伟大的、奇妙的、保险的、必要的和不变的资本规律,也是劳动和资本合作成果在分配领域的重要规律。显然这与实际情况并不相符。总之,巴师夏在分配问题上并没有任何创新之处。

三、约翰·穆勒的经济学说

约翰·斯图亚特·穆勒(John Stuart Mill,1806—1873),英国19世纪著名的经济学家、哲学家和社会活动家。他出生于英国伦敦经济学世家,是詹姆斯·穆勒的长子。在父亲的严格教育下,他13岁开始学习政治经济学,熟知亚里士多德、霍布斯、斯密及李嘉图的著作。受父亲的影响,他接受了边沁的功利主义,尔后又在1820年赴法访问期间结识了萨伊和圣西门等人。1823年至1858年在东印度公司任职,1865年至1868年当选为国会议员。

穆勒一生著作颇丰。1844年出版的《略论政治经济学的某些有待解决的问题》由五篇论文组成,是穆勒利用李嘉图学说对若干经济问题进行的分析。1848年出版的《政治经济学原理》总结了19世纪初以来的资产阶级政治经济学,形成了一个新的折中主义的理论体系,发表了其独到的见解。直到马歇尔的《经济学原理》发表之前,这本书是最有权威性的经济学教材,被奉为经济学的"圣经"。

1. 政治经济学的研究对象与方法

穆勒同以往许多经济学家一样,也认为政治经济学研究的是财富的性质及其生产与分配的规律,但是不同的是,在他看来,财富的生产与分配具有完全不同的性质。他认为"财富生产的法则和条件具有自然真理的性质。它们是不以人的意志为转移的"[①]。而财富的分配规律则是人类制度问题,取决于社会的法律和习惯,是历史的、可变的。

穆勒将分配制度建立在历史关系基础上进行解释显然是政治经济学的进步。在资本主义社会,工资和利润分别以雇佣劳动和资本为

---

① 〔英〕约翰·穆勒:《政治经济学原理及其在社会哲学上的若干应用》上卷,赵荣潜等译,商务印书馆1991年版,第226页。

前提,毫无疑问这些分配形式是以生产条件的社会性质及当事人之间的社会关系为前提的,因此,"一定的分配关系只是历史规定的生产关系的表现"①,将分配关系与生产关系截然分开是"愚蠢"②的。

穆勒在《逻辑体系》(1843年)中对经济学研究的方法论进行了深入研究。首先,他主张根据一定的假说,甚至可能完全是没有事实根据的假说进行推理的先验方法。对于经济人假设,穆勒认为,为了进行经济学研究,认为人类是把全部精力用于财富的取得和消耗是必需的,但是这并不等于人类生活真正就是这样的。因此,在推崇先验的研究方法的同时,他也强调逻辑论证要与现实相结合,认为任何经济学上的假设和论断都只在特定条件下才能成立,政治经济学也要从人的天性、心理、精神和社会关系、社会制度等各个角度来研究。

2. 生产理论

穆勒从生产的一般要素出发对生产进行了分析,认为在任何社会里,劳动、资本和自然要素都是不可或缺的生产要素。

关于劳动,他认为劳动不仅是体力和脑力的支出,而且还包括由这些支出引起的主观感受。他提出劳动并不创造物质,只生产效用。并且以效用的形式为依据,区分了三类劳动形式:生产第一类效用的劳动,就是通常讲的生产物质产品的劳动;生产第二类效用的劳动,就是培植自身或他人的体力和智力的劳动;生产第三类效用的劳动,就是给人们提供一定快乐或避免烦恼痛苦的劳动。穆勒还将劳动划分为生产性劳动与非生产性劳动两种,表明他特别重视经济增长。

关于资本,穆勒认为资本是由积蓄而保存下来的用于维持生产性劳动的物质产品,在资本性质的问题上,穆勒正确地指出,唯一的生产力是劳动生产力,资本不具有生产力,资本的生产力不外乎是资本家借助于他的资本所能支配的实际生产力的数量。

生产的第三要素是自然要素,穆勒认为它包括的都不是劳动的生

---

① 《马克思恩格斯全集》第25卷,人民出版社1974年版,第997页。
② 《马克思恩格斯全集》第26卷第3册,人民出版社1974年版,第86页。

产物,而土地是其中最重要的资源,因此,可以用土地一词来代替。

穆勒进一步分析了生产增长的问题。根据他的观点,生产的增长是各要素增长的结果,而限制生产增加的,也必然与各要素增长规律相关。他分别研究了三要素对经济增长的影响。在他看来,生产的增加首先在于增加劳动,也就是增加人口。而在这个方面,由于人口增长的能力几乎是无限的,因此,劳动并不会成为生产增长的障碍。至于资本,资本的积累取决于社会的纯产品额和人们的积累或储蓄的倾向。他认为随着生产的发展,社会的纯产品会不断增多,所以生产可以无限制地增长,但是如果人们储蓄欲望不足,就会导致资本不足。而至于土地,穆勒认为土地报酬递减规律是主要的制约规律,但一定程度上,农业生产技术的进步可以抵消报酬递减的作用。总之,生产要素的增长是促进生产增长的重要原因,而对于生产起到抑制作用的主要是土地或资本的不足。

3. 分配理论

穆勒对奴隶制、自耕农等历史上存在过的几种主要所有制形式下的分配方式进行了考察,认为"产品的分配是两个决定性力量——竞争和习惯所造成的结果"[①],过去的政治经济学家都比较重视第一种力量,夸大竞争的作用,而忽视了风俗和习惯的力量。

在工资问题上,他认为工资是使用劳动的代价。长期来看,工资水平的高低决定于工人最低的生活费用,也就是说,穆勒接受了从配第到李嘉图一直宣扬的自然工资的观点。而短期来看,工资水平又决定于供给和需求的关系。劳动力的供给也就是从事雇佣劳动的人口数量,需求则是指资本,更确切地说,是用于直接购买劳动的那部分流动资本。

根据穆勒的观点,工资由工资基金及劳动人口的比例所决定,一定时期内,一国的资本量及用于支付工资的数量是不变的,所以工资

---

① 〔英〕约翰·穆勒:《政治经济学原理及其在社会哲学上的若干应用》上卷,赵荣潜等译,商务印书馆1991年版,第270页。

率一般来讲是比较稳定的常数。那么,在他看来,工人提出提高工资的要求是不正确的。因为,根据他的工资基金理论,为了提高工资,或者限制人口增长,或者政府通过税收强迫储蓄以增加工资基金总额,显然这些对于工人来讲都是不利的。

事实上,工资基金理论遭到了很多批评。穆勒在1869年不得不公开表示放弃工资基金理论,认为劳动价格不是由工资基金决定的,是劳动价格决定工资基金的量。

在利润问题上,穆勒把总利润划分为三个部分:利息、保险费和管理工资。他将利息看作对资本节制的报酬,保险费是对资本家承担投资风险的报偿,而管理工资则是对资本家管理企业、组织领导生产所付出的劳动和技能的代价。穆勒不同意利润来自于流通领域的观点,他认为只要有劳动生产力,即所生产的产品多于耗费的产品,就有利润的存在。在这里他正确地将利润归结为生产的剩余。他进一步解释了利润与工资之间的关系,提出利润率实际上取决于工资水平,揭示了利润随着工资的下降而提高,又随着工资的提高而下降。

虽然穆勒正确地指出利润与工资的对立关系,但是对利润率下降的解释却是错误的。他将利润看作对投资风险的回报,并认为,随着社会的进步,投资风险小了,那么相应的要求的报酬,也就是利润率就下降了。

在地租问题上,穆勒基本上沿袭了斯密和李嘉图等人的地租理论。他认为地租是土地所有权垄断的结果,由于地主阶级对土地的垄断,所以农民耕种土地就必须支付地租。他也认为,土地肥沃程度和位置的不同,所生产的产品产量有差额,其差额就是级差地租。穆勒还提到了随着科学的发展农产品产量得到大幅度增加,农产品价格下降。

总之,穆勒在分配学说上没有提出什么新的创见,只不过是综合了以往资产阶级经济学家的观点,并加以发挥而已。

4. 价值与国际价值

穆勒首先否认价值本身具有内在、实体的意义,而是将其等同于

交换价值,认为价值不过是"一个相对的术语",仅意味着在交换中能获得别种东西。至于价值的决定,他倾向于供求论,并把商品划分为三类进行了具体的说明。第一种是数量有限,供给不能任意增加的商品;第二种是不增加生产费用,而供给数量又可以无限增加的商品;第三种是供给数量能够无限制地增加,但是每个单位生产费用会随着产量的增加而递增的商品。在穆勒看来,社会商品的绝大多数是第二、三种商品,其价值决定于生产费用,因此,他进一步解释了生产费用理论。

穆勒分析了生产费用的结构,认为劳动几乎可以说是唯一的因素。穆勒认为,劳动不仅包括直接投入生产过程的劳动,也包括生产资料所包含的过去的劳动。他甚至还认为产品的价值不仅要足以为所需的劳动提供报酬,而且要为一切人不同于劳动阶级的节欲提供报酬。在这里,他又将生产费用划分为工资和利润两个部分。从本质上说,穆勒的价值学说是西方经济学中的供求论和生产费用论的混合物,已经彻底地背离了古典学派的劳动价值论。

在《政治经济学原理》的第三篇中,穆勒对国际贸易理论进行了深入的考察,对现代国际经济学产生了重要的影响。

他基本上认为国际市场不同于国内市场,资本和劳动都不能够自由流动,因此,商品的国际价值决定规律也不同于国内市场价值。在国际贸易中,商品价值只受供给与需求的规律支配。他认为,在自由竞争制度下,一国的商品同另一国的商品相互交换的价值由为支付进口而出口商品的生产费用来决定,即这个国家的出口总额恰好等于支付进口总额所需的价值。

穆勒以德国和英国两国贸易为例进一步说明了劳动生产率提高对国际贸易中的利益分配的影响。他接受了李嘉图的比较成本学说,主张自由贸易及其对社会发展的促进作用。穆勒一般是反对保护政策的,但也承认为了发展新的工业,暂时采取一些保护政策还是恰当的。

第七章
德国历史学派经济学

19世纪的英法两国已经进入资本主义社会,技术进步的加速扩散使得这些早期工业化国家获得了发展上的优势。而位于欧洲大陆的德国则刚刚结束封建专制,长期的战争导致德国整个社会贫困落后,农业仍是主要的经济基础,农业人口也是主要的就业人口。直到1871年以前,德国一直都是世界上分割最甚的诸侯列国,是由38个小邦国组成的"德意志联邦"。这些小邦拥有自己独立的政府、军队、法庭、财政制度、货币等,在政治和经济上都具有自治权利。因此,在德国境内,关卡林立,交通不便,市场被严重割裂,缺乏统一的国内市场。虽然以普鲁士为代表的德国联邦已经开始了农业改革,但也仅仅是使农民摆脱对地主的人身依附关系,城市里商品经济也不发达,资本主义发展困难重重。

在国际贸易方面,由于德国长期处于分裂状态,缺乏统一的贸易和关税保护政策,拿破仑战争之后,欧洲贸易封锁被解除,英国的廉价工业品如潮水般涌入德国市场,严重地打击了还处于萌芽状态的德国资产阶级和产业资本的利益。

与此同时,拿破仑战争将民族主义和民主思想传播到了欧洲大陆的各个角落,人们开始注意强调各个国家的历史与社会的个别性和特

殊性,特别是在德国,以黑格尔为代表的哲学家们将历史研究看作社会的科学研究的正确方法,强调自由是对国家权威的臣服,主张社会控制和公共政策等社会和政治制度。

在这样的条件下,19世纪40年代左右,在德国形成了颇具特色的历史学派经济学体系。面对英国等先进国家的激烈竞争,德国学者开始思考民族如何能够实现统一、国家经济如何实现发展等问题,为了达到维护德国国家经济利益的目的,德国历史学派经济学家与英法古典经济学相抗衡,反对古典学派的世界主义和个人主义,否定抽象演绎法,而极力推崇历史方法。历史学派以70年代德意志帝国的建立为分水岭大致可分为两个发展阶段,之前称为旧历史学派,其后为新历史学派。

第一节 历史学派的先驱——李斯特

弗里德里希·李斯特(Friedrich List,1789—1846),19世纪上半叶德国最著名的经济思想家,贸易保护主义倡导者。作为德国历史学派的先驱,他开创了经济学的历史研究方法,对英国古典经济学进行批判和修正,强调经济发展中的民族国家特征,提出了保护关税等政策建议以保护和发展德国工业,对以发展为目的的国家具有极为重要的借鉴意义。

李斯特出生于德国一个制革匠家庭,没有接受过正式学校教育,通过自学参加国家官吏考试进入符腾堡王国的政府机构担任书记员,后担任会计检查官等职。1817年被聘为图宾根大学教授,1819年由于他反对政府的腐败专制而被解聘。1820年当选为符腾堡国民议会议员,因为鼓吹自由主义的政治改革,屡遭政治迫害而被迫流亡美国。1832年他以美国驻莱比锡领事的身份重返德国,并积极投身全德关税同盟运动,后遭到政府迫害而失败。反动势力的迫害、政治理想的破灭以及生活的窘迫致使其精神崩溃,于1846年11月30日在奥地利自杀身亡。

李斯特的主要代表作有《美国政治经济学大纲》(1827年)、《政治经济学的自然体系》(写成于1837年)、《政治经济学的国民体系》(1841年)等。其中《政治经济学的国民体系》集中代表了李斯特的经济思想。

一、关于经济学的研究对象与研究方法

李斯特在《政治经济学的国民体系》序言中表达了他的立场：如果作者是英国人,我几乎不会怀疑亚当·斯密理论的基本原理,之所以使作者在最近的许多匿名论文中,最后终于在一篇长文中,用我本人的名字对斯密理论展开批判,是由于祖国的实情。同时,今天作者有勇气将这部著作问世,主要也是由于德国的利害关系。正是鉴于19世纪德国的实情和利害关系,李斯特认为斯密理论代表的世界主义经济学并不适合德国。因为那种学说是以先进国家为代表的抽象的个体利益为对象,并没有顾及各个国家的具体情况,特别是对于德国这样的国家。因此,他提出经济学就是要研究对于某一特定国家来说,在特定的世界形势下如何通过产业的发展来获得幸福和文明。因此,他要建立一种新的学说体系,即所谓的"国家经济学"。

李斯特指责英国古典经济学是"个人主义"的经济学,忽视了经济生活中国民有机体的重要性,而他的国民经济学则强调经济生活中的国民性和历史发展阶段的特征,国民经济学不是建立在空洞的世界主义和个人主义基础之上的,而是要以事物本质、历史教训和国家需要为依据,因此,国民经济需要不同于古典理论的研究方法。

在方法论上,他反对古典学派的抽象、演绎的自然主义的方法,而主张运用历史主义方法。即通过客观地观察、回顾意大利、荷兰、英国、西班牙等国家的历史,寻找一个国家经济发展过程中的"历史教训",并将之上升为理论与政策。他的研究方法实际上就是历史归纳,通过对某个国家的历史归纳,提出相应的政策建议。

二、生产力理论

生产力理论是李斯特理论的中心。在他看来,价值理论并不能对一国财富的取得与增长进行全面的说明,历史的经验表明,劳动本身也不一定能使国家致富。他认为,古典经济学只重视财富和交换价值,并没有意识到财富的原因和财富本身完全不是一回事,也不知道"财富的生产力比之财富本身,不晓得要重要到多少倍"①。"一个国家的发展程度,主要并不是象萨伊所相信的那样决定于它所蓄积的财富(也就是交换价值)的多少,而是决定于它的生产力的发展程度。"②因此,除了价值理论之外,还要考虑一个独立的生产力理论。生产力理论正是"研究如何使某一指定国家(在世界当前形势下)凭农工商业取得富强、文化和力量的那种科学"③。

李斯特认为生产力有四种类型:一是人的生产力,包括精神和肉体的;二是自然的生产力;三是社会的生产力;四是物的生产力。在这四种生产力中,第一种和第二种总是结合在一起发挥作用的,而这两种生产力要发挥作用,又一定要以第三种即社会的生产力为前提条件。也就是说,人与自然的生产力要在一定的"社会的、市民的、政治的状态和制度下"才能发挥作用,如果一个社会、市民、政治的条件是混乱的,个人再勤劳,国家也不可能致富。

一个社会的生产力不仅是物质财富累积的结果,也是科学与艺术、国家与社会制度、智力培养、创造发明等人类精神财富累积的结果,因此,在李斯特看来,生产力由多种要素构成,"基督教,一夫一妻制,奴隶制与封建领地的取消,王位的继承,印刷、报纸、邮政、货币、计量、历法、钟表、警察等等事物、制度的发明,自由保有不动产原则的实

---

① 〔德〕李斯特:《政治经济学的国民体系》,陈万煦译,蔡受百校,商务印书馆1961年版,第118页。
② 同上书,第127页。
③ 同上书,第106页。

行,交通工具的采用——这些都是生产力增长的丰富泉源。"①

在诸多的要素中,他特别强调科学技术的作用。李斯特指出英国的力量以及它的生产力的增长,并非完全借助于它的限制进口的政策、航海条例和商业条约,而是在很大程度上归功于英国在科学技术领域的胜利。基于科学技术进步的思想,他批评李嘉图等人过度夸大了"报酬递减规律"的作用。另外,李斯特还特别强调人力资本的作用,认为生产力的更大的组成部分在于个人的智力和社会条件。而教育则是使得一国精神得以延续的主要手段,因此需要得到特别的重视。"一国的最大部分消耗,是应该用于后一代的教育,应该用于国家未来生产力的促进和培养的。"②

对于斯密提出的分工促进经济发展的观点,李斯特认为这只是问题的一个方面,他指出分工实际上是各种动作、智力和力量为了实现一定的共同的生产目的而进行的联合或协作。因此,经济活动具有的生产性,不单单是由于划分,主要还是由于联合。生产力协作的理论不仅对企业适用,同样可以用来分析区域乃至国际生产力的协调问题。在国民经济因协调合作而获得最大生产效率的意义上,他的理论接近李嘉图的比较优势学说。他认为,各个地区主要致力于在自然条件上最适宜的那些部门的生产,那么协作的影响就会表现得特别突出,资源也能获得更大的利用,生产效率大大增加。而一个国家"既培养了在它领域以内工业的一切部门,使工业达到了高度完善阶段,又拥有广大疆土和充分发展的农业,使它工业人口在生活必需品和原料方面的需要,绝大部分可以由本国供应,那么它就拥有最高的生产力,因而也就是最富裕。"③

---

① 〔德〕李斯特:《政治经济学的国民体系》,陈万煦译,蔡受百校,商务印书馆1961年版,第123页。
② 同上书,第123页。
③ 同上书,第135页。

三、经济发展理论

李斯特强调国民经济是一个有机的整体,存在发生发展的历史过程。他从生产力理论出发,提出了经济发展阶段论,认为一个国家一般须经过五个发展阶段:原始未开化时期、畜牧时期、农业时期、农工业时期、农工商业时期。这五个阶段是依次递进的,后一个阶段要比前一个阶段的发展程度高。农工商业阶段是一国经济发展的最理想状态。在这个阶段上,农业、制造业和商业协调发展,生产效率最高。

通过对各国经济发展过程的深入考察,李斯特总结了一个国家从农业阶段向高级阶段发展的经验。他提出,如果一个农业国在农业发展上已经达到了顶点,或者由于工业国的竞争而导致其工业无法成长,该国的农业生产力就会处于"残缺状态"。在人口不断增长的情况下,这种"残缺状态"发展下去,可能存在两种趋势:一种是顺利过渡,转变为高度发达的工业强国。在这种情况下,制造业正常发展,一旦达到一定发展阶段,新增人口的大部分便转移到制造业部门中去,剩余农产品除了用来满足农业人口的消费和生产需要之外,还应当用来满足制造业人口在消费资料和生产原材料方面的需求。如果这种情况能够及时实现,农业和制造业的生产力就可以得到协调同步增长,直至该国演进为经济强国。另一种是过渡受挫而陷于落后状态。人口的增长消耗了农业部门的全部剩余产品,致使农业部门无法得到新的资本投入。另外,由于新增人口完全依赖农业部门,人均占有土地规模日益缩减,农业人均产出不断下降。

在如何实现国民经济发展的问题上,李斯特认为发展工业至关重要。因为工业不仅代表着高一个阶段的发展程度,同时也是基础的基础。工业生产力能够促进科学、艺术的发展和政治的完善,增进国民福利、人口、国民收入和国家权力,能够使它的贸易关系发展到全世界,对农业也有着重要的促进作用。"如果我们研究一下农业繁荣的根本原因,就会发现主要只是由于工业的存在。"①因此,一个国家工业生产的发展水平决定着整个生产力的发展水平,决定着整个国民经济,也决定着一国政治独立和文化发达。

与此相关,李斯特特别研究了资本及资本形成的问题。他区分了物质资本与精神资本。在他看来,物质资本具有"工具力"和"物质工具"的内涵特征,从外延上,包括了农业资本、制造业资本和商业资本,也可以被分为私人资本和国家资本。而精神资本则表现为"我们以前许多世代一切发现、发明、改进和努力等等累积的结果。"②因此,精神资本是国民身心力量的总量,决定于这些力量在社会和政治方面的完善程度。他还指出:"国家物质资本的增长有赖于国家精神资本的增长,反过来也是这样。"③

他将经济发展阶段与资本的形成有机结合在一起,强调了发展工业的重要意义。他提出当一国从游猎形态向畜牧时期转化时,资本的增长主要是由于牲畜头数的迅速增加;从畜牧时期向农业时期过渡时,资本的增长主要是由于耕地与剩余农业产品数量的迅速增加;当进一步向工业时期过渡时,资本的增长主要是依靠专门用于建立工业的那些价值和力量实现的。因此,农业对于资本形成的作用是极其有限的,只有充分发展一国的工业,才能摆脱农业国的落后状态,才能使农业物质资本大规模、有节奏、继续不断地增长。不仅如此,他还指出工业部门的发展在促进精神资本发展方面的重要作用,认为工业工作在唤起并发展多种多样的、高度的智力和能力方面的作用要比农业工作不知大多少倍。

四、国家干预与贸易保护理论

以生产力与经济发展理论为基础,李斯特进一步阐述了国家干预

---

① 〔德〕李斯特:《政治经济学的国民体系》,陈万煦译,蔡受百校,商务印书馆1961年版,第214页。
② 同上书,第124页。
③ 同上书,第196页。

主义价值观,使其经济学直接与古典经济学对立。他认为私人经济本身存在着诸多不可克服的弊端,因为个人在追求自己的目标时,很有可能会损害公共利益,甚至使国家的生产力受到损害。而私人经济的发展也离不开国家的保护和支持。没有国家的干预,就不会有人们对铸币的信任,不会有经商的安全感,不会有度量衡、专利权、版权,也更不会有运河及铁路。李斯特对英国的经济发展进行了总结,认为英国的成功主要是国家干预的结果,特别是在经济发展的转型期。在一国经济实力迅速发展并向工业国转变的时期,特别需要国家的力量。

从国家干预的思想延伸开来,李斯特又针对德国的历史条件和经济形势,提出了国民主义和保护主义的贸易政策主张。他认为,一个国家实行什么样的贸易政策与其所处的经济发展阶段相关。当时的德国正处于经济发展的第四个阶段,即由农工业时期向农工商业发展的时期,因而必须采取关税保护制度,以发展德国的民族工业。贸易保护政策可以促进生产力,使德国实现工业化。在实行保护制度的初期,可能会使生产成本增加,商品价格提高,并不利于消费者,但是这种损失却使生产力有了发展,生产成本会降低,从而会获得更大的物质财富。进入农工商业时期以后,自由贸易原则则重新得以适用。

可见,李斯特的保护关税制度并不是目的,而是将来在国际范围内实现自由贸易的一种手段。在这一点上,他区别于传统的重商主义。

李斯特的经济发展阶段论是不科学的,他把社会历史的发展仅仅理解为国民经济部门的演进,而完全抛开了社会经济更迭的主要形式即生产关系的变革这一根本因素,因而不可能对社会经济发展的历史过程作出科学的说明。

第二节 旧历史学派及其代表人物

19世纪中叶以后的德国逐渐走向了统一,特别是1848年的革命使资本主义在德国得以迅速发展。为了对抗英国工业势力的挤压,建立本国的国民经济体系和统一的国内市场,以李斯特经济思想为先驱的德国历史学派形成了。它继承了李斯特的历史使命,反对古典经济学所倡导的自由放任,主张国家对经济的干预。为了达到这样的目标,他们主张用国民经济学代替政治经济学,否认普遍的经济规律的存在,主张用所谓的历史方法代替科学的抽象法。

旧历史学派的创始人是威廉·罗雪尔,其主要代表人物还包括布鲁诺·希尔德布兰德和卡尔·克尼斯等人。

一、罗雪尔的国民经济有机论

威廉·罗雪尔(William Roscher,1817—1894)出生于汉诺威的高级法官家庭,曾在哥廷根大学和柏林大学学习历史和政治学。1840年任哥廷根大学历史学、国家学讲师。1848年,他在莱比锡大学任政治经济学教授,任教达46年之久。

罗雪尔在1843年出版了《历史方法的国民经济学讲义大纲》,首次将历史方法引入了政治经济学领域,奠定了历史学派的理论体系。这一著作也被称为"历史学派的宣言"。其他比较著名的还包括五卷本的《国民经济学体系》(1854—1894年),是德国大学的教科书和文官考试的参考书,影响极为广泛。另外,他还著有《16和17世纪英国国民经济学说史》(1851—1852年)和《德国国民经济学史》(1874年)等。

对于经济学研究的目的,罗雪尔认为国民经济学应该努力去描述一国经济发展的进程,记述各国国民在经济上想些什么、要求些什么、感受些什么、做了些什么努力、获得了些什么、又为什么去努力和怎样才达到成功。他认为,就像不可能有适合于所有人的衣服的号码一样,也不存在适用于各个国家的经济思想。因此,国民经济学绝不单纯是致富术、"货殖术",也不可能去回答"应该是怎样"的问题。

罗雪尔最早提出了"国民经济学的生理学方法",即历史方法,与

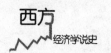

古典经济学的抽象法相对立。由于他否认存在普遍的规律和经济思想,因此也就反对"哲学的方法"或者"理想主义的方法"。他提出,对国民经济的研究必须与法律史、国家史以及文化史相结合。为了解一国的经济,不能仅仅满足于观察现代的经济状况,还要研究过去各个文化阶段的历史。他称他的经济学的方法是历史的方法或历史的生理学的方法,因此他的经济学是"国民经济的解剖学和生理学"。

在历史主义的基础上,罗雪尔提出了国民经济有机论。他认为,与动植物一样,国民经济存在四个发展阶段:幼年时期、青年时期、成年时期和衰老时期。与李斯特的历史观不同,罗雪尔的经济发展既存在上升也存在衰退两个方向。罗雪尔还提出,决定一个国家经济发展的要素有三个:自然、劳动和资本。在发展的不同阶段,三个要素的作用与地位是不同的。在幼年时期,虽然劳动和资本也存在,但是自然却占有最重要的地位,因此,这个时期是自然支配阶段。在青年时期,劳动成了最重要的要素,城市发达了,行会制度出现了,劳动也开始受到了资本的奴役,在土地所有者的封建领主与奴隶之间,出现了一个中间阶级。到了成年时期,资本占据了优势,土地因资本的投入而大大地增加其价值,工业中,机械代替了人力,国民财富有了长足的增长,国民进入了最幸福的时代。但是,好景不长,少数拥有巨额财富的富豪和大多数贫苦劳动者处于对立的时代也到来了,社会进入了衰老期。罗雪尔主张采取国家干预的人工治疗解决这一时期出现的劳工问题和社会问题,从而成为后来新历史学派讲坛社会主义的思想基础。

罗雪尔认为,历史研究要通过历史资料的搜集,特别是各国古代历史,对社会经济制度进行综合、历史的归纳比较研究,从而发现它们各自的经济发展规律。实际上,他是将各国国民经济发展的历史过程中的类比性理解为发展规律本身。

二、希尔德布兰德的基本观点

布鲁诺·希尔德布兰德(Bruno Hilderbrand,1812—1878)出生于

德国一个官吏家庭。1832年进入莱比锡大学学习神学,后改学哲学和历史。毕业后曾在布雷斯芬大学和马尔堡大学任教。后因政治迫害,流亡瑞士,在苏黎世、伯尔尼等地区的大学任教。

希尔德布兰德在1848年出版了《现在和将来的国民经济学》(第一卷),阐述了关于历史方法的基本观点,并在1863年出版了《国民经济学的当前任务》。其他的代表作还有《实物经济、货币经济和信用经济》(1864年)。希尔德布兰德也是一位著名的统计学家。1862年,他和康拉德教授一起创办了《国民经济学与统计学年鉴》,并于1866年出版了《统计学的科学任务》,在这本书中,他强调了统计学的研究和统计方法的应用。

希尔德布兰德在《现在和将来的国民经济学》(第一卷)中表示要在国民经济学的领域中开辟历史的研究方向和方法,将国民经济学改造成为研究各国国民经济发展规律的科学。在书中,他批判了斯密、穆勒等古典经济学家的学说,认为他们的理论超越了时间和空间,忽视了各个国家和国民的不同情况,而只去追求普遍适用的经济规律。斯密的错误在于以个人的利己心为基础建立了人类相互交换的经济关系的自然秩序,希尔德布兰德认为人类的欲望、性格、财富以及人们的相互关系,总是由历史、地理环境的不同而有所变化,它们是随着社会的演进而发生变化的,因此,把历史的社会经济规律看作自然规律,并赋予其永恒的连续性是错误的。国民经济学就是要批判由英国古典学派和法国重农学派建立起来的自然秩序的理论。

与罗雪尔不同,希尔德布兰德认为人类经济的发展过程要经历实物经济、货币经济和信用经济三个阶段,认为信用经济可以消除社会经济问题及贫困,普及国民在信用经济中的力量,可以增大无产者参加大企业的资本,信用经济是针对现在社会罪恶的最有效政策,并认为,信用经济阶段是"道德的平等的世界"。

三、克尼斯的历史方法

卡尔·克尼斯(Karl Knies,1821—1898)出生于德国的马尔堡,

1846年取得马尔堡大学博士学位,留校任教。1855年起担任弗莱堡大学教授,并开始从事政治活动,担任过议员。1865年在海德堡大学执教,长达31年。

克尼斯与希尔德布兰德一样,在统计学方面有着重要的影响,著有《作为独立科学的统计学》(1850年)、《铁路及其影响》(1853年)、《货币和信用论》(1873—1879年)。他的代表作《历史观的国民经济学》在1853年首次发表,1881年至1883年再版。这部著作被认为是旧历史学派中最为完备的一部著作。另外,克尼斯也是著名的经济学家庞巴维克、克拉克、塞利格曼等人的老师。

克尼斯批评以斯密为代表的古典学派理论是"万民主义"和"永恒主义",忽视了各个不同国家处于不同的地理条件、不同的经济现状,也忽视了各国国民经济发展之间在时间上的差异。克尼斯不仅反对古典主义的绝对主义,也反对李斯特、罗雪尔和希尔德布兰德等提出的关于历史发展阶段的观点。在他看来,各个国家的经济并不存在共同的发展规律,而只有各自特殊的具体发展进程。各国经济不是固定不变的,而是历史发展的结果。研究并确立国民经济生活的发展是经济学的一个特殊课题,首先必须分阶段地把握运动着的经济的历史形成,然后探求形成的基础原因,而不是要构思每一阶段的理想状态,不能用单一的公式来规定国民经济发展的因果关系。

在经济学研究方法上,他反对孤立的、抽象的方法,强调历史统计分析,主张归纳法才是经济学的研究方法。因为,经济生活的状况及阐明它的经济学,都是历史的产物,经济学只与人类的或国家历史中的某个时代保持有机的联系,它是在时间、空间和特定国家或民族条件的制约下而发生的,同时又随着它们的变化而变化。经济学要从历史的生活中探求其理论基础,结论只有通过类比、历史的观点来解决。

第三节 新历史学派思想

德国新历史学派是在新的社会经济条件下旧历史学派的继承者。

19世纪中叶以后,德国的工业、商业、交通海运业都有了很大的发展。1871年德意志帝国的建立完成了民族统一的历史任务,也为德国资本主义进一步发展创造了条件。实际上,此后德国发展的速度要比英法两国快得多,80年代已经超过了法国,20世纪初又超过了英国。

随着资本主义的发展,工人运动在德国风起云涌。巴黎公社以后,国际工人的运动中心从法国转移到了德国。1873年经济危机激起了德国工人运动的高潮,而马克思主义的广泛传播又大大地促进了工人运动的发展。随着德国的工人运动在斗争中取得了一系列重大胜利,如何克服资本主义发展中存在的矛盾和困难,并有效地阻止工人运动的发展,缓解资产阶级与工人阶级的矛盾,就成为德国资产阶级面临的重大任务。

新历史学派就是在这种历史条件下发展起来的。作为旧历史学派的继承者,新历史学派在若干方面,尤其是在方法论上,继续并发展了旧历史学派的观点,但由于所处的历史条件不同,更强调德国经济发展的特殊性,宣扬社会改良主义。

一、施莫勒的经济思想

古斯塔夫·冯·施莫勒(Gustav von Schmoller,1838—1917)出生于海尔布隆维坦姆堡一个文官家庭,毕业于图宾根大学。从1846年到1913年,他历任德国哈莱、斯特拉斯堡、柏林大学经济学教授。1884年被任命为普鲁士枢密院顾问,1887年被选为普鲁士学士院院士,1907年被政府封为贵族。作为新历史学派的重要代表,施莫勒实际上统治了德国的理论经济学界。

他的主要著作有《法及国民经济的根本问题》(1875年)、《重商主义及其历史意义》(1884年)、两卷本的《国民经济学大纲》(1900—1904年)、《国民经济、国民经济学及其方法》(1911年)。此外,他还发表了若干专题研究和文章,如《十七、十八世纪普鲁士国家的状况、行政及经济史的研究》(1898年)。施莫勒创立并主编了被称作"施莫

勒年鉴"的《德国立法、行政和经济学年鉴》。

1. 关于经济学的方法论

新历史学派在方法论上继承了旧历史学派的历史归纳法,同时也具有一些新的特点。

首先,新历史学派不再简单地反对演绎法。施莫勒认为"获得的成果既应当归功于归纳法,也应当归功于演绎法"[1],甚至主张"利用更多的归纳,同时辅之以借镜于别的知识领域的演绎"[2]。而他所要反对的是凭借主观假设而进行的狭隘演绎以及凭借理想的目的而引申的片面演绎。

虽然如此,他还是强调研究经济问题必须用历史方法,抽象演绎方法是不可能得到任何结果的。因此,政治经济学的研究在于努力收集大量历史和当前的资料。只有在大量资料收集之后,经济学家才有可能应用归纳的方法得出若干结论。这些资料所能说明的,并不是一国经济及世界经济的一般生产过程,而是各个不同时代的经济制度和民族经济形态的特殊情况。这样,新历史学派实际上否定了一般的经济规律的存在,因为"企图找出国民经济中力量作用的一个最终的统一的法则,那到底是没有的,也是不可能有的。"[3]因此,新历史学派埋头于社会经济问题各方面的史料的收集和整编,在 19 世纪的 70、80、90 年代,他们发表了大量关于某些国家(主要是德国)的各种经济制度、组织和生活等的专题著作。经济学开始等同于经济史。

其次,施莫勒以"历史的统计方法"代替了旧历史学派的"历史的生理方法"。施穆勒认为"对事物的观察必须具有客观的有效性、透彻的准确性和广泛的完整性。特定的现象需要看作是独立的而同时又是整体的部分,并从它与整体之间的可能掌握的各种关系上,以及从

---

[1] 季陶达主编:《资产阶级庸俗政治经济学选辑》,商务印书馆 1963 年版,第 359 页。
[2] 同上书,第 362 页。
[3] 同上书,第 359 页。

它与别的现象的同一性和差异性的比较上来加以观察。"① 而为了进行正确的观察,必须应用统计资料和统计学方法。

新历史学派不但和旧历史学派一样否定经济理论,甚至认为与社会发展有关的历史规律也值得怀疑。在他们看来,这些被称为历史规律的或者是靠不住的结论,或者是陈旧的心理概念。施莫勒也认同社会达尔文主义,怀疑人类经济生活存在任何统一的因素或者相同的发展痕迹或者说它是一个进步的过程。

施莫勒反对抽象演绎的研究方法,因而受到奥地利学派卡尔·门格尔的猛烈进攻。门格尔在1883年出版了《关于社会科学,特别是关于经济学方法的研究》,在书中他赞成经济理论的首要地位,认为政治经济学的研究必须应用自然科学的科学方法和抽象的逻辑推理,并批评了施莫勒的方法论。而施莫勒以1897年就任柏林大学校长时题为《关于国家和社会的科学中不断变化的理论和确定不移的真理》的演说作为回应,从此一场方法论争论(Methodenstreit)在两代德国经济学家之间展开。尽管这场争论被熊彼特称为"一段浪费精力的历史",但是却产生了一大批著作,并使新历史学派获得了声誉。

不论怎样,可以肯定的一点就是:"实际上,历史主义的方法根本没有产生确定的真理,德国经济学家所缺乏的是提出从中得出指南的原理。"②

2. 关于心理和道德的地位与作用

施莫勒认为人类的经济生活并不仅仅局限于满足本身物质方面的欲望,还要满足高尚的、完美的伦理道德方面的欲望,"由始至今无论是谁在经济的活动上总是受到与其时代和种族、与其习俗和教养相适应的一切情感和冲动、一切想象和理想的激发和制约。"③

---

① 季陶达主编:《资产阶级庸俗政治经济学选辑》,商务印书馆1963年版,第355页。
② 〔美〕斯皮格尔:《经济思想的成长》上,晏智杰等译,中国社会科学出版社1999年版,第369页。
③ 季陶达主编:《资产阶级庸俗政治经济学选辑》,商务印书馆1963年版,第343页。

施莫勒指出,过去经济学家的错误就在于他们只是从自然和技术的观点来研究经济,而完全忽视了伦理道德的因素。"在国民经济学和一切国家科学中利用心理学的命题,就是人们从自私心、名誉观点、爱的冲动,简言之就是从一切成熟的心理学的命题出发去归纳地找出自己所需的结论。"①这样,生产、分配、分工、交换等不仅是技术范畴,而且也是道德范畴。因此,经济组织不能不是为伦理道德规范所制约的一种秩序;经济问题只有和伦理道德联系起来才能得到说明,才能得到解决。

将这种思想扩展开来,资本家与工人的关系也是一种伦理关系,而劳工问题就是由资本家与工人之间伦理关系的改变而产生的。具体讲,工资属于道德范畴,决定于工人"习俗的稳定性"和"工人保持和发展某些生活需要的倾向"。工资的变化受着道德观念变化的影响,工资的水平决定于工人们稳定性格的程度。所以,解决工资问题的途径在于加强对工人的教育,稳定他们的性格,培养他们的道德等等。

显然,这种观点是在力图掩盖资本主义生产关系的实质,力图把阶级关系和阶级矛盾说成是基于道德关系,而不是基于社会经济关系而产生的。这是对伦理道德与社会经济基础之间的相互关系的扭曲,企图论证社会经济问题的解决不需阶级斗争,更不需要革命,而只要依据资产阶级的伦理道德标准,通过国家自上而下的改良主义经济政策措施就可达到。

3. 关于国家的职能

施莫勒强调国家在社会经济发展中具有特殊地位和作用。他宣称国民经济要存在和发展就需要有一个坚强的具有充分经济功用的国家权力,"企图设想有一个自然的国民经济,设想它超然存在于国家之外,完全脱离一切国家的影响,那纯粹不过是一个幻想罢了。"②

---

① 季陶达主编:《资产阶级庸俗政治经济学选辑》,商务印书馆1963年版,第360页。
② 同上书,第345页。

受施莫勒的影响,新历史学派的另一位代表人物瓦格纳(Adorf Wagner,1835—1917)①认为国家是集体经济的最高级形式,国家权力是一切权力的中心,组成了巨大的中央经济,并以其货币制度、农业和工业立法、交通和贸易政策、钱币税收制度等等,使得所有的家庭、城市、社团都受到国家权力的统辖。

对国家的崇拜是历史学派的传统观点,旧历史学派要求建立统一的民族国家,是为了反对封建割据,发展资本主义关系,而新历史学派强调国家的作用一方面是受到后康德时期国家有机说②的影响,另一方面他们所说的国家并不是一个抽象的概念,而是1871年所建立的代表容克、资产阶级专政的德意志帝国。新历史学派的主要人物和当时德国的统治集团有着千丝万缕的关系,其理论不仅服务于赶超发达的资本主义国家,也服务于德国的垄断资本。

二、桑巴特对资本主义发展的总结

威尔纳·桑巴特(Wernar Sombart,1863—1941)出生于德国的埃尔姆斯利本,曾在柏林、比萨、罗马的大学攻读经济学、历史学、哲学和法律。他在1888年获德国柏林大学博士学位,先后在布雷斯劳大学、柏林高等商业学校任教,1917年转到柏林大学任教。他早期受到了马克思主义理论的影响,是一名左翼社会改革的支持者,而后由于对工业社会的厌恶转而与右翼反资本主义势力结盟,并转向了法西斯主义

---

① 阿多夫·瓦格纳(Adolph Wagner,1835—1917)出生于埃尔朗根。1853—1857年在海德堡和哥廷根大学学习法律和经济。毕业后,他先在多帕特和弗莱堡金一卜莱斯哥大学任教。1870年后,任柏林大学教授46年,以财政、货币、银行的研究闻名。早期受到英国古典学派的影响,倾向于自由主义经济思想,以后参加了社会政策学会。瓦格纳热心于新成立的德意志帝国的政治,协助"基督教社会党"的成立,支持"布道社会议会""土地改革协会"等改良主义者机构的活动。曾任普鲁士议会议员,和俾斯麦有亲密的关系。瓦格纳的著作很多,最主要的是《政治经济原理》(1876年)、《财政学》(1877年)、《政治经济学原理》(1892年)、《社会政策思潮与讲坛社会主义和国家社会主义》(1912年)。

② 18世纪中叶,法国哲学家卢梭等人以自然权利学说为根据主张国家契约学说,而到了18世纪末,德国哲学思潮中出现了与之相对立的国家有机说。国家有机说排斥自然权利,认为个人不是独立的个体而是社会全部有机组织的一个组成部分,而国家就是这个有机组织。

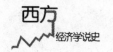

的立场。他的代表作有《现代资本主义》(1902年),尽管他宣称这本书沟通了抽象理论与经验历史的方法论,但是由于在书中大量的历史描述超过了其理论上的意义,被熊彼特称为"没有施莫勒的施莫勒"。

桑巴特在《现代资本主义》中对中世纪初期及现代时期的资本主义历史起源进行了卓越的研究,并在研究过程中对资本主义发展进行了历史的总结,提出了一些对发展市场经济有指导意义的思想。

1. 价值和道德观念的必要性

桑巴特认为只有破除旧的经济关系和社会关系,才能建立起促进生产发展的新制度,而建立与资本主义相适应的价值与道德观念是非常必要的。具体来讲,必须实现从具有封建色彩的"权力的财富"向"财富的权力"的转变。"权力的财富"是凭着权力而取得财富,所以有权力的人变成富人;而后者是通过经营赚取货币,由于货币的作用而取得支配权,因此,富人变成有权力者。只有这种新的"市民的财富"才会转化为资本,促进社会财富的增长。因此,经济发展的重要条件就是由"权力的财富"发展为"财富的权力"。桑巴特将这种转变称为世界史上的一大转变。

2. 技术进步的作用

桑巴特指出"国民经济生产力的提高有两种方法:一是由于生产力的扩充,这是指劳动力的增加与较好的利用,以及物品生产所用的有形物的增加;二是由于劳动方法的改善。"[1]显然两者都与技术进步相联系。在书中,他以专门一篇考察了各个产业部门以及军事工业的技术改革对欧洲各国经济发展的影响,并总结说:"技术的革新对于经济生活的形态发生不小的影响。这些改革引起了全新的工业的创立,或者至少引起旧的工业一种决定的更新,使它们近于一种新的建立。"[2]他进一步强调现代技术不同于以往前资本主义社会的本质特

---

[1] 〔德〕桑巴特:《现代资本主义》第2卷第2分册,李季译,商务印书馆1958年版,第892页。

[2] 〔德〕桑巴特:《现代资本主义》第1卷,李季译,商务印书馆1958年版,第350页。

征在于，它不是以经验为根据，而是建立在科学的基础上，即"现代技术是科学的、合理的"，而不是"经验的、传统的"。因而，对劳动者的素质和培养方式也必然发生变化。在以往的经验技术的时代，技巧能力是结合在劳动者的身上，只能通过人对人的实际传授来培养，而现代技术则要求劳动者具有理论知识，只有通过"工业的人民教育"才能培养出现代技术所需要的大量的、合格的劳动者。

3. 企业家的职能

桑巴特强调企业家在现代经济中的重要作用。他指出资本主义是以企业的形态来到世界上的，企业家是资本主义经济的建立者。他考察了欧洲各国企业家的形成过程，区分了两类企业家：一类是有权力者，是从秉国政者和官吏的队伍或地主的队伍中出来的资本主义企业家，这些人是利用他们在国家中的特殊地位所造成的权力而成为企业家的；另一类是有策略者，是商人或手工业者出身的资本主义企业家，可以称为市民的企业家。他们成为企业家，不是因为有大量货币，而是由于具有适于做企业家的个人特质——眼光远大又富于活动力，而且敢于冒险。他们经济活动的中心点是金钱，除了财富的权力外，不认识其他权力。货币思想充分渗入经济的过程是经过他们才完成的。更重要的是只有他们才将自己的财富转化为资本。所以，这种市民企业家才是真正的最初资本主义企业家。

同时，桑巴特也特别强调企业家管理职能的重要性：第一是"组织的职务"，他必须善于发现人才，并发挥其作用，同时还须使所有人组成一个富有服务能力的整体，做到在空间上集合力量，在时间上统一力量；第二是"商人的职务"，他应成为一个良好的谈判者，能引起对方的兴趣，取得信任，并鼓动其购买力；第三是"计算和节约的职务"，即精打细算，预测未来（投机），并是一个良好的节约者。桑巴特总结认为企业家阶层的形成和发展是国民经济力一种完全巨大的提高。

4. 市场的积极影响

桑巴特通过对资本主义早期阶段和现阶段的比较，说明了市场形

成和市场状况对经济发展的影响。他认为19世纪以前资本主义的全部发展要比之后的缓慢得多,究其原因是早期资本主义时代市场状况的特点导致的。他依据统计资料说明早期资本主义时代市场交易量和生产的发展较为缓慢,其原因在于需要基本上限于个人消费品,而需要的扩充是以先前的收入形成为转移的,只有在收入增大的比例中增长起来。而现代资本主义则有所不同,它的需要大都趋于生产手段,而且这种需要时常立足于企业家的信用,即立足于完全没有收入的基础。他认为,这种情况对于全部市场关系和出卖关系的形成具有决定的影响。他还指出了生产资料部门的迅速发展和信用的发展对扩大市场范围的重要作用。同时,桑巴特还考察了交通的发展和信息的发展对于价格形成的合理化,对于市场扩大所起的促进作用。

三、新历史学派的政策主张

新历史学派以其经济理论为基础倡导改良主义的"社会经济政策",企图解决当时不断激化的劳工问题。新历史学派的"社会经济政策"主要是强调利用国家通过各种立法和公营企业等措施来进行自上而下的改良。他们认为个人和阶级之间的道德团结比他们之间的经济关系更为基本,国家是这个道德团结的最高表现。除了保卫内外秩序安宁的职责外,国家有促进文明和福利的义务,而国家又具有法制作为执行这个义务的手段。因此,他们要求政府干预,修改自由、权利、财产、契约等法律,制定各种社会立法,包括工厂立法、劳动保险、工厂监督、劳资纠纷仲裁、孤寡救济等法令;提出若干有关生产的资源和企业如河流、森林、矿产、铁道、交通、银行和一些工业的国有化;对城市土地私有权的限制;对财政赋税的改革等等。

1872年10月,以新历史学派代表为核心在爱森纳赫召开了一个讨论"社会问题"的会议。参加这次会议的大部分人是大学的经济学教授,也包括一些历史、法律、政治学教授以及官吏、政党代表和大资本家。同年,他们组织了"社会政策联合会"①(Verein für Sozialpolitik),通过这个联合会,他们把自己的活动深入到实际政治领域,成为德国容克、资产阶级强力政权的一翼,这个联合会也成为筹划各项社会经济政策的非官方的咨询机构。

他们发表公开宣言,明确表达其目的是反对社会主义,但有时又自称是社会主义者,声称他们的思想是特种的社会主义。70年代中期以后,瓦格纳甚至将他的改良主义称为"国家社会主义"。由于他们中有不少人以大学教授的身份在大学的讲坛上宣传改良的"社会经济政策",因此,经济自由主义者称他们为"讲坛社会主义者"②。其实,无论是"讲坛社会主义"还是"国家社会主义"都和社会主义毫无共同之处,他们不过是打着社会主义旗号反对社会主义。③

---

① 施莫勒是这一运动的主要代表人物,是联合会的发起人之一,并从1890到1917年连任联合会的主席。从德国留学回国的年轻的美国经济学家深受坚持社会政策反对自由放任的影响,于1885年以这个组织为蓝本建立了美国经济学会。

② 瓦格纳在1871年做了一个关于"社会问题"的讲演,详细地阐述了利用国家法制来解决社会经济问题的主张。这篇讲演引起了德国经济自由主义者的强烈反对。德国曼彻斯特学派的奥本海姆在《国家新闻》报上发表了《曼彻斯特学派与讲坛社会主义》一文,对于瓦格纳的论点进行了反驳,并嘲笑他们的社会主义是讲坛社会主义。而施穆勒不久公开宣布他们接受奥本海姆所讽刺的名称即"讲坛社会主义"。

③ 恩格斯曾对此作出了深刻的批判。"自从俾斯麦致力于国有化以来,出现了一种冒牌的社会主义,它有时甚至堕落为某些奴才气,无条件地把**任何一种**国有化,甚至俾斯麦的国有化,都说成社会主义的。**显然**,如果烟草国营是社会主义的,那么拿破仑和梅特涅也应该算入社会主义创始人之列了。"参见《马克思恩格斯选集》第3卷,人民出版社1995年版,第628页。

第八章

边际主义经济学

在 19 世纪最后的 30 年,生产技术出现了更为巨大的进步,冶金、采煤等传统部门迅速发展的同时,以化工、机械制造为代表的一系列新兴重工业部门也先后建立起来,重工业化成为世界工业化过程的典型特征。到 19 世纪末,美、英、德等国家已演进为以重工业为主导的工业国,资本主义经济进入了第二次迅速发展时期。与此同时,产业组织也发生了深刻变化,规模经济因素使企业规模越来越大,股份公司大量涌现,资本和生产的日益集中预示着自由竞争的资本主义开始向垄断阶段过渡。伴随着经济的高速增长,资本主义生产方式的基本矛盾也越来越深刻,有效需求开始制约供给,期间陆续爆发了 1873、1882、1890、1900 年四次世界性的经济危机。

在这样的历史条件下,以边际效用价值论为核心的边际主义[①]思想诞生了,经济学说史进入了一个非常重要的历史阶段。边际主义起源于英国、法国和德国早期若干先驱者,在 70 年代经英国的杰文斯、奥地利的门格尔和洛桑的瓦尔拉斯的努力,逐渐进入经济思想的主

---

① "边际主义"一词最早由约翰·霍布森在《工业与财富》(1914 年)一书中首创,并于 1966 年收录在《韦伯斯特词典》中,解释为"一种经济分析,它强调边际特性在决定均衡中的作用"。

流,而后又广泛流行于欧美各国。边际主义的兴起标志着李嘉图传统的古典经济学的结束,代表着现代经济分析的开始,是新古典经济学重要的理论准备阶段。自此至 20 世纪 30 年代,由于边际主义在经济学研究内容与方法论等方面进行了重大的革新,经济学说史将之称为"边际革命"。

第一节 边际主义的起源与兴起

效用论与经济思想一样有着悠久的历史,然而,作为劳动价值论的对立理论,边际效用价值论直到 18 世纪才真正出现。意大利经济学家弗尔南多·加里安尼(Fernando Galiani,1728—1787)在 1750 年出版的《货币论》中提出物品的价值决定于该物品所满足需要的重要性的观点。而法国启蒙学者孔狄亚克(Etienne Bonnot de Condillac,1715—1780)在《商业与政府的相互关系》(1776 年)一书中也指出物品的价值决定于需要,而且随着需要的强度和物品的稀缺性而变化。这两位学者的论断开创了边际效用价值论的先河,但在此后的大半个世纪中,以劳动价值论为基础的古典经济学占据了经济学的主流,边际效用价值论并没有得到重视。这种状况一直持续到 19 世纪 30 年代,随着古典经济学的逐渐衰落,边际效用价值论再次复苏,在英国、法国和德国相继出现了一批从需求、效用和人的主观心理出发考察商品价值的论著,成为边际主义者们直接的理论来源。

一、英国的边际主义先驱思想

1. 威廉·劳埃德的学说

威廉·劳埃德(William Lloyd,1795—1852),英国效用学派的重要代表人物,主要著作有《牛津的谷物价格》(1830 年)、《关于遏制人口的讲义》(1832 年)、《关于价值概念的讲义》(1837 年)。1833 年,他在牛津大学任政治经济学教授期间所作《关于价值概念》的演讲中首

先明确地提出了边际效用价值论。

他认为斯密用"价值"来表达一个物品对其占有者所具有的实际重要性是正确的,但不能用"获取物品的困难"解释这种重要性。他认为,价值的高低与人的欲望能否被满足直接相关,而后者又与欲望本身的特点和满足欲望的物品数量有关。如果满足欲望的物品的数量多得足以使欲望得到满足的话,那么,在欲望被满足的一瞬间,该物品的价值就消失了。由此,劳埃德得出结论说:价值可以十分恰当地被定义为对所占有物品的估价。

劳埃德又进一步说明了人对物品效用的主观估价总是同物品的特殊效用有关。这里的"特殊效用"是指某人在一定条件下对某物品效用的主观心理感受,而不是该物品本身所固有的客观的物质属性,后者被称为"绝对效用"。劳埃德还归纳出这种特殊效用随着人的欲望不断被满足而递减的特征。

2. 萨米尔·朗菲尔德的经济思想

萨米尔·朗菲尔德(Samuel Longfield,1802—1884),爱尔兰经济学家和法学家,曾在都柏林大学担任政治经济学和法学教授,担任过爱尔兰土地法庭法官、都柏林统计协会主席等职务,主要著作有《政治经济学讲义》(1833 年)、《关于济贫法的讲义》(1834 年)、《关于商业的讲义》(1835 年)。他几乎与劳埃德同时对英国古典经济学的劳动价值论提出了质疑,不同的是他挑战的是李嘉图。朗菲尔德将价值等同于交换价值,认为价值是某物品交换其他物品的能力且决定于供给和需求。

关于价值取决于供给,朗菲尔德认为商品的生产成本和效用间接影响了价格,在他看来,土地、资本和劳动都是生产成本的一部分,都具有生产性,是价值的源泉。商品价值中用劳动衡量的那一部分,是在最不利条件下、为生产一定量的商品需要花费得最多的劳动。

关于需求决定商品价值,他认为在供给一定的条件下,商品价值应取决于人的最低需求强度。所谓需求强度是指一个人愿意并且能够为该商品支付的数额,或是他不愿意没有该商品从而放弃该商品对他提供的喜悦的数额。他还指出每个人自己都有一系列强度连续增长的需求,在任何时候引起购买的总是其中强度最低的需求。这种最低限度需求决定价值的论断实际上就是后来的边际需求或边际效用论。

朗菲尔德的价值论是一种边际成本论与边际需求论的综合,它勾勒了后来马歇尔均衡价值论的理论基础。

二、法国的代表人物及主要理论

1. 古诺的主要理论观点

安东尼·奥古斯汀·古诺(Antoine Augustin Cournot, 1801—1877)出生于法国奥特-桑尼,20岁时进入巴黎高等师范学校学习数学,1833年获得巴黎大学的科学博士学位,1834年在里昂任数学教授,1835年被任命为格勒诺布尔学院院长,随后被加封为教育总视察官,1854年成为第戎学院的校长,直到1862年退休。

他的主要著作有:《关于财富理论的数学原理的研究》(1838年)、《财富理论的原理》(1863年)、《经济学评论》(1877年)。古诺是一位极具创造性的思想家,他开创性地用数学方法研究经济学原理,在其代表作《关于财富理论的数学原理的研究》一书中,将边际原理应用于厂商理论,构建了一个精美的理论系统。因此,他被称为数理经济学的鼻祖,也成为边际效用价值论的先驱者之一。

古诺认为经济学是研究财富的科学。他将财富等同于交换价值,强调交换价值作为两个物品之间的比例具有客观的属性,并指出:"经济学家之所以分为各种学派,实践家和理论家之间的斗争,在很大程度上就是由于财富一词在通常说法中的含糊不清而产生的,是由于一直把交换价值的固定的和明确的含义,同每个人以自己的方式所估价的效用的含义混淆起来所产生的,因为对于事物的效用来说,不存在固定的标准。"①

古诺将价值等同于价格,并讨论了价格的决定。他认为需求在价格决定的过程中始终居于主导地位,在价格与需求之间存在这样的规律:"一般说来,一个物品越便宜,对它的需求也就越大……当价格降低时,销售或需求将增加。"他进而用数学函数 $D=F(P)$ 表达了价格与需求这种相反的依存关系。这一开创性思想成为现代经济学的核心概念之一。

他进一步分析了需求函数的性质,认为尽管价格与需求的变化是反方向的,但是并不一定是成比例的,因为价格变化所引起的需求变化的速度对不同的商品是不一样的。这种观点实际上就是需求弹性的概念。

古诺将需求函数写成其反函数 $P=f(D)$,就从需求规律引申出了垄断条件下的厂商模型,得出了重要的边际原理:追求利润最大化的厂商将按照 MC = MR 进行生产和定价,也就是说,不论生产资源如何充裕,当其费用的增加超过收益的增加时,生产者总是将停止生产。

在一个垄断者的模型上再加入一个销售者,古诺又发展了最著名的双头垄断模型,为不完全竞争及博弈论的发展奠定了基础,该模型成为寡头竞争模型的重要起点。

2. 杜普伊特的经济学思想

朱尔·杜普伊特(Jules Dupuit,1804—1866)出生于意大利的佛萨诺。1814 年随父母回法国后,先后在凡尔赛、大路易斯和圣路易斯等地求学,1824 年进入法国土木工程学院学习,1936 年获得一级工程师称号,并于 1855 年被任命为土木工程总视察员。

他主要的经济学著作有:《公共工程效用的尺度》(1844 年)、《公共工程对交通道路的效用的影响》(1849 年)、《论通行税和运输费用》(1849 年)。作为法国最知名的工程师之一,杜普伊特在经济学领域的主要贡献是运用边际分析方法研究公共工程的效益,并从消费者的

---

① Antoine Augustin Cournot, *Researches into the Mathematical Principles of the Theory of Wealth*, trans. N.T. Bacon, New York: Macmillan, 1929.

利益出发制定相应的价格和税收政策,从而为福利经济学、公共财政和公共物品理论提供了思想来源。

他认为人的主观估计因人而异,并且必定随着消费者的富裕程度、市场价格而发生变化,所以一般效用不能成为效用尺度;而市场价格往往包含着效用以外的因素,如税收、垄断特权等等,因此也不能作为衡量效用的尺度。

为研究问题的需要,他提出了绝对效用和相对效用两个概念。绝对效用是指物品满足人的需要的真正效用,表现为消费者基于对物品的估价而愿意支付的价格,它不因市场价格而转移。相对效用或最后效用则表现为消费者为得到它而愿作出的牺牲,也就是购买者为得到商品而愿意作出的牺牲同他在交换中必须支付的购买价格之间的差额。这一差额会随着市场价格的提高而下降,也就是说,相对效用会随价格上涨而递减,而且是最终在变动中导致实际购买的最后效用。因为只要稍微超过最后效用,消费者就会停止购买。在此基础上,他得出结论:相对效用是衡量一切物品对消费者各种效用的尺度。

根据相对效用论原则,杜普伊特论述了关于通行税的理论和政策。由于企业必须获取利润(在公共工程中主要体现在通行税上),因此利润不能来自对生产成本的扣除,而只能来自于对消费者剩余的扣除。因此他主张使交通设施的所有使用者所支付的通行税,同他们得自这种通行的效用成比例的税率应是适当的税率。

杜普伊特提出相对效用论,并利用该原理研究了如何测量公共物品和服务所产生的公共效应或者社会福利,不仅是边际效用分析的一种尝试,也在消费者剩余、价格歧视、公共物品的最优价格及产出等理论研究方面作出了重大的理论探索。

三、德国边际效用学说的先驱

1. 杜能的经济理论

杜能(Johann Heinrich von Thünen,1783—1850)出生于德国北部

一个地主家庭,1803年进入哥廷根大学读书,1830年获得罗斯托克大学名誉博士学位,1848年被选为法兰克福议会会员。他长期经营自己的庄园,独立地进行经济理论研究。代表作是《孤立国》(1826年),在该书的第二版(1850年)中,杜能利用数学分析方法阐述了边际要素生产力分配的理论,从而成为公认的边际主义先驱。

杜能在《孤立国》中构筑了一个孤立的城市模型:这个大城市位于一片肥沃平原的中心,附近是盐场和矿山,四周是具有相同肥沃程度土地的农村。这个平原既没有运河也没有适合航行的河流,唯一的运输工具是马车,平原内所有的土地肥沃程度都相同,地块之间并没有生产方面的其他比较优势,在平原的边缘之处是不可耕种的荒地。这样,孤立国的经济活动就主要由城市向农村提供工业品和农业向城市提供农产品组成。

杜能首先详细地考察了孤立国的生产布局,这成为现代区域经济学的重要思想来源。均质土地的假设表明劳动与资本在所有位置都具有相同生产率,而且每块地的生产成本都是相同的,这样决定生产布局的因素就只有运输成本了。他又进一步提出体积相对庞大而价值相对较小的产品的运输成本要比那些体积相对较小而价值相对较大的产品的运输成本高,另外某些农产品由于容易腐烂而不能在运送过程中保存较长时间,因此必须考虑接近消费地进行生产。这样,根据成本最小原则,他就设计了一种土地的利用体制:最靠近城市的是自由经济圈,包括蔬菜、水果、牛奶等产业;第二圈是林业;第三圈至第五圈为种植业;第六圈是畜牧业。

杜能根据边际原理说明了级差地租的存在。各个经济圈产品的生产和运输费用是不相等的,生产地距离城市越远费用就越高,反之则越低,而在城市中出售的农产品价格却是统一的,因此"城市只有支付这样的价格,即至少足以补偿最远地点生产的为城市所需的谷物的费用和运输的费用,才能得到谷物的供应。"①而"谷物的价格必须保持在这样的高度,即为了满足对谷物的需求,向市场提供谷物最贵的田庄的生产仍是必要的,它的地租不致于降到零以下。"②也就是说,农产品的市场价格是由最边远的,也就是成本处于边际状态的第五圈内的生产和运输谷物的费用决定的,这样,在第一到第四圈的农产品都有地租,而第五圈因为价格等于生产和运输费用,因此没有纯收益。

接着,杜能又提出了利润和工资的边际生产力论。他指出生产物是劳动和积蓄劳动即资本创造的,使用资本可以提高劳动生产率。工资是工人劳动创造的超过生产时所消费的生活必需品的余额,如果工人使用资本进行生产,那么就会产生利润,因此利润是凭借资本所生产的超过工资和生活必需品的余额,也就是使用资本而支付的租金。他认为资本租金的增加并不是与资本量的增加成正比的。一旦超过界限,资本的进一步增加就不再产生租金了,因为随着资本积累的增加,资本带来的报酬是递减的,正如他所说:"新追加资本所能增加的人类劳动产品在程度上少于先投入的资本。"③因此他的结论是:"全部资本在出借时提供的租金是由最后投入的那部分资本的效益决定的。这是利息学说要义之一。"④

然后,杜能又进一步分析了工资的决定,认为随着雇佣劳动者人数增加,新增工人所增加的产量递减,从而劳动生产率趋于下降。最后雇用的工人劳动的价值就是他的工资,必然要等于大规模经营中最后雇用的生产率最低的工人所增加的产量。

杜能还分析了资本和劳动的利益关系,提出了著名的自然工资理论。杜能认为劳资利益是互相矛盾的,"社会上人数最多的阶级,他们的劳动效率越来越高,创造越来越多,然而却越受压迫,这是反自然的

---

① 〔德〕杜能:《孤立国同农业和国民经济的关系》,吴衡康译,谢钟淮校,商务印书馆1986年版,第189页。
② 同上书,第189页。
③ 同上书,第398页。
④ 同上书,第400页。

矛盾现象。"①造成这种矛盾既有工人与产品相分离,也有无产者人数增长过快、工人受教育甚少等原因。因此,他提出将现行的较低的工资提高到自然工资的水平上。所谓的自然工资不是由供求关系形成的,也不是由工人的需要计算出来的,而是工人自己自由决定的,在数量上等于工人的需要与劳动产品乘积的平方根,这就是著名的自然工资理论。

2. 戈森的边际主义思想

戈森(Hermann Heinrich Gossen,1810—1858)生于德国杜伦,曾在波恩大学攻读法律和公共管理课程,在普鲁士政府担任过税务官。主要著作是《人类交换规律的发展及人类行为的准则》(1854年)。戈森是边际分析主义在德国的先驱之一,由于他较早地建立了一个比较完整的经济理论体系,被杰文斯评价为"数理经济学说的真正开始"。

受到边沁的影响,戈森认为经济学是关于快乐与痛苦的理论,政治经济学的首要任务是发现享乐规律以及按照这些规律行事的条件,他坚持数学方法是处理经济问题的唯一正确的方法。戈森在《人类交换规律的发展及人类行为的准则》一书中,以边际原理为基础完整地发展了消费理论,提出了著名的戈森第一、第二定律②,并利用几何和数学公式进行了说明。

戈森第一定律是:假定我们连续不断地满足一种或相同的享乐,那么享乐的量会连续递减,直至最终达到饱和;假定我们反复地满足已有的享乐,也会出现享乐递减的情形。不仅最初的享乐量越来越小,而且享乐持续的时间也变得更短暂了,终使饱和更快地到来。此外,反复得越快,则最初的享乐量越小,享乐持续时间也越短。戈森第一定律描述了人的某种欲望会随其不断地被满足而递减的心理规律。

---

① 〔德〕杜能:《孤立国同农业和国民经济的关系》,吴衡康译,谢钟准校,商务印书馆1986年版,第401页。

② 戈森第一定律的提法来自奥地利学派维塞尔的《自然价值》(1889年),他本人则称为享乐递减律;戈森第二定律的提法则来自莱克西斯《政治经济学袖珍词典》(1895年)中的"边际效用"词条。

戈森进一步引申得出了第二定律：为使享乐达到最大化，每个人可以在各种享乐之间自由选择。但是，当他的时间不足以使其享乐完全达到饱和时，他一定会这样行事，即不管各种享乐的绝对量如何不同，在享乐达到饱和的最大享乐之前，他必定按照如下方式首先满足各种享乐的一部分；这种方式是，在他的享乐终止时，每个单一享乐量是相等的。这个定律表达的是在各种享乐之间如何选择使消费者效用最大化的规律，即为达到某给定数量的商品效用最大化，必须使每种用途的边际效用都相等。

在论述了享乐规律之后，戈森又阐述了与之密切相关的主观效用价值论。他认为绝对价值或者说客观价值是不存在的，因为所谓的价值就是对于消费者来说数量有限的效用或享乐。物品有价值，是因为物品有满足人的享乐的能力，因而价值具有主观相对的性质。就价值量而言，他认为要用物品所提供的享乐量的大小来计算，并随物品数量的不断增加而递减；达到最大值时，每个物品最后一个单位的价值都相等。

戈森将价值归结为物品满足人的享乐的性质，并提出价值量由享乐量的大小决定，其实已经表达出了边际效用决定价值的思想，但是由于他的数学表达方式晦涩且难以理解，因此在他生前其理论并没有产生什么影响。

四、边际主义的兴起与基本特征

1871年标志着边际主义时代的开端。三个国家的三位经济学家几乎是同时提出了边际效用价值论的基本原理：德国的门格尔在1871年出版了《国民经济学原理》，同年，英国数理经济学派的创立者杰文斯出版了《政治经济学理论》，而洛桑学派的瓦尔拉斯也在1873年出版的《纯粹经济学要义》(1873年)中独立地提出边际效用论。由于边际效用主义在西方经济学中的影响，自此至20世纪30年代，被称为"边际革命"时代，这三本书被后人公认是边际主义的开山之作，而这

三个人被公认是边际革命的奠基人。

1. 边际主义兴起的背景

边际效用价值论虽然起源很早,但是直到19世纪70年代才在经济学领域产生重要影响,并在杰文斯、门格尔、瓦尔拉斯等人的努力下逐渐发展成为经济学的主流,究其原因是当时经济学理论发展的大环境综合作用的结果。

从思想史发展的内在逻辑来看,当时古典经济学已经从统治地位衰落下来,19世纪末期越来越复杂的经济局势和矛盾都需要新的理论给出有力的解释。而边际主义者从人的消费活动出发,研究需求在决定价格中的地位和作用,这显然是对古典经济学中供给理论的重要补充。

19世纪中期开始发端的人本主义哲学也是边际主义思想兴起的重要基础。人本主义哲学重视以人为中心的思考,强调人的能动性和创造性,"自我"不再是抽象的存在,而是人的生活和实践活动本身。受到这种哲学思潮的影响,经济学也以人作为研究的主题,进而讨论个人及其主观愿望与消费行为。

其次,从个人的知识结构来看,三个奠基人都出身于中等富裕家庭,接受过高等教育。杰文斯和瓦尔拉斯从小就受到经济学的启蒙,接触过边际效用价值论,而且这两个人都学习过微积分,也有证据表明门格尔至少是熟悉微积分的。他们三个人的知识结构和素养无疑是提出边际效用价值论的必要条件。

最后,学术环境的不断改善也促进了边际主义的广泛传播。19世纪70年代以后,经济学日益从伦理学或政治学中独立出来,不断增多的大学开始开设经济学专业,同时专门的经济学刊物开始大量发行,各种越来越专业的学术团体非常活跃,数学等自然科学的发展使得越来越多的学者更能接受边际分析所采用的数学分析方法和表达方式,相比之下,古典学派和历史学派的理论反而不太受欢迎了。

2. 边际主义的基本特征

边际主义思想在经济学的研究内容和方法上与传统经济学有着显著的不同,在欧洲三个国家提出后,影响范围逐渐扩大直至到整个西方经济学界,形成了新的经济学研究范式。

首先,边际主义经济学开拓了以边际主义原理为核心的消费者理论和厂商理论,形成了经济学新的研究问题。以穆勒为代表的古典经济学家们以劳动价值论和经济增长为核心展开研究,但是随着"革命"的推进,劳动价值论①被消费者理论和厂商理论代替,在价格理论和市场理论中应用边际理论以实现消费者和生产者收益最大化演变为经济学的核心命题,斯密等人所关心的经济增长问题不再受到重视,而这些资源数量是如何决定的以及它们是怎样增加的问题(即总产出问题)则不在研究的范围之内。

其次,边际主义经济学也开拓了现代经济分析方法论。在给定数量的资源约束内寻找最优点的问题为数学进入经济学提供了条件。从这种意义上讲,边际革命标志着现代经济分析的开始。经济文献中开始出现各种数学公式、联立方程,布满了数学符号和曲线图。另一方面,寻找最优使得微积分成为现代经济分析的有力工具。于是,先驱者们用一次导数来定义边际单位,导数是一个变量的极小变化带来的另一个变量的极小变化。在一次导数达到零值时,效用就会达到一个最大或最小的位置。当经济学把它的注意力从总量转移到这些总量的微小变化时,均衡就成为中心概念。

再次,边际主义的"革命"实际上是一个缓慢的发展过程。在朗菲尔德、古诺、杜能和戈森等人那里就已经有了边际原理,只是到了70年代,通过英国的杰文斯、奥地利的门格尔和瑞士的瓦尔拉斯各自独立的工作,将这些新思想吸收到经济学的主流中来,然后又花了几十年的时间去更新和修改它,最终形成了边际革命。

---

① 1869年穆勒在《双周评论》上宣布放弃工资基金学说,被认为是古典经济学的结束。

最后,虽然"革命"意味着同过去彻底决裂,但边际主义学说却与过去有着千丝万缕的联系。它吸收了早期的经济思想,进一步研究并综合各种因素建立了自己的学说,特别是在经济政策的问题上,边际效用学派同古典学派一样相信市场机制的作用,因此,它更多的是继承而不是决裂。

本质上,边际革命是西方经济学界发生的一场大范围的经济学说创新活动,一些有创新精神的学者在新的形势下为传统经济学寻找新的出路,而不是与过去的传统彻底决裂,它的伟大意义在于推动西方经济学演进到了一个更新、更具有生命力的发展阶段。

70年代以后的边际学派大概形成了两个支流:一个是以奥地利学派为代表的以心理学为分析基础的心理学派;一个是以数学为分析工具的数理学派,以杰文斯和瓦尔拉斯、帕累托为代表。而后,美国的克拉克发展了边际生产力分配论,形成了具有美国特色的边际效用学派,即美国学派。

第二节 奥地利学派理论

奥地利学派以维也纳大学为中心,主要的代表人物都曾在维也纳大学任教,因此又被称为维也纳学派。奥地利学派以较为通俗的语言逻辑方式阐述边际效用论,在当时的经济学界产生了较为广泛的影响,边际效用主要是通过他们在西方国家里得到广泛的传播。

一、主要代表人物

1. 卡尔·门格尔

卡尔·门格尔(Carl Menger,1840—1921),奥地利学派的创立者和奠基人。门格尔出生于奥匈帝国的加力齐亚,毕业于克拉科大学的法律系,曾在金融新闻业和奥地利国务总理办公处短期任职。1873年他辞去公职,任维也纳大学讲师。1876—1878年,他离开维也纳大学,成为奥地利皇太子的私人教师。1879年,他重返维也纳大学任政治经济学教授,直至1903年退休。1900年后,他成为奥匈帝国议会上议院的议员。他的《国民经济学原理》(1871年)奠定了边际效用论的基础。

2. 弗里德里希·维塞尔

弗里德里希·维塞尔(Friedrich Freiherr von Wieser,1851—1926)出生于维也纳,曾在维也纳大学学习法律,毕业后就学于旧历史学派的罗雪尔、希尔德布兰德和克尼斯等人。虽然对历史有很大兴趣,但他并没有成为历史学派的追随者。1889年,他担任普拉哈大学教授的职务。1903年到1922年他继承了门格尔在维也纳大学的经济学教授席位。1919年,他是奥匈帝国议会上议院议员并在奥匈帝国最后两个内阁中任商业部长。维塞尔的主要著作是《经济价值的起源和主要规律》(1884年)、《自然价值》(1889年)、《社会经济学》(1914年)。维塞尔在门格尔的理论基础上,在价值论方面创造了"边际"一词;在分配论方面创造了"归属"一词,对完成这一学派的理论结构,即完成较完整的"边际效用价值论",起了重要的作用。

3. 欧根·庞巴维克

欧根·庞巴维克(Eugen von Böhm-Bawerk,1851—1914)出生于梅伦省,在维也纳大学法科毕业后,曾在奥地利政府任职,他还和维塞尔同在德国海德堡、莱帕西克和叶纳大学学习政治经济学。1889年,他入奥匈帝国财政部供职,并于1895、1897、1900年三任奥匈帝国财政部长。1904年后,他离开政府接受维也纳大学邀请,任教授职位。主要著作是《利息理论的历史与批判》(1884年)、《资本实证论》(1888年)、《马克思体系的崩溃》(1896年)。庞巴维克最完整地表现了这个学派的理论,是这三个代表人物中最出名的代表,同时也是最激烈地反对马克思主义的经济学家。

二、研究对象与方法论

1. 关于政治经济学的研究对象

奥地利学派将人与物的关系作为研究对象,即政治经济学要研究人类欲望与满足欲望的物品之间的关系。根据门格尔的说法,社会由这样一些最基本的要素组成:第一是人的欲望;第二是自然所提供的物质;第三是在可能范围内想完全满足欲望的努力。一切经济问题都是从这几个简单要素中引出来的。人类的欲望是无限的,而自然所提供的物质是有限的,因而产生了如何经济地使用物品的问题。国家的经济生活是无数个人采取的经济努力的结果,这些个人构成了国民经济的真正要素,是经济理论的恰当主题。

2. 研究方法论

在经济学研究方法上,奥地利学派旗帜鲜明地反对历史学派,认为历史学派及其历史归纳法是理论的不生产,应该恢复对经济理论的探讨。门格尔认为经济科学可以区分为经济史和经济理论。经济史所研究的是一定时间、一定场合下个别和具体的现象,以及个别现象之间的相互关系。而经济理论所研究的则是认识国民经济现象的某些基本形态和这些基本形态的相互关系,即事物的类型及其相互关系。经济史只能作为补助经济理论的科学,而绝不能代替理论的经济学。理论的任务在于提供超出直接经验以上的认识,建立永久性、一般性、普遍性的原理。因此,他反对历史学派的历史归纳法,①认为经济学的研究不能采取实用的经验的方法,而只能应用"严密的方法"即

---

① 19世纪80年代,在门格尔和新历史学派的领袖施莫勒带领下,德奥经济学界发生了关于经济学方法的激烈论战。论战开始于门格尔的《社会科学和经济学的方法的研究》(1883初版,1963年以《经济学与社会学问题》为题用英文再版)的发表。这部著作既是对历史学派的批判,也是对门格尔抽象一般化的经济学方法的辩护。施莫勒在同年的《政治社会科学方法》一文中反驳了门格尔的观点,门格尔又在《德国政治经济学历史主义的错误》一文中作了答复。论战在两派的追随者中又进行了多年。同时,《社会科学和经济学的方法的研究》标志着一个时期的开始,从此,经济学理论很大程度上就是微观经济学。1932年莱昂内尔·罗宾斯的《论经济科学的性质和意义》的发表结束了这个时期。

抽象演绎法。

奥地利学派以抽象演绎法与历史学派的历史归纳法相对立,并自认是古典学派的继承者和发展者,实际上是用彻底的主观唯心主义更新了政治经济学的理论体系。奥地利学派的抽象演绎法将极其复杂的经济生活抽象成孤立的个人经济行为,进而以个人经济行为的分析来说明社会经济现象与关系。奥地利学派承认经济生活存在规律,也认为经济科学可以像自然科学一样地进行研究。受到当时占有统治地位的原子论的影响,他们认为社会不过是个人的算术总合,社会经济不过是个人经济的单纯的机械的综合,所以,处于社会生活中的个人被看作孤立于世的原子,是生活在孤岛上与世隔绝的鲁滨孙式的个人,找到了个人经济的规律也就找到了社会经济的规律。

奥地利学派的抽象演绎法是建立在唯心主义心理分析基础上的。在门格尔等人看来,客观经济规律不过是个人心理状态的一种外在表现,人类经济行为的动机是追求享乐和避免痛苦,整个的经济活动不过是个人追求欲望被满足的过程。因此,对于经济人的生产、交换、消费等行为,他都从主观欲望的角度去解释、分析;而价值、价格、利息等范畴也从个人心理感受出发去定义。这样,他们把政治经济学完全从属于心理学,甚至公开地宣称政治经济学是实用心理学。

奥地利学派的研究是以消费为出发点的。门格尔所假设的经济人是作为一般意义上的消费者的经济人,庞巴维克强调消费是社会经济生活的首要问题,生产不过是满足人们消费欲望的手段,生产只能使经济现象复杂化,而不创造经济现象,只起从属作用。

可见,这种抽象演绎法完全是从个人消费心理出发研究经济问题,企图从中探讨经济生活的普遍规律性,扭曲了个人与社会、主观与客观、消费与生产的辩证关系,是一种非科学的抽象演绎法。

三、边际效用价值论

边际效用价值论是奥地利学派的理论核心,是体现全部理论体系

和贯穿在他们全部经济学说中的基本原理。门格尔首先提出了边际效用价值论的基本观点,认为价值决定于财货的最不重要部分的效用。庞巴维克和维塞尔则发挥和系统化了这个观点,并由维塞尔首创了"边际效用"这一术语①。

1. 消费者欲望的满足规律

奥地利学派的边际效用价值论是建立在对消费者欲望以及经济财货的性质的分析基础上的。作为门格尔分析出发点的消费者,是具有理性的消费者,即追求欲望满足最大化的消费者。门格尔用著名的欲望分类分级表,表述了消费者欲望满足规律的思想。

I	II	III	IV	V	VI	VII	VIII	IX	X
10									
9	9								
8	8	8							
7	7	7	7						
6	6	6	6	6					
5	5	5	5	5	5				
4	4	4	4	4	4	4			
3	3	3	3	3	3	3	3		
2	2	2	2	2	2	2	2	2	
1	1	1	1	1	1	1	1	1	1
0	0	0	0	0	0	0	0	0	0

表中的罗马字代表十种不同且重要性依次递减的欲望,其中第 I 种欲望最重要,第 X 种最不重要。表中的阿拉伯数字则代表同一种欲望的不同强度,其中 10 代表最高的强度;任一欲望随着满足程度的提高,其强度不断减弱,直至为 0。例如,当饮水的欲望已部分地从第一

---

① 对于边际效用,学者们往往冠以不同的名称。戈森用"最后原子的价值"一词,门格尔称"最不重要的欲望的满足";杰文斯用"效用的最后程度";瓦尔拉用"稀少性"一词;维塞尔在《经济价值的起源和主要规律》一书中,提出了"边际效用"一词。

杯水得到满足后,第二杯水的重要性就要降低。这张表实际上表达了人类欲望满足过程中的心理规律。

门格尔利用这张表指出了人的消费欲望是多样的、有层次的,而且在欲望的满足上具有协调性和递减规律。即消费者在每一个时点上都有多样欲望需要相互协调地同时满足,并且各种欲望的满足对于消费者具有不同的重要性,同时一种欲望已经满足的程度越高,进一步满足的重要性就越低。

2. 财货论

门格尔沿着"有用物品""财货""经济财货"的顺序对商品及其性质进行了分析。

首先,他将财货定义为可以用来满足人类需要的有用的东西。一种有用物品之所以能成为财货,并不完全依存于其自然属性,更重要的是它能满足人的某种欲望。从这种认识出发,他认为能满足人类欲望的有用的人类行为也是财货(劳务),但是他分析的主要是物质财货。接着,他指出并非人所需求的各种财货都能得到充分供给,经济人消费欲望的满足往往受到财货稀缺的约束。他把需求大于供给的财货称为经济财货,把需求小于供给的财货称为非经济财货。这样,经济财货与非经济财货的区别不依存于是否为劳动的产物,也不依存于社会经济制度。

人的消费欲望是多样的,但是经济财货的存在对欲望的满足造成了约束,因此,追求欲望满足的最大化就构成了人基本的行为动机。这样,消费者总是将财货首先用于满足最重要的欲望,然后再满足次要欲望,并且力图拥有满足不同欲望的各种财货,使其在数量上保持一种有机的格局。

根据财货与满足欲望的直接程度,门格尔又将财货区分为低级财货和高级财货。直接服务于人的欲望的是低级财货,比如面包;而用来制作面包的面粉和烤制器具、磨等间接满足人类需要的是高级财货。在高级财货中,根据对欲望满足保持较近和较远的因果关系,又

可以分为若干级。如果把低级财货称为第一级财货,那么直接生产低级财货的财货是第二级财货,直接生产第二级财货的是第三级财货,依此类推。可见,门格尔所说的低级财货相当于人们今天所说的消费品,而高级财货相当于资本品。

门格尔认为高级财货具有派生性的特征,某种高级财货之所以具有财货性质是因为它所生产的低级财货能直接满足人的欲望,一旦这些低级财货不再满足人的欲望,那么生产它们的高级财货也将失去财货的性质。因此,人们对低级财货的需求是第一位的,对高级财货的需求是派生的。这种派生需求的大小取决于人们对低级财货的需求以及用高级财货生产低级财货的技术条件。

高级财货具有财货性质还必须满足另一个条件:存在着与之相配合以生产低级财货的其他高级财货。由于高级财货之间的互补性质,人们对某种高级财货的需求是与跟它有互补关系的其他高级财货的需求同时发生的。高级财货的财货性质对低级财货的依存性以及高级财货相互之间的互补性,对高级财货的价值决定有重要意义。

3. 边际效用价值论

(1) 关于价值的两个概念

奥地利学派认为价值只是表明某种关系,因此应当分为主观价值和客观价值而不是使用价值和交换价值。按照庞巴维克的定义,主观价值是一种财货或一类财货对于物主福利所具有的重要性,即财货的存在意味着所有者在福利上的收益;没有它就意味着所有者的损失。客观价值则是指一种财货获得某种客观成果的力量或能力,属于单纯的技术关系。例如,煤的主观价值是烤火的人从中所得到的享受,而客观价值是在燃烧时所产生的热量。因此,所谓主观价值实际上就是消费者对物品效用的主观估价,而客观价值则是物品本身所具有的特性,实际上就是使用价值。

庞巴维克认为讨论客观价值是没有任何经济学意义的,对政治经济学具有最重要意义的是客观交换价值,即在交换中用一种财货来换取一定量的其他经济财货的能力。因此,价值的经济理论有了双重任务,一方面要解释主观价值的规律,另一方面要解释客观交换价值的规律,前者即价值论,后者即价格论。

(2) 关于主观价值的性质和根源

庞巴维克认为一切物品都有用途,但并不是一切物品都有价值,即效用和价值并不是同等重要的概念。效用是大概念,价值是小概念。一种物品要具有价值,必须满足两个条件:(1) 具有有用性;(2) 具有相对于需求的稀缺性。可见,奥地利学派的价值不过是商品对人的欲望满足的重要性,是人们对某种商品效用的主观估计,而不是商品的内在属性。因此,边际效用价值论又被称为主观价值论。物品的有用性和稀缺性是价值形成的不可缺少的因素,都是主观价值的根源。

(3) 关于价值量的确定

物品有价值是因其对人类福利的重要,所以价值量大小必须决定于这一物品给人类带来的福利的量,但这样就会出现钻石与水的悖论。庞巴维克认为过去的经济学家企图利用劳动和劳动时间、生产成本等理论进行解释都是不成功的,他提出要解决这一难题,需要回答两个问题:这种物品能满足哪一种需要?这种需要或其满足的迫切性如何?这两个问题回答清楚了,就不存在矛盾了。

庞巴维克根据两种标准对人的欲望或需求进行了分类:一是根据需要的种类分级,即某种需要的重要性;二是根据需要的强度分级,即需要的强烈程度。接着,他具体指出:不仅不同种类的需要存在不同的欲望程度,每一种类的需要也存在不同的欲望程度;重要种类的需要,只是顶端的程度高于其他种类需要,但是底部却同其他种类处于同一水平上;种类最重要的需要中,也存在着迫切程度较低的需要,而次要种类的需要中,也存在迫切程度较高的需要,不同种类的需要,其迫切程度会相互交错;随着一个人所拥有某种物品数量的增加,他从该物品所获得的满足量也会增加,而对该物品的需要的迫切程度则会

下降。他认为旧理论的错误就在于评价物品的价值时采用的是第一种分类方法,而正确的方法应该以第二种分类为标准。

庞巴维克进一步指出物品的价值应由同样的一些物品所能满足的一切需要中最不迫切的那一具体需要的重要性来衡量,即这个物品的边际效用,不是它的最大效用,也不是平均效用。庞巴维克利用反证法进行了解释。因为每一单位的物品都是同质的,它的用途是可以相互交换的,如果物品损失了一个单位,放弃的必然是边际欲望的满足,所以损失了其中任何一个单位物品,对物主的损失完全是一样的,都等于损失边际欲望的满足,都等于损失边际效用。所以,各个单位物品的价值都是由物品的边际效用来决定的。

而边际效用具体的量又是由需要和供给的关系决定的。如果需要种类越多,程度越迫切,而物品供给量越少,则得不到满足的需要越重要,边际效用就越大,价值就越大;反之,需要种类越少,越不迫切,而物品供给越多,则更低层次的需要也可以得到满足,因而边际效用和价值就越小。总之,物品的有用性和稀缺性是决定物品价值的最终因素,有用性表示边际效用可能达到的高度,稀缺性则具体决定边际效用实际达到的那一点。所以物品的边际效用,进而它的价值,不是固定不变的,它会随着需要和供给数量的变化而变化。

(4) 关于几个复杂的情况

如果一种物品有两种以上完全不同的用途,这个物品的价值应该如何决定?庞巴维克认为应由所有用途中最高的边际效用决定,因为十分明显的是,在任何合理的经济组织中,最重要的用途一定是占先的。在物品不足或可以用较低边际效用的物品代替的条件下,则该物品的价值决定于用作替代品的另一类物品的较小的边际效用。

庞巴维克还进一步讨论了若干物品必须以某种形式结合起来才能得到一个经济效用的情况,他将这种物品称作补全物品。例如:纸、笔、墨水;针和线;弓和箭;左右两只手套;等等。补全物品组的价值与它们作为一个整体所能提供的边际效用相适应。例如,如果三件物品

A、B、C形成了一个补全物品组,并且联合使用所能提供的最小经济边际效用为100,则A、B、C合在一起就值100。但是,如果这个物品组中的A、B、C都有替代品,并且其效用总和小于综合使用的价值,如替代品的价值分别为20、30、40,这时物品组的价值就是90而不是100。

对于补全物品组的各个组成物品来讲,它们的价值的决定比较复杂,分成以下三种情况:

一是各个成分除了联合使用外,都无其他用途,而且也没有代替品。那么,其中一个成分就具有物品组的全部价值,而其他成分没有价值。至于哪个成分有价值,要看具体情况。庞巴维克认为这种情况在现实中是比较少见的。

二是个别成分在联合使用之外,还能提供别的比较小的效用且无代替品。其价值的决定,以其单独使用时的边际效用量为最低限度,以全组联合使用时的边际效用量减去其他成分单独使用时的边际效用量的差数为最高限度。

三是某些个别成分不仅可用于其他用途,而且可以由同一类其他物品代替。例如,建筑基地、砖头、横梁和劳动力在建造一幢房子上是补全物品,如果损失了几车砖头,或者若干劳工拒绝工作,并不会影响整个房子的建造,只需要用其他的人或物替换就可以了,这时,可替代的成分并不能得到比替代品单独使用时的价值更高的价值。在把物品组总价值分配给每一个成分时,可替代的成分只具有这一固定价值,其余价值则归于不可替代的成分,作为它们的独立价值。

庞巴维克认为补全物品的价值理论是解决分配问题的关键,因为一切产品都是通过三种相互补全的"生产要素"(劳动、土地和资本)的合作而生产出来的,而在自由竞争的条件下,如何说明各个要素在总价值中所占的份额是政治经济学中最重要、最困难的问题之一。

主观边际效用价值论离开了生产成本,单独从需求、从消费者心理规律出发企图说明商品的价值是不可能有正确的结论的。尽管奥利地学派付出了巨大的努力,但是仍然不能解释商品的价值到底是什么、价值量是如何决定的等问题。在这个问题上反映了资产阶级经济学中普遍存在的一个弊病:重视事物的表面现象,忽略问题的本质。

四、生产财货价值论

在奥地利学派看来,生产财货本身不具有价值,它们的价值是派生的,来自于其生产的消费财货的价值,"匈牙利土凯葡萄酒并不是因为有了土凯葡萄酒园而有价值的,而是土凯葡萄酒园所以有价值,是因为土凯葡萄酒的价值高。"① "价值原理不在成本之中而在成本之外,在产品的边际效用之内。成本规律不是一条独立的价值规律;它仅在边际效用这一真正的普遍规律之内形成一个偶然的事例。"②

庞巴维克比较完整地论述了生产财货的价值决定。首先根据进入消费的时间的远近,他将生产财货划分为不同级别的物品,进而论证各级生产性物品的价值都是由最终产品的边际效用或价值决定的原理。

例如一个直接消费品 A 是从第二级生产性物品组 G_2 制造出来的,G_2 是从第三级物品组 G_3 制造出来的,而 G_3 是从第四级物品组 G_4 制造出来的。

假设 1:这些生产性物品组中的每一个产品不费时间地立即变成下一级产品;假设 2:这一物品只有一种用途。

由于物品 A 的价值就是它的边际效用,所以考察从 G_2 开始,如果没有 G_2,就没有产品 A,也意味着失去了物品 A 的边际效用;再继续考察,如果没有 G_3,就没有 G_2,结果必然是损失物品 A;同样的情况也适用于以后的物品组。如此就可以得到这样的结论:人类福利的增加依赖于一连串生产过程中所有的较近一级的生产手段,也就是依赖于最终产品的边际效用。

庞巴维克总结了关于生产财货的价值原理:第一,由于所有的各级生产手段都依赖于同一个效用,所以,所有各级物品组的价值一定

---

① 〔奥〕庞巴维克:《资本实证论》,陈端译,商务印书馆 1964 年版,第 203 页。
② 同上。

是相同的;第二,所有这些物品组的价值量,即它们的共同的价值量,最终是由它们的最后制成品的边际效用量所规定的;第三,每一物品组的价值是由它的下一级产品的价值来衡量的。

然后,他分别考虑了两个假设条件的现实性。对于第一个假设涉及比较独立的利息的论题;对于第二个假设,他作了进一步的解释,即同一种生产性物品可以生产两种以上的消费品,而这些消费品未来的边际效用又不相等,那么这种生产物品的价值将如何决定。

例如,一个第二级生产手段物品组可以生产出一个 A 类、B 类或 C 类的制成品时,它的价值将由边际效用最低的 A 类产品决定。因为,当这一物品组受到损失时,物主一定是限制边际效用最低的产品的生产,因为给他带来的损失最小。同时,B 类和 C 类产品的价值最终也不是由它们自己的边际效用决定的,而是由 A 类产品决定。他的论证过程为:"首先……由边际产品出发到生产手段,再去决定生产手段的价值;然后……又……从生产手段出发,到生产手段可以生产的其他产品上面。因此,到最后,直接边际效用较高的产品,从其生产手段方面得到它的价值。"这就是说,首先是 A 决定 G_2 的价值,即"产品的价值是决定的因素,而生产手段的价值是被决定的因素";然后,再由 G_2 的价值去决定 B 和 C 的价值,而生产手段的价值成为决定的因素,在这里,产品的价值又变成被决定的因素了!

对此逻辑上的矛盾,他的解释是:首先,这些产品是可以相互替代的,一种物品的损失可以转移到另一种物品上去,因而后者的边际效用就变成前者的标准。在这种条件下,成本规律是有效的。其次,成本并不是价值的最终决定者,而是中间的原因。归根结底,成本并不是给予产品以价值,而是从产品中取得价值。

对于价值规律,庞巴维克最后总结到:正如补全物品规律解开并解释了若干物品同时作用于一个共同有用目的时所产生的价值关系,成本规律也解开并解释了那些各种递随跟踪和彼此渗透而向同一目标前进的物品之间的价值关系。如果我们把相互起作用的物品的价值关系当

作一个紧密缠结着的网,那么可以说,前一条规律在长度和广度方面理清了网丝,而后一条规律在深度上理清了它;但两者都属于包罗万象的边际效用规律之中,且不过是这一规律对特殊问题的特殊运用罢了。

实际上,从边际效用论出发并不能符合逻辑地得出生产财货的价值决定,因为两者讨论的前提是不同的。边际效用论的前提是把生产完全抽象掉的消费经济,而且现有的财货数量是既定的、有限的,在这种条件下,可以从消费者的心理规律中引申出效用价值论。但是谈到生产财货,就避免不了生产过程,由于生产,就可能增加财货的数量,边际效用论的一个前提也就不存在了。另外,涉及生产过程就避免不了成本及劳动问题,也就出现了成本规律与效用规律的矛盾。例如,从生产过程来看,由于劳动的作用,从原料到产品的过程是价值逐渐增加的过程,而根据庞巴维克的理论,生产过程的每一个环节的生产性物品的价值归根结底取决于最终的消费品的边际效用或价值,即从原料到产品的所有物品的价值是一样的,这显然是错误的。

五、交换与价格理论

1. 交换的理论

奥地利学派认为交换行为之所以发生,是因为交换能更好地满足交换者双方的欲望。门格尔归纳了经济人进行交换的三个基础:(1) 交换双方都认为,对方财货的一定量的价值超过自己财货的一定量的价值;(2) 双方都认识到这一点;(3) 双方有力量进行交换。这就是说,交换的基础在于对交换者双方来说被交换财货都是不等价的。显然,只有当交换者是追求欲望满足最大化的消费者时,换进的财货的主观估价才有可能是高于让出的财货的主观估价,不等价交换只是在主观估价不一致的意义上才存在。

基于这一点,门格尔赋予"使用价值"和"交换价值"完全不同的含义:使用价值是指财货被人们自己使用时而具有的价值,实际上就是物主对财货的主观估价;而交换价值是用于交换别种财货来满足欲望时所具有的价值。可见,他的交换价值仍是一种主观的交换价值,而不是交换过程中形成的两种商品的交换比例。

针对财货的使用价值往往和交换价值不一致的情况,门格尔指出要比较两种价值的高低,取其高者。这样,门格尔就从孤立的消费者的估价行为过渡到了有交换的消费者的估价行为了。当财货的交换价值高于使用价值时,消费者倾向于进行交换,门格尔认为交换会进行到一个静止点,在这个静止点上,两种财货对于交换双方的边际效用都相等。这样一个静止点之所以存在,是源于边际效用递减规律。交换后交换者原有的财货数量减少,从而增加了边际效用,而换得的财货数量增多,从而边际效用下降,因此最终总会达到两种财货的边际效用相同之处。门格尔所说的这个静止点,也就是后来帕累托所说的交换最适度。

门格尔重新规定了价格理论的任务,他说:"在供给价格与需要价格间存在的差额,决不只是一个偶然,而实为经济的普遍现象……因此,一个正确的价格理论的任务,并不在说明在事实上并不存在的两个财货数量间的表面上的价值相等性。……一个正确的价格理论所应说明的是经济人在企图尽可能地满足其欲望的努力上,如何以一定量财货相互交换。"①在古典学派那里,问题是等价交换如何实现;在门格尔这里,问题是如何通过交换来最大限度地满足欲望。

2. 价格基本规律

庞巴维克建立了边际对偶论以论证价格的决定机制。他认为价格自始至终都是主观评价的产物。在个体经济中,人们对物品进行单独的主观估价,当孤立的经济人在市场中相遇时,他们之间发生竞争的结果就是制订出市场平均价格。

庞巴维克首先规定了交换的三个基本原则:其一,只有交换能给自己带来利益时,他才愿交换;其二,他愿为较大利益,不愿为较小利益交换;其三,在不交换就无利益可得时,他也愿为较小利益交换。接

---

① 〔奥〕卡尔·门格尔:《国民经济学原理》,刘絜敖译,上海人民出版社1958年版,第133页。

着,他讨论了市场上的四类交换及每种情况下价格的决定。

(1) 孤立的交换:只有一个买主和卖主的交换。这时价格是以买主对物品的评价为上限,以卖主的评价为下限,价格在二者之间形成。具体在哪一点上取决于买方和卖方的竞争。

(2) 买主单方面的竞争:卖主只有一人,买主多人。这时价格以购买成功者,即对商品评价最高的购买主的评价为上限,以竞争失败者中最有竞争能力的买主对商品的评价为下限,价格在二者之间形成。买主之间单方面的竞争使价格有上升趋势。

(3) 卖主单方面的竞争:买主只有一个,卖主多人。这时价格以出卖成功者,即对自己商品评价最低的卖主的评价为下限,以竞争失败的卖主中最有竞争能力者的评价为上限,价格在二者之间形成。卖主单方面竞争使价格有下降的趋势。

(4) 买卖双方面竞争:买主卖主均有多人。庞巴维克认为这是交换的一般情况,对价格的形成规律最重要。他以马市为例进行了说明:这些买主和买主同时来到市场,每个人对市场行情都有正确的了解,而各匹马的优劣也都相同。这样,把买主和卖主按照竞争能力大小排列成序,具有同等竞争能力的买主和卖主列为一对,成为交换对偶。

马市情况表抄录如下(表中的横线是笔者加上去的):

买主	卖主
A_1 对一匹马的评价 30 镑	B_1 对一匹马的评价 10 镑
A_2 对一匹马的评价 28 镑	B_2 对一匹马的评价 11 镑
A_3 对一匹马的评价 26 镑	B_3 对一匹马的评价 15 镑
A_4 对一匹马的评价 24 镑	B_4 对一匹马的评价 17 镑
A_5 对一匹马的评价 22 镑	B_5 对一匹马的评价 20 镑
A_6 对一匹马的评价 21 镑	B_6 对一匹马的评价 21 镑 10 先令
A_7 对一匹马的评价 20 镑	B_7 对一匹马的评价 25 镑
A_8 对一匹马的评价 18 镑	B_8 对一匹马的评价 26 镑
A_9 对一匹马的评价 17 镑	
A_{10} 对一匹马的评价 15 镑	

根据交换原则,交换必须在买主对一匹马的主观评价大于卖主对它的评价时才能成功。因此,在横线以上的五对买主和卖主都是交换的成功者,其中以 A_5 和 B_5 的竞争能力最小,而 A_6 和 B_6 是失败者之间竞争能力最大的,马的价格就是由这两个边际对偶的主观评价所限制决定的。价格的上限由交换成功的最后买主 A_5 和交换失败者中最有竞争力的卖主 B_6 的主观评价决定,其下限是由交换成功的最后卖主 B_5 和交换失败者中最有竞争力的买主 A_6 的主观评价决定。

庞巴维克的边际对偶论表明供求双方的竞争对价格形成的作用,符合市场经济的特征,也非常接近于马歇尔的均衡价格论。

第三节 数理经济学派

尽管用数学形式叙述经济学的著作在 19 世纪早期就已出现,但 1871 年《政治经济学理论》的发表才真正标志着数学开始与经济学理论结合了。英国经济学家杰文斯在该书中将经济学变为数学科学,并对其基本原则作了形式上很出色的论述。稍晚一些,法国经济学家瓦尔拉斯也出版了《纯粹经济学要义》,在数学的方法框架内阐述了边际效用价值论。两位经济学家的努力使得数理经济学派建立了起来。

一、方法论特征

数理经济学作为经济学理论的一个流派,认为政治经济学必须用数学的方法来研究,因为它研究的问题涉及经济因素的量及其相互之间的函数关系,只有这样才能够和自然科学一样成为一门科学。数学方法在他们看来是研究和思维的方法,而不仅仅是使经济理论通俗化和易于掌握的工具。经济分析的结果可以用任何形式来叙述,这是方法的问题,而不是方法论,从方法论的角度来讲,经济分析的结果应当用数学方法取得。

同时,数理经济学利用数学方法解决的不是政治经济学中个别、

局部的问题,而是整个经济过程。因为经济问题是多种因素相互依赖并相互作用的结果,这样的过程是非常复杂的,经济学家的任务就是把这一切个别的因素连接成一个总的体系,用数学来表示各个条件之间的一切基本数量关系,提出一个能够包括整个经济过程的普遍适用的方程组。这个方程组要能最一般地表示社会的相互作用,从而说明该经济体系的特征和使这一体系达到均衡的条件。

当然,数理学派把各种经济事物的数量及其相互关系作为政治经济学的研究对象,就必然将数学方法作为研究解决问题的基本的最重要的方法。瓦尔拉斯甚至将经济理论理解为全部是数学的理论。

显然利用数学方法研究经济理论可以把各个范畴之间的数量关系精确化,也可以保持逻辑上的一致与严密性,从而可以使经济学家少犯错误。但是数学方法的应用是以理论经济学发展的水平为前提的,理论的客观主义性质表现得越强烈,各个原理研究得越完善,经济范畴分析得越详尽,则应用数学的条件越有利。但是数学分析丝毫不能代替整个经济分析,只能处于附属地位,而且数学分析需要以经济理论作为自己的前提,只有在利用理论经济学的方法所获得的结果的基础上,数学才能进入理论经济学,并在理论经济学中得到广泛的应用。

二、杰文斯的经济学说

威廉·斯坦利·杰文斯(William Stanley Jevons,1835—1882)出生于英国利物浦的一个制铁机械师家庭,1851年进入伦敦大学学习数学、生物和化学,后因经济原因离开学校到澳大利亚谋生。1859年他又回到英国继续他的学业,1862年获得了文学硕士学位。1863年到1876年间在欧文学院任教,教授逻辑学、道德哲学及政治经济学,1876年他担任伦敦大学政治经济学讲座教授,1872年当选为英国皇家学会研究员。

杰文斯兴趣广泛,多才多艺,除统计学和政治经济学外,对哲学、逻辑、自然科学也颇有研究。他在1862年首次发表了反映其效用理论基本框架的《政治经济学通论评注》，代表作是1871年出版的《政治经济学理论》，其他著作还有《货币与交换机构》(1875年)和《政治经济学入门》(1878年)等。

1. 关于经济学的目的与方法

19世纪50、60年代的英国，经济一派繁荣，但劳动者的贫困、恶劣的劳动条件、童工、女工、公共卫生等问题却日益尖锐，针对这种情况，杰文斯从"苦乐主义"出发，指出"如何以最小的努力换取欲望的最大满足"是经济学的研究目的，并提出要以数学分析为工具将经济学改造为"快乐与痛苦的微积分学"①。

杰文斯强调数学在经济研究中的作用。他认为经济学是效用与自利心的力学，因为它是研究量的科学，因此微积分是最主要也是最适当的方法。虽然经济变量无法得到精确的测量，但这并不妨碍经济学的数学性质。

同时，他也特别重视运用统计资料来分析实际经济问题。在他的著作中，比较成功的是研究英国煤炭问题的《煤的问题》(1865年)，在该书中，杰文斯提出废除谷物法后英国经济的发展不再受谷物的制约，而是受煤的制约，并得出了类似于马尔萨斯的理论。

2. 效用理论

杰文斯认为人们消费的目的是获取快乐减少痛苦，快乐的产生反映为效用，因此物品能给人带来快乐的性质便是物品的效用。效用不是物品自身的客观属性，而是与人发生关系时的属性。

为了研究效用，杰文斯定义了总效用、效用程度以及最后效用程度等概念。产品总效用等于全部现有产品各单位实际效用的总和。而效用程度则是在商品供给的某一点上，商品增量同它提供的效用量的比例。最后效用程度是在现有商品条件下，最后增加进去的商品单

---

① 〔英〕杰文斯：《政治经济学理论》，郭大力译，商务印书馆1984年版，第2页。

位所提供的效用的程度。他强调,所谓"最后效用程度"中的"程度"不是一个量而是一个比例,因此,最后效用程度不是在一定商品数量中最后一单位商品所提供的效用量,而是这个商品增量的效用和这个商品增量的比例。

在这些概念的基础上,他用微积分表达了效用程度以及最后效用程度的含义,指出效用程度是商品量的函数,因为商品增量的效用是递减的,因此,效用程度也是递减的,而最后效用程度也是最低的。这就是现代经济学中的边际效用递减原理。

3. 交换理论

杰文斯以交换论为基础阐述了边际效用价值论。他首先界定了价值的含义,认为价值有三个不同但又相互联系的意义:(1) 相当于总和效用的使用价值;(2) 估价或欲望强度,也就等于是最后效用程度;(3) 交换率,即购买力。他进一步将价值确定为人们对物品最后效用程度的估价,价格或交换价值是两个物品交换时的比率。

接着,他提出了交换的"无差异法则"(The Law of Indifference)。为了说明无差异法则,杰文斯进行了若干假设:市场是进行商业活动的有形或无形的场所;在市场上对于供给或需求有着重要影响的人群即贸易体(trading body),贸易体无论是单个的人还是全体居民,交换原理一样;商品在质上是完全一样的,可以无差别地相互替代。这样,杰文斯得出结论:在完全知识且自由竞争的市场上,无论是哪些人在交换,两种物品的交换率在同一时间具有相同的交换比率,即 x 无限小的部分与 y 无限小的部分的交换率,必然与全量的交换率相同。

用公式表达如下:

$$\frac{dy}{dx} = \frac{y}{x}$$

以此为基础,杰文斯得到了交换的基本原理:"二商品的交换率,是交换后诸商品量(可供消费的诸商品量)的最后效用程度的比率的反数。"[①]在他看来,一个交换者以一种商品来交换另一种商品时,总是比较这两种商品的最后效用以决定他到底愿意放弃多少自己的商品来换取多少对方的商品。交换者以交换达到最大效用为根本目的,而达到这个结果的条件就是当这两种商品增量的交换比例恰使这两个商品的效用对于交换双方都相等,这时就实现了交换的均衡。

接着,杰文斯以谷物与牛肉相交换为例论证了交换均衡的条件:假设第一贸易体 A 原有的谷物量为 a,第二贸易体 B 原有的牛肉量为 b。双方都认为放弃一个单位的原有产品所损失的效用小于换来的一单位的其他产品所赢得的效用,所以二者交换,比如以 x 量的谷物交换 y 量的牛肉。

故交换后的状态是:A 有 $a-x$ 量的谷物,y 量的牛肉;B 有 x 量的谷物,$b-y$ 量的牛肉。令 $\Phi_1(a-x)$ 代表谷物对于 A 的最后效用程度,$\Phi_2 x$ 代表谷物对于 B 的最后效用程度;令 $\Psi_1 y$ 代表牛肉对于 A 的最后效用程度,$\Psi_2(b-y)$ 代表牛肉对于 B 的最后效用程度。

只要 A 从一个无限小的量 $\mathrm{d}y$ 与一个无限小的量 $\mathrm{d}x$ 的交换中取得更大的边际效用,就会将交换进行下去,直到通过进一步的交换不能再带来总效用的增加。也就是说,A 只有在下面的公式的条件下,才能得到满足:

$$\Phi_1(a-x) \cdot \mathrm{d}x = \Psi_1 y \cdot \mathrm{d}y$$

即:$\dfrac{\Phi_1(a-x)}{\Psi_1 y} = \Psi_1 y \cdot \mathrm{d}y$

既然:$\dfrac{\mathrm{d}y}{\mathrm{d}x} = \dfrac{y}{x}$

则:$\dfrac{\Phi_1(a-x)}{\Psi_1 y} = \dfrac{y}{x}$

同样的,B 的满足条件可以表达为:

$$\dfrac{\Phi_2 x}{\Psi_2(b-y)} = \dfrac{\mathrm{d}y}{\mathrm{d}x} = \dfrac{y}{x}$$

---

① 〔英〕杰文斯:《政治经济学理论》,郭大力译,商务印书馆1984年版,第87页。

所以,供求双方均衡的条件为:

$$\frac{\Phi_1(a-x)}{\Psi_1 y} = \frac{dy}{dx} = \frac{y}{x} = \frac{\Phi_2 x}{\Psi_2(b-y)}$$

杰文斯将价值与交换价值混为一谈,认为价值是物品之间的交换率,这样他就成功地解决了物品价值的决定,即商品的价值决定于最后效用程度。这就是他著名的"最后效用程度"价值论。

杰文斯建立交换论的目的是想说明交换价值的决定,实际上,他的理论并不能科学地说明价值,而仅仅在表面层次上说明了消费者在既定交换价值下通过交换满足收益最大化的条件。这样,杰文斯就将一切的经济现象、经济关系都归结为买者和卖者之间如何通过交换实现双方效用最大化的问题。通过数学的逻辑论证,他得出了两个结论:一是交换均衡的条件是经济完全自由;二是劳动与资本之间不存在矛盾,真正的冲突是存在于生产者和消费者之间的。

4. 劳动论

杰文斯意识到在他的理论中还必须对劳动决定价值的观点作出某种回应。他坚持苦乐主义的基本原则,将劳动定义为"心或身所忍受的任何含有痛苦的努力,而以未来利益为全部目的或唯一目的者。"①在此基础上,他讨论了均衡的劳动时间(量)的决定以及各种产品生产中劳动的均衡分配问题。

杰文斯认为劳动会给劳动者带来正的效用,在一定时间长度以内,劳动时间越久,带来的成果也越多,所以这些成果的边际效用也越来越小;另一方面,劳动也会带来痛苦,这些痛苦就是劳动的负效用,且劳动时间越久,边际负效用就越大。这样,劳动成果的边际正效用和劳动的边际负效用相等的那一点就决定了均衡的劳动时间。

劳动的均衡可以用数学方式表达如下:

图的横轴为时间,纵轴为边际效用,在 ox 的上方为正效用,下方

---

① 〔英〕杰文斯:《政治经济学理论》,郭大力译,商务印书馆 1984 年版,第 133 页。

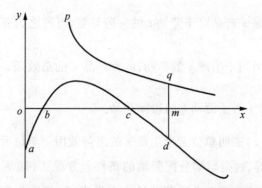

为负效用。图中的曲线 pq 表示的是劳动产品的边际效用。曲线 $abcd$ 表示的为劳动的边际负效用,在劳动的开始瞬间,因心身不习惯工作,感觉有点苦,所以是 oa。在 b 点上既无快乐也无痛苦,在 bc 时间内,劳动带来了正效用,c 点后,劳动产生边际负效用。在 m 点上,劳动的边际负效用 md,正好等于劳动产品的边际效用 mq,所以 m 点便是均衡的劳动时间。

用微积分方程来表示如下:

$$\frac{dl}{dt} = \frac{dx}{dl} \cdot \frac{du}{dx}$$

式中的 l 代表劳动量所伴随的痛苦余额;t 代表劳动的时间;x 代表劳动所生产的商品量;u 代表该商品的总和效用。

杰文斯认为无论是整个社会还是个别人,劳动在各种产品生产中均衡分配的条件是一样的。所以他以个人为例考察了劳动的均衡分配条件。他假定一个人能够生产两种商品 x 和 y,则一定的劳动 l 均衡分配的条件可以表示为一组联立的微分方程:

$$\begin{cases} \dfrac{du_1}{dx} \cdot \dfrac{dx}{dl_1} = \dfrac{du_2}{dy} \cdot \dfrac{dy}{dl_2} \cdots\cdots(1) \\ l = l_1 + l_2 \cdots\cdots\cdots\cdots\cdots(2) \\ \dfrac{du_1}{dx} \cdot \dfrac{dx}{dl_1} = 1 \cdots\cdots\cdots\cdots(3) \end{cases}$$

式中,l_1 为用于生产 x 的劳动,u_1 为产品 x 的总效用,$\dfrac{du_1}{dx}$ 为 x 的边

际效用。$\frac{dx}{dl_1}$是 x 产品对于劳动 l_1 的一阶导数,可称之为劳动的边际产品。同样,l_2 为用于生产 y 的劳动,u_2 为产品 y 的总效用,$\frac{du_2}{dy}$ 为 y 的边际效用,$\frac{dy}{dl_2}$ 是 y 对于劳动 l_2 的边际产品。

方程式(1)表明单位劳动生产 x 的边际效用与单位劳动生产 y 的边际效用相等,这是均衡分配劳动的条件。方程式(2)表明用于生产 x 和 y 的劳动之和等于总的劳动量。方程式(3)表明生产 x 的劳动带来的产品的边际效用与边际负效用正好相等,是生产 x 的均衡劳动时间条件。

由上述三个方程,就可以解出三个未知数 l、l_1 和 l_2。

进而杰文斯推导出各种经济量之间的关系如下:

$$交换率 = \frac{y}{x} = \frac{x\ 单位价值}{y\ 单位价值} = \frac{x\ 单位价格}{y\ 单位价格} = \frac{x\ 最后效用程度}{y\ 最后效用程度}$$

$$= \frac{x\ 单位生产费用}{y\ 单位生产费用} = \frac{y\ 的生产力程度}{x\ 的生产力程度}$$

这同时也是市场均衡条件。这说明他的效用论、交换论和劳动论实际上是一个整体。问题是一旦进入生产领域,他就不可避免地要提到生产费用,从而暴露了理论上的缺陷。他指出劳动不是价值产生的原因,但是对价值仍然会有影响,他的解释是生产成本决定供给水平,供给决定最后效用程度,而最后效用程度决定价值。

三、瓦尔拉斯与洛桑学派

里昂·瓦尔拉斯(Léon Walras,1834—1910)出生于法国。其父奥古斯特·瓦尔拉斯(Auguste Walras,1801—1866)曾是法国卡因学院的哲学教授,后来转而研究经济学,在 1831 年写了《财富本质和价值来源》一书。该书对小瓦尔拉斯产生了很大的影响,为他的著作提供了不少的线索和概念。瓦尔拉斯青年时期做过期刊的编辑,与人合办过银行,但都没有成功。他在 1870 年被瑞士洛桑学院聘任为经济学教授。在他的影响下,出现了名副其实的数理经济学派,洛桑学院成为数理经济学派的中心。

瓦尔拉斯有个经济学三部曲的写作计划:首先完成纯粹经济学纲要;然后是应用经济学纲要或是关于财富的农业、工业和商业的生产理论;最后是完成社会经济学纲要或通过财产和税收分配财富的理论。但实际上是在1874年完成《纯粹政治经济学要义》,而后两部书没有完成,只是出版了《社会经济学研究》(1896年)和《应用经济学研究》(1898年)两本文集。

1. 关于经济学研究对象与方法

关于什么是政治经济学研究对象的问题,他认为重农主义者将之定义为社会自然秩序太宽泛;斯密认为政治经济学的要义是富民和富君,即如何使人民和君主都富足起来,范围又过窄;詹姆斯·穆勒将政治经济学的研究对象归结为财富的生产、分配和消费,抹杀了人类的理性,是一种脱离了社会伦理的经济主义和自然主义的观点。瓦尔拉斯则以真、效用(物质福利)和善(公平)为标准,将经济学区分为纯粹经济学、应用经济学和经济伦理学。纯粹经济学与自然科学类似,是以商品交换和交换价值为研究对象的社会财富论,其核心是"在完全自由竞争制度假设下确定价格的理论"①。应用经济学属于技术范畴,研究的是分工条件下的产业组织,是有关工业生产、农业生产和商业贸易的理论。经济伦理学是社会财富的分配理论,其核心问题是如何公平地进行分配。

关于经济学的研究方法,瓦尔拉斯认为交换价值论"实在是数学的一个分科,不过数学家一向没有注意,以致这一分科迄今没有获得发展。"②他认为只有用数学的方法才能赋予经济学以准确性,才能建立起经济理论的最后证明,因为它"是同力学或水力学一样的一门物

---

① 〔法〕瓦尔拉斯:《纯粹经济学要义》,蔡受百译,商务印书馆1989年版,第16—17页。
② 同上书,第55页。

理数学科学"①。"当同样的事物,用数学语言可以作出简洁、精确而清楚得多的表达时,为什么一定要象李嘉图经常所做的那样,或者象J.S.穆勒在《政治经济学原理》中一再所做的那样,用日常语言,在极其笨拙并且不正确的方式下来解释这些事物呢?"②③

2. 稀少价值论

虽然《纯粹经济学要义》的出版比门格尔和杰文斯的著作晚,但瓦尔拉斯仍可称得上是边际效用分析的首创者。在该书中,他提出了自己的边际效用价值论:一是商品的价值是由边际效用决定的,即消费者消费最后一个商品单位获得的满足感;二是生产要素的价值决定于其参与制造的商品的价值。

瓦尔拉斯的理论独特之处在于他沿袭了其父的说法,用"稀少"来说明边际效用,因此也被称为"稀少价值论"。他认为商品的价值起源于商品的稀少性。"稀少性"有两个含义:"它一方面对我们有用,另一方面却只能以有限的数量供我们利用。"④"稀少"是商品已经占有数量的有效效用的派生物,它表示一个单位商品消费所满足的最后欲望的强度。而商品满足欲望的强度是商品供给量的函数,当商品量递增时,满足欲望的强度必然递减。"稀少"表示的就是这一定数量的商品的最后一个单位满足欲望的强度。

他对价值论进行了历史回顾,首先批判了劳动价值论,认为"经济学这门学科对价值起源问题提出了三种比较重要的解答。第一种是亚当·斯密、李嘉图和麦克库洛赫提出的,是英国学派的解答,把价值的起源归之于劳动。这种解答过于褊狭,因为它对事实上确有价值的那些物质,没有能给予价值。"⑤接着,他又对效用价值论进行了批判:

---

① 〔法〕瓦尔拉斯:《纯粹经济学要义》,蔡受百译,商务印书馆1989年版,第55页。
② 同上书,第56页。
③ 具有讽刺意味的是,他极力推崇在经济学中利用数学,但是在他年轻时,曾两次被拒绝进入有声望的工业学校,只是因为考官不满意他的数学水平。
④ 〔法〕瓦尔拉斯:《纯粹经济学要义》,蔡受百译,商务印书馆1989年版,第47页。
⑤ 同上书,第200页。

"第二种解答是由孔狄亚克和萨伊提出的,是法国学派的解答,把价值的起源归之于效用。这种解答过于广泛,因为它对事实上并没有价值的物质也给与了价值。"①他认为效用价值论的错误在于他们不懂得单是效用不足以产生价值,一种物品要有价值,除了有用处之外,还必须是稀少的。因为"最后第三种解答是布拉马基和我的父亲 A. A. 瓦尔拉斯提出的,把价值的起源归之于稀少性。这才是正确的解答。"②

瓦尔拉斯同杰文斯一样,也把价值、交换价值和价格等同起来,在他看来,价值就是商品在市场上的交换比例,这实际上是交换价值。他假定市场上有 a、b 两种商品,以 m 表示商品数量,以 v 表示商品价值,那么两个商品的价值就可以表示如下:

$$V_a = \frac{m_b}{m_a}, \quad V_b = \frac{m_a}{m_b}$$

他把价格规定为商品交换价值的比值,以 p 表示商品的价格,则:

$$p_a = \frac{v_a}{v_b}, \quad p_b = \frac{v_b}{v_a}$$

瓦尔拉斯首先从两个消费者两种商品交换开始来分析商品价格的形成机制。他假定在完全自由竞争的市场上,双方进行交换。A 商品的供给就形成了对 B 商品的需求,B 商品的供给也形成了对 A 商品的需求,从而市场交换中供给等于需求。交换的目的在于获得最大限度的满足,而达到最大限度满足的条件就是这两种商品的价格(商品交换价值的比值)必须等于它们的"稀少性"的比率,即等于它们满足"最后欲望强度"的比率,实际上就是等于它们边际效用的比率。他以 r 表示"稀少性",下面的方程式表示两种商品价格的决定:

$$p_a = \frac{V_a}{V_b} = \frac{r_{a,1}}{r_{b,1}}$$

$$p_b = \frac{V_b}{V_a} = \frac{r_{b,1}}{r_{a,1}}$$

---

① 〔法〕瓦尔拉斯:《纯粹经济学要义》,蔡受百译,商务印书馆1989年版,第200页。
② 同上。

这里,$r_{a,1}$ 为 A 商品对一个人的最后欲望强度(实际上就是边际效用),$r_{b,1}$ 是 B 商品对该人的最后欲望强度。

通过上述分析,瓦尔拉斯发现这两种商品的价格或交换价值互为倒数,即:

$$p_a = \frac{1}{p_b}$$

3. 一般均衡论

一般均衡理论是瓦尔拉斯对西方经济学的最重要贡献。熊彼特在《从马克思到凯恩斯十大经济学家》中评价到:"经济均衡理论是瓦尔拉斯的不朽贡献。这个伟大理论以水晶般明澈的思路和一种基本原理的光明照耀着纯粹经济关系的结构。在洛桑大学为尊敬他而竖立的纪念碑上只是刻着这几个字:经济均衡。"[1]

所谓一般均衡就是一切商品的供给和需求之间的均衡。一般均衡论是把边际效用分析从两个商品交换的比例关系扩大到全部商品中去,它不但要解释一对商品价值的决定,还要解释全部商品价值的决定。所以,一般均衡理论要解决的是在完全自由竞争的市场上各种商品的均衡价格形成的条件是什么。

瓦尔拉斯认为,一切商品的价格都是相互联系、相互影响和相互制约的。一种商品不可能只同另一种商品相交换而不再同别的商品交换,因而一种商品价格的形成也不可能只同另一种商品价格有关而同别的商品价格无关。因此,任何商品的供给和需求,不仅是该商品自身价格的函数,而且也是其他一切商品价格的函数。从而,只有当一切商品价格都恰好达到它们的供给和需求相等时,市场的一般均衡才算形成,这时的价格就是均衡价格,瓦尔拉斯称之为价值。所以,一般均衡是各种经济力量相互影响的结果。

为了论证他的思想,瓦尔拉斯首先区分了最终产品、服务和资本

---

[1] 〔美〕熊彼特:《从马克思到凯恩斯十大经济学家》,宁嘉风译,商务印书馆 1965 年版,第 79 页。

品三类商品,并定义了产品市场、服务市场和资本品市场三个市场。在市场中的经济主体一共有四类:地主、工人、资本家和企业家。地主、工人和资本家是服务的供给者,服务包括生产服务和消费服务,企业家是产品的提供者,商品包括最终产品、中间产品、原料和资本品即机器设备。产品市场的供给者是企业家,需求者有两类:一类是消费品的需求者,即地主、工人和资本家,另一类是原料、中间产品的需求者,即企业家自己。服务市场的供给者是地主、工人和资本家,需求者也分为两类:一类是生产性服务需求者,即企业家,另一类是消费性服务需求者,即地主、工人和资本家。资本品市场的供给者是企业家,需求者也是企业家,但其资金来源于地主、工人和资本家的储蓄基金。可见,瓦尔拉斯实际上分析的是两类市场,即最终产品市场和生产要素市场。

接着,瓦尔拉斯撇开了生产、资本积累和货币流通等因素,集中考察了交换的一般均衡。假定市场上有 n 种产品供给,由于不考虑生产,因此,供给的数量是固定不变的,设 $S_I(I=1,2,\cdots,n)$ 代表第 i 种产品的供给。对于某种产品的需求可以用价格体系的函数表示如下:$D_i = D_i(P_1,\cdots,P_n)$。

当所有市场都达到均衡时,则有:$D_i(P_1,\cdots,P_n) = S_i$。要解决的问题是:是否存在一组均衡价格 $(P_1,\cdots,P_n)$ 使得所有产品的供求相等。

在价格体系中,有一个价格可以被取为 1,这样所有其他价格都可以用标准价格来表示,比如货币的价格,因此,需要决定的就只有 $n-1$ 个价格。

另外,无论价格向量如何取值,存在一个恒等式,即瓦尔拉斯定律:

$$\Sigma PD = \Sigma PS$$

根据这个恒等式,如果有 $n-1$ 个市场均衡,则余下的一个市场也必均衡。因此,有一个方程是多余的,即这个方程组中只有 $n-1$ 个独

立方程。根据数学原理,可以求出这个均衡的价格向量。

瓦尔拉斯以供求分析和线性代数作为分析工具,得到了三种市场三种商品均衡价格形成的两个条件:一是每一种产品、每一种服务、每一种资本品的有效供给和有效需求相等。有效供给是指数量确定和价格确定的商品供给,有效需求是指数量确定和价格确定的商品需求。二是居民实现收支平衡和消费效用的最大化,企业家的产品价格和产品成本相等并实现利润最大化。

瓦尔拉斯通过"试探过程"(tâonnement process)证明了均衡的实现途径。他设计了一个拍卖人叫价的竞拍市场。在市场中,有一个拍卖人首先喊出一组价格,如果此时供求不等,他就修正自己的喊价,直到最后喊出均衡价格。而除了拍卖人外,这个市场上所有的交易人都是价格接受者,在整个"试探过程"中,他们不打算把价格固定下来,而只是在均衡价格建立了以后才开始成交。这就是瓦尔拉斯体系达到均衡的基本结构。

根据方程式数目等于未知数数目则可推算出所有未知数的原理,瓦尔拉斯认为,如果数据充分,市场交换的一般均衡就可以得到确定的回答。也就是说,只要列出同商品交换中未知价格数目相等的联合方程式,表明每一种商品的总供给等于总需求的条件,就可以推算出一切商品在一般均衡状态下的价格。但他也不得不承认这个体系会产生多重的解或者没有解的情况,从而这种未知数和方程式数目本身并不能保证在经济学层面上有意义的解,还必须考虑这些方程式所表达的函数的性质和内涵。

第四节 边际主义中的美国学派

美国独立战争的胜利为资本主义经济开辟了道路,而后南北战争的结束又为美国资本主义的迅速发展扫清了道路。到了19世纪最后一个十年,美国的工业后发居上,已跃居世界首位,工业产量相当于全欧洲总产量的一半左右。随着美国资本主义的飞速发展,生产和资本积累的趋势也日益显著。从19世纪70年代起规模巨大的垄断组织不断涌现。1870年,洛克菲勒创建了美孚石油公司,1879年,其产油量占美国总产量的90%,1882年,美孚改组为托拉斯。随后,托拉斯又扩展到造纸、制铅、酿酒、卷烟、自然资源和运输业。到19世纪末,美国工业、运输业和城市公用事业的托拉斯总共有445个,拥有资本额在203亿美元以上。这种情况表明,随着工业部门的不断发展,美国资本主义在19世纪70年代起已经进入了垄断资本主义阶段。

一、美国经济学的形成

美国的理论经济学兴起于19世纪70年代。在此之前,除了凯里等个别人之外,美国经济学家主要研究的是具体经济问题,如工业化、保护政策、关税制度、国际竞争、货币银行、土地问题等等。

到了70年代,由于美国的资本主义迅速发展,原来在旧世界出现的劳资矛盾也在新世界出现了,而且这些矛盾日益尖锐。[①] 这样,探求分配及价值论的问题再一次被提上了日程,新旧世界的经济思想走到了一起。美国经济学家在新的历史条件下,承袭了凯里的阶级调和论,并以当时兴起于欧洲的边际主义作为论证的理论基础,形成了具有自己特点的理论经济学,并逐渐形成了美国学派。[②]

政治经济学在美国同在德国一样是"外来的科学",而美国经济学与德国经济学也有着深厚的渊源。在早期,德国人受到了美国人的影响,比如德国历史学派的先驱者李斯特就接受了汉密尔顿的思想,而

---

① 爱·波加特在《美国经济史》一书中把19世纪70到80年代称作"出现劳工问题"的时代。据他统计,1867年以前,罢工在10次以上的仅有3年,在此之后,罢工少于10次的只有1年。塞利格曼在《美国经济思想史概论》中也说1877年铁路大罢工是美国阶级斗争中的第一次大爆发。他在谈到这一情况产生的原因时指出,有两种基本现象:现代资本主义来临时的工业革命,改变了东部的面貌并且迅速向全国纵深发展;另一方面是,西部空闲的土地逐渐减少。现代工人问题的提出可能就是由于这些现象产生的。

② 美国学派是指19世纪末到20世纪初的一些美国经济学家。他们以边际效用论为理论基础,但又具有某些不同于奥地利学派的观点。

欧根·杜林又是凯里的信徒。在19世纪60、70年代后,德国人又走到了前面,美国的一大批青年学者纷纷到德国取经,他们中有:塞格里曼、陶锡格、亚当斯、詹姆斯、伊利及约翰·贝兹·克拉克等人。这些学者学成归国,将从欧洲的经济思潮中汲取的营养,结合了美国的具体国情,发展成具有美国特色的经济学。典型的是以凡勃伦为代表的制度学派和以克拉克为首的美国边际学派。

约翰·贝兹·克拉克(John Bates Clark,1847—1938)出生于罗得岛州的普洛维邓斯城,曾就学于布朗大学和阿赫斯特大学。1872年到1875年,他赴德国海德堡从学于历史学派的卡尔·克尼斯教授。回国后,克拉克先在卡尔顿学院任教,后在哥伦比亚大学任教,1923年退休。1893—1895年克拉克担任了美国经济学会第三届会长。[1]

克拉克虽曾受教于德国历史学派,但是他的理论却是以抽象演绎为方法的。1886年的《财富的哲学:新经济学原理》收集了他在1877—1882年间发表的一系列论文。在这些论文中,他首次表述了边际效用理论。克拉克的成名作是《财富的分配》(1899年)。在这部著作中,他扩大了边际效用的应用,建立起一个以分配论为中心的、证实阶级调和论的经济理论体系。正是这部著作,开创了美国学派,也使克拉克成为边际学派在美国的代表。[2] 他在书中阐述了经济学的分类法和分析法,特别是边际生产力论,至今仍有很大的影响。

---

[1] 美国经济学会是在詹姆斯、帕顿、塞利格曼和伊利等人的努力下,仿效德国新历史学派的"社会政策协会",于1885年9月成立的。该学会以学术研究为主旨,也有强烈的国家干预倾向。该学会成立不久,就相继出版了《政治科学季刊》(1886年)、《经济学季刊》(1886年)、《政治经济学杂志》(1890年)、《美国经济评论》(1911年)。这些刊物支配了美国的经济思想界和舆论界,直到今天仍具有权威性,而美国经济学会也成为世界最著名、最重要的专业经济学家组织。

[2] 对于J.B.克拉克在边际效用史中的地位有两种观点:一是认为克拉克是边际效用学说在美国的传播者,并赞扬他发展了一些新的观点;另一种观点是认为克拉克本身也是边际效用学说的一个独立发现者。虽然他的思想发表得比杰文斯、门格尔和瓦尔拉斯晚,但是有证据表明,他并没有受到这三个人的影响,甚至根本不知道人家写了些什么。

二、克拉克的新三分法及其主要理论

传统经济学一般是将经济活动分为生产、分配、交换和消费四个部分或者是生产、分配和消费三个部分。克拉克认为这些分类方法并没有清晰的界限,其中的一个部分包括了其他两个部分,在有组织的社会中,生产财富的过程包括了交换和分配。因此,克拉克重新解释了财富的分配与生产、交换之间的关系,提出了新的三分法,并以此为基础构建了其经济学理论体系。

1. 财富的分配与生产、交换的关系

克拉克以"工资、利息和利润的理论"为其代表作《财富的分配》的副标题,表明分配论是他的理论中心。在这本书中他写到:"本书的目的在于说明社会收入的分配是受着一个自然规律的支配","每个要素在生产过程中都有其独特的贡献,并都有相应的报酬——这就是分配的自然规律。这个规律如果能够顺利地发生作用,那么,每一个生产因素创造多少财富就得到多少财富。"① 他认为这个问题极为重要,因为它涉及"现存的社会制度究竟有没有存在的权利","是不是要让这个制度自由无阻地按照自己的方向发展下去"②。如果分配是受自然规律决定的,也就是由公正的原则来决定,那就不能指责现存的社会制度是"剥削劳动",如果分配是不公平的,"那么,每一个正直的人都应当变成社会主义者"③。

克拉克将财富的分配分为三个层次,并结合生产和交换活动进行了研究。他指出第一次分配决定了各个产业团体的收入;第二次分配决定了各个小团体的收入;最后的分配是对产业系统内无数个小团体中的工资和利息进行调配。

他认为前两次分配即各产业部门之间和同一产业部门内各行业

---

① [美]克拉克:《财富的分配》,陈福生、陈振骅译,商务印书馆1983年版,第1页。
② 同上书,第12页。
③ 同上书,第11页。

之间的分配取决于各部门产品的价格及其"自然价格"。比如,面包价格上涨,则面包业及其相关行业,如小麦种植业、磨粉业的收入也会增加;反之亦然。价格或"自然价格"是经济学中"交换"研究的主要课题。他说:"价值向来是交换论中所讨论的主要问题,但是价值理论和团体分配理论实际上是一个东西。"① 同时,价格的变动还会引起各行业生产的扩大和缩小,使得各种产品的生产量与社会的需要相一致。所以,完整的分配过程是包括交换在内的,而分配的过程本身也属于生产的范围。

至于最后的分配,即社会收入分为工资、利息和利润,同样也属于生产的范围。他说:"要了解这些收入是否属于应得性质的收入,必须进入生产领域中去。究竟这些收入是不是由获得这些收入的各个生产因素所创造出来的呢?如果是,那么,整个分配科学就不过是一个研究特殊生产过程的科学。"②

最后,他总结到:"分配是一个分析的研究,它一步步地追溯综合生产过程,这种综合生产活动是把许多不同的东西集合起来,而创造出大量有用的商品的社会收入。它首先找出在生产的总数中,每个大团体所生产的部分,其次找出每个小团体所贡献的部分,最后找出小团体的生产量中劳动和资本各自贡献的部分。"③

克拉克强调从生产领域去证明分配和交换的规律,这与脱离生产去研究分配和交换或者单纯从消费者心理出发说明分配和交换规律相比,无疑是一个进步。但是在正确地否定了萨伊的"三分法"后,他仍不自觉地将萨伊的生产三要素论和生产费用论作为他的分配理论的基石。

2. 经济学的三个部分

克拉克认为经济学中存在两类规律,一种是体现人和自然之间直

---

① 〔美〕克拉克:《财富的分配》,陈福生、陈振骅译,商务印书馆1983年版,第22页。
② 同上书,第17页。
③ 同上书,第26页。

接关系的"普遍的经济规律",另一种是在商品社会中出现的体现人和人的关系的"社会经济规律"。在他看来,普遍的经济规律不仅存在于自然经济社会中,也存在于以后发展阶段的社会中,而且是社会经济规律的一般前提,因而也是"基本的经济规律"。他提出普遍的经济规律应该划分出来作为经济学的第一个分部,因为这个部分包括了财富所具有的共同特性:土地、资本和劳动是生产的要素;财富的效用是递减的;生产力是递减的;等等。

社会经济规律又可分为"静态经济规律"和"动态经济规律"两个部分,相应的,经济学的第二个部分是研究"静态经济规律"的"静态经济学",第三个部分是研究"动态经济规律"的"动态经济学"。

在克拉克看来,静态经济是指经济生活、经济现象中处于静止状态的情况,而静态经济学是研究在各种经济条件(包括人口、资本、技术、产业组织、消费倾向等)不变的条件下,一个有组织和交换的社会里财富生产和分配的规律。实际上,就是研究价值如何确定和如何分配。"如果社会是静止不动的,任凭劳动和资本不停地流动,……一个自然价值的制度就出现了。这种自然价值,就是城市商品里的价格永远围绕它升降的价值。此外,自然工资和自然利息的制度也出现了。这些自然工资和自然利息是工厂、农场、矿山等产业部门的工资和利息永远围绕它升降的标准。自然、正常、静态等名词,在这里是同义语。"①可见,克拉克区分出的静态经济学规律与古典经济学所说的"自然的"价值标准、"自然的"或正常的工资、利息和利润是同一的。

他进一步指出这种静态社会只是一种假设,因为实际的社会是不断变动的。他定义了五种会对静态经济规律产生干扰的"扰乱因素":(1)人口不断地增加;(2)资本不断地增加;(3)生产方法不断地改善;(4)生产的组织形式不断地变革;(5)消费的欲望不断地增长。他还将阻碍自由竞争和资本、劳动自由转移的因素称为"摩擦因素"。

---

① 〔美〕克拉克:《财富的分配》,陈福生、陈振骅译,商务印书馆1983年版,第33页。

他认为,动态经济社会与静态经济社会之所以不同,就是因为存在着这些扰乱因素和摩擦因素,所以,动态经济学就是研究存在扰乱和摩擦因素的条件下,财富的生产和分配所发生的变化。动态经济学中最重要的是关于社会进步的理论。

在动态经济规律和静态经济规律的关系上,他强调静态规律具有的支配作用。就价值来讲,"静态势力决定标准,动态势力引起变动。"①也就是说,静态规律决定价格围绕它变动的标准,而动态规律决定价格实际的升与降。克拉克还认为,只有从静态的社会现象中,才能发现他所谓的"自然规律"。因为,动态经济规律不过是静态经济规律在动态的条件下发生作用的情况。所以,"要了解动态的规律,一般非先了解静态的规律不可。正如力学一样,要懂得动的力,就必须先懂得静的力。"②

当然,他还指出,既然实际社会是不断变动的,因此,只有进入研究动态现象后,理论才算是完整的,才可以用这个理论来全面解释实际社会。如果动态社会的理论是全面的、有确实根据的,那么,这个理论上的社会就和实际社会完全一致。

克拉克的分类法包含了一些合理的因素。从分析的方法上来看,他强调从静态经济入手,进而研究动态经济,这符合从抽象到具体、从理论上升到实践的方法。但是克拉克的新三分法与传统的四分法、三分法在本质上并没有什么不同。它们都是将对一般的社会生产的分析代替对资本主义生产方式的分析,都是强调静态的均衡状态是正常的、自然的,那些危机等社会现象不过是偶然因素导致的资本主义经济的暂时偏离,随着动态势力的变化,自然价值规律决定的均衡状态仍然可以达到,以此达到掩盖资本主义根本矛盾的目的。

3. 价值论与分配论

克拉克理论体系的核心是说明静态经济条件下,团体和个人的收

---

① 〔美〕克拉克:《财富的分配》,陈福生、陈振骅译,商务印书馆1983年版,第36页。
② 同上书,第38页。

入分配问题。由于他强调的分配是包含在生产过程之中的,所以他的分配理论实际上是价值论和分配论的合一。

(1) 克拉克定律

克拉克认同奥地利学派的观点,认为最后增量的效用即边际效用是衡量价格或价值的尺度,但是他又指出"关于最后效用问题的研究,向来都不够全面。普通所引的例子,总是选择一个商品,并假设把越来越多的数量的商品给予一个消费者,于是,对这个消费者来说,后来商品的单位的效用一个不如一个。"①但实际生活中,有的消费品从来不会重复使用,有的消费品并不完全随着收入的增大而继续增加,因此,必须经过修正才能得到正确的理论。

克拉克认为商品是"不同效用的复合体"或者"几个效用因素的结合",价值不是等于整个商品的边际效用,而是等于各个商品属性的边际效用的总和,其中的每一个边际效用又取决于某个等级的购买者。克拉克的这些修正被称为"克拉克规律"。

举例来说,一个人有一只小游船,荡游在荒野的湖中,这只游船就是一个复合的商品,它的经济用途实际上是一系列效用的总和。这一系列效用,按照重要性的次序,排列如下:(1) 使一个人能够浮在水上——一棵枯死的树就有这种效用;(2) 使一个人能够渡过很深的水流——一块平滑的木头就有这种效用;(3) 使坐船的人能够安逸地坐在那里,不被打湿,并且能运载他的行李——一只小船就有这样的效用;(4) 具有轻快地航行和乘风破浪安全地前进的能力——一只精制的帆船就有这样的效用;(5) 具有满足它的所有者的爱好的能力——一只样式优美并加以适当装饰的船就有这样的效用。这只船的效用是由捆在一起的五个不同的效用所组成,其中最重要的是第一个,没有它人就会淹死,最后一个效用是"最后的增量"。克拉克以 25 元、20 元、15 元、10 元、5 元分别代表这五个效用的"边际"价值。他认为,一

---

① 〔美〕克拉克:《财富的分配》,陈福生、陈振骅译,商务印书馆 1983 年版,第 190 页。

捆商品,按整体来说,从来不是任何一个消费者的财富的最后单位,但是在这一捆里的每一个因素,对于某个等级消费者说来,是一个最后效用,而这个效用的价格,只是由那个等级的消费者来估定的。这样,这只游船便有五个价格。这些价格表示了这只游船五个不同效用的价格,即25元、20元、15元、10元、5元。因此,整个游船在市场上可以卖75元。

"克拉克规律"是克拉克为了使边际效用价值论更加全面和完善而在细节上作的修正,实质上并没有改变其主观主义性质,也没有引起任何关注。

(2) 边际生产力论

边际生产力论的思想最早是杜能在《孤立国》中表述的,但是这一理论系统化和广泛传播却要归功于克拉克,他也是第一个正式提出"边际生产力论"术语的人。

克拉克在《财富的分配》中提出在充分竞争的静态经济条件下,存在着按劳动和资本各自的边际生产力来决定其收入(工资和利息)的自然规律,这一分配规律因其自然而公正。劳动因其贡献而取得的相应报酬是工资,资本因其贡献而取得的相应报酬是利息。在他那里,资本不仅指生产资料,而且包括土地。土地被看作资本形态是承袭了凯里的观点。因为在19世纪初期,美国有许多无主的土地,土地所有权的垄断还不普遍。但是到了19世纪后半期,继续忽视土地所有权的垄断则明显成为克拉克的不足之处。

克拉克将土地报酬递减规律扩展到土地以外的其他生产要素上去,提出了"生产力递减规律":如果资本数量不变,每一个新增的工人将提供越来越少的产品增量;如果劳动耗费量或工人数目不变,每一个新增的资本将提供越来越少的产品增量。他进一步加入了"边际"的概念,从而得到了"边际生产力"分配论。他认为,在自由竞争的静态条件下,劳动和资本各自追求自己报酬的努力,必然使它们停留在最后的即边际的生产力水平上,工资决定于劳动的边际生产力,利息决定于资本的边际生产力。"正像价值是取决于最后效用一样,分配上各个份额应当得到多少,是由最后生产力决定的。这样,利息是由最后增加的单位的资本的生产量决定的,工资是由最后增加的单位的劳动的生产量所决定的。商品的价值与劳动和资本的生产力,都是依靠这个普遍的规律来决定的。"①

他利用下面的图解释了最后生产力是工资和利息的标准。

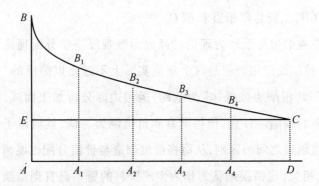

首先是对工资的说明。图中的横轴 AD 代表劳动的单位数量。假设这些单位是一单位一单位地进行工作,而资本数量是固定不变的。则:AB 代表第一个单位劳动(工人)的产量;A_1B_1 代表第二个单位劳动(工人)的产量;A_2B_2 代表第三个单位劳动(工人)的产量;A_3B_3 代表第四个单位劳动(工人)的产量;A_4B_4 代表第五个单位劳动(工人)的产量;DC 代表最后一个单位劳动(工人)的产量。

曲线 BC 代表了递减的劳动生产力。DC 代表了这一系列单位劳动的实际生产力,并决定了工资的一般标准。如果第一个单位的劳动所要求的报酬超过了 DC,雇主就会让它退出工作,而用最后一个单位来代替。整个劳动队伍中,任何一个单位退出工作,雇主所遭受的损失等于 DC 所表示的数量。这样,在总产量 $ABCD$ 中,工资总额相当于 $AECD$,利息总额相当于 BEC。

将工资规律反过来说,就可以得到利息规律。这时,图中的 AD 就

---

① 〔美〕克拉克:《财富的分配》,陈福生、陈振骅译,商务印书馆1983年版,第189页。

表示资本的单位数量。假设劳动在数量上是固定不变的,那么:AB 代表第一个单位资本的产量;A_1B_1 代表第二个单位资本的产量;A_2B_2 代表第三个单位资本的产量;A_3B_3 代表第四个单位资本的产量;A_4B_4 代表第五个单位资本的产量;DC 代表最后一个单位资本的产量。

曲线 BC 代表了递减的资本生产力。DC 代表了这一系列单位资本的实际生产力,并决定了利息率。在总产量 $ABCD$ 中,利息总额相当于 $AECD$,工资总额相当于 BEC。

克拉克的边际生产力理论已经成为微观经济学分配理论的主要支柱,并被广泛应用。但是这个理论实际上不过是以萨伊的"生产三要素论"和"报酬递减规律"为基础,运用边际分析加工而成,因而存在一系列的缺陷。首先,他将财富和价值混为一谈,就混淆了价值生产和价值创造之间的区别,从而将价值创造与价值分配也混淆了。其次,与此相关,他错误地认为作为生产资料的资本具有创造新价值的能力。再次,他无法解释为什么处于边际生产力的生产要素会被雇用。克拉克利用级差地租理论解释说,决定农产品价格水平的最差土地就不提供地租,但是我们知道,即使是最差的土地,只要使用,就必须向其所有者支付租金,虽然最差土地不提供任何级差地租,但是仍要提供绝对地租。最后,生产量递减规律只是在生产技术不变的假设下才成立。

总之,克拉克的分配理论仍在力图论证资本和劳动一样可以创造产品,资本主义生产不存在剥削。

4. 企业利润理论

在克拉克的理论体系里,利润与利息是两个独立的范畴,在他看来,一般经济学意义上的利润,是企业家组织管理企业经营活动的劳动报酬,应属于工资范畴。而他定义的利润是指企业收入扣除工资(包括平均利润)和利息(包括地租)等费用后的余额。实际上就是超过一般利润以上的超额利润。这种利润是技术进步的结果,是由于企业采用了新技术,提高了劳动生产力,使企业的生产成本低于社会市场价格(工资和利息)而产生的,所以利润是动态经济的范畴,只有在动态经济条件下,才有可能产生利润。

克拉克指出,竞争是一切行为的动力,而促成竞争的原因是利润。当个别企业因采用新技术而获得利润以后,其他企业也会在利润的驱使下,相继采用新技术,降低生产成本,而"全部移动的最终目的是造成一种没有利润的状态"。但当更新的技术出现并被部分企业采用后,又会出现利润,而一旦这个新技术普及后,利润又将消失。所以,由于动态势力的作用,今天产生一个静态标准,明天产生另一个较高的标准,后天又产生一个更高的标准。

静态标准的不断提高,表明不断消失的利润进入了工资和利息中。因为,技术改良既提高了资本的生产力,又提高了劳动的生产力,从而提高了利息和工资的自然标准。在他看来,技术进步虽然使企业家得到暂时的利润,但这些利润最后都不断地转化为全社会的收入,特别是使工资标准不断提高。他总结说:"由于一种新的发明,某种东西的生产成本降低了。这首先给与企业家以利润,其次又按照我们所曾经叙述的方法提高了工资和利息。这就等于创造了新的财富,因为社会的收入增加了,而且从使用改良的方法的时候开始,静态的工资标准也随着提高了。工资所趋向的标准,不再是使用新方法以前的标准,而是新的、较高的标准了,现在工资接近于和工人现在所能生产的产量相等,而这个产量比以前多。当新的发明的收获分布于整个社会时,工人的收入就和新得的标准工资相等。"[①]

克拉克在这里所讨论的利润实际上相当于超额利润,是资本家采用新机器、新技术,提高劳动生产率的结果,但从本源上讲,仍和利息一样,是劳动创造的剩余价值的一部分。

---

① 〔美〕克拉克:《财富的分配》,陈福生、陈振骅译,商务印书馆1983年版,第356页。

克拉克将企业主收入与管理报酬相混淆,又区分了利息与利润,就完全抹杀了企业主收入、利息、利润的共同属性,即剩余价值,其目的就是进一步掩盖剩余价值的真实源泉。在此基础上,他又进一步宣称利润最终转化为社会收入,且主要是转化为工资,宣扬了阶级利益调和论。这种论调的目的在于攻击马克思主义。他的儿子约翰·莫里斯·克拉克曾说过,他父亲的观点是针对马克思的,并且是对马克思剥削理论的一种实质的,而不是细微的反驳。

第九章

新古典主义经济学

第一节 马歇尔经济学说的特点及地位

阿弗里德·马歇尔(Alfred Marshall,1842—1924)是19世纪末20世纪初最著名的经济学家,剑桥学派的创始人。他的经济学说在英美早期资产阶级经济学和当代西方经济学之间起着承先启后的作用,在经济学说史上具有极为重要的地位,他的经济学体系是古典政治经济学的继承与发展,因而被称为新古典经济学,马歇尔则被认为是新古典经济学的创始人。

马歇尔出生于伦敦的一个中产阶级家庭,有强烈的宗教信仰的传统,因此,马歇尔也是一个慈善家和人道主义者。他自幼勤奋好学,尤其爱好数学。中学毕业后,他放弃了牛津大学修读神学的奖学金,在其叔父的资助下,进入剑桥大学圣约翰学院攻读数学,1865年又以优异的数学成绩毕业于剑桥大学。毕业后,在剑桥大学任数学讲师,同时又转攻物理。在1868年和德法战争期间两次去德国研究康德哲学和黑格尔哲学,1875年为研究保护政策又远渡美国。1877—1882年,马歇尔转到布里斯托大学的学院,任院长兼任经济学教授。1883年担任了牛津大学巴里奥尔学院经济学讲师,1885年被剑桥大学聘为经济

学教授,直至1908年退休。1891—1894年,在皇家劳工委员会任职。马歇尔退休之后仍继续进行研究和著作,于1924年逝世。

马歇尔的主要著作有与其夫人合著的《工业经济学》(1879年)、代表作《经济学原理》(1890年)、《工业与贸易》(1919年)、《货币、信用与商业》(1923年)。

一、马歇尔经济学说的特点

1. 以连续性为分析基础

马歇尔在《经济学原理》的标题页上写下了"自然界不能飞跃",表明他的理论是对以李嘉图和穆勒为代表的英国经济学的继承而不是批判或革命,这种观点与杰文斯和门格尔等人的立场截然不同。马歇尔认为经济学具有连续性是来自达尔文主义的启示,与生物界的演化规律一样,他认为经济学说史是一个连续发展的过程,"新的学说补充了旧的学说,并扩大和发展了、有时还修正了旧的学说,而且因着重点的不同往往使旧的学说具有新的解释;但却很少推翻旧的学说。"①所以,他的任务是拯救英国传统经济学的遗产。

与此同时,马歇尔还强调"注重对连续原理的各种应用"②,即将连续性原理应用到对不同经济现象之间的关系的研究上。比如,他认为从精打细算的商人到不以营业性方法做事的普通人,他们的活动虽具有不同动机的道德上的各自特性,但只有具有连续程度上的差别;在正常价值和市场价值之间没有显著的区别,对于一定时间而言的正常价值,对更长时间来说不过是市场价值;地租和利息的区别,也主要是人们心目中的时期长短不同而已;流动资本与固定资本、新投资与旧投资之间也不存在绝对的界限。

可见,马歇尔的连续性原理一方面是应用到与发展变化有关的现象,比如经济思想的发展、经济制度的变化等;另一方面是应用到同时

---

① 〔英〕马歇尔:《经济学原理》上卷,朱志泰译,商务印书馆1964年版,第11页。
② 同上书,第12页。

并存的现象的说明,如资本和非资本、必需品和非必需品、利息和地租等等,他认为它们之间并没有严格的界限。这种连续性的思想使得他将边际分析贯穿在各领域的分析之中,并将交换论和分配论统一在供求均衡论的基础上,从而使得他的理论更具有综合的性质。

2. 以供求价格论为理论中心

马歇尔的经济学是古典经济学的供给分析与边际效用学派的需求分析的综合,①是以生产成本为中心的供给理论与以效用为中心的需求理论相结合的新的经济学体系。

需求和供给是马歇尔经济学的两根支柱和分析工具。对经济增长问题的研究是古典经济学的理论传统,既然人人都是为了消费或者出售而生产,普遍的生产过剩是不会发生的,所以在他们那里,分析的重点是生产与供给,至于需求则不在研究的范围之内。而奥地利学派则从消费经济出发,利用边际分析研究了商品的(效用)价值与需求规律,意图说明在资源供给一定的条件下,如何最经济地使用这些资源,使得消费者的效用最大。所以需求问题是他们所要讨论的重点,而生产成本等问题则是派生的,是不重要的。马歇尔首次将这两者结合了起来,说明了商品价格的形成并不是单独地由生产成本决定,也不是单独地由商品的效用决定,而是两者共同决定了商品的价格。马歇尔关于需求和供给共同决定商品价格的理论,至今仍是价格理论的基础。

3. 以局部均衡为分析方法

马歇尔从力学中吸收并发展了作用与反作用原理,形成了均衡的

---

① 英国的经济学家 L. L. 普雷斯在为马歇尔的《经济学原理》写的一篇评论中首次提出这种观点,并把这种观点写进了《英国政治经济学简史》(1891年)中,后来大多数经济思想史家,包括熊比特,都接受了这种观点,并明确地提到"马歇尔的综合"。我国的经济思想史家基本采用了这种观点,并认为马歇尔的理论是继约翰·穆勒之后的第二个折中调和体系。但是马歇尔本人及其追随者并不同意。根据美国的理查德·豪伊教授的研究(《边际效用学派的兴起》,晏智杰译,中国社会科学出版社1999年版),马歇尔在1908年给克拉克的一封信中反驳了这种"中看不中用"的说法。尽管没有公开在出版物中声明,但他曾并多次表露过,他并没有受到杰文斯等人的影响,而是在杜能和古诺的学说的启发下,独创了边际分析方法。

概念,并把它广泛地运用到经济学分析之中。所谓"均衡",在他看来,就是指相反力量的均势,在均衡的状态下,这两种力量处于稳定状态。比如,商品的需求和供给,就是市场上的两种相互作用的力量,而这两种力量达到均势就形成了商品的价格。

马歇尔认识到经济现象是非常复杂的,因此,一般均衡的实现只能是无数次的逼近,正是这种现实主义感觉使他转向局部均衡的分析。"我们要研究的力量为数是如此之多,以致最好一次研究几种力量,作出若干局部的解释,以辅助我们主要的研究。……我们用'其他情况不变'这句话,把其他一切力量当作是不起作用的:我们并非认为这些力量是无用的,不过是把对它们的活动暂不过问而已。"①

然而事实上经济变量往往是相互联系、相互影响的,局部问题的分析,不仅不能说明整体,在某些程度上反而会得到相反的结果。正是意识到局部分析的这个缺陷,马歇尔在《经济学原理》中并没有完全抛弃一般均衡,并对两者关系进行了说明,"某些趋势的研究是在其他条件不变这一假设的基础上进行的,其他趋势的存在并不否认,但它们的干扰作用是暂时予以忽略的。这样,问题搞得愈小,对它的处理就愈能精确,但是它和现实生活也就愈不符合。不过,每次精确地处理一个小问题,有助于处理包含它的那些大问题,而这种处理比在其他情况下要精确得多。"②正如熊彼特指出的:"马歇尔虽然在最显著的地位上是采用比较方便的局部均衡分析,但是他抓住了一般均衡观念,特别是在第六篇,对整个经济过程开始了广泛的概括。"③

4. 以静态分析为主,兼有动态分析

马歇尔将经济学说限于局部均衡分析,就决定了其理论是静态的性质,也就是说,马歇尔主要研究的是在一个相对静止的、没有变化的

---

① 〔英〕马歇尔:《经济学原理》上卷,朱志泰译,商务印书馆 1964 年版,第 19 页。
② 〔英〕马歇尔:《经济学原理》下卷,陈良璧译,商务印书馆 1965 年版,第 56 页。
③ 〔美〕熊彼特:《艾尔弗雷德·马歇尔》,载〔美〕熊彼特:《从马克思到凯恩斯十大经济学家》,商务印书馆 1965 年版,第 108 页。

环境里的经济机制。然而这只是假定社会不会发生变化,而事实上并不是真的不变。他认为,在现实世界中,每种经济力量都处在围绕着它起作用的其他经济力量的影响之下,所以,关于商品的成本、需求和价格之间关系的简单说法,看起来似乎明白易懂,实则是错误的。因此,马歇尔的分析虽以静态分析为主,但并没有局限在静态分析之中。例如,他引入了短期和长期这一对概念,并比较了短期均衡和长期均衡的区别以及引起短期均衡向长期均衡变动的原因,分析了在长期各种生产要素发生变化的趋势,以及这些变化对均衡状态的影响,他又以英国工业增长为例,分析了经济进步对收入分配的影响。当然,他的动态分析更多地是对于不同均衡状态之间的过渡进行比较分析,而很少涉及失衡状态向均衡状态的逼近过程的分析,因而并不完善。

二、马歇尔在经济学说史中的地位

马歇尔在经济学说史中占有极其重要的地位。他将边际效用原理引入了需求分析,并在吸收古典经济学理论精华的基础上,开创了一个新的经济学分析体系,对现代西方经济学有重大影响,所以,他被认为是新古典经济学的奠基人,甚至被称为"新古典主义之父"。他的《经济学原理》在1890年出版后,很快就取代了约翰·穆勒的《政治经济学原理》(1848年)的地位。这本书在他生前一共出版了八版,最后一版于1920年出版且在以后多年中仍继续被用作教科书。马歇尔的经济学说在主流经济学中的统治地位一直维持到凯恩斯主义的出现,虽然此后他的经济学说不再占有支配地位,但仍是微观经济学的重要基础。

马歇尔的经济学有很多开创性的理论论述,为现代经济学各领域的发展提供了重要线索。他关于需求规律、需求弹性的论述,尤其是消费者剩余的概念,已经成为福利经济学理论的重要基石。他在《工业经济学》中提出了组织的概念,并在《经济学原理》中将其作为生产要素之一进行研究,成为现代产业组织理论的理论渊源,而他也被称

为"产业组织理论的创始人"。

马歇尔也是不完全竞争理论的鼻祖。他从事学术活动的时期是英国的资本主义从自由竞争向垄断过渡的阶段,因此,虽然他的理论以完全的自由竞争为前提,但是他也认识到垄断因素在现代经济学中起着越来越重要的作用。他认为在当时已经不能用竞争来说明产业活动的特征,但是在一般情况下,又不可能形成完全的垄断,最一般的结果是垄断与竞争并存。在分析了垄断与竞争并存的条件下价格形成的特点之后,马歇尔得到了如下的结论:垄断者虽然力图获取最大的纯收入,但是由于他们意识到竞争的存在,他们在权衡了自己与其他生产者以及消费者的利害关系之后,实际上只取得一种折中的调和利益。依据是实际上并不存在绝对的永久的垄断。由于马歇尔在其著作中首次提出了垄断问题,并进行了论述,所以马歇尔被认为是"不完全竞争理论的创始人"。

由于马歇尔经济学说的特色及其对西方经济学的影响,在剑桥大学有一批继承和发展他的学说的追随者,其中著名的有福利经济学创始人庇古、研究不完全竞争的斯拉法、琼·罗宾逊和凯恩斯,并逐渐形成了在经济学说史上据有重要地位的剑桥学派,马歇尔也成为这个学派的创始人。

第二节 需求理论

《经济学原理》全书共有六篇。第一篇"导言"主要讨论经济学研究对象、方法与目的。第二篇"若干基本概念"主要讨论了财富、生产、消费、劳动、必需品、收入、资本等概念内涵。这两篇是其后四篇内容的基础和铺垫。第三篇到第六篇是《经济学原理》的主体,马歇尔按照传统经济学的四分法,以均衡价格理论为中心,依次考察了消费、生产、交换和分配的问题,形成了新的分析体系。在第三篇"论欲望及其满足"中,马歇尔主要研究了财富与它必须满足的各种人类欲望的关系,即需要与消费的关系,是均衡价格理论的需求方面。

一、效用与效用递减规律

马歇尔从分析人类的欲望开始研究消费或需求理论。他认为人类的欲望是无穷的,在种类上也是多样的,但是每一个别的欲望却是有限度的。在人类发展的初期,人类的欲望引起了人类的活动,但以后每向前进的新的一步,都是新的活动引起了新的欲望。人们需要商品,是为了通过对该商品的消费取得效用,以满足欲望。因此,马歇尔认为效用是与欲望相关的名词,并用欲望饱和规律或效用递减规律说明人类本性的平凡和欲望基本的倾向,即"一物对任何人的全部效用(即此物给他的全部愉快或其他利益),每随着他对此物所有量的增加而增加,但不及所有量的增加那样快。"①他又进一步解释说:"在他要买进一件东西的时候,他刚刚被吸引购买的那一部分,可以称为他的边际购买量,因为是否值得花钱购买它,他还处于犹豫不决的边缘。他的边际购买量的效用,可以称为此物对他的边际效用。……这样,刚才所说的规律又可说明如下:一物对任何人的边际效用,是随着他已有此物数量的每一次增加而递减。"②并且在一物有多种用途的选择时,消费者会把它在几种用途之间进行分配,使得它在一切用途上都具有相同的边际效用。

讨论了效用的基本规律之后,马歇尔重点研究了效用的计量。马歇尔认为一个人从消费商品时所取得的总效用是他消费每一个商品时所取得的效用的总和,用公式表达就是:$U = f_1 q_a + f_2 q_b + f_3 q_c + \cdots + f_n q_n$。可见他是在基数的基础上理解效用的。但是马歇尔实际上也意识到了效用本身是很难直接计量的。为了解决这个难题,马歇尔假设货币边际效用不变,即不考虑货币购买力变化的条件下,用货币来衡量效用,从而把需求转化为需求价格,把边际效用递减规律转化为边际需求价格递减规律。

---

① 〔英〕马歇尔:《经济学原理》上卷,朱志泰译,商务印书馆1964年版,第112页。
② 同上。

他用茶叶的例子进行了具体说明。茶叶是人们经常需要的,而且能够小量地购买。假设有一定质量的茶叶,价格为每磅10先令,则某人在一年内愿意购买1磅。如果茶叶可以任意取用而不需支付任何价格,他在一年中消费的茶叶也不会超过30磅。如果每磅茶叶价格为2先令,则他愿意购买10磅。那么这说明他从9磅茶叶所获得的满足,与从10磅茶叶所获得的满足,其差额足够使他愿意支付2先令。同时他不购买第11磅茶叶,这说明他不认为从第11磅茶叶的消费中获得的满足值得他去支付2先令。这就是说,1磅2先令衡量了他购买的边际茶叶对他的效用,他愿意支付的价格就是他的需求价格。在这里,2先令就是他的边际需求价格。而一个人所有的一物的数量越大,假定其他情况不变,即货币购买力和他支配的货币数量不变,则他对此物稍多一点所愿意支付的价格就越小。换句话说,他对此物的边际需求价格是递减的。

二、需求与需求规律

马歇尔用需求表和需求曲线说明需求规律,即"需求的数量随着价格的下降而增加,随着价格的上涨而减少"。马歇尔把消费者希望并能支付的价格称为需求价格,消费者对不同数量的商品的需求价格就形成了他的需求表。马歇尔用茶叶这种商品为例,进行了说明。

以茶叶为例的需求表如下:

每磅价格(便士)	购买数量(磅)
50	6
40	7
33	8
28	9
24	10
21	11
19	12
17	13

这张表说明当茶叶的每磅价格逐渐下降时,消费者购买的数量则逐渐增加。马歇尔认为,如果对上表中一切的中间的购买量都加上价格,就可以对需求进行精确的说明了。所以,他根据现在惯用的方法,得到了一条需求曲线。

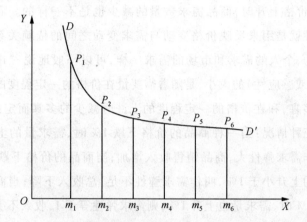

图中 OX 表示商品的购买数量,OY 代表价格,DD' 就是需求曲线。假定茶叶的每一可能的购买数量都能找到需求点$(P_1,P_2,P_3,\cdots,P_n)$,故 DD' 是连续的。同时,由于需求的一般规律性,所以需求曲线向右下方倾斜。

以上的说明是限于一个消费者对一种商品的需求,所以是个人需求曲线,反映个人的需求规律。马歇尔从个人需求曲线出发,又扩展、引申到一个市场的需求曲线。在某种商品的市场上,每个购买者都有一个需求表和需求曲线,在每一个可能的价格下,把所有购买者对此商品的需求加总起来,就得到了市场需求量,将不同价格下的市场需求量排列成一张表,就是市场需求表,根据此表就可以得到需求曲线。所以市场需求的定义为:在其他条件不变的情况下,在一定时期内,某种商品的各种可能的价格水平下,全体购买者所愿意购买的数量。在一定时期内,市场对某种商品的需求曲线就是对这一商品的需求点的轨迹。由于个人需求曲线是向下倾斜的,所以市场需求曲线也是向下倾斜的,即对于某商品的需求随着价格的下跌而增大,并随着价格的

上升而减少。

马歇尔引入了物理学中的弹性从而得到了"需求弹性"的概念,被认为是需求学说上的一个重要的发明。按照普遍的需求律,价格和需求量按相反的方向进行变动,但是价格下跌时,商品需求数量增加多少不同;价格上升时,商品需求数量的减少也是不一样的。商品需求价格弹性就是用来反映价格变动与需求变动之间的依赖关系的。马歇尔认为,个人的需求和市场的需求一样,可以一般地说:"市场中需求弹性(或感应性)的大小,是随着需要量在价格的一定程度的下跌时增加的多寡,和在价格的一定程度的上涨时减少的多寡而定的。"[①]这里存在三种情况:当一种商品的价格下跌1%时,需求量的上升大于1%,叫作需求弹性大,商品销售收入增加;当商品的价格下跌1%时,需求量的上升小于1%,叫作需求弹性不足,总收入下降;当商品的价格下跌1%时,需求量也上升1%,则需求弹性等于1,收入不变。

根据上述的分析,马歇尔就得到了测算需求弹性的一般公式:需求弹性 = -(需求数量变动的百分数)/(价格变动的百分数)。

在提出了关于价格需求弹性的一般原则之后,他又考虑了影响需求弹性的假设前提及一些特殊情况。比如,有些物品的价格很高,对于贫苦人来说,简直是等于禁止购买,但富人却完全无此感觉;在某些情况下,即使价格大为降低,风俗和习惯也妨碍他们的自由购买;有些物品,如肉类、牛奶、奶油、进口水果等,价格的每一变化会使劳动阶级及下层中等阶级的消费量发生很大的变动,而富裕阶级的消费量则不发生变化;有些物品如优质鲜鱼等,属于奢侈品,对于中等阶级来讲,需求弹性很大,而对于贫困阶级和富裕阶级则弹性很小。

三、消费者剩余

马歇尔为了说明消费者支付了一定价格而占有一件物品所得到

[①] 〔英〕马歇尔:《经济学原理》上卷,朱志泰译,商务印书馆1964年版,第122页。

的满足究竟有多大而提出了"消费者剩余"①的概念。他说,"一个人对一物所付的价格,决不会超过、而且也很少达到他宁愿支付而不愿得不到此物的价格。因此,他从购买此物所得到的满足,通常超过他因付出此物的代价而放弃的满足;这样,他就从购买中得到一种满足的剩余。他宁愿付出而不愿得不到此物的价格,超过他实际付出的价格的部分,是这种剩余满足的经济衡量。这个部分可成为消费者剩余。"②也就是说,消费者剩余是指消费者对一种商品愿意支付的最高价格超过他实际付出的价格的差额。所以消费者剩余是来自总效用与边际效用的差额。

由于消费者剩余的概念表明在自由竞争的条件下,消费者在购买商品时取得的一种福利,因此又成为庇古建立的福利经济学的基本思想,也成为对市场竞争结构或市场行为的绩效判断的根据之一。

第三节 供给理论

马歇尔在《经济学原理》的第四篇"生产要素——土地、劳动、资本和组织"中分析了用以满足欲望的各种生产要素,阐述了他的供给理论。

一、生产要素与生产成本

在马歇尔的生产要素中,除了传统的土地、劳动和资本之外,还有第四个独立的要素——组织。他用了相当大的篇幅(第四篇共有 13 章,分析组织的就有 5 章)分析组织的性质及其对经济的影响。他首先指出组织具有多种形式,如单一企业的组织、同一行业中各种企业的组织、相互有关的各种行业的组织,以及对公众保障安全和对许多

---

① 法国工程师杜普伊在分析公用事业的效用时,认为存在高于使用者所支付的费用的效用,他称为"保留给消费者的效用",其含义与"消费者剩余"是相同的。
② 〔英〕马歇尔:《经济学原理》上卷,朱志泰译,商务印书馆 1964 年版,第 142 页。

人提供帮助的国家组织。接着,他从分工、机器设备的使用、专门工业集中于特定地方、大规模生产和企业管理等多个方面进行了详细说明,认为作为生产要素的组织涉及分工程度和规模生产的利弊以及企业管理等问题,因此,研究这些问题将有助于提高劳动生产率,增大企业的效益。

马歇尔在生产费用论的基础上添加了新的内容,形成了独特的生产成本理论。他认为生产成本有实际生产成本和货币成本两个含义。实际生产成本包括劳动和资本两个部分,是心理和主观上的感觉。具体而言,劳动成本是指劳动者在生产过程中主观感受到的痛苦,即所谓的"负效用";而资本则是资本家延缓享受的一种牺牲或等待,"直接或间接用于生产商品的各种不同的劳作,和节欲或储蓄商品生产中所用资本所需要的等待;所有这些劳作和牺牲加在一起,就叫做商品生产的实际成本"[①]。

可见,马歇尔的实际生产成本是由劳动的"负效用"和资本的"等待"组成的,由于"负效用"和"等待"不能客观计量,因此,马歇尔又将生产的实际成本转化为生产的货币成本,从而提出了"供给价格"的概念。"对这些劳作和牺牲所必须付出的货币额叫做商品生产的货币成本,或为简单起见,叫做商品的生产费用。生产费用就是为了引出生产商品所需要的各种劳作和牺牲的适当供给而必须付出的价格;换言之,生产费用就是商品的供给价格。"[②]在具体计算货币成本时,要分别计算各种生产要素的供给价格,如厂房、机器和其他固定资产的折旧、原材料和燃料的价格、资本利息和保险费、工资、资本家的利润等。

马歇尔认为,生产同一种商品所使用的各种生产要素在一定程度上是可以互相替代的。例如,可以多使用机器少使用劳动,或者相反。因此,各种生产要素的费用的比例是可以不相同的。但是,为了降低生产费用,增加利润,生产者"所使用的生产要素的供给价格的总和,

---

[①] 〔英〕马歇尔:《经济学原理》下卷,陈良璧译,商务印书馆1965年版,第31页。
[②] 同上。

一般都小于可以用来替代它们的任何其他一组生产要素的供给价格的总和；每当生产者发觉情况并不如此，一般来说，他们总会设法代以那种费用比较低一些的方法。"①同时，生产者在把他的资本投向企业的各个生产要素时，会以达到"有效边际"为止，即"直到在他看来没有充分理由认为在该特定方面进一步投资所带来的收益会补偿他的支出为止。"②这个"有效边际"，在他看来，"甚至就同一工业部门或分部来说，也不能被看作是任何可能投资的固定线上仅有的一点；而是被看作是和各种可能投资线相切的一条不规则形的界线。"③这种投资的差异是进步的一个原因。马歇尔实际上已经提出了生产者均衡的思想，后来者以此为基础将之发展成现代经济学中的成本收益分析法。

马歇尔把货币成本根据在生产中的具体用途划分为直接成本和补充成本。直接成本是指花费在工资、原材料消耗上的货币支出，它的总量随着产量的变动而成正比例变动，相当于现代经济学中的可变成本。补充成本是指维修费用和高级职工的薪金，它不随产量的变动而变动，这个成本相当于现代经济学中的固定成本。直接成本和补充成本之和是"总成本"，而"平均成本"是总成本除以产品量。

这些概念及其划分有助于马歇尔对规模经济问题进行深入讨论。他分析了在生产扩展过程中报酬递增和递减的情况对生产成本的影响。在不同的报酬条件下，平均成本与边际成本的变动趋势是不同的。

马歇尔将因生产规模扩大所引起的经济分为两类：一是由于单个企业内部增加了产量或扩大了规模而取得的利益，叫作"内部经济"。这种内部经济来源于：(1) 当企业的规模扩大或产量增加时，其补充成本便分摊在更多的产品上，他列举了一本书的成本因印刷数量增加而下降的情形；(2) 由于规模较大的企业便于从事发明与创新，采用新的技术；(3) 大企业可以降低销售费用；(4) 大企业易于取得优惠

---

① 〔英〕马歇尔：《经济学原理》下卷，陈良璧译，商务印书馆1965年版，第33页。
② 同上书，第46页。
③ 同上书，第46—47页。

贷款;(5)规模大的企业,内部分工可以更加精细,从而提高生产效率;(6)大企业可以从事多种经营,充分利用副产品。

另一类是由于该产业的一般发展所引起的经济,叫作"外部经济",主要是指企业地理位置的优越、交通运输的便利以及经营信息的灵通等企业外部条件变化所引起利益的增长。

二、供给与供给规律

与需求分析一致,马歇尔通过供给表和供给曲线说明了价格高则供给多、价格低则供给少的供给规律。马歇尔同样以茶叶为例进行了说明。

每磅价格(便士)	购买数量(磅)
17	6
19	7
21	8
24	9
28	10
33	11
40	12
50	13

根据供给表,"与在需求曲线的情况相同,以 Ox 测量商品的数量,以 Oy 测量价格,在 Ox 的任一点 M 作一垂线 MP,测量数量 OM 的供给价格,它的极点 P 可以做供给点;价格 MP 是由数量 OM 的各种生产要素的供给价格所构成的。p 的轨迹可以叫做供给曲线。"①

实际上,马歇尔没有直接作出供给曲线,因为供给曲线与需求曲线的情形并不完全相同,供给曲线涉及生产过程的特点,处于报酬递增和报酬递减的阶段不同,供给价格的变动特点也不同,因此,供给曲

---

① 〔英〕马歇尔:《经济学原理》下卷,陈良璧译,商务印书馆 1965 年版,第 35 页脚注③。

线的形状也会不同。虽然如此,还是可以根据例中的供给表做出供给曲线,以表示供给价格随产量的上升而上升的大致情况,如下图所示：

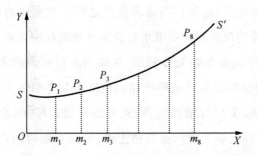

马歇尔用生产毛料的代表性企业为例说明了供给曲线上的各个供给点的形成。例如,一家代表性企业生产毛料 OM,其生产费用由以下各项构成：(1) MP_1 为羊毛和其他流动资本的价格；(2) P_1P_2 为厂房、机器和其他固定资产相应的损耗和折旧；(3) P_2P_3 为资本的利息和保险费；(4) P_3P_4 为工资；(5) P_4P 为承担风险和经营者的利润。

随着供给数量的增加,P_1、P_2、P_3、P_4 都随之移动,各自为一种生产要素形成的一条供给曲线,而由 P 所代表的最后供给曲线,就是由毛料的各种生产要素的供给曲线逐层相加而成的最后的供给曲线。这些供给价格 MP_1、P_1P_2、P_2P_3、P_3P_4、P_4P 并不是几种生产要素的单位价格,而是生产 OM 量毛料所需的那些要素的数量的价格。用图表示如下：

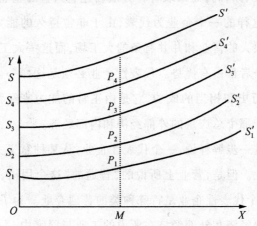

马歇尔在分析价格和供给的关系时,提出了与需求弹性相对应的概念——供给弹性,用来衡量商品价格变动与供给量变动的依赖关系。马歇尔指出,供给弹性与需求弹性之间有着重要的区别,供给量对价格的升降的反应要比需求量对价格升降的反应更加复杂,当一个大工厂的生产设备业经充分利用,在相当长的时间内无法扩大产量时,短时间内价格提高对该种产品的供给不会产生多大的影响;而随着时间的推移,工厂可增加设备,更可以开设新厂,供给就会逐渐增加。在另一方面,手工业产品价格上涨,可以在短时间内引起供给迅速增加;而在长时间内,供给弹性却不会很大。虽然如此,总的来说,商品的价格对其供给量有一定的调节作用。

三、代表性企业

马歇尔的组织具有多种具体形式,即使在某一个产业内部的各个企业之间差别也很大,为了研究的需要,他提出了"代表性企业"这一概念作为生产企业的代表。他认为,当研究支配一种商品的供给价格的各种原因,并对一种商品的正常生产成本仔细分析时,必须研究一个代表性生产者的费用。一方面,不要选择某一刚刚竭力投身营业的新生产者为代表,它在许多不利的条件下经营,一时不得不满足于很少的利润或没有利润,而采取各种方法去建立兴盛的企业;另一方面,也不要选择这样的一个企业为代表,由于非常持久的能力和好运气,它已经有了很大的营业和井井有条的大工场,而这些大工场使它比其他的一切竞争者都占有优势。代表性企业必须是这样一个企业:它已具有相当的历史和相当的成功,它是由正常的能力来经营的,它能正常地获得属于那个总产量的外部经济和内部经济。

马歇尔进一步解释说,一个代表性企业,从某种意义上来讲,是一个普通的企业。但是,营业上所说的"普通的"这个用语,有许多不同的解释,而一个代表性企业是特殊种类的普通企业。为了要了解大规模生产的内部经济和外部经济在所说的工业与国家中,一般地已经达到怎样的程度,就需要研究这种普通企业。

总之,马歇尔的代表性企业是他的供给理论中的一个重要的概念和假说,实际上它是一个行业中的平均企业,既不是新兴的企业,也不是老的已经获得垄断势力的企业,而是对这个行业的全体企业进行的一种抽象,使得这种平均企业具有普遍的一般特性,即它的内部经济和外部经济保持着平均的水平。

第四节 均衡价格论

马歇尔在《经济学原理》的第五篇"需求、供给与价值的一般关系"综合了关于需求和供给的分析,阐述了均衡价格理论,这是他的理论核心。

一、需求、供给与均衡价格

马歇尔通过交换价值将价值与价格进行了统一说明,实际上,他的价值论实际上就是价格论。他认为,"一个东西的价值,也就是它的交换价值,在任何地点和时间用另一物来表现的,就是在那时那地能够得到的、并能与第一样东西交换的第二样东西的数量。因此,价值这个名词是相对的,表示在某一地点和时间的两样东西之间的关系。"①这样,他将价值等同于交换价值,并进一步提出在文明社会中这种交换价值要表现为与它相交换的一定的货币量,并被称为价格。所以,"任何东西的价格就可以被作为它与一般物品比较时的交换价值的代表,或换句话说,作为它的一般购买力的代表。"②这样,他在交换价值反映为价格的基础上将价值归结为价格,并将价值的决定引入了流通领域。

马歇尔认为商品的价格是由需求价格和供给价格共同决定的。

---

① 〔英〕马歇尔:《经济学原理》上卷,朱志泰译,商务印书馆 1964 年版,第 81 页。
② 同上书,第 82 页。

商品的需求价格是消费者对一定量商品所愿意支付的价格,由这一定量商品对买者的边际效用决定;商品的供给价格是生产者为提供一定量的商品愿意接受的价格,由生产这一定量商品的劳动的"负效用"和资本家的"等待"决定,即这一定量商品的生产费用决定。当供求力量均衡时,商品需求与供给相等,商品的需求价格与供给价格相等。当某一商品的需求价格大于供给价格时,生产者就增加供给量,使得需求价格下跌,从而供求趋于一致;当该商品的需求价格小于供给价格时,生产者就会减少产量,使需求价格上升,从而使供求趋于一致。在均衡价格的形成过程中,商品数量是独立变量,而价格则是内生变量,所以,为了达到供求的均衡,需要调整的是商品数量。当商品的需求价格与供给价格相等时,产量就不再增加,也不减少,从而达到均衡的状态。此时的产量是均衡产量,此时的价格是均衡价格。

在回答到底是供给还是需求对价格形成更重要的问题时,马歇尔认为它们是同等重要的,"我们讨论价值是由效用所决定还是由生产成本所决定,和讨论一块纸是由剪刀的上边裁还是由剪刀的下边裁是同样合理的。的确,当剪刀的一边拿着不动时,纸的裁剪是通过另一边的移动来实现的,我们大致可以说,纸是由第二边裁剪的。但是这种说法并不十分确切,只有把它当作对现象的一种通俗的解释,而不是当作一种精确的科学解释时,才可以那样说。"[①]

二、时间因素与均衡价格

马歇尔认为对均衡价格的这些分析是静态的,只是为了研究的方便,要使理论更接近于现实,还必须考虑时间因素。因为时期长短不同对均衡价格的形成会产生不同的影响。一般而论,所考虑的时期越短,就更需要注意需求对价格的影响;所考虑的时期越长,生产成本对

[①] 〔英〕马歇尔:《经济学原理》下卷,陈良璧译,商务印书馆1965年版,第40页。

价格的影响就更为重要。如果时期很短,供给则局限于现有的存货;如果时期较长,供给则将或多或少地受该商品生产成本的影响;如果时期很长,则这种成本将又或多或少地受生产该商品所需的劳动和物质资料的生产成本的影响。

这样,根据时间因素的不同,主要是时期的长短,马歇尔进一步讨论了三种均衡状态。

1. 暂时的市场均衡

暂时的均衡是指极短时期内的市场均衡,此时的均衡价格叫作市场价格。其特征是时间极短,比如一天之内的交易,从而供给仅限于现有的商品数量,交易者在出一种价格或拒绝另一种价格时,几乎不考虑到生产成本,他们主要考虑的是现有的需求,此时,均衡价格的形成主要取决于需求,而不受生产成本的影响。用图表示如下:

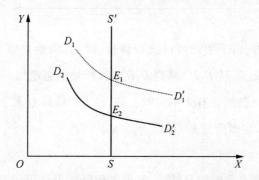

SS' 表示的是暂时的供给曲线,OS 是现有商品的既定数量。在很短的时间内,只有需求可以调整,当需求曲线由于某种原因从 D_1D_1' 移到 D_2D_2' 时,均衡价格或者说市场价格就从 E_1 移到 E_2,并不受到供给曲线的影响,需求曲线可以单独地决定均衡价格的位置。

2. 短期均衡

短期的特点是企业现有生产设备的数量是固定的,但是可以根据需求的变化调整其利用率,从而产品的供给价格会发生变化。也就是说,如果需求增加了,企业有时间充分利用现有的生产设备,增加原材料的投入,增雇工人,以增加产量,满足市场需求。但是由于时间还是相对地短,所以还不能增加新的生产设备,或者采用新的生产技术。这种情况下,均衡价格受到需求和供给两个方面的影响,但是需求的作用更为重要。这时形成的价格是短期内的正常价格。

短期均衡价格的形成过程可以用下图表示:

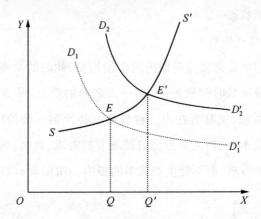

在短期内,由于生产可以进行调整,因此,供给曲线是有弹性的,如果需求增长了,从 D_1D_1' 移到 D_2D_2' 时,产量也会增加,从 Q 移到 Q',而这时的价格仍然会有大幅度的上涨,从 QE 移到 $Q'E'$。此时的均衡价格是 $Q'E'$,均衡产量是 OQ'。

3. 长期均衡

长期的特点是时间足够长,使得各种经济力量可以发挥它们的正常作用,也就是说,在足够长的时期内,生产者可以调整各种生产要素的数量,不仅补充成本,主要成本也发生了变化,供给是充足的。在这样的情况下,供给可以适应需求的任何变化,因此,供给对均衡价格的形成起主要作用,而需求的作用则甚微。此时的均衡价格是长期的正常价格。

这个价格有接近于供给价格的趋势,马歇尔进一步得出一个合乎逻辑的结论,即"在静态下,那个显而易见的规律是:生产成本决定价值。"①

长期均衡的过程如下图所示:

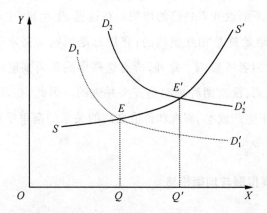

这里的 SS' 代表的是长期的供给曲线。由于在长期企业的供给可以更好地适应需求的变化,不会出现供小于求的情况,所以,曲线的倾斜度很小,这样,当需求发生与前图一样的变化时,价格只有些许的上升,即长期的均衡价格比短期的均衡价格要小些,是 $Q'E'$,均衡的产量为 OQ'。

关于什么是划分长期与短期的标准,马歇尔并没有具体说明,他只是说,在长短期之间没有一条截然的分界线,一般所说的长期,是指几年,而"长久性运动中的正常价格"②中的时间长度可以从一个世代到另一个世代。不过,在马歇尔的理论中,重要的不是具体时间的长短,而是不同时期内供求因素对均衡价格形成作用的不同。他得出结论:就一般而言,考虑的时间越短,越要注意需求对均衡价格的影响;时间越长,越要注意供给对均衡价格的影响。换句话说,就是短期内需求决定价格,长期内供给决定价格。

---

① 〔英〕马歇尔:《经济学原理》下卷,陈良璧译,商务印书馆1965年版,第57页。
② 马歇尔在《经济学原理》的第五篇第一章中提出存在上述三类均衡价格,在第四章中又增加了第四类均衡价格"长久性运动中的正常价格",现代西方经济学中一般都分成三类进行说明。

可见,马歇尔的理论与古典学派和边际学派都是不同的。古典学派认为生产成本决定价格,而边际学派认为效用决定价格,马歇尔则认为:"在现实世界中,每种经济力量在围绕着它起作用的其他经济力量的影响下,不断改变着自己的作用。在这里,生产量、生产方法和生产成本的变动始终是相互制约的;它们总是影响着需求的性质和程度,并且也为后者所影响。此外,所有这些影响都需要时间来表现自己,而一般说来,没有两种影响是齐头并进的。因此,在现实世界里,任何一种关于生产成本、需求和价值之间的关系的简单学说必然是错误的"①。

三、规模报酬与均衡价格

马歇尔认为李嘉图的价格理论假定所有商品都遵守报酬不变的规律是有缺陷的。因为商品生产存在报酬不变、报酬递减和报酬递增的三种情况,而不同的规模报酬条件下,需求与供给的变动对价格产生的影响是不同的,所以,他以正常需求和正常供给的增加为例,深入地分析了商品生产的规模报酬与均衡价格形成之间的关系。

(一)正常需求的增加

正常需求的增加是指在任何价格下都能找到买主的那种数量的增加。造成这种需求增加的原因有很多,比如该商品日益更新,有了新的用途,有了新的市场,可以充当其代替品的那种商品的供给长期减少,以及社会财富和一般购买力的长期增长等等。实际上,这种需求的变动就是整个需求曲线的移动。

1. 规模报酬不变的均衡

规模报酬不变意味着随着产量的增加,单位生产费用不变,所以供给曲线是一条水平线。这时,需求的增加只增加产量,而不改变它的价格。均衡的情形如图所示:

---

① 〔英〕马歇尔:《经济学原理》下卷,陈良璧译,商务印书馆1965年版,第57—58页。

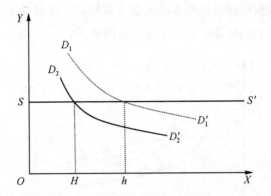

当正常需求增加时,需求曲线外移到 $D_1 D_1'$,产量从 OH 增加到 Oh,但是均衡的价格不发生变动。

2. 规模报酬递减的均衡

在这种场合下,随着产量的增加,边际生产费用会增高,供给曲线向右上方倾斜,所以需求的增加在使产量增加的同时也会带来价格的上升,但是产量的增加要小于在规模报酬不变的条件下的增加。均衡的情形如图所示:

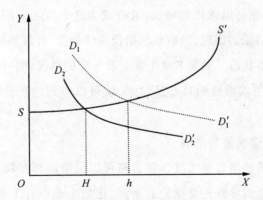

当需求增加到 $D_1 D_1'$ 时,由于供给曲线向右上方倾斜,所以产量也增加了,但是没有规模报酬不变时增加得多,同时均衡价格也上升了。

3. 规模报酬递增的均衡

在这种情况下,当产量增加的时候,生产费用将下降,从而使商品

的价格降低,所以供给曲线逐渐向右下方倾斜。这时需求的增加在使产量增加的同时,均衡价格会下降。如图所示:

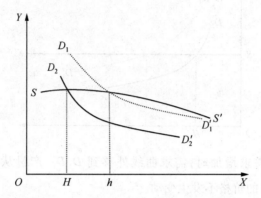

当需求增加时,产量从 OH 增加到 Oh,但是均衡价格下降了。

综上所述,正常需求增加时,每种情况下,需求的增加都会使产量增加,但均衡价格的变化则受到生产规模报酬的影响。如果报酬不变,价格不变;如果报酬递增,价格上升;如果报酬递减,价格下降。如果一个企业在规模报酬递减的状态下运营,就会失去竞争性均衡的状态,因为该企业可以无限地增长,最后成为这个市场上的垄断者。为了避免这种结果的出现,马歇尔利用代表性企业、外部经济等概念,排除了这种成本状态。如果考察正常需求下降的情况,则可以把上述三种图形中的需求曲线的移动反过来,就可以得到均衡价格的变化情况了。

（二）正常供给的增加

正常供给的增加是指按各种价格可以供给的那些商品数量的增加。有多种原因导致正常供给的增加,比如生产中有了新的发明、机器的引用、新的廉价资源的开发、租税的免除以及获得补贴等等。正常供给的变化就意味着供给曲线的移动。

马歇尔认为,在正常需求保持不变的情况下,正常供给的增加,总会降低正常价格。因为供给增加而需求不变,只能降价出售。但是,由于供给的某种增加而引起的跌价在某些场合比另一些场合下跌得会更多。如果是报酬递减,则价格下跌很少,因为那时伴随着生产增加的种种困难,将抵消供给的新便利的趋势;如果是报酬递增,则价格下跌很多,因为生产的增加会带来更多的便利,使产量有更大的增加,从而使价格有较大幅度的下降;如果是报酬不变,则价格下跌位于两者之间。

这三种情况用图可以分别表示如下:

1. 规模报酬不变的均衡

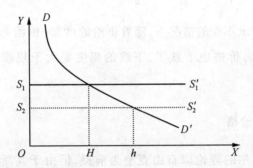

在正常需求不变的情况下,随着供给的增加(供给曲线的下移),产量增加了,而价格也下跌了。

2. 规模报酬递减的均衡

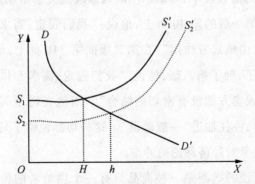

在正常需求不变的情况下,随着供给的增加(供给曲线的下移),产量增加了,而价格也下跌了,下跌的幅度要小于规模报酬不变的情况。

3. 规模报酬递增的均衡

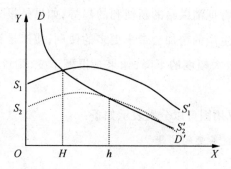

在正常需求不变的情况下，随着供给的增加（供给曲线的下移），产量增加了，而价格也下跌了，下跌的幅度要大于规模报酬不变的情形。

四、垄断价格

虽然马歇尔的理论以自由竞争为前提，但由于其所处时代的特点，他不得不承认"垄断组织之间的冲突和联合在现代经济学中起着越来越重要的作用"，并专门安排了一章的内容论述垄断问题。在《经济学原理》的再版过程中，马歇尔不断地修改他关于市场结构的措辞。例如，在英文第一版的第 40 页上，他说："我们假定：需求和供给在完全的市场上自由地起着作用"；在第二版的第 341 页上，他将"完全的市场上"删去了；到了第八版，他说："我们假定：需求和供给自由地起着作用，买方或卖方都没有密切的结合"。而他在讨论买卖双方的自由竞争的时候，往往加进"一般地说"。这一切都说明了马歇尔越来越感到不完全竞争对经济理论的冲击。

马歇尔所说的垄断是一种商品只有一个供给者的情况。这个单独的供给者具有自由地确定商品的价格和生产量的力量。垄断者限制其产品的生产量，提高其价格，目的在于获得生产费用的补偿后，还能得到最大限度的纯收入，即垄断收入。商品的生产费用加上垄断收入，就是垄断条件下的供给价格。垄断者为了获得垄断收入，不仅限制产量,甚至把已经生产出来的商品毁掉。马歇尔举例说:"荷兰在香料贸易上取得垄断地位以后,每当香料丰收的时候,就把很大一部分香料烧掉。"①可见,垄断者的目的"显然不是在于把供给和需求调节得使他出售商品所能取得的售价恰够补偿它的生产费用,而是在于把它们调节得能够给他提供最大可能的纯收入总额。"②

接着,马歇尔进一步分析了垄断对社会福利的影响,认为垄断的存在并不一定是坏事,产品价格不会因为垄断的存在而提高,产品的产量也不会因为垄断的存在而减少。他认为,尽管表面上似乎垄断产量总是小于竞争产量,它对消费者的价格大于竞争价格,但是事实正好相反,消费者在购买垄断企业的产品时实际上不会比在竞争条件下支付更高的价格。这是因为垄断者的平均成本比竞争性企业的成本要低一些,所以价格也会低一些。具体来讲,第一,垄断企业可以减少在广告费上的开支,而竞争性的小企业,由于彼此竞争激烈,用于广告费上的开支相对于垄断企业要大得多;第二,垄断企业比小企业有更多的资金用于改进生产方法、增加机器设备,而且垄断企业可以取得任何生产上的改进所带来的全部利益。马歇尔认为,只要垄断企业的经营者有充分的经营能力,并能获得必要的资金,那么,生产费用一定要比竞争企业的低。所以在自由竞争条件下所生产的商品的均衡产量实际上要小于需求价格等于垄断供给价格的那一产量。

其次,马歇尔认为垄断并不排斥竞争,竞争会使垄断者放弃一部分垄断利益,从而有利于消费者的福利。"虽然垄断和自由竞争在理论上是完全分开的,但是它们在实际上以不易察觉的程度相互贯穿渗透着,在几乎一切竞争的企业里,存在着垄断的因素,而一切现代有实际意义的垄断都是在不稳定的情况下保持他们的权力;如果他们忽视了直接和间接的竞争者,他们很快就会失去这个权力。"③他解释说,

---

① Alfred Marshall, *Industry and Trade*, 4th ed., London: Macmillan, 1923.
② 〔英〕马歇尔:《经济学原理》下卷,陈良璧译,商务印书馆1965年版,第155页。
③ Alfred Marshall, *Industry and Trade*, 4th ed., London: Macmillan, 1923.

如果垄断者把价格定得过高,就会吸引别的生产者进入他的行业,从而使自己失去垄断地位和高额垄断收入。比如一个垄断煤气供应的生产者,会把煤气的价格定得低一些,就会有更多的人装置使用煤气的设备。一旦这种设备装置以后,即使有电力公司和石油公司暗中与之竞争,人们也多半会继续使用煤气。这样,他以略低于给他提供最大纯收入的价格,就可以增加销售量,而他的产品的畅销不久就会补偿他现在的损失。于是,他又得出了一个结论:垄断者为了将来的发展,会暂时牺牲一些垄断利益,垄断者的利益和消费者的利益是可以调和的。

马歇尔宣扬"垄断者往往能保持企业上的节约","出于对消费者的直接关心,可以降低他的价格",垄断者和消费者之间存在着"调和利益"等等,这一切的目的都在于说明政府不应该对垄断采取抑制政策。因为在 19 世纪末期,美国、德国等国家的垄断组织发展迅速,其经济实力增长也很快,严重地威胁了英国的"世界工场"的地位。马歇尔认为,英国的企业只有效仿美国的垄断企业那样不断地扩大规模,才能富强起来,不然就会"从高处跌落下来"。可见,马歇尔的理论与经济政策都是为当时的经济现实服务的。

马歇尔的垄断理论涉及垄断、垄断竞争和寡头垄断等多种不完全竞争的形式,但是他并没有给予严格的区分,这就容易造成理论上的混乱。并且由于马歇尔的研究只是对垄断问题的初步探索,所以他的理论与罗宾逊、张伯伦的不完全竞争理论比较起来不仅是不完整、不精确的,而且还存在自相矛盾的地方。尽管如此,马歇尔毕竟是首位对不完全竞争理论进行认真研究的经济学家,并对以后的竞争理论产生了重大影响,因此其首创的地位不容忽视。

另外,马歇尔在研究垄断问题时,分析了垄断在降低生产成本、进行创新、采用新的生产技术上的优势与优越性,很大程度上承认了垄断经济的潜力与活力,这些观点现在已经被产业组织理论的实证研究所证明。

第五节 分配理论

马歇尔在《经济学原理》的第六篇"国民收入的分配"中讨论了国民收入如何在生产要素所有者之间进行分配的问题。他的分配理论实际上是以均衡价格为基础的生产要素价格论。

一、国民收入及其分配原则

国民收入的概念最早在配第、斯密、李嘉图和穆勒那里是用"年产物"或"产品"表达的,马歇尔首次在他的著作中明确使用了国民收入的名词后得以确定下来。所谓国民收入,按年计算,就是指年纯收入,是年总产品中扣除补偿原料和半制成品的消耗以及机器设备在生产中的消耗和折旧之后的余额,其中包括国外投资所提供的纯收入。纯收入是一切个人收入的总和,所以,凡是自己为自己服务,和给家人及朋友所提供的无代价的服务,以及使用自己的私有财产,或免费使用公共产品(如通过免收过桥税的桥梁等)所获得的收益,都不算作国民收入。

国民收入中一部分产品是直接供消费之用,另一部分是作为生产资料使用的,这种生产消费也是消费,从广义上说,全部生产品都是为了消费。

马歇尔认为,在创造国民收入的过程中,各种生产要素相互间处于一种共同合作和彼此依赖的关系,因此,国民收入是由各生产要素共同努力所创造出来的,是一国全部生产要素的纯生产总额。这样,国民收入同时也是全部生产要素所得的唯一源泉,它被分割为各种生产要素的收入,包括劳动的工资、资本的利息、土地的地租和企业主的利润。国民收入的数额越大,每一生产要素所获得的份额也越大。

那么,国民收入在各生产要素之间是如何分配的呢?马歇尔认为,一般地说,是按照人们对它们各项用途的需要程度而定,但并不是对要素的总需要,而是边际需要。所谓对生产要素的边际需要是指人们对各种生产要素的需要达到这样的界限点,他们对究竟是应将这一要素多买一点还是应将其他生产要素多买一点的这种选择问题,处于一种没有差别的状态。由于企业主广泛地使用替代原则,将各生产要素作最有利的选择和使用,所以,各生产要素的边际需要会趋于均衡。

马歇尔指出生产要素各自所得的份额就是它们各自的价格。所以,所谓分配问题实际上就是各个生产要素的价格如何决定的问题。至于生产要素价格确定的原则和方法是与一般商品相同的。他认为,各种东西,不论是一种生产要素,还是用于当前消费的商品,它的生产势必扩展到供给与需求均衡的界限或边际。各个生产要素都有一个正常的价格,这个正常的价格取决于各个生产要素的供给和需求。工资、利息、地租和利润就是各个生产要素的需求价格和供给价格达到一致时的均衡价格。可见,马歇尔的分配论不过是他的价值论的延伸,是供求均衡论在分配领域里的特殊应用。

马歇尔将国民收入说成是各种生产要素彼此协作共同创造的产物,因此,分配就是国民收入按一定原则在各种生产要素之间的分割,其实质不过是"三位一体"的扩大化,目的仍然是要说明各种剥削收入的合理性。

二、生产要素及其收入

马歇尔首先分析了生产要素的需求价格。他认为,从性质上说,生产要素与最终产品不同,因为它不能直接满足人们的需要,因此对于生产要素的需求是一种派生的需求。马歇尔认为各种生产要素的需求价格是由其边际生产力决定的。边际生产力指的是一种生产要素的每个增加单位所增加的产量。由于报酬递减规律的作用,新增加的每个单位的生产要素,其产量是递减的,最后增加的一个单位的生产要素的产量,就是这一生产要素的"边际生产力"。这里所说的"最后",是指某一种生产要素的单位增量的产量和另一种生产要素的单位增量的产量相等时的那个增量。某一要素的边际生产力,就是生产者对该要素的需求价格。

很明显,马歇尔在这里承袭了克拉克的"边际生产力",但是马歇尔认为,边际生产力只能解释生产要素的需求价格,为了要确定生产要素的均衡价格,还要考察生产要素的供给价格。因为与一般商品一样,生产要素的价格是由需求价格和供给价格共同决定的。生产要素在国民收入中各自能取得的份额的大小,取决于各自的供求状况,取决于市场竞争。

马歇尔在总地说明了生产要素的价格决定原则之后,又进一步分析了各种生产要素的价格的形成。

工资是劳动的需求价格和供给价格达到均衡时的价格。劳动的需求价格是劳动的边际生产力。在资本量已定的条件下,继续追加劳动,每一劳动增加单位所增加的产量依次递减,最后增加的一单位的劳动所增加的产量,就是劳动的边际生产力。在生产技术没有重大变化,或者是在社会生产的一般经济条件下,劳动供给的价格由它的生产成本来决定。所以,劳动的供给价格是由培养、训练和保持有效劳动的精力所用的成本决定的。在正常的均衡条件下,劳动的供给与需求会保持在使劳动的报酬足以补偿其成本的水平上。在相对比较短的时期内,工资的变动常随着产品售价的变动而变动,而不是在产品的售价之前首先变动,因为对劳动的需求是从由它所生产出来的那些产品的需求派生而来的。

马歇尔根据大量涌现的股份公司所代表的资本所有权和使用权分离的情况,在生产要素中区分出来"企业组织"这个要素,虽然他的用词并不统一,有时是"企业组织",有时又是"经营才能",或者"特殊管理才能",但是含义基本是清楚的。由此,他就将利息从利润中区分了出来。他认为,运用资本的经营才能包括三个因素:一是资本的供给;二是使用资本的经营能力的供给;三是把适当的经营才能与必需的资本结合在一起的那种组织。马歇尔将第一种因素的报酬定义为

利息;对第二种与第三种因素的报酬统称为"经营管理的总收益",对第二个因素的报酬称为"经营管理的纯收益"。他所说的利润有时指的是"经营管理的总收益",有时是指"经营管理的纯收益"。这样,马歇尔就正确地区分了企业家收入与资本家的收入。

对于利息,他认为,利息是资本"等待"的报酬。马歇尔说,大多数人都喜欢现在的满足,而不喜欢延期的满足,就是说,人们不喜欢等待。人们把资本贷出去,就要牺牲现在的满足,就要等待,所以要索取报酬,获得利息。可见,对利息的性质的说明,马歇尔并没有比西尼尔、巴师夏有什么进步。

接着,他把利息分成了纯利息和毛利息两种。借款人支付的毛利息中,既包括纯利息,又包括风险保险费和管理报酬。他说,当我们说利息只是资本报酬,或只是等待的报酬时,指的是纯利息。至于利息水平的决定,他仍用资本的供求规律来说明。利息率的水平由资本的需求价格和供给价格决定。资本的需求价格是资本的边际生产力,在其他情况不变的条件下,继续追加资本,每一资本增加单位所增加的产量依次递减,最后增加一单位资本所增加的产量就是资本的边际生产力。资本的供给价格,取决于对未来享受的等待。"故利息常趋于一均衡点,使得该市场在该利率下对资本的需求总量,恰等于在该利率下即将来到的资本的总供给量。"①

按照马歇尔的观点,企业主赚取的收益中扣除利息之后的余额就是利润。它是企业主组织和管理企业以及承担风险的报酬。至于利润的决定,马歇尔同样利用供求均衡原理来说明,即认为利润的大小决定于企业组织管理能力的需求和供给,正如工资的多少决定于劳动的需求和供给一样。他认为,由于供求规律的作用,具有天赋才能和经过特殊训练的管理人才,与特种技术工人一样,会取得比较高的报酬。他指出:"工作上所需要的那种稀有的天赋才能和用费浩大的特

---

① 〔英〕马歇尔:《经济学原理》下卷,陈良璧译,商务印书馆1965年版,第206页。

殊训练,对管理上的正常报酬的影响和对熟练工人的正常工资的影响如出一辙。"①

马歇尔用土地的供求均衡来说明地租。但是由于土地的特殊性,即数量不变,没有生产费用,因此也没有供给价格。所以,地租实际上只受到土地需求的影响。因此,在他看来,地租决定于土地的边际生产力。由于土地报酬递减规律的作用,在同一块土地上连续追加劳动和资本,虽然在最初几年报酬可以增加,但增加率在下降,直到土地的报酬仅够偿付开支和生产的劳动这一点为止。这一点就是所谓的"耕种的边际"上的一次投资。实际上,这里有两种情况:一种是广耕边际,或粗放经营边际,在优等土地扩展及于劣等土地时,最劣等土地即代表这一边际;另一种为精耕边际,或集约经营边际,是指在同一土地进行连续的追加投资时,最后投入,收获最少的耕种投资。这一次投资的产量,就是边际产量。总产量超过边际产量的余额,就是马歇尔的"生产者剩余",也就是地租。

马歇尔认为土地的供求关系有着自己的特点。从整个社会来看,地租是由土地产品的价格决定的,地租不是农产品的成本,从而不决定其价格。但是从某个生产者的角度看,地租是决定生产成本的,从而决定农产品的价格。他解释说,一个生产者租用土地用来种植燕麦时,他支付的地租必须高于大麦生产者所愿意支付的地租,不然他在竞争性市场上就租不到土地。所以,从个别的生产者来看把资本投于土地与把资本投于工业没有区别。在研究地租的过程中,引入竞争性使用是马歇尔的首创。

马歇尔还提出了"准地租"的概念。他认为土地的总收益分为两个部分:一是基于自然赋予的特性而非由于人为努力所取得的收入;一是基于对土地的投资、使用土地改良所取得的收入。前者即土地的纯收入,是真正的地租,归于土地所有者;后者是由于对土地进行改良

---

① 〔英〕马歇尔:《经济学原理》下卷,陈良璧译,商务印书馆1965年版,第270页。

投资的报酬,是准地租,归于土地经营者。准地租在短期内不是产品价格的决定因素,而是由商品价格决定的,同时它又与地租相似,所以称为"准地租"。至于长期,由于竞争或其他原因,土地的报酬将逐渐恢复到均衡的水平,"准地租"的性质将因之而消失。"长的时期来说,得自改良的纯收入,只是用来支付改良者的劳作和牺牲所需要的价格。从而,进行改良的费用直接列入边际生产费用,并直接参与长期供给价格的决定。"[①]总的来讲,改良土地的收入,在短期内,带有"准地租"的性质,本身是由产品价格决定的;在长期内,这种收入的"准地租"的性质消失,并将转化为产品价格的决定因素。

马歇尔认为改良土地的投资及其带来的收入所具有的上述特点,对于其他生产要素来说也是存在的。因此,他进一步将"准地租"扩展到了其他生产要素上,认为在短期内,劳动、资本、企业组织管理能力所得到的收入超过其均衡水平的部分都是"准地租"。因为在短期,生产要素的供给来不及调整,所以当需求增加时,就会提高生产要素的价格,使之超过正常的价格水平。在这种情况下,劳动、资本及企业主组织管理的收入,不是产品价格的决定因素,而是由产品价格决定的。同样,在长期,由于市场竞争的作用,各种生产要素的报酬逐渐恢复到均衡水平,这些报酬就成为产品价格的决定因素,而不再由价格决定,于是"准地租"就不存在了。

马歇尔的"准地租"是马歇尔长期均衡与短期均衡理论的应用,也是其分配理论的一个重要特点。

---

① 〔英〕马歇尔:《经济学原理》下卷,陈良璧译,商务印书馆 1965 年版,第 110 页。

第十章
凯恩斯主义与宏观经济学

第一节 凯恩斯经济学的形成

一、凯恩斯的生平与主要著作

约翰·梅纳德·凯恩斯（John Maynard Keynes,1883—1946）出生于英国剑桥城的一个中产阶级家庭。他获得了数学和古典文学奖学金而进入剑桥大学的皇家学院学习，并因其在经济学方面的天赋深得英国经济学泰斗马歇尔的赏识。1906年,凯恩斯获得了在印度事务部工作的机会。1908年他应马歇尔的邀请回到剑桥大学讲授经济学原理、货币理论,并担任了该校皇家学院研究员。第一次世界大战爆发后不久,他应召进入财政部工作,直到1919年因强烈反对凡尔赛和约向德国索取巨额战争赔款而辞去巴黎和会代表职务。随后,他又重新回到剑桥大学任教。1911年至1945年,凯恩斯担任皇家经济学会《经济学杂志》主编一职。1929年至1931年期间,凯恩斯在国家财政与工业调查委员会任职,1930年担任内阁经济顾问委员会主席。1940年7月,凯恩斯被任命为财政部顾问,成为英国战时财政体制建立者之一。1942年,凯恩斯被封为勋爵。1944年他率领英国代表团出席在美国

布雷顿森林城举行的国际货币金融会议,积极策划建立了"国际货币基金组织"和"国际复兴开发银行",并担任这两个国际金融组织的董事。1945年他又在与华盛顿的一次谈判中为英国争取了一笔庞大的财政援助。此外,他还经营了一家大型的保险公司,创办过国家投资公司,做过外汇投机和一些商品投机生意,家产甚丰。1946年4月21日,凯恩斯因心脏病突发离开人世。

凯恩斯一生著作很多,英国皇家经济学会将他的主要作品选编成《凯恩斯选集》,共计30大卷。凯恩斯的理论,不论是论文,还是小册子、专业著作,往往与实践紧密结合在一起,与其同时代的学者相比,他更加注重理论研究的政策意义和实践作用。

他的主要著作有《印度的通货与财政》(1913年)、《凡尔赛和约的经济后果》(1920年)、《概率论》(1921年)、《货币改革论》(1923年)、《自由放任主义的终结》(1926年)、《货币论》(1930年)、1936年的《就业、利息与货币通论》(以下简称《通论》)。《通论》是凯恩斯的最主要的著作,也是凯恩斯主义的代表作。在这本著作中,凯恩斯针对当时严重困扰资本主义的经济危机、失业增长等现象,利用了"消费倾向""资本边际效率""流动性偏好"三个心理规律进行了解释,认为"有效需求不足"是导致资本主义经济危机的主要原因,并提出了以财政政策为主的需求管理方案。该书的出版表明凯恩斯主义经济学完整的理论体系的形成,被认为是现代宏观经济学的开始。

二、凯恩斯主义形成的时代背景与条件

在英国,第一次世界大战结束后的一段时间里,由于自由经营的恢复,战时管制的解除,以及战后重建的刺激,经济曾一度出现了繁荣景象。但是这种繁荣随着经济危机的到来草草收场,随之而来的是漫长的萧条。到了1929年10月,从美国纽约股票市场崩溃开始,一场震撼世界、惨状空前的世界性大危机爆发了。这次危机持续了五个年头,金融危机与工农业危机相互交织,生产力遭到了严重的破坏。到

了 1933 年,整个资本主义世界工业生产比 1929 年下降了 37.2%,倒退到了 20 世纪初的水平,在各国造成了高达四五千万的失业人口。这场最深刻、最持久、破坏最严重的经济危机使得英国经济陷入了空前的困境。

当时在理论界占据统治地位的是新古典主义经济学,新古典主义坚信经济危机只是局部的、暂时的、偶然的,在完全竞争的条件下,通过价格体系的自动调整,经济必然实现充分就业均衡。但是面对这场空前严重的经济危机,这些理论教条完全失去了解释能力,无论是在英国,还是在美国,以自由放任为原则的挽救危机的努力都失败了,新古典理论陷入了深深的危机之中。

在这样的背景下,主张政府以货币政策和财政政策治理危机的干预主义思潮出现了,并与新古典的自由主义展开了激烈的论战,为凯恩斯经济学的形成奠定了重要的基础。其中比较著名的有以下几个:

1. 瑞典经济学家维克塞尔的累积过程理论

克努特·维克塞尔(Knut Wicksell,1851—1926)出生于斯德哥尔摩小商人家庭,1872 年毕业于乌普萨拉大学,1885 年获得数士硕士学位,1895 年获经济学博士学位,1899 年任乌普萨拉大学助理教授,1900 年担任隆德大学副教授,1903 年至 1917 年任隆德大学教授,1917 年任斯德哥尔摩经济学家俱乐部主席,退休后继续从事研究工作,直至去世。

他的主要著作有《价值、资本和地租》(1893 年)、《财政理论考察,兼论瑞典的税收制度》(1896 年)、《利息与价格》(1898 年)、《国家经济学讲义》(两卷本 1901—1906 年)等。

20 世纪以前的货币理论是比较浅陋的。基本的观点是将货币看作经济运行的润滑油,其功能是使商品交换变得更加容易,更加顺畅,对经济并不会产生实质性的影响。因此,经济学就被分为了经济理论与货币理论两个领域。其中经济理论专门研究商品和要素价格的形成与变动,即价值理论和分配理论;货币理论则专门研究货币价格或

一般价格水平的决定与变动问题,即所谓的货币数量论。这两种理论虽然都研究价格,但彼此分隔,互不联系。

维克塞尔最早认识到这种二分法的错误,他主张将经济理论和货币理论融为一体,从而开辟了现代货币经济理论的先河。他首先区分了货币的自然利息率与市场利息率,自然利息率是资本利润率或预期收益率,两者之间的差异是国民经济周期波动的内在动力。当市场利率低于自然利率时,资本边际生产力提高,投资和生产规模扩大,对商品的需求上升,物价上升;如果出现相反的情况,则经济紧缩,投资和生产规模缩小,对商品的需求下降,物价下跌;而市场利率等于自然利率时,生产和物价保持稳定,经济呈均衡状态。维克塞尔认为这个机制并不限于眼前的冲击,在传统与惯性的作用下会反复地持续下去,即具有"累积"的性质,后来被人们称为"维克塞尔累积过程"。

由此,维克塞尔得到了两个重要的结论:市场利率与自然利率的差异对物价水平起着累积或渐进的影响;要实现经济均衡、物价稳定,必须使市场利率与自然利率保持一致。这样,政府通过调节银行利率水平,就可以维持物价水平的稳定,促进国民经济均衡。

2. 美国经济学家小克拉克的经济思想

约翰·莫里斯·克拉克(John Maurice Clark,1884—1963)是美国经济学家约翰·贝茨·克拉克的儿子,以研究经济中的动态因素而著称。他出生于马萨诸塞州的北安普敦,1908年至1957年期间先后任教于科罗拉多学院、芝加哥大学和哥伦比亚大学。他曾是经济计量学会的创始成员,并于1947年被选为该学会的特别会员。他曾先后获得阿默斯特学院、哥伦比亚大学、巴黎大学、纽约市社会研究新学院和耶鲁大学的名誉博士学位。1922年当选美国经济协会会长。

他的主要著作有《地方运费差别的合理标准》(1910年)、《企业间接费用的经济学研究》(1923年)、《商业循环的战略因素》(1934年)、《关于可行性竞争的概念》(1940年)、《经济自由的伦理基础》(1955年)、《作为动态过程的竞争》(1961年)等。

在《商业循环的战略因素》一书中,克拉克对萨伊定律提出了质疑。他指出当时存在大量的闲置生产能力是因为有效需求不足,其消化生产能力的速度赶不上生产能力增长的速度。以此为基础,他提出了政府通过建设公共工程等扩张手段解决就业,成为30年代初强调政府干预经济的重要观点之一。

3. 英国经济学家卡恩的乘数原理

理查德·费迪南德·卡恩(Richard Ferdinand Kahn,1905—1989)出生于英格兰伦敦的一个正统犹太家庭,曾就学于剑桥国王学院,1930年入选国王学院成员,从1933年开始教授经济学,1951年任教授职务,1972年退休。他曾获大英帝国勋章官佐勋章,拥有卡恩男爵的终身贵族头衔,是英国国家学术院院士。

乘数原理是卡恩最主要的理论贡献。1931年他在《经济学杂志》上发表了《国内投资与失业的关系》一文,开拓性地提出了乘数的概念,用以反映总支出增量与总产出增量之间的联系。为了恢复经济均衡,他提出把公共工程投资作为一项经济复苏措施,可以"为新就业人员支付工资而产生有益的反应"。

卡恩的乘数理论一经提出,立即得到了西方经济学界的重视,其理论认为消费决定于收入而不是利率的思想为投资函数和储蓄函数的建立奠定了基础,被认为是凯恩斯收入决定理论的直接思想渊源。

三、凯恩斯经济学理论的确立

凯恩斯经济学是时代的产物,是20世纪30年代那场大危机的背景下应运而生的理论体系。它一诞生就被视为解救这场经济危机与理论危机的灵丹妙药,在主流经济学中也逐步确立了统治地位。

任何理论都不是一蹴而就的,凯恩斯的经济学思想经历了萌芽、完善到最终确立的过程,而在这个过程中,无时无刻不交织着他与他曾坚信不疑的传统理论的背离和决裂。他在《通论》的原序中表达了这种复杂的心绪:"本书之作,对于作者是个长时期的挣扎,以求摆

脱传统的想法与说法。……我们大多数都是在旧说下熏陶出来的。旧说已经深入人心。所以困难不在新说本身,而在摆脱旧说。"①

在第一次世界大战之前,凯恩斯深受马歇尔、庇古等新古典经济学大师的影响,是一个坚定的剑桥经济学者。然而面对英国战后的长期萧条,以及自由放任主义的无能为力,凯恩斯逐渐对传统经济学产生了怀疑,他的思想也开始发生了转变。1923年出版的《货币改革论》就代表了他思想转变的第一步。这部书严格来说并不是一本真正的专著,大部分的内容是凯恩斯1922年在《曼彻斯特卫报》的增刊上发表的系列文章。中心内容是论述货币数量与价格水平、价格水平与生产水平之间的变化关系。在这本书中,凯恩斯提出了国家调节货币数量和银行的准备率等政策建议,以稳定物价,恢复经济。此时,凯恩斯关于通过宏观调节实现经济均衡的思想已经开始出现。然而由于当时凯恩斯仍然将其理论建筑在传统的货币数量论的基础上,因此他提出的金融调节机制只能是从属的、次要的,经济重新恢复均衡仍然要以市场机制自动调节为主。总之,凯恩斯在《货币改革论》中表达的关于国家干预的经济学思想还过于笼统和模糊,理论上不够成熟,也没有产生重大的影响。

随着经济形势的恶化,凯恩斯对"治疗"方案的思考更加深入。1930年,在多年讲授货币理论经验的基础上,他出版了专著《货币论》。这本书与《货币改革论》一样,核心思想是要通过国家的货币调节手段实现经济均衡的目标。不同的是,其理论的架构更加精细,理论的基础也不再是简单的货币数量论,而是代之以复杂的"货币价值基本方程式"。② 虽然此时的凯恩斯仍然没能摆脱旧的货币数量论,但是在他的理论框架中已经开始出现储蓄与投资关系的因素,涉及了资本主义经济不能自动地维持投资与储蓄的均衡,这为他思想的彻底转向提供了过渡。

---

① 〔英〕凯恩斯:《就业利息和货币通论》,徐毓枬译,商务印书馆1963年版,第5页。
② 参见刘涤源:《凯恩斯就业一般理论评议》,经济科学出版社1989年版,第119页。

在转向国家干预主义的早期,凯恩斯主要集中研究货币政策,正如罗宾逊夫人评价的那样:凯恩斯是作为一个货币经济学家开始的。① 但实际上早在20年代凯恩斯就已经注意到就业问题。在1929年大选中,他坚决拥护自由党首领劳合·乔治关于通过财政拨款主办公共工程以解决失业问题的计划,并与汉德森合撰了《劳合·乔治能办到吗?》的小册子对此进行论证,只不过当时他的财政调节思想还缺乏理论基础。1931年,芝加哥大学召开了以失业为主题的哈里斯基金圆桌会议,凯恩斯作了题为《失业的经济分析》的发言,与主张依靠财政措施来调节经济的美国经济学家交换了看法。1933年他又发表了《通向繁荣之路》一书,这本书不仅仅是他与汉德森合著的小册子中的思想的体现,更重要的是他在这本著作中吸收了卡恩乘数的思想,从而将政府的财政政策同解决失业问题的效果联系了起来,使得他的运用财政措施调节经济的观点又前进了一大步。

1936年《通论》的出版标志着凯恩斯经济学的最终形成。在这本书里,凯恩斯彻底与萨伊教条和"看不见的手"决裂,建立了凯恩斯经济学的理论体系,使经济学的视野从以自由放任为基础的微观经济学均衡价格分析之中开拓出来,建立了以需求管理为基础的国家干预的宏观经济学思想。这部巨著的出版,引起了资产阶级经济学界的轰动,也成为一部具有划时代意义的经济学经典著作。

可以说,凯恩斯经济学的确为当时束手无策的资本主义国家提供了一条摆脱困境的道路,五十多年来,特别是在第二次世界大战以后,凯恩斯主义得到了迅速的传播和发展。甚至其后的各家各派都或直接或间接地与凯恩斯主义有关。经济学家米尔顿·弗里德曼就曾这样说过:"现在,我们都是凯恩斯分子"②。可以说,凯恩斯是继马歇尔

---

① Milo Keynes(ed.),*Essays on John Maynard Keynes*,Cambridge:Cambridge University Press, 1975.
② 转引自〔美〕莫迪利安尼:《货币主义论战,即我们是否应放弃经济稳定政策?》,载商务印书馆编辑部编:《现代国外经济学论文选》第一辑,商务印书馆1979年版,第166页。

之后的又一代宗师。

四、凯恩斯经济学的方法论

凯恩斯的《通论》将研究失业问题从而达到充分就业作为主要的研究目的,因此他试图从国民收入均衡的原理出发,对各种决定总产量和就业水平的因素进行分析。凯恩斯经济学的研究对象和研究目的决定了其研究方法必然是一种短期的、比较静态的、总量的、均衡分析方法。

首先,凯恩斯经济学是一种总量分析。凯恩斯关注的是一国的各种资源总量为何得不到充分利用,以及怎样才能达到充分就业的问题。而在此总量获得充分就业的前提下,单个商品和要素的价格是怎样决定的,收入是怎样在各种生产要素间分配,以及资源在各种用途之间怎样配置等等此类问题则需要进行个量分析,属于微观经济学研究范围。由于个量分析不会涉及凯恩斯时代所出现的经济问题——失业和生产过剩,为了说明失业和危机等宏观问题,就必须进行总量分析。也就是说,需要分析整个社会的总供给、总需求和总价格之间的均衡关系,通过考察国民经济各个总量——总供给、总需求、总产量、总就业量、各种总量的增量、各相关总量间的比率、货币的供给量和需求量、物价水平、工资水平,等等——之间的相互关系,来分析资本主义市场经济如何运行,它的一般结果是什么,以及应当采取何种措施来加以控制和管理。尽管之前的古典及新古典学派也有总量分析,但是都没有像在凯恩斯理论中一样具有清晰的界限和重要的地位,所以,凯恩斯建立的理论体系是宏观的。从此,宏观经济学就成了一门独立的学科,或者说至少是在经济学中与微观经济学并列的一个部分。

需要指出的是,凯恩斯经济学虽然主要采用了总量分析的方法,但是也不排除边际分析。一般说来,边际分析是微观经济学的主要研究方法,用于分析各种经济变量增量之间的关系。与微观经济分析不同的是,凯恩斯利用了边际分析方法对各种经济总量增量之间的关系进行研究,并得出了重要的结论,例如边际消费倾向与投资乘数原理等,可以说,利用边际分析也是他理论中的一大特色。

其次,凯恩斯经济学是一种短期的需求分析。所谓的短期就是当需求增加从而价格提高后,增加的供给不是依靠增加和改良设备实现的,而是依靠原有设备、增加人工和原料而取得的,在这种情况下,每增加一单位商品所增加的成本即边际成本,一般会比以前高,从而商品价格,在扩大了的供给和增加的需求重新达到均衡时,也将比需求未增加前更高。如果是长期分析,由于改良的设备会降低生产成本,商品的价格一般可能会降低。凯恩斯经济学所要解决的紧迫问题是怎样使资本主义从濒临崩溃的大危机中解脱出来。面对大量闲置的资源、利用率严重不足的生产能力,只有短期分析才能切题。因此,凯恩斯排除了长期分析方法,假定社会结构不发生变化、技术状况等保持不变。与短期分析相适应,凯恩斯经济学也是一种需求分析。因为凯恩斯极为重视短期问题,这样总供给方面的量与质就可以看作是不变的,总需求就成了决定国民经济活动的唯一因素,从而也排除了供给分析。

再次,凯恩斯经济学是一种比较静态分析。静态分析是指对某一时点或时期的经济现象进行分析,探讨经济变量在同一时期内的相互关系。静态分析的前提是假设经济模型的所有外生变量、参数都保持不变,这种分析方法是与均衡分析相联系的。因为均衡分析仅仅研究某种均衡的状态以及实现均衡的条件如何,因而那些涉及均衡状态变动的因素都不在分析范围之内。动态分析则是指对经济现象随着时期的变化而变动进行考察,重点在于考察经济现象从一个时期到另一个时期的变动过程。这种分析方法特别强调时间的概念,各种经济变量都被打上了时间的烙印,前一时期的经济变量的数值是确定当期经济变量的依据,而当期的经济变量数值又是预测下一期经济变量的根据。一般来讲,动态分析由于涉及的变量较多比较复杂。而比较静态

分析主要是针对一种均衡状态到另一种均衡状态的变化进行研究,研究各种变量的变化引起的均衡的变化。换句话说,比较静态分析是不同时点均衡状态的比较分析,不涉及时期的变化,不是变动过程的分析,这是它与动态分析的主要区别。另外,比较静态分析必须研究模型的外生变量发生变化对均衡状态的影响,这又是它与静态分析的主要区别。

凯恩斯把马歇尔的局部均衡分析运用于各个对应的总量之间不同均衡位置进行比较分析,另外更为重要的是凯恩斯在他的分析之中还引入了一个重要的外生变量"预期"。他强调经济活动者对未来的预期是国民收入和就业量的决定因素,而人们对各种参数的预期因缺乏可靠的基础而变动不居,大大加强了经济的不确定性。因此,凯恩斯经济学主要是应用了比较静态分析方法。

最后,凯恩斯经济学是一种均衡分析。均衡是指在一定的条件下,经济系统可以达到的一种态势。如果没有外在条件的变化,这种态势将一直持续下去或重复出现。经济达到均衡状态并不意味着静止不变,而均衡分析的意义就在于找到经济体最终的发展趋势,通过揭示经济体实现均衡所需的各种条件,借助于各种政策措施满足这些条件从而实现经济的均衡。现实的社会经济中更多的并不是均衡状态,而是失衡,是背离均衡的一种状态,但多数经济学家将均衡状态作为参照系和分析的出发点,凯恩斯也不例外。虽然凯恩斯面临的是一种非均衡的经济现实,但是他的理论更多的是在揭示为什么经济不能达到充分就业的均衡状态,他的有效需求理论实质上说明了经济可以在非充分就业的情况下达到均衡,尽管这种均衡不是合意的。凯恩斯经济学的目标就在于找到非充分就业均衡形成的原因,以及实现充分就业均衡的有效途径。因此,从本质上讲,凯恩斯的经济学分析仍是一种均衡分析。

第二节 凯恩斯的就业理论与有效需求原理

就业理论是凯恩斯宏观经济理论体系的核心,凯恩斯经济学的主要目的就是为了"发现何者决定就业量",从而解决失业问题,使社会经济达到"充分就业"。庇古也曾高度概括过:"凯恩斯的整个著作,集中表现在充分就业这一思想上"①。

一、关于充分就业

凯恩斯提出了"充分就业"和"非自愿失业"这一对概念与传统的新古典经济理论相对立。

萨伊定律认为供给会自行创造需求,任何一种产品的生产都是对其他产品的需求,供给增加就是需求的增加。除非有特殊的或者暂时的原因,产品都可以卖出去。由于生产方向的错误,某一产品也许会暂时感到过多,但只要供给能为自己创造需求的原则不变,这普遍性的生产过剩就不可能发生。因此信奉萨伊定律的新古典经济学也认为普遍性的失业不可能存在,他们只承认有摩擦性失业和自愿失业两种现象。所谓摩擦性失业是指由于劳动市场的不完全性或暂时的失调而偶然出现的失业。凯恩斯看来"或由于估计错误,或由于需求之时断时续,以致各种专业化的资源之相对数量,暂时失调;或由于若干变化之未曾逆睹,以致产生时间间隔,或由于从一业改就他业,中间须隔若干时日,故在非静态的社会中,总有一部分资源,在改业过程中暂时无业;凡此种种都可引起失业。"②然而"除'摩擦的'失业以外,尚有'自愿的'失业,……所谓'自愿的'失业,乃因立法、社会习俗、集体议价、适应迟缓、冥顽固执等种种关系,工人拒绝或不能接受相当于其边际生产力的产物价值为其工资,以致产生失业。"③也就是说,自愿失业是指客观上有工作岗位,但有工作能力的工人由于种种原因而不愿去就业所造成的失业。根据萨伊定律,摩擦性失业和自愿失业一样,

---

① Arthur Cecil Pigou, *Keynes's "General Theory": A Retrospective View*, London: Macmillan, 1950.
② 〔英〕凯恩斯:《就业利息和货币通论》,徐毓枬译,商务印书馆1963年版,第11—12页。
③ 同上书,第12页。

是一种暂时性的失业现象,有工作能力而又希望就业的人不会因为这些偶尔的、暂时性的因素而长时期失业。因此,传统经济学认为,失业现象并不是一个严重的经济问题。

然而凯恩斯认为将不景气之下的失业现象归因于工人不肯降低货币工资,显然不能与事实相符。"如果说美国一九三二年之失业原因,是因为劳工们坚持不让货币工资降低,或坚持要求一个超过经济机构生产能力所能负担的真实工资率,也不易令人置信。"①凯恩斯认为还存在第三种失业,即非自愿失业,"当工资品之价格——相对于货币工资而言——上涨少许时,现行货币工资下之劳力总需求量与总供给量,皆形增大,则称之为有不自愿失业之存在。"②可见,非自愿失业是指在劳动者愿意接受现行工资率的条件下,由于社会对商品的需求不足,产品销售困难以致生产不足,从而生产不能吸收愿意工作的人去工作而造成的失业,因此,又称需求不足的失业。

接着,凯恩斯进一步阐述了充分就业的概念。他说:"在实际生活中,没有不自愿失业之存在。此种情形,我们称之为充分就业。摩擦的与自愿的失业,都与'充分'就业不悖。"③也就是说,充分就业并不等于没有失业,即使是实现了充分就业,仍然会存在摩擦失业和自愿失业。

对于失业问题,凯恩斯同庇古一样,认为必须通过降低工资水平才能得到解决。但是他并不同意庇古提出的降低货币工资的做法。他认为直接降低货币工资可能导致消费品需求的下降,消费品价格又会进一步下降,从而企业的利润率得不到保障,就业量也就不可能增加。另外,降低工人的货币工资很有可能会遭到工人的反抗。因此,他主张抬高物价从而降低实际工资的办法,提高利润率,增加就业水平。他说:"当货币之购买力改变时,全体劳工都受影响,要对每一次

---

① 〔英〕凯恩斯:《就业利息和货币通论》,徐毓枬译,商务印书馆 1963 年版,第 14 页。
② 同上书,第 19 页。
③ 同上。

由此引起的真实工资之减低都加抵抗,实属不大可能;事实上,除非由此引起的真实工资之减低,达到了极端程度,普通都不加抵抗。"① 凯恩斯言辞激烈地抨击了当时降低货币工资的理论和政策,"人性与制度既属如此,则只有愚蠢之徒才会挑选有伸缩性的工资政策,而不挑选有伸缩性的货币政策"②。

当然凯恩斯也认识到,就业的问题并不能仅仅依靠削减工资解决,因为导致失业的根本原因在于"有效需求"不足,只有通过国家干预,刺激"有效需求"的增长,才能真正实现"充分就业"。

二、有效需求原理

"有效需求原理"是凯恩斯理论的核心,也是凯恩斯对经济学理论的最大贡献。

所谓有效需求,首先是有支付能力的需要;其次,更重要的是对于决定社会就业水平而言,与社会总供给一致的社会总需求。凯恩斯在《通论》中用总供给函数(曲线)与总需求函数(曲线)的交点对有效需求进行了说明,可以简单地说,有效需求是商品的总供给价格和总需求价格相等时的总需求。

从供给方面来讲,"所谓供给价格,并不是实际在市场上购买该资产所付之市场价格,而是适足引诱厂家增产该资产一新单位所需之价格,故资本资产之供给价格,有时被称为该资产之重置成本"③。也就是说,供给价格是企业家在生产经营中所付出的生产要素的成本与他预期的最低利润之和,而总供给价格则是指社会上所有厂家的供给价格之和。总需求价格是指全体厂家预期社会上用来购买全部商品的价格的总和。

凯恩斯认为,当总需求价格小于总供给价格时,厂商不仅不能按

---

① 〔英〕凯恩斯:《就业利息和货币通论》,徐毓枬译,商务印书馆1963年版,第18页。
② 同上书,第226页。
③ 同上书,第115页。

照预期的最低利润出售产品,而且也有可能出现商品卖不出去的情况,在这种情形下,厂商就会减少雇佣工人数量,减少产量。反之,如果总需求价格大于总供给价格时,产品会供不应求,厂商获得利润的同时,也会扩大生产,增雇工人。只有当总需求价格等于总供给价格时,企业家才不会增雇工人、扩大生产,也不会解雇工人、缩减生产,于是生产和就业就达到了均衡。这个过程可以用下图①表示:

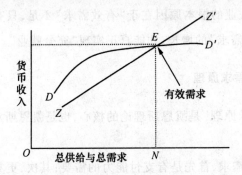

令 Z 为雇用 N 人所产产品的总供给价格,Z 与 N 之间的关系,可写为 $Z=\phi(N)$,即总供给函数,在图中用曲线 ZZ' 表示。D 为雇主们预期雇用 N 人所能获得的收益,D 与 N 之间的关系,可写作 $D=f(N)$,即总需求函数,在图中用曲线 DD' 表示。

设 N 取某一特定值,令预期收益大于总供给价格,即 $D>Z$,雇主们见有利可图,必然增加雇佣人数,必要时不惜抬高价格,竞购生产要素;直到雇佣人数达到 N,此时 $D=Z$;反之亦然。所以就业量决定于总需求函数与总供给函数相交之点,也就是总供给曲线和总需求曲线的交点,在这一点时的需求价格就是有效需求。

然而值得注意的是,虽然 E 点是对于厂商来讲最有利的点,此时厂商可以获得最大的预期利润,但是它并不一定就与充分就业相一致。也就是说,总供给与总需求可以在充分就业时相等,也可以在非充分就业的条件下实现均衡。而且他认为以往传统经济学中的均衡

---

① 参见傅殷才主编:《凯恩斯主义经济学》,中国经济出版社 1995 年版,第 29 页。

实际上是根据供给本身创造需求这一错误前提下所假设的充分就业的均衡，这仅适用于特殊情况，而通常情况的均衡是小于充分就业的，存在非自愿失业的均衡。既然这是经济的常态，那么研究"小于充分就业的均衡"理论才具有普遍意义，这就是他的"通论"之义。

三、三个基本心理规律

凯恩斯分析认为有效需求不足的原因是消费需求和投资需求不足，而消费需求和投资需求不足是由边际消费倾向递减、资本边际效率递减和流动偏好这三个基本心理规律决定的。

1. 关于边际消费倾向递减规律

凯恩斯认为，"无论从先验的人性看，或从经验之具体事实看，有一个基本心理法则，我们可以确信不疑。一般而论，当所得增加时，人们将增加其消费，但消费之增加，不若其所得增加之甚。"① 也就是说，收入水平增加时，总的消费量也增加，但是消费增加的量要小于收入增加的量。凯恩斯将消费需求随收入水平的变化而变化的关系称为消费倾向。

如果用 x 代表消费倾向，Y 代表收入水平，c 代表消费支出，消费与收入之间的关系可以用函数表达为：$c = x(Y)$。

凯恩斯认为，收入除了用于消费之外，就是用作储蓄，因此储蓄是"未消费的收入"。边际消费倾向递减的规律就是：随着收入的增加，消费也增加，但在增加的收入中，用来消费的部分所占的比重越来越小，用来储蓄的部分所占的比例越来越大。如果用 Δc 代表消费支出的增长，ΔY 代表收入的增长，则 $0 < \dfrac{\Delta c}{\Delta Y} < 1$。

凯恩斯归纳了决定消费倾向的因素，包括社会的通常习惯、收入分配状况、税收制度、个人对未来收入的预期等等。虽然个人预期对

---

① 〔英〕凯恩斯：《就业利息和货币通论》，徐毓枬译，商务印书馆1963年版，第84—85页。

消费倾向有重大影响,但是从社会全体而论,大概会互相抵消,因此,消费倾向是一个比较稳定的函数。

如果消费倾向高,这对就业非常有利。如果消费倾向为百分之百,表明全部收入都用于消费,不需进行投资就可以实现充分就业。然而现实的情况是,消费倾向不可能达到百分之百,收入与消费之间(或者社会总产量和需求量)存在着空隙,而且随着收入的增加,人们越来越偏好储蓄,边际消费倾向递减规律使得收入和消费之间的缺口越来越大,只有不断地追加投资才能弥补。

因此,凯恩斯得出结论,由于边际消费倾向递减规律的存在,导致对消费品的需求随着收入水平的提高而下降,从而导致了小于充分就业现象的存在。

2. 关于资本边际效率递减规律

凯恩斯认为,"从一种资本资产之未来收益与其供给价格之关系,可得该类资本之边际效率。说得更精确些,我之所谓资本之边际效率,乃等于一贴现率,用此贴现率将该资本资产之未来收益折为现值,则该现值恰等于该资本资产之供给价格。用同样方法,可得各类资本资产之边际效率,其中最大者,可视为一般资本之边际效率。"[1]可见,资本边际效率本质上是一种预期的投资收益率,是企业家最有效率地使用资本所能获得的最高的预期收益率。

资本边际效率必须是采用折现观点得到的投资收益率,这是因为凯恩斯特别强调时期的问题。由于时间的作用,过去、现在和将来的投资市场情形不同,而未来更具有不确定性,对于未来前景的预测对于现实的投资决策具有重要的作用。如果未来预期是乐观的,那么资本资产的投资活动必然趋于狂热,而悲观的预期又必然导致投资活动趋于衰落。因此凯恩斯得出结论,资本边际效率的波动是经济周期产生的重要原因。

---

[1] 〔英〕凯恩斯:《就业利息和货币通论》,徐毓枬译,商务印书馆1963年版,第115页。

凯恩斯还指出,资本边际效率不但在短时期内有波动,而且就长期的趋势来看,也有下降的趋势,即存在资本边际效率递减的规律。资本边际效率之所以会下降,一方面是由于投资物产量的增加,生产设备所受的压力加大,成本提高,预期的利润率下降;另一方面,也是更重要的方面是,随着投资增多,产出越多,资本家对未来收益率的预期会下降。这样,由于企业家对未来的估计缺乏信心,而希望又往往落空,所以他们预期的资本边际效率常常偏低,私人投资的诱惑力越来越弱,从而导致投资需求的减弱。

3. 关于流动偏好规律

凯恩斯将流动性定义为一种资产在不损害其原有价值的条件下变成现金的难易程度。流动性最大的是现金,其次是商业票据、有价证券等,而机器、厂房等由于很难一下子不亏本而脱手变成现金,流动性很低。他又提出了流动偏好的概念,流动偏好又称灵活偏好,是指人们总想保存一定量的、方便使用的现钱,以应付日常开支、意外开支和投机活动的需要的心理动机。

凯恩斯相信,人们的心理都偏好流动性,因此,要放弃这种偏好,将货币贷给别人,就必须弥补他对流动性偏好的放弃,也就是要给予适当的报酬,付给利息。因此,利息是人们在一定时间内放弃流动偏好而获得的报酬。而货币的供给和需求的均衡决定了利息率的高低。流动偏好是对货币的需求,货币数量则代表着货币的供给。这样,当货币数量不变时,利息率决定于流动偏好;而当流动偏好不变时,利息率取决于货币数量。

所谓的流动偏好规律,在凯恩斯看来,就是货币的供给数量不变,利息率由货币的需求,即流动偏好决定的原理。由于人们对货币的流动性具有偏好,因此利息率总会保持在一定的高度,不可能无限下降。当利息率低到一定程度时,对货币的投机需求弹性便无限大,这时无论货币供应量怎样增加,投资者也不会去投资,而是将货币保存在自己手中,即增加了投机性的货币需求,此时的状态被称作"流动陷阱"。

可见,利息存在下降的刚性。

凯恩斯进一步指出,资本家的投资决策取决于资本边际效率和利息率两个因素。当资本边际效率下降时,如果利息不降低,甚至上升,以致资本的边际效率减去利息的差额为零和负时,资本家就不会再增加投资,甚至减少投资。只有当资本边际效率下降幅度小于利率下降幅度时,资本家才会因有利可图而进行投资。从长期来看,资本边际效率下降的同时,又存在利率刚性,必然会导致投资需求不足,以致难以通过投资需求的增加来弥补因边际消费倾向递减而引起的消费需求不足之差额,从而造成社会的有效需求不足,使社会就业水平经常处于"小于充分就业"状态。

传统经济学认为资本主义社会是和谐的,经济能够自行调节,因而无法为经济危机现象提供理论解释。凯恩斯则指出资本主义经济并不总是协调的,并正确地指出是供给与需求的矛盾导致了经济危机。虽然如此,他对危机形成机制的理解是错误的,仍然具有很强的辩护性质。凯恩斯的错误就在于将影响经济行为的心理因素当作是本质的、决定性的因素,甚至是一种"先验的人性"。而事实上,任何悲观的态度,或不景气的预期都是因为经济的不景气造成的。凯恩斯用经济不景气的果解释经济不景气的因,显然是不符合逻辑的。

第三节 其他主要经济理论

一、投资乘数理论

投资乘数理论是凯恩斯用来加强他的有效需求原理的意义和作用的理论,是他的宏观经济理论体系中重要的有机部分。根据有效需求原理,随着收入的增加,消费需求将越来越不足,收入与需求之间的缺口越来越需要更多的投资弥补。为了说明投资对就业及收入的重要作用,凯恩斯在边际消费倾向概念的基础上发展了所谓的投资乘数原理。

"除非消费倾向改变,否则就业量只能随投资之增加而增加。现在我们可以把这个思路再推进一步。在一特定情况之下,我们可以在所得与投资之间,确立一个一定比例,称之为乘数"①。可见,所谓的投资乘数,是指在一定的边际消费倾向条件下,投资的增加导致国民收入和就业量的增加。

由于投资乘数与消费倾向是密切相关的,因此,凯恩斯对投资乘数的说明是从边际消费倾向开始的。假设消费倾向一定,为 $\frac{\Delta c}{\Delta Y}$,用 I 代表投资,s 代表储蓄,ΔI 表示投资的增加,Δs 表示储蓄的增加,K 代表投资乘数,等于一定量的投资增量与由此引起的收入增量之间的比例关系。则投资乘数方程式为:

$$K = \frac{\Delta Y}{\Delta I}$$

$$\because \Delta Y = \Delta c + \Delta s = \Delta c + \Delta I$$

$$\therefore K = \frac{\Delta Y}{\Delta Y - \Delta c} = \frac{1}{1 - \frac{\Delta c}{\Delta Y}}$$

投资乘数等于1减边际消费倾向的倒数,国民收入的增加量等于投资增加量的 K 倍,或 $\frac{1}{1 - \frac{\Delta c}{\Delta Y}}$ 倍。在凯恩斯看来,增加投资,最终将引起总收入的增加。由于连锁反应,总收入的增加不仅是投资直接的作用,而且还包括引起消费需求增加而间接增加的收入。由于边际消费倾向是小于1的,投资乘数将大于1。而且边际消费倾向越大,投资乘数也就越大。

凯恩斯将关于投资乘数的说明扩展到就业乘数,认为如果投资品的总供给函数与消费品的总供给函数无重大不同,则投资乘数等于就

---

① 〔英〕凯恩斯:《就业利息和货币通论》,徐毓枬译,商务印书馆1963年版,第97页。

业乘数。也就是说,当投资增加使国民收入增加时,就业量也增加,而且收入增加几倍,就业就增加几倍。在此基础上,凯恩斯提出了只要投资增加就可以实现充分就业的观点,为其提出扩大政府开支实现充分就业的政策奠定了理论基础。

乘数方程式证明了投资在经济部门之间的连锁反应引起收入和就业增加的机制,但是要投资乘数真正发挥作用还必须具备若干的前提条件,显然,凯恩斯也注意到了这一点,因此他进一步分析了若干限制性的情况:

(1) 如果在投资物生产部门中增加的收入用于偿还债务,则就业乘数就会缩小;

(2) 如果增加的收入用于购买消费品的存货,则乘数也会变小;

(3) 如果增加的收入用来购买消费品,但因为生产条件的限制,消费品生产不出来,由于缺乏原料、燃料、生产工具等,这时货币的国民收入虽有增加,但实际的国民收入不能有同比例的增加,乘数的作用也会大受限制;

(4) 如果增加的收入用来购买外国货,则乘数也将缩小。

由于这些限制条件的存在,凯恩斯认为,虽然投资乘数大于1,但也不会过大。

另外,乘数公式还表明就业和收入的增加与边际消费倾向存在正比的关系。因此,凯恩斯一反节俭、储蓄是美德的传统观念,认为社会愈是挥霍浪费,愈是有利于克服危机、消除失业。他还用"蜜蜂的寓言"来说明,浪费固然是道德上的"劣行",对社会却大有好处,节约固然是"美德",对社会却很不利。

虽然凯恩斯的乘数理论还存在一定的缺陷,但是投资的增加对国民收入及就业的增长具有推动作用却是客观存在的。

二、利息理论和工资理论

在新古典学派看来,利息率和货币工资率具有充分的弹性,在危机到来时,只要利息率和货币工资率能及时、充分地下降,就可以形成对投资和就业的巨大刺激,从而阻止危机的爆发,资本主义经济就能够实现和保持充分就业均衡。凯恩斯则提出了利息理论和工资理论,证明自动地实现充分就业是不可能的。

凯恩斯首先以"流动偏好"为基础构建了利息理论,指出利息是人们放弃流动偏好而获得的补偿,从而否定了传统的以"时间偏好"为基础的"时差利息论"。他认为人们持有货币的动机,也就是流动偏好的形成,主要有三种:

(1)交易动机。即需要保持现金以备个人和业务上购买原料、支付地租、支付工资和分配股利等交易所用。

(2)谨慎动机,或者预防动机。是指由于通常除有足够的现金以应对交易的需要外,为了预防不可预测的非常事件的紧急需要也要持有一定的现金。

(3)投机动机。在这里,持有货币的目的不在于获得交易的媒介,而是作为增加财富的一种手段。因为持有货币,可以等待各种条件的变化,而投向更有利的用途。也就是持有货币的人"相信自己对未来之看法,较市场上一般人高明,想由此从中取利。"①

凯恩斯认为利息的产生不仅取决于交易性、谨慎性的货币需求,更重要的是投机性的货币需求,而后者正是新古典学派没有发现的。人们为投机动机而持有现金时,对利率的变动特别敏感。当他们觉得将来的利率变幻莫测时,就宁可将现金贮存起来而不去购买公债等证券,即投机性的货币需求增大。当利息率很低时,投机性的货币需求弹性则变得无穷大。因为利息率很低,意味着证券价格很高,从而证券价格今后再上涨的可能性很小,而下跌的可能性很大,同时利息率上升的可能性很大,因此,投资者不再购买证券,而是将现金保存在自己手中。这样就阻碍了利息率进一步下降的可能性。这就是利息率

---

① 〔英〕凯恩斯:《就业利息和货币通论》,徐毓枬译,商务印书馆1963年版,第144页。

存在下降刚性的原因。

在新古典经济学看来,利息率有完全的弹性,当储蓄大于投资时,利息率下降,利润上升,这就会使储蓄减少,投资增加,最终使储蓄等于投资;反之亦然。投资与储蓄在利息率的自动调节下,总是处于均衡状态。凯恩斯否定了这种储蓄支配投资的论点,提出实际上是投资支配储蓄。凯恩斯认为投资与储蓄是分属于不同经济主体的不同经济动机的经济行为。投资是公司企业家的行为,目的是获取利润,因而要受利息率和资本边际效率的制约,这两个因素本身就受不确定的心理预期的影响。储蓄则是企业和居民进行的,对居民来讲,利息的调节作用并不像企业那样明显。居民储蓄增加,只意味着消费的减少,从而就业减少,并不一定意味着投资的增加;只有投资增加,才能使就业增加、收入增加,从而在收入中形成同投资相等的储蓄。可见"有效储蓄之数量乃决定于投资数量"。所以是投资支配储蓄,而不是相反。

同样,凯恩斯反对新古典经济学关于工资充分弹性的理论,指出工资具有刚性,劳动市场不会自动趋向充分就业均衡。他认为,在现实生活中,货币工资下降会受到工人、工会的抵抗。再者,降低货币工资对个别企业来讲虽起到了刺激投资的作用,但就全社会来看,却意味着降低了社会总需求,反而会导致市场萎缩、投资减少,从而失业增加;同时因社会需求减少,产品价格下降,如果货币工资与物价同步下降,实际工资也不可能下降,或者下降较少。所以,不能以降低货币工资来增加就业。

当然,他也认为,在经济衰退时,应当通过降低工资的办法来提高资本边际效率,以刺激投资,摆脱困境。但他强调的是通过通货膨胀提高物价的办法降低实际工资,而不是直接降低货币工资的办法。这样,既可以刺激投资,又可以使工人因产生货币幻觉而不致群起反抗。

三、物价理论

传统经济学以微观经济为分析对象,核心是价值理论和分配理论。它对个别产品的价值决定和资源配置及其报酬进行分析,并不必一定引入货币数量变动的因素。另一方面,从萨伊定律出发,他们认为货币数量的变动只影响一般物价水平,并不影响产品数量。因此,他们的经济分析是把货币论与价值、分配论相分离的,认为货币数量变动并不影响产品数量,货币是中性的。经济学说史一般把这种分析方法称为经济学上的"两分法"。

凯恩斯反对这种"两分法",他指出传统的"经济学家在讨论所谓价值论时,总说物价决定于供需情况;边际成本以及短期供给弹性,尤占重要地位。但当他们进入第二卷,或另成一书,讨论所谓货币与物价论时,我们恍若进了另一世界,这些家常浅显的概念都不提了,代之而起的,是说决定物价者乃是货币之数量、货币之所得流动速度、流动速度与交易额之比、囤积、强迫储蓄、通货膨胀或紧缩……诸如此类;简直没有人想把这些空泛名词和以前供需弹性等观念联系起来。"①他认为只有他自己的物价论才真正将货币理论和价值理论联系起来。

凯恩斯指出,正确的方法论应该是"一面是关于一厂或一业之理论,研究如何把一特定量资源分配于各种用途,其报酬为如何等;另一面是适用于社会全体的产量论及就业论。"②也就是说,凯恩斯认为分析货币数量与物价水平的关系应该从微观、宏观两个方面入手。按照他的想法,就个别企业来讲,产品价格一部分取决于边际成本,一部分取决于生产规模。在个别产品价格决定中,货币只起计价作用,不是流通手段,因此,物价水平与货币数量无关。由此推及整个工业部门也是如此。再假定生产设备和技术不变,生产规模就是就业量;又假定边际成本中各生产要素所得的报酬以同一比例变动,即都与工资单位按同一比例变动,则一般物价水平,一部分取决于工资单位,一部分取决于就业量。由于在客观经济中不能没有货币流通,因此,一般物价水平就与货币数量多少相关。

---

① 〔英〕凯恩斯:《就业利息和货币通论》,徐毓枬译,商务印书馆1963年版,第249页。
② 同上书,第249—250页。

将货币理论与价值理论联系起来研究物价是凯恩斯对经济理论的一大贡献,但实际上,凯恩斯并没有彻底抛弃传统经济学原理,同样,他也认为物价是以货币表示的价值,并且这个价值是由供给与需求决定的,他也同样强调了生产成本、供给弹性、需求弹性等等重要因素的作用,甚至也接受了货币数量增加可以促使物价水平上涨的结论。与传统理论最重要的区别是他对货币数量与物价水平关系成因的解释和说明。

凯恩斯总结到:"当货币数量增加时,若还有失业现象,则物价毫不受影响,就业量则随有效需求作同比例的增加,而有效需求之增则起于货币数量之增;但当充分就业一经达到,则随有效需求作同比例之增加者,乃是工资单位与物价。"①简单来讲,货币数量变动对物价之影响是:"有失业存在时,就业量随货币数量作同比例改变;充分就业一经达到后,物价随货币数量作同比例改变"②。

凯恩斯在论述了货币数量对物价的影响机制后,研究了从货币数量变动到物价变动之间的复杂情况,发现货币数量与物价的关系因为一些因素的存在而表现不同,从而形成了他的"半通货膨胀论"。

这些主要因素有以下五个:

(1)有效需求并不与货币数量的改变成同一比例。货币数量的变动是通过利息率变动的传导机制而引起社会需求变动的。但利息率对社会需求的影响还受流动偏好的强弱、资本边际效率的高低、投资乘数的大小等几个因素的制约。

(2)资源的性能不一致,就业量增加时,报酬将递减而不是不变。所以,当增加就业劳动时,因劳动边际产量递减,产品边际成本递增,从而产品价格就逐渐上升,而不是不变。

(3)由于资源并非可以互换,所以有些商品已经达到供给无弹性(充分就业)之境,而有些商品则尚有失业资源可供生产之用。在资源

---

① 〔英〕凯恩斯:《就业利息和货币通论》,徐毓枬译,商务印书馆1963年版,第252页。
② 同上。

可以互换的情况下,产量增加不存在有的资源不足而有的过剩的情况。但实际上生产中所需要的各种资源并非都可以互换,于是,有些商品会因资源缺乏而供给无弹性,出现瓶颈,价格上升,而另些商品资源供给有余,其产量增加,便不致引起价格大上的上涨。

(4) 在充分就业没有达到以前,工资有上涨趋势。前面假定在充分就业之前,货币工资不会增加,但实际情况并非如此,劳动力成本上升便推动了物价上涨。

(5) 边际成本中各生产要素的报酬并不以同一比例改变,因此,当有效需求增加时,企业家会改变各自的预期,随着就业的增加,产品边际成本可能会迅速上升。

根据上述情况,凯恩斯说:"故事实上并不是当有失业存在时,物价不变,一达到充分就业,物价即随货币数量作同比例增加;而是当就业量增加时,物价逐渐上涨。"[1]

凯恩斯认为,货币对物价的影响,充分就业是一个"最后分界点"。在到达这一点以前,还有一组"半分界点"。即当货币数量增加,社会需求增加时,一方面引起就业量增加,从而产量增加,而另一方面又引起成本增加,从而物价上涨,但物价上涨不及社会需求增加得快,他称之为"半通货膨胀"。而当达到充分就业这个"最后分界点"以后,当社会需求随货币数量的增加而增加时,由于供给已完全无弹性,物价便随社会需求按同一比例上升,凯恩斯称之为"绝对通货膨胀",即真正通货膨胀。

凯恩斯将半通货膨胀与绝对通货膨胀区分开来是为了将就业不足与半通货膨胀联系起来,他的结论是只有在达到充分就业的境界后,增加货币数量才会导致物价水平无限制地上涨,形成绝对或真正通货膨胀。而在这之前,增加货币数量可以有效地促使有效需求增加,从而产量及就业量都会增加,而物价水平则有部分上涨。

---

[1] 〔英〕凯恩斯:《就业利息和货币通论》,徐毓枬译,商务印书馆1963年版,第252页。

凯恩斯认为"小于充分就业"均衡是资本主义经济的常态,因此,他认为在小于充分就业水平的情况下,根据上述半通货膨胀理论,如果增加货币量以增加社会需求,则虽使物价有轻度上涨,同时也增加了就业量和产量,但这样一来,受益的是产业家和工人,受损的是食利阶级。他断言:只要实行"适度的通货贬值,则我们今日一定可以找出一条出路"①来解决失业和危机问题。

实际上,凯恩斯提出的半通货膨胀理论只能在一定时期、一定限度内,对资本主义失业和危机产生缓解作用,但并不能解决其根本问题,甚至在某种情况下,还会进一步加深矛盾,从半通货膨胀发展成为真正的通货膨胀,损坏整体的国民经济。西方国家在二战后,由于长期奉行凯恩斯主义,从温和的通货膨胀到爬行的通货膨胀,再到恶性的通货膨胀,直至陷入"滞涨"的泥潭不能自拔的教训,证明了凯恩斯通货膨胀理论的局限性。

四、经济危机理论

与传统经济学家不同,凯恩斯承认资本主义经济存在经济危机,并将之称为"商业循环"。凯恩斯从有效需求原理进一步推论出周期性经济危机的机制,并将发生危机的原因归咎为资本边际效率的"突然崩溃"。

凯恩斯仍然以三个基本心理规律论证危机的产生。在他看来,收入增加,消费虽然也增加,但是消费增加要比收入增加得少。由于资本边际效率长期来看是下降的,再加上利率的刚性,必然会导致投资需求不足。这样就难以通过投资需求的增加来弥补因边际消费倾向递减而引起的消费需求不足,从而使总需求小于总供给,导致经济危机和失业的存在。在这三个心理规律中,凯恩斯又特别强调了资本边际效率的作用。

---

① 〔英〕凯恩斯:《就业利息和货币通论》,徐毓枬译,商务印书馆1963年版,第263页。

他认为资本主义经济的循环变动直接起因于投资的变动,而投资引诱首先取决于资本边际效率的大小,这又要取决于未来的预期收益水平。资本边际效率不仅取决于现有资本品的多寡、生产成本的大小,"在估计未来投资之多寡时,我们必须顾及:那些想从事投资者之精神是否健全,甚至他们的消化是否良好,对于气候之反应如何,因为这种种都可影响一人之情绪,而投资又大部分定于油然自发的情绪。"①如果企业家的情绪不佳,对预期收益作悲观的估计,那就会导致投资锐减,特别是在繁荣阶段的后期,由于一般人对未来之收益都作乐观的预期而不顾一切地增加投资,投机者乐观过度,购买过多,一旦失望来临时,失望情绪就骤然而至,相互感染,资本边际效率就会立即崩溃。与此同时,由于人们对未来之看法悲观,不放心去投资或购买债券,于是灵活偏好大增,利率上涨。这样,更会使投资急剧下降,危机就突然爆发了。

这说明,利息率上涨也是促成危机突然爆发的一个因素,但利息率上涨也是由于资本边际效率之崩溃而引起的。鉴于消费倾向相对稳定,凯恩斯指出:"商业循环之所以可以称为循环,尤其是在时间先后上及期限长短上之所以有规则性,主要是从资本之边际效率之变动上产生的。虽然当资本之边际效率改变时,经济体系中之其他重要短期因素亦随之而变,因之情况更趋复杂,更趋严重,但我认为商业循环之主要原因,还是资本之边际效率之循环性变动。"②

对于经济危机周期性的活动,或者说商业循环的运动,凯恩斯认为最好从经济繁荣后期,恐慌来临开始。在繁荣扩张时期,投资迅速增加,对未来的信念坚定,资本边际效率上升,就业逐渐增加。由于乘数的效果,新投资每有增加,都会刺激消费需求,从而收入更为增加。但同时,高度的资本边际效率由于受到成本增加以及预期收益下降的影响而处于压力之下。一旦发现高收入不能再继续维持,生产成本逐

---

① 〔英〕凯恩斯:《就业利息和货币通论》,徐毓枬译,商务印书馆1963年版,第138页。
② 同上书,第267页。

渐增加,市场上竞争产品逐渐增多,最终导致疑虑和悲观的气氛战胜乐观心理,于是资本边际效率崩溃,经济危机爆发了。

经济危机爆发后,投资和消费都迅速下降,利率突然的高涨导致生产的急剧收缩。而由萧条到复苏的过程"颇呈规则性,总在3年至5年之间变动"①。之所以时间这么长,是因为资本边际效率的恢复不可能在短时间内完成。从固定资本来说,耐久物经过使用消耗与折旧,由过剩变为稀少,需要经过一段时间;其次那些过剩的存货被市场吸收也需要一定时期;最后从运用资本来讲,从负投资到再投资,也需要时间。

固定资本、过剩的存货以及运用的资本经过一段时期以后,其稀少性得以恢复,边际效率又重新提高。这时,由于在萧条时期收入减少,交易动机和谨慎动机对货币的需求减少,虽然投机动机对于货币需求还很高,但是整体来讲,货币供给过多,于是利息率下降。由于利息率下降,生产成本也降低了。这样,由于资本边际效率上涨,生产成本降低和需求的变化,有组织的投资市场气氛开始活跃起来,投资增加。而由于在收入减少时期个人的边际消费倾向接近于1,投资、就业乘数很大,生产、收入和就业激增,经济周期也步入高涨阶段,直到在有组织的投资市场上资本边际效率再行崩溃。于是生产过剩的经济危机就这样一次又一次地从高涨到危机、到萧条、到复苏、再到高涨,周而复始。

总之,凯恩斯将经济危机产生的原因归结为三个心理规律,并将危机的周期性运动也归结为心理规律的作用,尤其是资本边际效率,因此,恢复企业家的信心也就成为促进经济复苏的重要途径。显然,凯恩斯并没有能够揭示资本主义经济危机产生的真正根源,因而也就不能科学地揭示危机的周期性运动。

---

① 〔英〕凯恩斯:《就业利息和货币通论》,徐毓枬译,商务印书馆1963年版,第270页。

第四节 凯恩斯的经济政策观点

一、关于国家干预经济

根据凯恩斯的经济理论,资本主义经济之所以出现危机主要原因在于有效需求不足,因此解救危机的办法必然是刺激有效需求的增长,以实现充分就业。具体来讲,有效需求不足包括两个方面的内容:(1)消费需求不足。消费需求不足的原因是消费倾向递减造成的。(2)投资需求不足。投资需求不足是因为资本边际效率递减,而利息率由于流动偏好具有向下的刚性,不能随着资本边际效率的下降更快地下降,由于相对于利息率资本边际效率过低,导致投资引诱不足,投资需求不旺。

针对上述原因,凯恩斯提出必须扩大社会有效需求以摆脱经济危机和失业的困境,而"最聪明的办法还是双管齐下。一方面设法由社会来统制投资量,让资本之边际效率逐渐下降,同时用各种政策来增加消费倾向。在目前消费倾向之下,无论用什么方法来操纵投资,恐怕充分就业还是很难维持,因此两策可以同时并用:增加投资,同时提高消费。"[1]也就是说,针对失业和危机产生的原因,必须设法提高社会的消费倾向,扩大消费,同时还要设法提高资本边际效率,加强投资引诱。

为实现上述两个目标,凯恩斯强调必须依靠政府对经济实行干预。20世纪30年代的大危机彻底粉碎了自由放任主义的神话。凯恩斯认为,单纯依靠私营经济的市场自动调节,不可能保证社会资源的充分就业,"要达到离充分就业不远之境,其唯一办法,乃是把投资这件事情,由社会来综揽"[2]。

---

[1] 〔英〕凯恩斯:《就业利息和货币通论》,徐毓枬译,商务印书馆1963年版,第277页。
[2] 同上书,第321页。

凯恩斯在有效需求理论的基础上提出国家干预政策可以说是对传统经济学的一大"革命",然而这种革命又是不彻底的,凯恩斯并没有彻底推翻传统经济理论,甚至提出,"我们对于经典学派理论之批评,倒不在发现其分析有什么逻辑错误,而在指出该理论所根据的几个暗中假定很少或从未能满足,故不能用该理论来解决实际问题。但设实行管理以后,总产量与充分就业下之产量相差不远,则从这点开始,经典学派理论还是对的。"①可见,凯恩斯并不认为传统理论有什么错误,不过是理论的假设前提在现实中,尤其是在危机状态下,不能满足,所以不能用来解决实际问题,甚至他将传统的经济学视为"只是这个通论之一个特例而已"②。

相应的,凯恩斯虽然提出政府干预经济的观点,但是并不否定自由竞争的市场机制,因为"似乎没有强烈理由要实行国家社会主义,把社会上大部分经济生活包罗在政府权限以内"③,"除了消费倾向与投资引诱二者,必须由中央统制,以便二者相互配合适应以外,实在没有理由要使经济生活比以前更社会化。"④所以,凯恩斯的经济政策应该是"国家之权威与私人之策动力量互相合作"⑤,不过是在现阶段,更加强调政府的作用罢了。

凯恩斯提出了一系列经济政策主张,以达到刺激有效需求实现充分就业的目标,这些政策主要表现在财政政策、货币金融政策以及对外经济政策三个方面。

二、关于财政政策

凯恩斯主张推行赤字财政政策,突破了斯密以来的平衡预算的观点。所谓的赤字财政政策,是指政府为促进经济增长而不惜举债积极

---

① 〔英〕凯恩斯:《就业利息和货币通论》,徐毓枬译,商务印书馆1963年版,第322页。
② 同上书,第4页。
③ 同上书,第321—322页。
④ 同上书,第322页。
⑤ 同上。

增加支出。在这里,财政赤字是政府政策积极追求的目标,而不仅仅是客观的结果。凯恩斯认为政府扩大支出,增加了国家投资和国家消费,就可以增加就业,克服经济危机。因为这种支出具有生产性,"设财政部以旧瓶装满钞票,然后以此旧瓶,选择适宜深度,埋于废弃不用的煤矿中,再用垃圾把煤矿塞满,然后把产钞区域之开采权租与私人,出租以后,即不再问闻,让私人企业把这些钞票再挖出来,——如果能够这样办,失业问题就没有了;而且影响所及,社会之真实所得与资本财富,大概要比现在大许多。"[1]

对于如何扩大政府支出,凯恩斯主张发行公债而不是增加税收。他说,"不论举债目的是为兴办资本事业,或为弥补预算不足。前者增加投资,后者增加消费倾向。"[2]而调节税收,尤其是实行累进所得税,虽然可以消除财富与所得分配的不公平,提高消费倾向,甚至可以扩大社会有效需求,但是因为短期内消费倾向相对稳定,这种作用是有限的。另外,发行公债,企业和个人用于购买公债的资金是他们手中不打算存入银行或购买商品的闲置资金,在扩大有效需求的同时,并不影响企业和个人的消费和投资。而税收则不同,增加税收可能会导致私人投资和私人消费的减少,两种作用相互抵消,则不能达到扩大社会有效需求的目的。因此,凯恩斯特别强调实行举债支出以弥补赤字的财政政策。

三、关于货币金融政策

根据凯恩斯的理论,投资需求不足的原因是利息率不能随着资本边际效率下降而下降,导致资本边际效率低于利息率水平。所以,"失业问题之所以发生,就是因为人们要造空中楼阁——如果人民所要的东西(例如货币)不能生产,而对此东西之需求又不容易压制,劳力便

---

[1] 〔英〕凯恩斯:《就业利息和货币通论》,徐毓枬译,商务印书馆1963年版,第110页。
[2] 同上书,第109页注①。

无法就业。"①因此,凯恩斯提出,可以通过中央银行适当地增发货币,影响利率,进而影响社会总需求水平。增加货币供给,可以满足投机动机所需的货币,而市场利率也会因此而下跌。利率下降,投资引诱增加,投资增加就可以使收入以乘数倍增加。当然货币供给增加究竟能带来多大的效果,还取决于投资乘数的大小。显然,凯恩斯的货币金融政策是他的半通货膨胀理论的实际应用。

在财政政策和货币金融政策中,凯恩斯更注重财政政策,他认为货币政策只起辅助作用。因为在凯恩斯看来,货币政策通过利息率间接起作用,不如财政政策来得直接和有力。而且,根据他过去的经验,似乎单靠货币政策来解决严重经济危机与失业问题是难以收效的。

总之,凯恩斯认为,国家对于经济的干预应该以财政政策为主、货币政策为辅,二者相互配合。并且他还主张,在经济衰退时期,要实行扩张性的经济政策。即使因为政府增加开支出现了赤字,也可以通过举债或者增发货币解决。出现通货膨胀并不可怕,甚至在凯恩斯看来,这种通货膨胀(半通货膨胀)还是一种扩大社会支付能力,降低利率,最终解决危机的有效途径。

由于凯恩斯所处的时代正值世界经济大危机,所以他的经济政策重点在于扩张政策,从而使赤字财政和半通货膨胀成为他的财政政策和货币政策的主要内容。

四、关于对外经济政策

传统经济学将萨伊定律应用于国际经济,得出了进口由出口偿付,二者必然相等的结论。即使由于一时的原因或者由于人为力量使贸易出现逆差或顺差,都可通过黄金的流动自动得到调节,使贸易恢复平衡。因此,自斯密以来的古典主义经济学家都主张实行自由贸易政策,反对国家对国际贸易的干预。

---

① 〔英〕凯恩斯:《就业利息和货币通论》,徐毓枬译,商务印书馆 1963 年版,第 198 页。

而凯恩斯认为,从维持就业的观点来看,贸易顺差是有利的。他认为,维持国内就业有赖于大量的投资,而投资来自于国内还是国外是没有区别的。在一定时期,一国国外投资的多寡是由贸易顺差的大小决定的,而出超是要靠增加输出、减少输入实现的,因此,贸易顺差促使就业增加的道理,同国内投资可以增加就业的道理是一样的。由于推崇贸易顺差是重商主义者的重要标志,因此,也有人将凯恩斯称为重商主义者,虽然不够确切,但是凯恩斯钟情于重商主义却是事实。

总之,凯恩斯认为,扩大对外商品输出,保持贸易顺差,可以增加一国的黄金外汇,扩大国内支付手段,有利于降低利息率和提高资本边际效率,增加投资引诱;另一方面,又可以为国内滞销商品和过剩资本找到出路,从而带来较多的就业机会和较多的国民收入。因此,他主张政府干预国际贸易,实行扩大出口、限制进口的贸易政策。

第五节 凯恩斯经济学的影响与发展

一、凯恩斯经济学的地位与影响

凯恩斯是 20 世纪最重要和最有影响力的经济学家,凯恩斯经济学的诞生在经济学史上具有划时代意义。在凯恩斯经济学产生以前,以新古典经济学为主的传统经济学从完全竞争出发,坚信萨伊定律,宣扬供给会自动创造需求,市场机制可以使经济自动走向充分就业均衡,因此资本主义经济不存在长期的经济危机。暂时的非均衡可以通过市场机制得到解决,因此在政策上他们倡导自由放任准则,不主张政府干预。然而在垄断资本主义迅速发展,经济危机频频爆发而且愈演愈烈的现实面前,完全竞争的经济理论和自由放任的经济政策主张失去了说服力,陷入了空前的危机之中。凯恩斯意识到,要使经济学摆脱破产境地,使国家摆脱危机带来的苦难,首先必须承认危机和失业的存在,必须对传统经济学进行一场"革命",以摆脱传统的想法和

说法。

凯恩斯《通论》的出版,被西方经济学界称为经济学发展过程中的一场革命,并且是两个方面的革命,或者两个革命,一个是经济理论上的革命,另一个是经济政策上的革命,这种革命代表着凯恩斯对传统经济学的背离,具体表现在:

1. 建立了宏观经济学的分析框架

新古典经济学将充分就业作为暗含的理论前提,探讨资源如何配置以实现经济利益的最大化,因此,他们的理论视角是微观的,论证也依赖于抽象的个体分析,即使有宏观的因素,也是隐含于微观分析之中的,从来没有一个独立的宏观分析框架和明确的研究课题。而凯恩斯的研究对象是就业,是一个涉及宏观总量的论题。他提出对经济理论必须分成两个部分进行研究,"一面是关于一厂或一业之理论,研究如何把一特定量资源分配于各种用途,其报酬为如何等;另一面是适用于社会全体的产量论及就业论。"[1]这是他首次提出微观经济分析与宏观经济分析的区别,他划清了微观经济学与宏观经济学的界限,从此,宏观经济学从经济学理论体系中独立了出来,以研究各种经济总量的变动及相互关系为目标,并逐渐发展成一门与微观经济学并行的重要理论分支。

2. 以有效需求不足论代替自动充分就业均衡论

凯恩斯重新发掘了马尔萨斯的有效需求概念,提出了有效需求决定收入水平和就业水平的原理,这也是他一个"革命的贡献"[2]。凯恩斯的理论将有效需求看作国民收入的决定因素,由于消费倾向递减、资本边际效率递减以及流动偏好三个基本心理规律的作用,有效需求相对于"充分就业"状态来讲是不足的,而工资、利息率都不具备充分

---

[1] 〔英〕凯恩斯:《就业利息和货币通论》,徐毓枬译,商务印书馆1963年版,第249—250页。

[2] 〔美〕劳伦斯·克莱因:《凯恩斯的革命》,薛蕃康译,商务印书馆1962年版,第60页。

的伸缩性,不能自发地调节到充分就业状态,因此,"小于充分就业"是资本主义经济的常态。这样,凯恩斯否认了新古典经济学以萨伊定律为基础的自动充分就业均衡论,得出了失业和危机不可避免的结论。

3. 建立了比较完善的宏观管理政策体系

新古典学派认为资本主义经济可以依靠市场机制的自发调节实现充分就业均衡,所以主张经济自由放任,反对国家干预经济。凯恩斯则从资本主义经济通常处于"小于充分就业"的均衡状态出发,认为只有通过国家干预,扩大社会需求,才能实现充分就业均衡。然而凯恩斯在政策主张方面的"革命"并不是因为他提出了国家干预政策,而在于他提出了以财政政策为主、货币政策为辅的宏观管理政策的体系。早在19世纪末20世纪初时就有一些经济学文献提出了国家干预的思想。瑞典学派的奠基人维克塞尔在1898年的《利息与价格》一文中就提出过国家通过银行运用货币手段管理经济的主张,而庇古在1914年发表的《论失业问题》中也建议国家调节生产和需求以减少失业,可见,国家干预并非凯恩斯的独创。

凯恩斯的贡献首先在于他为国家干预提供了更有力的系统性理论支持。其次,他的理论中最突出的特点是提出了以举债支出为主要内容的扩张性财政政策,辅之以半通货膨胀的扩张性货币政策治理经济危机,这一政策体系的提出对西方经济生活、政治生活,甚至是西方经济学理论的影响都是极为深远的。除此之外,凯恩斯提出的货币经济理论结束了传统经济学在货币论和价值论方面的"二分法",开辟了对货币理论分析的新时代,并在消费函数的建立等方面作出了开创性的贡献。

值得注意的是,尽管经济思想史将凯恩斯经济学的确立称为"凯恩斯革命",但这种"革命"并不是彻底的,甚至也不像凯恩斯自己所说的那样摆脱了旧说。从立场上来说,凯恩斯不否认传统学说是正确的,甚至将传统学说作为其理论的一个特例,并认为在对经济总量进行管理之后,新古典理论还是可以成立的。在方法论上,凯恩斯又继

承了新古典理论的边际分析方法、均衡分析方法。在很多方面,旧的学说和新的学说表现了一定的连续性。从本质上讲,凯恩斯的经济学是在新的历史条件下,对陷入危机的传统经济学的拯救,其革命性不过表现在为经济学的发展寻找到了一条新的途径,而新的学说一旦建立起来,对经济理论和社会实践都产生了重要影响。

由于凯恩斯的理论直面经济现实,《通论》出版后不久,得到了很多学者的积极响应,并得到了迅速的传播。[①] 不仅如此,凯恩斯经济学在实践方面也取得了巨大的成功。

战后的西方世界为了恢复和发展经济,积极奉行凯恩斯主义。在英国,战时联合政府于1944年5月发表了一个战后就业的具体计划《就业政策白皮书》,这标志着凯恩斯主义正式成为官方经济学;而美国参议院在1945年9月8日通过对《芒内充分就业法案》的《塔夫脱—拉特克利夫修正案》,第一次以法律的形式公开宣告应付失业和萧条的不平衡预算并不违背财政政策;1946年美国又通过了《1946年就业法》,表明美国将采取一切措施使那些能够、愿意而真正在谋求工作的人都能获得有益的工作,这也是联邦继续执行的政策和责任;此外,澳大利亚、加拿大在1945年也先后宣布以实现充分就业为政府的政策目标。所有这些都表明了在《通论》发表十年后,凯恩斯经济学已经从"异端"发展成"正统",并成为西方国家的"官方经济学"。此后一直到60年代末、70年代初大约二十年之久的时期里,凯恩斯主义作为制定经济政策的主要理论基础盛行于整个发达的西方世界。从那以后,直至在现在及未来,凯恩斯经济学的影响还将继续下去。

二、凯恩斯经济学说的发展

凯恩斯经济学一诞生就取得了巨大的成功,但是新古典理论的支持者们并没有完全放弃自己的阵营,他们不断针对凯恩斯理论的漏洞

---

① 其中影响较大的有琼·罗宾逊在1937年出版的《就业理论导论》以及阿尔文·汉森在1953年出版的《凯恩斯学说指南》。

展开进攻,例如,他们利用庇古效应和实际余额效应证明了,在价格下降时,由于流动陷阱以及投资函数无弹性,凯恩斯效应并不存在。为了应对这种局面,也为了适应战后经济发展的实际情况,凯恩斯的追随者们修正并补充了凯恩斯经济学,重点是将凯恩斯对消费函数和投资函数的短期分析长期化和动态化。①

1. 关于消费函数理论

在这方面,凯恩斯强调绝对收入的假定,认为消费是绝对收入量的函数,随着收入的增加,边际消费倾向递减。而凯恩斯的门徒如杜生贝利、莫迪利安尼等则补充了绝对收入量以外的其他因素,如相对收入水平的变动、人们一生的各个不同时期的收入、消费状况,以及对未来预期的收入水平等等,从而将绝对收入假定发展为相对收入假定、生命周期假定、消费决策影响收入假定等。西蒙·库兹涅茨、萨缪尔森还根据经验统计资料证明,在长期内,消费倾向是大体稳定在一定比例之上,而不是递减的。

由于边际消费倾向递减规律被否定了,消费倾向在凯恩斯理论体系中的重要性便大大降低了,从而使投资理论相对显得更加重要。

2. 关于投资函数理论

在投资与收入关系的问题上,凯恩斯只分析了增加投资对增加收入的刺激作用,即投资乘数原理。他的门徒则补充分析了收入的增加将引致投资更迅猛的增加,即提出了加速原理,并把乘数原理与加速原理结合起来解释资本主义经济周期波动的原因。在投资与储蓄的均衡问题上,凯恩斯只分析了短期内投资与储蓄如何均衡,而他的门徒则分析了长期内相互如何均衡的问题,即提出了经济增长的理论与模型。最典型的是哈罗德—多玛经济增长模型,被称为标准的凯恩斯主义经济增长模型。这个模型从凯恩斯投资理论出发,根据资本积累、技术进步和人口增长等因素来研究经济持续稳定增长的条件,从

---

① 以下的部分内容引自丁冰:《当代西方经济学流派》,北京经济学院出版社1993年版,第42—43页。

而把凯恩斯投资理论长期化、动态化。

凯恩斯经济学的诞生是西方经济思想史上的里程碑式事件,此后,一大批杰出的学者坚定地追随凯恩斯,沿着他留下的线索,根据各自的理解,不断地诠释凯恩斯理论,并努力将其发扬光大,逐渐形成了两个阵营——美国的新古典综合派和英国的新剑桥学派,两个学派之间的对立反而极大地促进了现代宏观经济学理论的进一步完善和发展。

第十一章

新古典综合派经济学

　　凯恩斯的《就业、利息与货币通论》虽然备受推崇,但也不断受到批判,个别学者认为作品行文晦涩,不易理解,而且结构也有不足之处,个别论点有些含糊等等。为了使凯恩斯主义更易为经济学界所接受,不少自称为"凯恩斯主义者"的经济学家们开始发表研究、解释《通论》的论著,对凯恩斯的理论进行修订和拓展。

　　到了二战时期,随着社会经济条件的变化,凯恩斯主义在新时期的适应性问题被推到了西方经济学家们的面前。《通论》主要研究的是经济萧条问题,而二战后的西方经济则进入了一段相对繁荣和稳定的发展时期,同时,各国经济也普遍出现了通货膨胀的现象。在通货膨胀的威胁下,价格和工资问题成了人们关注的焦点。因此,进一步发展凯恩斯理论就显得非常迫切了。另外,西方各国经济结构发生的巨大变化也要求经济理论必须创新。推行凯恩斯主义使得政府对经济的干预不断强化,国有经济得到了较快的发展,西方国家出现了"私营"和"公营"相结合的"混合经济"特征。"私营经济"由市场机制调节,"公营经济"则体现了国家干预特征,由政府进行宏观调控。与之相对应,经济理论就需要既有反映市场经济的微观经济学,又有反映国家干预经济的宏观经济学,这样就需要把宏观经济学和微观经济学

结合起来,即将凯恩斯主义和新古典经济学结合在一起来论证和分析现代西方经济。

新古典综合派正是在二战后新的历史条件下,在诠释、发展凯恩斯主义的过程中,融合了新古典经济学而形成的流派。①② 新古典综合派以美国麻省理工学院为主要阵地,因此又被称作"美国凯恩斯主义""美国剑桥学派""新凯恩斯主义者""后凯恩斯主流经济学派",这个学派大师云集,代表人物主要有阿尔文·汉森、约翰·希克斯、保罗·萨缪尔森、詹姆斯·托宾、罗伯特·索洛、弗兰科·莫迪利安尼、阿瑟·奥肯等。

新古典综合派的主要特点是强调凯恩斯经济学中的新古典传统,将凯恩斯的宏观经济理论同新古典经济理论结合在一起,利用新古典的均衡价格分析传统对以收入分析为中心的凯恩斯宏观经济理论进行发展。

第一节 主要代表人物与理论特征

一、主要代表人物

1. 阿尔文·汉森

阿尔文·汉森(Alvin Hansen,1887—1975)出生于美国南达科他州,1915 年获美国威斯康星大学博士学位,曾任教于明尼苏达大学、斯

---

① 新古典综合作为一个学派,虽然是在二战后形成的,但是对凯恩斯主义和新古典经济学的综合实际上要更早。希克斯在 1937 年发表的《凯恩斯先生与古典学派经济学家》一文中,以三个方程式和 IS-LM 模型概括了凯恩斯的理论,以说明《通论》和新古典经济学之间的联系。他当时的结论是,凯恩斯的三个方程式不过是向"马歇尔的正统经济学跨回了一大步",以致他的理论很难与经过修订和限定范围内的马歇尔理论相区别。希克斯这篇重要文献是新古典综合的开始。See John Richard Hicks, Mr. Keynes and the "Classics", in W. Fellner and B. Haley(eds.), *Readings in the Theory of Income Distribution*, Philadelphia: Blakiston for the American Economic Association, 1946.

② 萨缪尔森则首创了"新古典综合"一词,用以表示凯恩斯经济学和新古典经济学的结合。1948 年,他出版了《经济学》第 1 版,以教科书的形式对凯恩斯经济学和新古典经济学进行了综合。这本书标志着新古典综合派的形成。

坦福大学、哥伦比亚大学等。1937年起任哈佛大学教授至1956年退休。1938年被选为美国经济学会会长。担任过罗斯福政府的经济顾问、美国国务院经济专家、美国联邦储备局经济顾问等职。

汉森早期深受剑桥学派的影响,是新古典经济学的信奉者,后转而信奉凯恩斯的理论。在他的积极鼓吹和影响下,哈佛大学一度成了美国凯恩斯主义的教研中心,并培养出了一批著名经济学家,如萨缪尔森、加尔布雷思、托宾等人。

汉森的主要著作有《充分复苏,还是停滞》(1938年)、《财政政策与经济周期》(1941年)、《经济政策和充分就业》(1947)、《凯恩斯学说指南》(1953年)、《美国的经济》(1957年)、《20世纪60年代的经济问题》(1960年)等。

2. 约翰·希克斯

约翰·希克斯(John R. Hicks,1904—1989)出生于英格兰,1926年和1932年分别获得牛津大学硕士和博士学位。1926—1935年任伦敦经济学院讲师,1935—1938年在剑桥大学做研究,后任曼彻斯特大学教授,1946年起又任牛津大学教授直至1965年退休。1961—1962年任英国皇家经济学会会长。1972年获诺贝尔经济学奖。

希克斯的研究领域很广,尤其在一般均衡理论和福利经济理论方面作出了"首创性"贡献。他开发了大量的工具和图表,使得经济学家们能够更为清晰和简明地描绘经济学分析的原理,这些图表成为当代经济学的基础,特别是成为大学生的必修内容。希克斯最著名的成就是完善了凯恩斯的宏观经济理论,他把凯恩斯的《通论》浓缩成代表商品市场和货币市场一般均衡的 IS-LM 两条曲线。同时,希克斯对利率的期限结构和收益曲线进行了分析和描绘。在微观经济学上,希克斯还把无差异曲线融进标准的微观经济学理论中并引出了预算线,用无差异曲线去区分价格变化中的收入效应和替代效应。

他的主要著作有:《价值与资本》(1939年)、《消费者剩余理论的重建》(1941年)、《对经济周期理论的贡献》(1950年)、《需求理论的

修正》(1956年)、《资本与增长》(1965年)等。

3. 保罗·萨缪尔森

保罗·萨缪尔森(Paul A. Samuelson,1915—2009)出生于美国印第安纳州,1935年毕业于芝加哥大学,1936年获哈佛大学硕士学位,1941年获哈佛大学博士学位。此后被聘为麻省理工学院经济学助理教授、副教授,1947年任教授。曾任美国经济学会、经济计量学会、国际经济学会会长。担任过美国资源计划局、战时生产局、美国总统顾问委员会顾问和委员等职。1970年获得诺贝尔经济学奖,他是第一个获此奖项的美国人。

萨缪尔森是新古典综合派的奠基人和领导人物。他不仅发表了静态和动态经济理论,提高了经济科学的定量分析水平,而且还建立并完成了新古典综合派的理论体系。萨缪尔森在1948年出版的《经济学》中,首先把凯恩斯理论和新古典理论进行了综合,这不仅标志着新古典综合派理论体系的形成,同时也使凯恩斯主义在美国得到了广泛传播。

萨缪尔森的主要著作除已经再版18次的最著名的《经济学》之外,还有《经济分析的基础》(1947年)、《线性规划和经济分析》(1958年与多夫曼和索洛合著)以及由1937—1979年发表的三百多篇学术论文所编辑出版的五卷本的《保罗·萨缪尔森科学论文集》等等。他的著作几乎涉及经济学的各个领域,被称为"经济学最后通才之一"。

4. 詹姆士·托宾

詹姆士·托宾(James Tobin,1918—2002)出生于美国伊利诺伊州,1939年毕业于哈佛大学,1940年获哈佛大学硕士学位,1942年入伍,在战时生产局等政府机关任职,1946年从海军复员重返哈佛大学,1947年获博士学位,1967年获锡拉丘兹大学法学博士学位。1950年任耶鲁大学副教授,1955年任教授,1968—1978年任经济系主任。1958年被选为美国计量经济学会会长,1970—1971年任美国经济学会会长,1961—1962年任肯尼迪总统经济顾问。1981年获得诺贝尔经济学奖。

托宾的理论贡献主要是在货币金融方面,尤其是资产选择理论和货币经济成长理论。另外,他在分析结构性失业及通货膨胀与失业并发症方面也作出了重要贡献。

他的主要著作有:《国民经济政策》(1963年)、《经济学论文集:宏观经济学》(1974年)、《十年来的新经济学》(1974年)、《经济学论文集:消费和计量经济学》(1975年)等。

5. 罗伯特·索洛

罗伯特·索洛(Robert Solow,1924—)出生于纽约市,1947年毕业于哈佛大学,1949年获哈佛大学硕士学位,1951年获博士学位。1950年起在麻省理工学院任教,1955年起任教授。1961年任经济计量学会会长,1980年任美国经济学会会长。1987年获诺贝尔经济学奖。

他在萨缪尔森指导下从事学术研究,研究成果主要表现在资本理论和经济增长理论。主要著作有:《线性规划与经济分析》(与多夫曼和萨缪尔森合著,1958年)、《资本理论与利润率》(1963年)、《美国的失业性质与原因》(1964年)、《增长理论:一种说明》(1969年)等。

6. 弗兰科·莫迪利安尼

弗兰科·莫迪利安尼(Franco Modigliani,1918—2003)出生于意大利罗马,1939年毕业于罗马大学并获法学博士学位,1940年移居美国,1944年获纽约社会研究学院社会学博士学位,1967年获芝加哥大学哲学博士学位,1979年获贝加莫大学博士学位。曾在哥伦比亚、伊利诺伊、卡内基理工学院、西北大学和麻省理工学院任教。先后担任过美联储系统管委会学术顾问、布鲁金斯学会经济活动专门研究小组高级顾问、美国经济学会和金融学会会长等职。莫迪利安尼因在宏观经济学方面创立了消费储蓄的生命周期理论和著名的莫迪利安尼—米勒定理,于1985年获得诺贝尔经济学奖。

他在理论上的主要贡献是提出了储蓄的生命周期假说和公司财务定理。主要著作有:《国民收入和国际贸易》(1953年),以及1980

年出版的三卷本的论文集:《宏观经济学论》(第一卷)、《储蓄的生命周期假定》(第二卷)、《财政理论和其他论文集》(第三卷)。

7. 阿瑟·奥肯

阿瑟·奥肯(Arthur M. Okun,1928—1980)出生于美国新泽西州,1949年在哥伦比亚大学毕业,1956年获哥伦比亚大学经济学博士学位,1961年任耶鲁大学副教授,1963年起任教授。曾经是肯尼迪与约翰逊总统的经济顾问,1968年任约翰逊总统经济顾问委员会主席,1969年任布鲁金斯研究所研究员。

奥肯的主要经济理论贡献是分析了平等与效率的替代关系,提出了估算 GDP 与失业率关系的"奥肯定理"。他的代表性著作是《繁荣政治经济学》(1971年)和《平等与效率》(1975年)等。

二、新古典综合派的理论特征

1. 理论上的综合

新古典综合的主要特征是新古典的"均衡论"与凯恩斯的"有效需求论"的综合。该派学者接受了凯恩斯的基本观点,认为自由放任的经济制度不能保证消费和投资正好处于维持充分就业的水平,与此同时,他们又承袭了均衡论的思想,将之作为整个宏观经济模型的基本原则,并用一条45°线表达均衡的形成过程与机制。所谓的均衡点就是这条线与总需求曲线的交点,由于工资和价格不具备完全的弹性,此时的均衡并不是新古典的充分就业均衡,而是凯恩斯的小于充分就业的均衡。这样,他们就将微观经济学与宏观经济学综合在了一起。到了70、80年代,该学派又将收入分析与当时影响较大的现代货币主义、供给学派和理性预期学派乃至新凯恩斯主义综合进来,显示了其理论体系的包容性。这种包容性是新古典综合派在西方久盛不衰,长期居于正统和主流地位的重要原因。

2. 政策上的综合

在西方经济学说史上,学者们可以大致地被分为经济自由主义和国家干预主义两大阵营,他们围绕着是市场自由调节还是政府干预争议不休。经济自由主义从古典到现代的各个流派,坚信市场自动均衡论,主张最大限度地减少政府干预;国家干预主义从重商主义到凯恩斯主义则看到的是市场的不灵和重视国家干预;新古典综合派则处于二者之间。

新古典综合派将均衡价格机制与有效需求理论综合在一起的必然结果就是政府干预及市场机制两种价值观的结合。他们一方面承认市场的基础性作用,认为自由经营可以实现最有效率的资源配置,消费者可以获得最大限度的满足;另一方面,他们也指出市场机制不能自动形成充分就业,因此主张由政府来补充市场失灵的方面。

在政策方面,他们也在综合了收入分析与货币分析的基础上,提出为促进增长,财政政策要能够发挥作用,但无论是扩张性的还是紧缩性的政策都要从货币供给方面得到支持,也就是说货币政策对于总需求管理也是重要的。总之,新古典综合派所提出的经济政策主张比较灵活,在执行过程中可以松紧搭配,发挥综合性作用。

3. 内容上与时俱进

进入20世纪下半叶,世界经济一方面发展的步伐加快,另一方面形势愈加错综复杂。为了能够反映经济社会的实际情况,解决实际问题,新古典综合派特别注重不同时期的经济变化,并不断对其理论体系进行修改和完善,从而使其跟上时代的发展而不过时。这一特征在萨缪尔森的《经济学》中得到了较好的体现。萨缪尔森的《经济学》自1948年首次出版到第18版,每一版都是对当时的世界经济现实的重大变化作出的回应。

1961年萨缪尔森在第5版《经济学》中正式使用"新古典综合"的名称,真正完成了综合的经济理论体系。之后,新古典综合论成为战后西方正统经济学,并构成了政府干预经济的理论基础。进入70年代后,西方各国经济陷入了新的困境,凯恩斯主义信条受到了严峻现实的挑战。同时,新古典综合派也受到了来自各方面的攻击和责难。

新剑桥学派公开指责新古典综合派背叛了凯恩斯,曲解了凯恩斯的原意,是冒牌凯恩斯主义者。在这种情势下,萨缪尔森于1972年修改并出版了《经济学》第8版。在第8版中,萨缪尔森不再使用"新古典综合"这一术语,而代之以"后凯恩斯主流经济学"的术语,以突出其理论的凯恩斯主义色彩和在西方经济学界的主流地位。

随后西方世界出现的"滞胀"又给了"后凯恩斯主流经济学"沉重的打击。此时,货币主义、供给学派和理性预期学派争相批判"后凯恩斯主流经济学",并发表自己独有的经济理论,力争取代"后凯恩斯主义主流经济学"的主流地位。萨缪尔森等人部分地吸收了新学派的理论和观点,他和诺德豪斯继续修改《经济学》教科书,并于1985年出版了第12版。第12版在原有的新古典综合派的基础上对上述三个新学派的理论和观点加以新的综合,形成了"现代主流经济学的新综合"。萨缪尔森写道:"这第12版是自1948年具有里程碑意义的第1版问世以来修订最彻底的一版"①。在这一版中,这一理论体系被更名为"现代主流经济学的新综合"。

1992年的《经济学》第14版又作了重要的修改和综合,主要是面对苏联解体后世界新的形势变化,强调了市场经济在世界各国的普遍适用性,提出了"市场再发现"的论点。2001年的《经济学》第17版,在仍然对新旧古典经济学、凯恩斯主义、现代货币主义、供给学派、理性预期等"诸子百家"进行综合的同时,还强调了计算机信息技术所引起的经济和经济学领域的创新、网络经济对经济效率和市场力量的影响,对全球的公共产品——环境问题更加重视。2005年又修订了《经济学》最新的第18版。最新版的理论创新和发展体现在以下诸多方面:一是强调了经济学长期不变的核心理论。二是为了适应现代经济现实不断创新的需要,进行了一系列的理论创新,如在网络经济学、环境经济学和"全球公共产品"理论等方面的讨论。三是大大扩宽了经

---

① 〔美〕萨缪尔森、诺德豪斯:《经济学》第12版(上),高鸿业等译,中国发展出版社1992年版,第1页。

济学的研究领域,使经济学的大旗不仅飘扬在传统的市场领域之内,而且还覆盖了环境、法律研究、统计和历史方法、艺术、性别和种族歧视,甚至家庭生活等方面。四是对新世纪的政策问题的研究,如微观经济学部分的股息税改革、最低工资、国际化外包、品牌价值、财务诈骗等方面的问题和治理政策,宏观经济学部分的货币金融、社会福利制度、财政赤字与居民储蓄等问题和政策。五是关于全球化问题的争论。针对国际经济联系的日益紧密和美国产业输出所导致的就业率的下降,第18版增加了对国际经济学、国际经济贸易及其同国内经济变动之间如何相互影响的内容。六是宏观经济学的论战。在总供给和总需求的分析框架中,第18版讨论了现代宏观经济学所有主要流派,包括凯恩斯主义、古典主义和新古典主义、真实商业周期及货币学派和宏观经济学;另外,也强调了"预期""市场出清""总需求"的其他新特征。第18版还将经济增长理论及其新成果引入了宏观经济学的中心地带。

第二节 "混合经济"的理论模型

凯恩斯在《通论》中提出挽救资本主义危机的"唯一方法"就是扩大政府的机能"让国家之权威与私人之策动力量互相合作"①,这是关于"混合经济"论点的最初由来。汉森等人继承并发展了这一基本思想,并将"混合经济"模型作为了理论分析的制度前提。

一、混合经济的基本含义

汉森在1941年发表的《财政政策和经济周期》一书中较为系统地解释了"混合经济"的含义。他指出,从19世纪末期以来,世界上大多数资本主义国家的经济已经不再是单一的纯粹的私人资本主义经济,

---

① 〔英〕凯恩斯:《就业利息和货币通论》,徐毓枬译,商务印书馆1963年版,第321页。

而是同时存在着"社会化"的公共经济,因而成了"公私混合经济"或"双重经济"。汉森认为,这种"双重经济"必须从双重意义上来理解,即生产领域的"公私混合经济"(如国有企业与私营企业并存)和收入与消费方面的"公私混合经济"(如公共卫生、社会安全和福利开支与私人收入和消费的并存)。根据汉森的看法,无论是在美国或西欧,都存在着从个人主义的经济向以社会福利为重点的"公私混合经济"过渡的趋势。

萨缪尔森在《经济学》的诸多版本中都论述了"混合经济"。他在《经济学》第18版中指出,"每个有效率并且讲人道的社会都会要求混合经济的两面——市场和政府都同时存在。如果没有市场或者没有政府,现代经济运作就都会孤掌难鸣。"①

二、混合经济的主要内容

"混合经济"最基本的内容是市场和政府在现代宏观经济运行中的共同作用,具体体现在收入—支出模型和希克斯—汉森模型中。

1. 收入—支出模型

新古典综合派首先从"两部经济"(假定只存在企业和居民的经济)入手来分析国民收入的循环与经济活动水平的关系。根据凯恩斯的收入—支出理论,一国一定时期的国民收入(Y)可以从供给和需求两个角度加以考察:从供给角度看,国民收入等于消费(C)和储蓄(S)之和;从需求角度看,国民收入等于用于消费的支出(C)和用于投资的支出(I)的总和。如果社会经济中总收入等于总支出,即 $C + S = Y = C + I$,或者,投资等于储蓄,即 $I = S$,则社会经济中总需求与总供给之间达到均衡。

在上述方程中,当总供给(收入)等于总需求(支出),或者储蓄等于投资时,国民经济达到均衡状态。假如由 $C + I$ 所决定的国民收入

---

① 〔美〕萨缪尔森、诺德豪斯:《经济学》第18版,萧琛主译,人民邮电出版社2008年版,第36页。

(Y)之值小于潜在的国民收入(即实现充分就业会有的国民收入),这将表现为由于有效需求不足引起的失业。反之,假如总需求超过了按固定不变的价格计算的潜在国民收入,就将出现由于过度需求引起的通货膨胀。

为了避免经济生活中常常出现的过度需求和有效需求不足,新古典综合派根据凯恩斯主义国家干预经济生活的思想,在收入—支出模型中引进了政府税收(T)和政府支出(Gt)两个因素,从而建立起了"三部门经济"模型。这样,国民收入从收入(或供给)角度看为:$Y = C + S + T$;从支出(或需求)角度看则为:$Y = C + I + Gt$。因而,在总需求等于总供给的均衡条件下,"三部门经济"的收入—支出模型为:

$$C + S + T = C + T + Gt \text{ 或者 } C + S = C + I + (Gt - T)$$

由于模型引入了政府财政收入和支出,就为政府调节社会经济中总需求与总供给之间的关系提供了可能。如果 $C + I + Gt > C + S + T$,即出现总需求大于总供给的通货膨胀局面,政府可以减少财政开支,或者增加税收,或者双管齐下,来抑制总需求,使总需求与总供给在没有通货膨胀的条件下达到充分就业均衡;如果 $C + I + Gt < C + S + T$,即出现总需求小于总供给的有效需求不足的局面,政府可以增加财政开支,或者减少税收,或者双管齐下,来刺激有效需求,使总需求等于总供给,从而实现充分就业均衡。

上述分析表明,政府只要运用财政政策,适当地扩大或减少政府的开支和收入,就能通过需求管理政策使资本主义经济达到充分就业。该理论模型体现了市场机制和政府作用的混合,但并没有完全概括凯恩斯的有效需求理论,而"希克斯—汉森模型"则以凯恩斯流动偏好理论为核心,将收入分析和货币分析结合在一起,形成了真正意义上的综合,也为新古典综合派研究货币政策和财政政策的综合运用提供了分析工具。

2. 希克斯—汉森模型

"希克斯—汉森模型"又称 IS-LM 模型。在 IS-LM 分析中,IS 曲线

上的每一点代表在某一给定的利息率条件下,投资与储蓄相等时的国民收入水平,它反映了商品市场上总需求与总供给一致时,国民收入水平与利息率之间的反方向变化关系;LM 曲线上的每一点代表在货币供给量既定条件下,与每一国民收入水平相应的货币市场上需求与供给一致时会有的利息率,因而一条 LM 曲线表达的是在货币供给量给定的条件下,国民收入与利息率之间的同方向变化关系。IS 曲线与 LM 曲线的交点表示社会经济活动中商品市场和货币市场同时达到均衡,以及在此均衡状态所决定的国民收入和利息率的均衡值。

IS-LM 分析采用的是新古典经济学的均衡分析方法,所说明的却是凯恩斯的国民收入决定理论,它是标准的有效需求理论和一般均衡理论相结合的产物。此外,凯恩斯的经济理论着重宏观经济的需求分析,强调以财政政策为重点的需求管理的宏观经济政策。新古典综合派则通过 IS-LM 分析进一步说明了宏观货币政策作为财政政策补充手段的重要性;强调政府应同时采取刺激投资需求的财政政策和增加货币供给的货币政策,以便能够通过利息率的中介作用,刺激国民收入的增长,实现充分就业。

第三节 经济增长理论

美国经济学家索洛在 1956 年出版的《经济增长理论的拓展》一书中提出了著名的新古典经济增长模型,奠定了新古典综合派经济增长理论的基础。

新古典经济增长模型有以下几个假设前提:(1) 全社会只有一种产品;(2) 资本—产量比率是可以改变的,从而资本—劳动比率也是可以变动的;(3) 规模收益不变,但资本或劳动的边际生产力递减;(4) 完全竞争,即工资率和利润率分别等于劳动与资本的边际生产力;(5) 不考虑技术进步。

根据柯布—道格拉斯生产函数($Y = AK^a L^{1-a}$),产量的增长取决于资本投入量的增加和劳动投入量的增加,即 $\Delta Y = f(\Delta K, \Delta L)$。根据假设,全部产品是由资本和劳动生产出来的,它们在全部产品中所占的比重是由各自的边际生产力和投入量决定的,所以有 $Y = MP_K \cdot K + MP_L \cdot L$。这样,可以推导出:$\Delta Y = MP_K \cdot \Delta K + MP_L \cdot \Delta L$。

经济增长率定义为 $G = \Delta Y / Y$,所以可以得出:$G = \Delta Y / Y = MP_K \cdot \Delta K/Y + MP_L \cdot \Delta L/Y$。

经整理,可得到:$G = \dfrac{MP_K \cdot K}{Y} \cdot \dfrac{\Delta K}{K} + \dfrac{MP_L \cdot L}{Y} \cdot \dfrac{\Delta L}{L}$。其中,$\dfrac{MP_K \cdot K}{Y}$ 就是资本在总产量中所作的贡献,也就是柯布—道格拉斯函数中的 a,写作:$\alpha = \dfrac{MP_K \cdot K}{Y}$;$\dfrac{MP_L \cdot L}{Y}$ 是劳动在总产量中所作的贡献,也就是 $1-a$,写作:$1 - \alpha = \dfrac{MP_L \cdot L}{Y}$。

综上,$G = \alpha \cdot \dfrac{\Delta K}{K} + (1 - \alpha) \cdot \dfrac{\Delta L}{L}$。这就是索洛增长模型的基本公式,其基本含义是在技术水平既定的条件下,经济增长率取决于资本增长率 $\left(\dfrac{\Delta K}{K}\right)$ 和资本的产量份额 α 的乘积与劳动增长率 $\left(\dfrac{\Delta L}{L}\right)$ 和劳动和产量份额 $1 - \alpha$ 的乘积之和。

进一步分析可以发现,由于经济均衡增长的条件为 $S = I$,而资本增长量 ΔK 就是投资量,即 $I = \Delta K, S = s \cdot Y, s$ 为储蓄倾向,所以,$\Delta K = s \cdot Y$,这样,资本增长率 $\dfrac{\Delta K}{K} = \dfrac{sY}{K} = S \cdot \dfrac{1}{K/Y}$,公式表明资本增长率等于储蓄倾向与资本—产出比率之比。假定储蓄倾向给定,索洛模型就转化成了哈罗德—多玛模型:$\dfrac{\Delta Y}{Y} = \dfrac{\Delta K}{K} = S \cdot \dfrac{1}{K/Y} = \dfrac{s}{\sigma}$。

在 s 一定的条件下,如果 $\dfrac{\Delta Y}{Y} > \dfrac{\Delta K}{K}$,则降低资本产出率 σ 可使二者相等;如果 $\dfrac{\Delta Y}{Y} < \dfrac{\Delta K}{K}$,则提高资本产出率 σ 可使二者相等。

$\frac{\Delta Y}{Y} = \alpha \cdot \frac{\Delta K}{K} + (1-\alpha) \cdot \frac{\Delta L}{L} = \alpha \frac{\Delta Y}{Y} + (1-\alpha) \cdot \frac{\Delta L}{L}$，经整理，得到：$(1-\alpha)\frac{\Delta Y}{Y} = (1-\alpha) \cdot \frac{\Delta L}{L}$，从而：$\frac{\Delta Y}{Y} = \frac{\Delta L}{L}$。

这个结果表明，储蓄等于投资时的均衡增长率不仅将社会储蓄全部吸收为投资，而且还把劳动力全部吸收进生产过程，从而可以实现充分就业。

通过上述分析可以看出，索洛增长模型强调了经济稳定增长的条件是$\frac{\Delta Y}{Y} = \frac{\Delta K}{K}$，如果$\frac{\Delta Y}{Y} \neq \frac{\Delta K}{K}$，就可以调整资本数量从而改变资本—产出比率来使二者相等。这样一来，资本与劳动的投入比例就可以根据需要随时进行改变以保证经济的稳定增长，资本与劳动的比例调整是通过市场机制在市场上自发调节的，即通过市场上资本与劳动的相对价格的变动来实现的。

如果$\frac{\Delta Y}{Y} < \frac{\Delta K}{K}$，表明生产中使用的资本量多，资本的供给就会小于需求，资本的价格就会上升，从而可以用较便宜的劳动来替代资本；如果$\frac{\Delta Y}{Y} > \frac{\Delta K}{K}$，表明生产中使用的资本的数量少，资本的供给就会大于需求，资本的价格就会下降，从而可以用较便宜的资本来替代劳动。

这样，索洛模型将新古典经济学的市场机制原理与储蓄等于投资这一宏观经济均衡条件综合在一起，否定了哈罗德—多玛经济增长模型中资本—劳动比率固定不变的假设，使经济稳定增长摆脱了哈罗德—多玛经济增长模型中的"刃锋式"道路，走上了充分就业增长的宽广道路。

如果进一步考虑技术进步在经济增长中的作用，以$\frac{\Delta A}{A}$代表技术进步，则索洛的经济增长模型可以进一步修正为：$G = \alpha \cdot \frac{\Delta K}{K} + (1-\alpha) \cdot \frac{\Delta L}{L} + \frac{\Delta A}{A}$。这样，即使资本和劳动的增长率为零，经济也可以由于技术进步而实现增长。同时,该式说明,技术对经济增长的贡献率为百分之百,强调了技术进步在经济中的重要作用。

第四节 经济周期理论

新古典综合派将凯恩斯的"乘数理论"和西方经济学中的"加速数原理"结合起来形成了"乘数—加速数原理",通过政府支出、个人消费和私人投资等主要经济变量相互关系的分析,动态解释了资本主义经济周期性波动的原因和特征。

一、乘数理论

凯恩斯在《通论》中沿袭了卡恩关于就业乘数的观点,并引入了边际消费倾向这一概念系统地阐述和发展了乘数理论。

根据凯恩斯关于收入、投资与消费的定义,三者之间有下述恒等关系:$Y = I + C$;则 $\Delta Y = \Delta I + \Delta C$,两边同时除以 ΔY 后,经整理可以得到:$\Delta Y = \Delta I \cdot \dfrac{1}{1-(\Delta C/\Delta Y)}$。

式中的 $\Delta C/\Delta Y$ 即为边际消费倾向,$1-\Delta C/\Delta Y$ 为边际储蓄倾向,其倒数 $\dfrac{1}{1-(\Delta C/\Delta Y)}$ 就是乘数,如以 K 表示乘数,则 $\Delta Y = K \cdot \Delta I$。

该式表明,当边际消费倾向越高,即边际储蓄倾向越低时,乘数就越大;反之则乘数越小。设边际消费倾向为 8/10,则乘数 $K=5$。也就是说,如果政府增加 1 亿美元的投资,由于乘数的作用,社会总收入会增加到 5 亿美元。

在实际的经济生活中,投资量的增加总是会对国民收入和就业产生一定的影响,也有促进消费需求和生产的作用,这的确是客观存在的机制。但是,如果利用乘数论将资本主义再生产过程抽象为可以随着支出不断扩大的经济均衡过程则过于简单和片面了。

二、加速数原理

加速数原理最早是由法国经济学家阿夫塔里昂在1913年发表的《生产过剩的周期性危机》一书中提出来的,美国经济学家克拉克在1917年发表的《商业的加速和需要规律》一文中也提出了同样的理论,之后,哈罗德在1936年出版的《经济周期》一书中也把它作为决定资本主义经济周期性波动的重要动态因素。与乘数原理相反,加速数原理说明的是收入水平或消费需求的变动将会引起投资量更为剧烈的变动。简单来说,假设按照生产过程中一定的技术条件,生产出价值100万美元的消费品需要使用价值300万美元的机器设备,即资本—产出比率为3∶1。在这种情况下,若收入或消费支出增加需要增产价值为10万美元的消费品,则需要相应增加30万美元的投资。这一资本增量(投资)与收入或消费支出增量之比就是加速数或加速系数。

一定时期的投资额总是由净投资和重置投资两个部分组成,但是两者的决定因素是不同的。净投资即新增投资量,主要取决于收入或消费支出的变动;而重置投资是补偿在生产过程中损耗的机器设备的,主要取决于资本设备的数量、构成和使用年限等。这两种性质不同的投资相互交织在一起,从而使总投资的波动特别剧烈。

在上述例子中,若价值300万美元的机器设备使用年限为10年,每年消耗其价值的1/10,所需要的重置投资为30万美元。设第一年对该消费品的消费支出不变,因而年产量也不变,该年度只需30万美元的重置投资。若第二年消费支出增加10%,由上年的100万美元增加到110万美元,则为了增加消费品产量,除了重置投资30万美元外,还需要增加30万美元的新投资,两者合计为60万美元的总投资。与第一年相比,第二年的投资量增长100%,大大超过了消费支出所代表的消费需求的增长率(10%)。假如第三年的消费在第二年的基础上增长5万美元,为115万美元,增长率为4.35%(增长率下降了

5.65%)。在这一场合,除了 30 万美元的重置投资外,还需要净投资 15 万美元(5 万×3),两者合计为 45 万美元,比第二年的投资增长率下降了 25%。假如第三年的消费支出维持在 110 万美元的水平不变,就无须增加新投资,只要 30 万美元的重置投资即可。这样,与第二年相比,投资总量从第二年的 60 万美元减至 30 万美元,下降 50%。

由此可以得出结论:只要某一年度收入或消费支出或消费需求下降,就会引起投资总量以更大的幅度下降。甚至在这一年度消费需求的绝对量不下降,或者有所增长,但增长的幅度低于上一年,也将导致投资总量的大幅度下降。

三、乘数—加速数原理

美国经济学家汉森和萨缪尔森认为凯恩斯的乘数理论只说明了一定的投资如何引起收入的变化,而没有说明收入(或消费)的变动又如何反过来引起投资的变化;此外,凯恩斯的理论运用的是比较静态的均衡分析方法,没有考虑从原有均衡到新的均衡的动态调整过程。他们认为,只有将加速数原理和乘数理论结合起来,考虑这两者在动态序列中的相互作用,才能说明经济周期的累积性扩张或紧缩的过程。萨缪尔森在汉森的提示下,1939 年发表了《乘数分析与加速数原理的相互作用》一文,将乘数理论与加速数原理结合在一起,建立了"乘数—加速数原理"的动态经济模型,以解释资本主义经济周期性波动的原因和波动幅度。

在他的研究中,令 Y_t 代表 t 期的国民收入,G_t 代表 t 期的政府支出,C_t 代表 t 期的消费支出,I_t 代表 t 期的引致私人投资,则有:$Y_t + G_t = C_t + I_t$。

令 α 代表边际消费倾向($\Delta C/\Delta Y$),Y_{t-1} 为 t 的上一个时期的国民收入,根据汉森的假设:$C_t = \alpha Y_{t-1}$,表明 t 期的消费支出是 $t-1$ 期国民收入和边际消费倾向的乘积。

令 β 代表资本—产出比率或加速数,则 t 期私人引致投资是 t 期

的消费支出与 $t-1$ 期消费支出之差与 β 的乘积,即: $I_t = \beta(C_t - C_{t-1})$
$= \beta(\alpha Y_{t-1} - \alpha Y_{t-2}) = \alpha\beta(Y_{t-1} - Y_{t-2})$。

令 $G_t = 1$,将 G_t、C_t、I_t 代入上式,整理得到:$Y_t = 1 + \alpha(1+\beta)Y_{t-1} - \alpha\beta Y_{t-2}$。

该式表明,本期(t期)国民收入水平是由前两个时期的国民收入水平和一定的乘数与加速数决定的。萨缪尔森根据 α 与 β 的各种不同假定数值,按照上述方程计算出政府在9个时期连续支出1美元所将引起的国民收入的变动序列表。

时期 Y_t	$\alpha = 0.5$ $\beta = 0$	$\alpha = 0.5$ $\beta = 2$	$\alpha = 0.6$ $\beta = 2$	$\alpha = 0.8$ $\beta = 4$
Y_1	1.00	1.00	1.00	1.00
Y_2	1.50	2.50	2.80	5.00
Y_3	1.75	3.75	4.84	17.80
Y_4	1.875	4.125	6.352	56.20
Y_5	1.9375	3.4375	6.6256	169.84
Y_6	1.9688	2.0313	5.3037	500.52
Y_7	1.9844	0.9141	2.5959	1459.592
Y_8	1.9922	-0.1172	-0.6918	4227.704
Y_9	1.9961	0.2148	-3.3603	12241.1216

根据上表数列,萨缪尔森得出如下论点:

(1) $\alpha = 0.5$(乘数 $K = 2$),$\beta = 0$(没有加速数的作用,只有乘数对国民收入起作用)时,政府支出引起的国民收入增量为政府支出的两倍,国民收入逐渐增加并向新的均衡水平(Y_e)趋近,不呈现任何波动(见图1)。

(2) $\alpha = 0.5$,$\beta = 2$,这时,政府若在各个时期连续支出1美元,由于乘数和加速数的相互作用,各个时期的国民收入呈现上下波动的形状,但波动的幅度是逐渐减弱的,称为收敛性波动(见图2)。

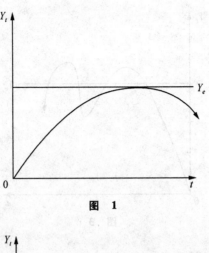

图 1

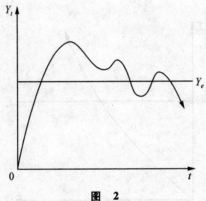

图 2

(3) $\alpha=0.6(K=2.5)$, $\beta=2$，这时政府在各个时期连续支出 1 美元，由于乘数加速数的作用，国民收入呈上下波动，但波动的幅度逐渐增大，称为发散性波动（见图 3）。

(4) $\alpha=0.8(K=5)$, $\beta=4$，这一场合，由于 α 和 β 的数值都很大，国民收入不再呈现上下波动，而是以巨大的增长率猛烈增加，在第 9 个时期竟达 12241.1216 美元。这时，国民收入也不向均衡水平收敛，随着时间急剧增加，最终极可能造成严重的通货膨胀局面（见图 4）。

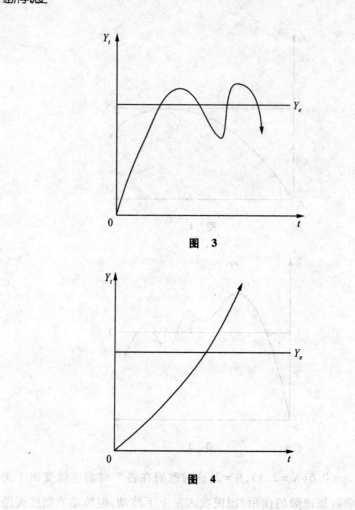

图 3

图 4

第五节 通货膨胀与失业理论

一、菲利普斯曲线的发展

20世纪50年代后期,西方国家出现了失业增加和物价持续上升共存的局面。针对这种新情况,英国伦敦经济学院教授菲利普斯1958年在《经济学报》上发表了《1861—1957年英国的失业和货币工资变动率之间的关系》一文。在这篇文章中,他根据英国1861—1957年的统计资料,利用数理统计方法估算出一条货币工资变动率与失业率的依存关系曲线,即"菲利普斯曲线",解释了货币工资变动率与失业水平之间存在着此消彼长、互为替代的逆向变化关系。新古典综合派将菲利普斯曲线引入了自己的理论框架中,并对其进行了修改和发展,集中体现在萨缪尔森和索洛 1960 年发表的《达到并维持稳定的价格水平问题:反通货膨胀政策的分析》一文中。

首先,萨缪尔森和索洛将表示失业率与货币工资率之间关系的菲利普斯曲线扩展到解释失业率和通货膨胀率之间的关系。他们认为,决定价格的原则是成本加值法,即在成本的基础上加一个固定比例的利润。当短期中工资是唯一的成本时,工资增加也就相应地提高价格水平。具体而言,企业是以对每个单位产量的平均劳动成本固定"加价"的方式来确定价格的。这意味着 P 总是与 WL/Q 成比例,其中 P 为价格水平,W 是工资率,L 是劳动小时,Q 是产量。进一步假定平均劳动生产率(Q/L)稳定地每年增长 2%。这样,如果工资每年增长 8%,价格将会每年增长 6%(= 工资的增长率 8% – 生产率的增长率 2%)。更一般的公式为:通货膨胀率 = 工资增长率 – 生产率增长率。通过这一关系可以确定货币工资增长率和通货膨胀率之间存在同向变动关系。根据原始的菲利普斯曲线,货币工资增长率与失业率之间成此消彼长的反比关系,从而通货膨胀率与失业率之间也就存在此消彼长的反比关系。

其次,萨缪尔森和索洛利用菲利普斯曲线提出了"通货膨胀对换论"。根据这一观点,进行决策时,如果一个国家愿意支付较高的通货膨胀的代价,那么,它就可以得到较低水平的失业率;或者反之,以高失业换取低通货膨胀率。决策者可以运用菲利普斯曲线进行相机抉择。正如他们所说的,决策人所面临的是"一个在通货膨胀和失业之间进行选择的菜单"。此外,在 20 世纪 70 年代之前,这一对关系被认为不论在长期还是短期中都是成立的。这样,就使菲利普斯曲线得到了广泛的应用。

由于萨缪尔森和索洛的这两点重要发展,菲利普斯曲线成为分析失业与通货膨胀之间的关系并进行政策选择的重要工具,从而也就成为宏观经济学中的一个十分重要的概念。

二、托宾的市场结构理论

20世纪70年代以后,西方各国出现了经济"滞胀",即经济停滞与通货膨胀并存。面对"滞胀",标准的凯恩斯理论和菲利普斯曲线都无法作出解释。新古典综合派经济学家们从不同的角度运用微观经济学补充宏观经济学来解释失业和通货膨胀并发症。相关的理论学说应运而生,其中托宾的学说被新古典综合派认为是现代凯恩斯主义在"滞胀"理论方面的一个突破。

托宾在1972年发表的《通货膨胀与失业》一文中,提出了关于"劳工市场上的均衡和失衡"的观点,用市场结构的变化来解释失业和通货膨胀并发症。托宾认为,劳工市场的均衡(既无失业也无空位,劳工的供求一致)是极少见的情形,在大多数时间里,劳工市场是处于失衡状态的,市场在过度的需求或供给中变化,整个看来,经济往往是既有空位又有失业,而造成这种失业与空位并存的原因则是劳动市场的结构特征。例如,由于劳动市场的技术结构特点(有各种技术不同的工人),某种劳动供过于求,另一种劳动供不应求,劳动市场的地区结构和性别结构也同样会引出这种结果。在工资向下有刚性的情况下,空位的存在使工资增加,而失业的存在使工资并不下降。这样,整个社会的货币工资增长率就有向上升的趋势,从而引起物价水平长期上升的趋势。换言之,如果劳动市场是完全竞争的,不存在结构特点对流动的限制,就没有失业与空位并存,也不会引起工资长期上升。但事实上正因为劳动市场结构特点限制了劳动力的流动,而失业对货币工资增长率的减缓作用又大大地小于空位对货币工资率的推动作用,从而货币工资增长率上升产生长期通货膨胀的趋势。

第六节 新古典综合派的主要政策主张

"需求管理"是新古典综合派经济政策的核心思想,所谓"需求管理",就是由政府积极采取财政政策、货币政策和收入政策等,对社会总需求进行适时和适度的调节,以保证经济的稳定增长。以20世纪70年代初期出现"滞胀"为分界线,在此之前的50年代和60年代,新古典综合派的政策目标从着重于消除经济危机、实现充分就业,推进到加速经济增长;在这之后,又加上了稳定物价的目标,试图找出一条既保证经济增长,又不导致严重通货膨胀的途径。

一、50年代的"补偿性"财政与货币政策

在50年代,新古典综合派根据汉森的理论提出了补偿性的财政政策和货币政策。汉森认为,经济停滞不是用自动调节的教条所能解决的,解决的办法是大大地扩大民主政府的作用,担当起维持充分就业的作用。政府要实现这一职责,就必须将财政政策作为一种平复私人经济的周期性波动的调节工具。据此,汉森提出,政府在确定预算时,不能把平衡财政收支作为准则,而是要按照私人支出(消费和投资)的数量来安排政府的预算,使私人支出与政府支出的总额保持在可以达到充分就业的水平。

具体而言,补偿性财政政策是指在经济萧条时期扩大政府财政支出,降低税率,减少税收,实行赤字财政,以刺激社会总需求,而在经济繁荣时期要压缩财政支出,提高税率,增加税收,抑制社会总要求,造成财政盈余,使两个时期的财政亏盈相互补偿。所谓补偿性货币政策的主要内容是指中央银行在经济萧条时期放松信贷,增加货币供给量,降低利息率,刺激投资及社会总需求;在经济繁荣时期则紧缩信贷,减少货币供给量,提高利息率,抑制投资及社会总需求。

补偿性财政政策和货币政策的实施,虽然防止了严重的预算赤字

和通货膨胀,但由于艾森豪威尔总统执政期间传统的预算平衡思想仍占支配地位,经济增长速度并不快,从 1953—1960 年,美国的实际国民生产总值平均增长率约为 2.5%,因而这一时期被人们称为"艾森豪威尔停滞"。

二、60 年代的"增长性"财政与货币政策

为了克服"艾森豪威尔停滞",进一步提高就业量和加快经济增长速度,新古典综合派的托宾和奥肯等人在肯尼迪总统执政时期,提出了"潜在的国民生产总值"和"充分就业预算"两个新概念,企图使人们注意到财政政策的长期目标和长期水平必须与充分就业增长轨道保持一致。

奥肯认为,60 年代以前凯恩斯主义财政政策的运用都是采用"救火"的策略,即只是随着经济循环出现危急情况并已发出警报时,才利用预算赤字或预算盈余来实行审慎的刺激或抑制,而在平时,则似乎还是正统规则(预算平衡)占支配地位。从战后至 1960 年代初,除了个别时期(如朝鲜战争的刺激)美国经济达到或超过充分就业水平外,绝大多数年份美国经济并未达到充分就业。奥肯说,"正是针对着这种情况,才在 1960 年代重新制订了经济政策的策略",这一策略最重要的特点是,它"不只是以经济是否在扩张,而是以经济是否已充分发挥出它的潜力,作为判断经济表现的标准"①。

奥肯通过著名的"奥肯定律"阐述了充分就业经济政策的必要性。根据奥肯的研究,社会经济中存在着某种"潜在的产出量",即在充分就业条件下的国民生产总值。估计"潜在产出量"的方法是,将它与失业率联系起来,把失业率作为一个变量,代表由于资源闲置对产出量产生的影响,只需求出超过 4% 的失业率给产出量造成的损失,再加上实际已达到的产出量,便可得出"潜在的产出量"。若以 g 表示超过

---

① 转引自黄范章:《美国经济学家奥肯》,载《世界经济》1981 年第 10 期。

4%的失业率给产出量带来的损失的百分比;u代表自然失业率,为4%;a为系数,表示超过4%的失业率每增加1%给产出量带来的损失(奥肯根据美国从1947年到1960年的统计资料,计算出的a为3);u'表示实际上的失业率(并假定为7%),则奥肯定律的公式为:$g = a \cdot (u' - u)$。

根据以上给出的数字和公式可以计算出产出量的损失率为$g = 9\%$。现假定实际产出量为1200亿美元,则"潜在产出量"为1318亿美元$[1200 \div (100\% - 9\%)]$,也就是说,由于实际失业率高达7%,使产出量减少了9%,即减少118美元。

奥肯强调说,新的经济政策从注重一般性的经济扩张到强调实现"潜在产出量"具有三点重大意义:(1)它注重消灭"潜在产出量"与实际产出量之间的差距(称为"奥肯差距");(2)它突出了经济增长问题;(3)以"潜在产出量"为目标进行扩张是防止经济衰退的最好办法。

托宾在《十年来的新经济学》一书中,也对实现充分就业政策作了详细的阐述。他断言,只有在政府的经济政策指导下,才能促使经济稳定的增长,摆脱经济衰退。为此,政府必须实行充分就业的财政预算。在某一年份内,只要实际的产出量小于"潜在的产出量",即使在经济上升时期,也要通过赤字财政与扩张性货币政策刺激总需求,使实际产出量达到"潜在的产出量",实现充分就业。托宾和奥肯提出的充分就业政策修改了原来只主张在经济萧条时期实行扩张性政策的观点,因而被称为"新经济学"。

"新经济学"的政策主张受到了肯尼迪政府的重视。奥肯和托宾均出任过肯尼迪总统的经济顾问。肯尼迪政府实行"新经济学"政策主张的结果是使当时美国的生产和就业都得到了恢复和增长,使得20世纪60年代成为"增长性"财政与货币政策的年代。然而,到了60年代末70年代初,美国经济中长期爬行的通胀膨胀日益加剧,并在1973—1974年间陷入"滞胀"的困境。在这一过程中,新经济学的财

政政策和货币政策实际上对"滞胀"起了推动助澜的作用,于是,盛极一时的"新经济学"陷入了困境,其呼声迅速减弱了。

三、70年代的反"滞胀"经济政策

为了对付失业和通货膨胀并发症,新古典综合派转而提出综合运用多种经济政策的策略,以实现多种经济目标,基本内容包括以下三个方面:

(1)财政政策和货币政策的"松紧配合"。例如,用"松"的扩张性财政政策来鼓励投资,增加就业,同时配合以"紧"的收缩性货币政策,以防止经济增长过程中出现通货膨胀。再如,用增加货币供给量、降低利息率和扩大信贷款模的"松"的扩张性货币政策来刺激投资,增加产量和就业,同时配合以"紧"的收缩性财政政策减轻总需求对市场的压力,以稳定物价,防止通货膨胀。

(2)财政政策和货币政策的微观化。所谓"微观化"是指政府针对个别市场和个别部门的具体情况来制定区别对待的经济政策。微观化的财政政策的主要内容包括实行不同的税收方案,制定不同的税率,个别地调整征税的范围,调整财政支出结构及政府对不同部门的拨款等。微观化的货币政策包括规定不同的差别利息率,控制对不同行业和部门的信贷条件和贷款数量等。财政政策和货币政策的微观化,可以避免宏观经济政策在总量控制过程中给经济带来较大的震动,使得政府对经济生活的干预和调节更为灵活有效。

(3)收入政策和人力政策。收入政策是指通过工资和物价的指导性和管制性政策,防止货币工资增长率超过劳动生产率增长率,从而避免经济增长过程中出现严重的通货膨胀。人力政策是指美国联邦政府采用就业政策和劳工市场政策,即通过就业指导和对劳动力的重新训练,促使青年和非熟练工人找到工作,尽量减少各种失业,扩大就业量。

除此之外,新古典综合派还提出了浮动汇率政策、对外贸易管制

和外汇管制政策、消费指导政策、能源政策、人口政策和农业政策等等一系列辅助性政策。

20世纪70年代以来,新古典综合派受到了货币主义、供给学派和理性预期学派等日益激烈的抨击。面对这一形势,新古典综合派开始进一步修改自己的理论,力图兼收并蓄更多的新观点,以弥补自身的不足。1985年,萨缪尔森和诺德豪斯共同对《经济学》一书作了重大修订,出版了《经济学》的第12版。在《经济学》第12版中,加强了对社会总供给的分析,介绍了理性预期学派的宏观经济理论等;在经济政策方面,论述了财政、货币、收入和对外关系四大宏观经济学的政策工具。① 在此后的《经济学》各版中,关于经济政策部分,均有些许的变化。一直到第18版,宏观经济政策工具中只包括财政政策和货币政策,并且作者认为其中的货币政策已成为美国政府用来与商业周期作战的主要武器,而对收入政策等其他经济政策的作用基本上持否定意见。

---

① 参见〔美〕萨缪尔森、诺德豪斯:《经济学》第18版,萧琛主译,人民邮电出版社2008年版,第356—359页。

第十二章

新剑桥学派

新剑桥学派以英国剑桥大学为主要阵地,是在反对新古典综合派的过程中形成的另一理论分支。该学派因其鲜明的反马歇尔理论色彩而被称为新剑桥学派,因其宣扬要回到李嘉图而被称为新李嘉图主义,因其主张激进的改良主义又称为凯恩斯左派。主要代表人物有琼·罗宾逊、尼古拉斯·卡尔多、皮耶罗·斯拉法、卢伊季·帕西内蒂等。

新剑桥学派主张凯恩斯主义与新古典主义彻底决裂,反对将均衡分析方法与凯恩斯的收入分析结合在一起,试图从以李嘉图为代表的古典学派那里找到凯恩斯宏观经济学的微观基础。新剑桥学派不仅重视收入即经济增长理论,还特别强调收入分配问题,并提出了一些改良主义的政策主张,具有一定的影响。

第一节 新剑桥学派的方法论特点与理论渊源

新剑桥学派一开始就是以美国新古典综合学派的对立面而出现的。早在1953年,罗宾逊夫人就发表了《生产函数和资本理论》一文,对新古典综合派的资本理论进行了猛烈的抨击。该文引起了西方经济学界的强烈反响,最终形成了经济学说史上著名的"两个剑桥之争"①。新剑桥学派的学者们自认为是凯恩斯的嫡传弟子,他们对新古典综合派经济学家企图将新古典经济学的微观经济理论与凯恩斯的理论相结合的做法提出了批评,认为这是对凯恩斯经济思想原意的歪曲,是向传统经济理论的倒退,因而是冒牌的凯恩斯主义。他们提出,凯恩斯的《通论》是努力从传统的新古典经济学束缚中摆脱出来的产物,只是凯恩斯做得并不彻底。而他们就是要纠正新古典综合派对凯恩斯理论的歪曲,重新恢复李嘉图的传统,建立一个以客观价值理论为基础、以分配理论为中心的理论体系。1956年罗宾逊夫人发表了《资本积累论》一书,同年,另一位代表人物卡尔多在英国《经济研究评论》上发表了《可供选择的收入分配理论》一文。这两篇文献从收入分配的角度阐述了经济增长理论,标志着新剑桥学派的正式诞生。

一、主要代表人物

1. 琼·罗宾逊

琼·罗宾逊(Joan Robinson,1903—1983)出生于英格兰的坎伯利。她在伦敦的圣保罗女子学校学习历史,后来因为对贫困和失业问题产生了兴趣,1922年进入剑桥大学的格顿学院学习经济学,1925年毕业,1927年获剑桥大学文学硕士学位。1926—1928年随丈夫,当时剑桥大学的经济学教授奥斯汀·罗宾逊爵士在印度工作。1928年后一直在剑桥大学执教,直至1971年退休。1974年罗宾逊夫人当选为美国经济学会主席,成为第一位女主席,也是少数几位非美国籍的主席之一。她也是诺贝尔经济学奖所有被提名者中的第一位女经济

---

① 挑战的一方是以琼·罗宾逊为首的英国剑桥大学的一些经济学家,应战一方是以萨缪尔森为首的美国马萨诸塞州剑桥市的麻省理工学院的一些经济学家。新剑桥学派对新古典综合派理论进行了全面的攻击,包括分析方法问题、动态和静态问题、宏观和微观问题、意识形态问题以及经济理论和实践问题。由于新剑桥学派揭露和批判了新古典综合理论体系中的一些逻辑错误,因此在一定程度上动摇了新古典综合派的西方经济学主流学派的地位。

学家。

罗宾逊夫人的研究范围涉及经济问题的诸多方面,如不完全竞争理论、就业理论、经济增长理论以及资本理论等等。在她30岁时(1933年)出版了第一部著作《不完全竞争经济学》,这本书与美国经济学家张伯伦同年发表的《垄断竞争理论》并列为现代垄断竞争与厂商理论的经典著作。但就在该书出版后,罗宾逊夫人马上开始对自己的著作提出了质疑,认为新古典的供给与需求分析方法没有涉及时间因素,因而存在严重的缺陷。随后,因为经济大萧条以及凯恩斯的著作的出版,她放弃了厂商理论的研究,转而投入对凯恩斯理论的研究与发展。

她的代表作主要有《就业理论引论》(1937年)、《就业理论文集》(1937年)、《资本积累》(1956年)、《论马克思经济学》(1942年)、《经济增长理论文集》(1962年)、《经济哲学》(1962年)、《经济学——为难之处》(1966年)、《自由与必然:社会研究导论》(1970年)、《经济异端:经济理论中若干过时问题》(1971年),以及与经济学家J. L. 伊特韦尔合著的《现代经济学导论》(1973年)等。此外,她在晚年还出版了两本文集:《现代经济学文稿》(1978年)和《现代经济学文稿续集》(1980年)。

2. 皮耶罗·斯拉法

皮耶罗·斯拉法(Piero Sraffa,1898—1983)出生于意大利都灵一个富庶、显赫的犹太人家庭。受到父亲的影响,他在中学毕业后,考入了都灵大学法律系。他师从著名的公共财政专家、后来的意大利共和国总统路易吉·艾诺迪学习政治经济学,于1920年获博士学位。毕业后,他在一家意大利银行工作了一年,后赴英研究英国的货币问题,结识了凯恩斯,并结下了深厚的友谊。

1922年他先后发表了两篇关于意大利银行制度的文章。后在法西斯政府的压迫之下,离开意大利来到剑桥大学,为皇家经济学会编辑李嘉图的著作,从此开始研究价值理论。在1951—1973年间先后出版了《李嘉图著作和通信集》,共有10卷,为此获得了多项奖项,从此声名鹊起。斯拉法在1926年发表的《竞争条件下的收益规律》一文中对马歇尔的价值理论进行了批评,并分析了传统经济学的完全竞争模式的突出缺陷。这篇论文是斯拉法对不完全竞争理论的探索,也为罗宾逊夫人的不完全竞争理论提供了理论的出发点。

经过了三十多年的准备和琢磨,斯拉法于1960年出版了《用商品生产商品:经济理论批判绪论》一书,为新剑桥学派的价值理论的形成作出了突出的贡献。

3. 尼古拉斯·卡尔多

尼古拉斯·卡尔多(Nicholas Kaldor,1908—1986)出生于匈牙利布达佩斯的一个富裕的律师家庭。1927—1930年就读于伦敦经济学院。1932年起任该学院的助理讲师、讲师、副教授。1947—1949年,他在日内瓦任欧洲经济委员会研究及计划组主任。回英国后,他在剑桥大学经济系任教直至1975年退休。在此期间,他先后担任过印度、锡兰、墨西哥、加纳、英属圭亚那、土耳其、伊朗、委内瑞拉等国政府的税务顾问,也出任过联合国拉丁美洲经济委员会的经济顾问。他还两度担任英国工党政府财政大臣的特别经济顾问。1974年被授予男爵爵位,成为上议院的终身议员。1974—1976年任英国皇家经济学会会长。

卡尔多的经济研究领域很广,从厂商理论到福利经济学,从资本理论、国民收入分配理论到经济周期、经济增长理论,从国际贸易理论到货币政策、税收政策。他从30年代起写作了大量论文和报告,主要著作有:《经济学的福利命题和个人之间的效用比较》(1939年)、《充分就业的国内和国际衡量》(1949年)、《可选择的分配理论》(1956年,该文的发表与同年琼·罗宾逊出版的《资本积累》一书被认为是新剑桥学派正式形成的重要标志),以及八卷本的《经济论文集》(1964年)。

4. 卢伊季·帕西内蒂

卢伊季·帕西内蒂(Luigi L. Pasinetti,1930—)出生于意大利贝加莫。1954年在米兰圣心天主教大学获经济学博士学位。1960—1961年任英国牛津大学助理研究员。1961年后长期在英国剑桥大学担任教学和研究工作,并在1962年获剑桥大学博士学位。1971年、1975年曾在美国哥伦比亚大学、印度加尔各答与新德里任客座教授。1980年回到意大利,在米兰圣心天主教大学任经济学教授。1979年获圣文森特经济学奖,1980年起成为国际经济学协会成员和执委会委员。

帕西内蒂的主要贡献是在卡尔多理论的基础上发展了收入分配理论,丰富了新剑桥学派的经济增长理论。其主要著作有:《多部门经济增长模型》(1963年)、《增长与收入分配》(1974年)、《生产理论》(1977年)、《结构变化和经济增长》(1981年)等。

二、新剑桥学派的方法论

新剑桥学派有三个方法论特征:一是坚持分配理论为研究主题,强调社会制度和阶级分析的方法;二是坚持"历史时间"概念,摒弃均衡分析方法;三是坚持"客观"价值论,彻底反对边际主义分析方法。

新剑桥学派对新古典主义以来将一定增长条件下的资源配置作为要旨的研究传统给予了严厉的批判。他们认为新古典综合学派忽略了一个重要的方面,就是社会制度和社会经济关系(尤其是阶级之间的经济关系)在任何时候都对经济活动和经济分析具有重大的作用。他们指出:"经济关系是人们之间的关系。人类同物质世界的技术关系规定了人们过着的经济生活的条件,虽然人类社会(或就这一点来说的动物世界)的技术发展水平对社会中的各种关系有着重大影响,但技术条件并不能完全决定人类社会的各种关系。"[①]"人类关系

[①] 〔英〕琼·罗宾逊、约翰·伊特韦尔:《现代经济学导论》,陈彪如译,商务印书馆1982年版,第71页。

和工艺关系的相互作用是经济分析的论题。"① 他们认为,凯恩斯在《通论》的结语中提出了分配不均的问题,但没有来得及提出分配理论,因此,继承凯恩斯的理论衣钵就要发展分配论,而不是均衡论。也正是在这一点上,新剑桥学派的经济学家们认为,他们恢复了李嘉图的古典经济学,并与马克思的理论衔接起来。由于在价值理论和分配理论上的鲜明特色,新剑桥学派也获得了"左派凯恩斯主义"的称号。

与资源配置的主题相关,均衡分析是凯恩斯以前的主流经济学家的基本研究方法。传统理论认为,经济人在市场中会理性地追求自己的最大利益,而市场自动调节的机制将使经济达到最佳的均衡状态,因此,资本主义社会本质上是和谐的,经济危机和矛盾只是暂时的现象。新剑桥学派的经济学家认为,凯恩斯革命的重大突破之一就是打破了新古典均衡观对经济分析的束缚,"从均衡观转向历史观"。

他们强调时间是一个历史过程,过去是无法改变的和不可逆转的,未来是不可确知的。但是,明天发生的事是受今天的行为影响的,而今天的行为又是受过去的历史和对明天的预测支配的。由于未来不可知,人们只能依据过去的经验来推测未来,而严格的理性行为是不可能存在的。因此,罗宾逊夫人说:"一旦我们承认经济是存在于时间中的,历史是从一去不复返的过去向着未卜的未来前进,那么以钟摆在空间来回摆动的机械比喻为基础的均衡观就站不住脚了。整个传统经济学都需要重新考虑。"② 出于这种看法,罗宾逊夫人特别强调"不确定性"在资本主义社会经济分析中的重要作用。她认为,"凯恩斯所论证的问题的真正本质是不确定性。"③

针对新古典综合派将凯恩斯的宏观经济理论和新古典的微观经

---

① 〔英〕琼·罗宾逊、约翰·伊特韦尔:《现代经济学导论》,陈彪如译,商务印书馆1982年版,第71页。
② 〔英〕琼·罗宾逊:《凯恩斯革命的结果怎样?》,载〔英〕罗宾逊编:《凯恩斯以后》,虞关涛等译,商务印书馆1985年版,第8页。
③ 〔英〕琼·罗宾逊:《经济理论的第二次危机》,载商务印书馆编辑部编:《现代国外经济学论文选》第一辑,商务印书馆1979年版,第6页。

济理论进行结合的做法,新剑桥学派的学者认为这实际上是丢掉了凯恩斯经济理论的精神实质,把已被凯恩斯抛弃的均衡概念(马歇尔的局部均衡论和瓦尔拉斯的一般均衡论)重新塞入到凯恩斯的理论中,显然是理论的倒退。罗宾逊夫人对此提出批评,说:"就一个始终处在均衡状态的世界而言,将来与过去两者之间是没有区别的,没有历史,也不需要凯恩斯。"①

由于传统经济学将研究主题理解为资源的均衡配置问题,因此在研究方法上也就十分强调边际分析方法,认为边际分析有利于提示出经济概念的本质,因为边际量比总量对经济事物的性质和状态的影响更大。而新剑桥学派则反对使用边际分析方法,特别是对以边际生产力论为基础的新古典分配理论,他们提出了尖锐的批评。在他们看来,财富的创造归根结底要归结为劳动的贡献,所以应该通过价格来探讨"剩余"在工资和利润之间如何分配。

总之,新剑桥学派认为,凯恩斯经济学作为一种宏观的经济理论所缺乏的是价值论和分配论,因此,要使宏观经济学具有"微观经济学基础",那就应当研究价值理论和分配理论。在价值理论方面,关键在于建立价值的客观、物质基础,主要应该由生产条件来决定,而不能把价值视为"主观"现象。而新古典综合派采取的利用传统经济学中的微观生产要素供给和市场分析来填补凯恩斯宏观经济学的空白的做法,实际上是破坏了凯恩斯理论体系的完整性,特别是在经济学方法论上已经背离了凯恩斯经济理论,是"冒牌的凯恩斯主义","曲解凯恩斯理论的冒牌凯恩斯主义,实际上助成了与失业、通货膨胀交织在一起的无计划的增长局面"②,从而产生了经济学的"第二次危机"。

---

① 〔英〕琼·罗宾逊:《凯恩斯革命的结果怎样?》,载〔英〕罗宾逊编:《凯恩斯以后》,虞关涛等译,商务印书馆 1985 年版,第 9 页。

② 〔英〕琼·罗宾逊:《经济理论的第二次危机》,载商务印书馆编辑部编:《现代国外经济学论文选》第一辑,商务印书馆 1979 年版,第 30 页。

三、新剑桥学派的理论渊源

作为凯恩斯经济学的继承者和发展者,新剑桥学派坚持从凯恩斯《通论》中的社会哲学观点出发,企图将凯恩斯经济理论长期化、动态化,建立一个以客观价值论为基础、以分配理论为中心的理论体系,并通过改变收入分配制度,最终实现凯恩斯所向往的没有食利者阶层的"文明生活"的社会,因此,凯恩斯的《通论》构成了新剑桥学派的重要理论源泉。特别是凯恩斯关于投资与储蓄关系的论述为新剑桥学派提供了理论前提。

传统经济学以萨伊定律为基础,认为在任何时候,储蓄额总是一定的,只要通过利息率的调节,储蓄总是可以全部转化为投资的,因此,投资率是由储蓄率决定的。然而凯恩斯认为,投资和储蓄是由不同的人进行的:投资是由企业家、公司决定的,而储蓄是由居民行为决定的。居民储蓄的增加意味着消费需求的减少,而这会减少有效需求,减少就业。只有增加投资,才能增加收入和就业,从而使储蓄和投资在新的国民收入水平上达到相等。新剑桥学派继承了凯恩斯的观点,认为储蓄不能不受投资量(增添设备和原材料的支出)的支配。储蓄水平将随收入水平而变化。另外,在工人失业和生产设备利用不足的时候,投资支出的增加会提高收入,从而增加消费支出,又增加储蓄。总之,新剑桥学派强调投资对就业量和国民收入水平的决定作用,从而与新古典综合学派分道扬镳。

由斯拉法提出的、基于李嘉图主义的价值论和分配论是新剑桥学派的另一个重要理论源泉。新剑桥学派批评新古典综合学派将资源配置(均衡价格论)置于理论的中心的做法,认为发展凯恩斯经济学就必须把收入分配理论作为经济学研究的核心问题。由于分配论是价值论的引申,因此,他们主张,建立客观的价值理论首先必须批判主观价值论,回到古典经济学的传统,从李嘉图的劳动价值论出发进行研究。

　　李嘉图的经济理论是以分配问题为中心的,但是,由于他混淆了价值和生产价格,因而无法解释劳动时间决定商品价值量的法则与等量资本得到等量利润这一经济现象之间的矛盾。新剑桥学派的代表人物斯拉法在《用商品生产商品》一书中,以精炼的文字、严谨的逻辑建立了一套由合成商品组成的"标准体系",不仅解决了李嘉图留下的理论难题,说明了剩余(国民收入)的生产和商品价值(或生产价格)的形成是由物质生产条件决定的客观过程;同时也证明了剩余的分配是与社会制度因素和生产关系有关的过程,涉及阶级之间的利益关系。在资本主义经济制度下,国民收入的分配中,工资和利润是对立的。这与历史上形成的财产占有制度有关,也与劳动市场的历史条件有关。在研究收入分配问题时,绝不能撇开所有权因素和历史因素对分配的影响。由于新剑桥学派宣称要通过斯拉法的理论来返回李嘉图的古典传统,以重建政治经济学,新剑桥学派有时也被称为"新李嘉图主义"。

　　除此之外,波兰经济学家卡莱茨基①的理论也构成了新剑桥学派理论传统中不容忽视的一个部分。卡莱茨基1933年发表的《经济周期概论》提出了几乎与凯恩斯的有效需求理论相同的经济周期理论。如果考虑到他在1932年到1935年之间发表的一系列论文,我们不难发现卡莱茨基实际上先于凯恩斯提出了有效需求的思想,而不应该像传统观点认为的那样把他看作凯恩斯的信徒或阐释者。因为卡莱茨基理论的独立性,特别是他把不完全竞争、垄断价格等因素的作用引进国民收入决定理论,强调投资对国民收入分配的影响,罗宾逊夫人对此十分推崇,认为卡莱茨基的理论比凯恩斯的理论在一定程度上

---

　　① 米哈乌·卡莱茨基(Michal Kalecki,1899—1970)出生于波兰,曾学习土木工程,后因经济问题辍学。1929年他成为华沙的经济周期与价格研究所成员。1936年他接受了洛克菲勒基金会资助,去瑞典和英国从事研究。在剑桥大学与斯拉法、卡恩,特别是罗宾逊夫人建立了学术联系。1940年卡莱茨基转到牛津大学统计研究所工作。二战快结束时,他离开牛津,先后在蒙特利尔的国际劳工局和联合国秘书处任职。1955年他回华沙定居,在波兰科学院从事教学和研究工作。1958年被选为波兰科学院通信院士,1966年成为正式院士。1961年后他在波兰中央计划和统计学院工作。

"更富于逻辑上的一贯性",是"真正的'通论'"①。

卡莱茨基将国民收入区分成投资和消费两个部分,并利用马克思的社会再生产公式推论出了有效需求问题,其核心是成本与利润的结构和收入分配结构所决定的消费倾向之间的关系。在他的两部门模型中,投资和资本品部门的扩张将使利润增加,而投资的增加会加大固定成本而导致有效需求不足。卡莱茨基假定,资本主义经济中的生产能力通常是利用不足的,而投资则是决定有效需求的主要因素。卡莱茨基总结说:"投资的不幸,在于它因为有用而引起危机。许多人无疑将会认为这种说法不合理,可是不合理的并不是这一说法,而是它的本题——资本主义经济。"②

卡莱茨基与凯恩斯一样积极寻找经济大萧条的原因和治理方案,但是由于社会背景的差异,他们的出发点完全不同。马克思再生产理论对卡莱茨基的影响是巨大的,罗宾逊夫人在评价卡莱茨基的思想来源的时候,曾提出卡莱茨基学习的唯一经济学就是马克思经济学,她甚至还认为为后凯恩斯主义理论提供理论基础的是卡莱茨基而不是凯恩斯。

第二节 价值与价格理论

在如何为凯恩斯宏观经济学提供微观基础的问题上,新剑桥学派反对新古典综合学派的做法,认为源于主观边际效用价值论的新古典经济学并不能提供答案,应该回到李嘉图—马克思的理论传统中去,关键是要建立起价值的客观物质基础。具有代表性的是罗宾逊夫人和斯拉法的理论。

---

① 陈英、景维民:《卡莱茨基经济学》,山西经济出版社 2000 年版,前言。
② K. 拉斯基:"卡莱茨基"词条,载〔英〕伊斯韦尔等编:《新帕尔格雷夫经济学大辞典》第三卷,陈岱孙主编译,经济科学出版社 1992 年版,第 9—15 页。

一、罗宾逊夫人对边际生产力论的批判

罗宾逊夫人在与新古典综合学派长期论战的过程中,表达了她关于劳动价值论的两个重要观点:一是财富的创造应该归功于劳动。固然资本品的使用,如工具或者机器设备,可以大大提高生产率,但是这些生产手段归根结底都是劳动的产品,资本本身也是长期积累起来的劳动。因此,生产率的提高就是劳动生产率的提高。二是作为商品的资本的价值,应该同其他商品一样,还原为有时间的劳动量,用劳动量来测量。

基于劳动价值论的基本观点,罗宾逊和她的同事又针对新古典综合学派的边际生产力论进行了批判。他们提出,首先,将边际生产力与价格决定结合的分析是一种循环论证。因为,根据传统理论,企业家在一特定的工资条件下决定究竟要雇用多少工人,取决于他所要生产、销售的产品的价格、所耗费的生产资料费用以及借款的利息成本。纯产品是企业家雇用一个工人可增加的全部产品的价值减去所增加的全部费用。如果说一个工人的工资等于他本人劳动的边际纯产品,那么,为了测定这个纯产品,又必须计算他所生产的商品的全部生产费用。这就犯了循环论证的错误。

其次,他们认为资本边际生产力的概念实际上是一种形而上学。因为资本是由机器之类的生产资料来体现的,这些设备中蕴有技术,可以使得劳动具有更高的生产能力,但是要从资本货物之中分离出所谓的资本生产率是非常困难的。特别的,利息是支付给财富所有者而非机器设备的,因此要确定贷款与资本货物的生产函数并不能说明任何问题。

最后,新古典学派的若干假设过于简单而且不符合现实。传统理论将生产的投入要素抽象为劳动、资本和土地。但是现代化的生产越来越复杂,生产率往往是多种投入品的一定比例的组合形成的,不可能把劳动等生产要素各自的生产率区别开来。另外,按照新古典学派的理论，劳动、资本、土地等生产要素可根据各自的生产率而获得应得的报酬。但是要做到每个要素都可以公平地获得应得的报酬，则要求三方当事人都有平等的谈判能力，每个集团内部也要自由竞争。这显然是与现实生活不相符的。

在罗宾逊夫人对主流的边际生产力理论进行了犀利批评之后，斯拉法的《用商品生产商品》则对李嘉图的生产和价值理论进行了现代阐述，为进一步构建新剑桥学派的收入分配理论奠定了基础。

二、斯拉法的价值理论

斯拉法首先建立了一个"没有剩余的""维护生存"的经济模型。他假定社会经济由两个生产部门构成，分别生产铁和小麦，两种商品又都作为投入品参与生产过程：小麦部门投入的生产资料和劳动者的生存资料为 280 夸特小麦和 12 吨铁，产出为 400 夸特小麦；铁生产部门投入的生产资料和劳动者的生存资料为 120 夸特小麦和 8 吨铁，产出为 20 吨铁。

首先，生产方程中小麦和铁的产出量恰好等于耗费的投入量，因而可以满足进行简单再生产所需的物质补偿。其次，生产过程结束后，为了使社会进行再生产，小麦部门和铁部门必须在市场上交换各自的产品。为此，小麦和铁的交换价值应是 1 吨铁 = 10 夸特小麦。这一交换价值可以保证这两个部门得到进行简单再生产所需的生产资料和劳动者生存资料。

接着，斯拉法又进一步发展了具有剩余的生产模型，并指出这个"剩余"的分配既无法在商品价格决定之前进行，也不能推迟到价格决定之后，它必须与商品价格决定同时并通过同样的机制进行。如果工资率可以高于工人维持生存的水平，则相对价格和一个分配变量（工资率或利润率）可以同时确定。所以，在这个能生产出"剩余"的社会里，相对价格不仅依靠生产条件，而且也靠剩余在工资和利润二者之间的分配状况来确定。而至于这个"剩余"的分配规律是：工资率上

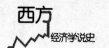

升,利润率则下降;反之亦然。

斯拉法进一步说明工资变动造成相对价格变动的关键在于不同生产部门中这种比例是相同的,那么,不管不同生产部门中生产资料的商品组成是如何多种多样,都不会产生价格的改变。在该比例不相等时,价格则不可能不变。在现实社会中,商品的价格经常变动,就连充当货币的商品也不例外。因此,寻求一种"不变的价值尺度"就成了李嘉图竭力但无法解决的难题。斯拉法企图通过建立一个"标准商品"概念来解决这个难题。

斯拉法认为,在社会经济生活中,没有个别部门或者个别商品能够符合"不变的价值尺度"要求的条件,只有把许多部门或许多商品"合成"起来才能模拟出这种"标准商品"。由此,他把各基本生产部门从实际经济体系中分离出来,合成一个"标准体系"。这个体系的基本特征是:各部门所生产的商品数量之间的比例等于各部门所消耗的生产资料总量之间的比例。

斯拉法证明,在"标准体系"中,国民收入在工资和利润之间的分配不会影响到商品价值(或生产价格)本身的变化,在全部国民收入对全部生产投入量的比率(或称工资为零时的最大利润率)既定时,利润率和工资率存在着一种线性关系,且两者呈反方向变动。

斯拉法的分析说明了剩余(国民收入)的生产和商品价值(或生产价格)的形成是由物质生产条件决定的,是一个客观的过程;而剩余的分配则是与社会制度因素和生产关系有关的过程,涉及阶级之间的利益关系。

斯拉法将价值论建立在物质生产所耗费的各种"物质成本"的基础上,完全摒弃了新古典学派的边际效用论和供求均衡价格论,并进一步研究了收入分配理论,企图将价值理论与收入分配理论联系起来,通过讨论价格确定问题来探讨"剩余"的分配问题。

第三节 收入分配理论

新剑桥学派经济学家将发展凯恩斯的社会哲学思想,制定新的收入分配理论作为自己的理论任务之一。新古典综合学派认为收入分配应由可变要素的投入量及其边际生产率来说明。而新剑桥学派则提出,从历史上看,剩余收入占有人和非剩余收入占有人之间的分配取决于制度因素,而且这种分配的变动依赖于增长率的变动。因此,新剑桥学派的收入分配理论也包括了关于经济增长的理论。

新剑桥学派的主要代表之一卡尔多早在50年代研究经济增长模式时就研究了工资和利润在国民收入中的份额的决定因素。帕西内蒂等人又在此基础上进一步推进了对两大阶级分配关系的动态分析。

一、基本模型

新剑桥学派经济学家将凯恩斯的收入、储蓄和消费总量按照工人和资本家分解为两个阶级相应的收入、储蓄和消费来进行分析。

整个经济体系中国民收入(Y)可以表达为:工资总额(W)和利润总额(P),用公式可以表达为:$Y = W + P$。

整个储蓄水平取决于收入水平和储蓄率,因此,可以从上述公式推导得出净储蓄总额(S)。以 S_W 代表工人的储蓄倾向,S_P 代表资本的储蓄倾向,则总储蓄为:$S = S_P P + S_W (Y - P)$。进一步调整后,上式可以表达为:$S = S_W Y + (S_P - S_W) P$。也就是说,在一定时间内,总储蓄等于工人储蓄率乘以收入再加上资本家储蓄率与工人储蓄率之差乘以利润。

根据凯恩斯的储蓄等于投资(I)的公式,可以得到 $I = S_W Y + (S_P - S_W) P$。如果再用 Y 去除上式,经整理,可以得到:$\dfrac{P}{Y} = \dfrac{1}{S_P - S_W} \times \dfrac{1}{Y} - \dfrac{S_W}{S_P - S_W}$。

假设工人的工资都用于消费,即工人储蓄率为0,则上式可以被简化为:$\frac{P}{Y} = \frac{1}{S_P} \times \frac{1}{Y}$。

这一公式表明利润在国民收入中所占比重取决于投资率和资本家的消费倾向。如果资本家将全部的利润都用于投资,即资本家储蓄率为1,那么就有:$\frac{P}{Y} = \frac{1}{Y}$。

可见,在新剑桥学派的模型中,收入分配和资本积累是直接相关的。当S_P和S_W既定时,资本积累率直接影响着利润在国民收入中的份额,也可以说,投资量直接决定着利润量的大小。

二、经济增长与收入分配的关系

卡尔多运用上述模型进一步阐明了经济增长与收入分配的内在联系。在资本家储蓄倾向不变的前提下,由于较高的经济增长率来自较高的投资率,而较高的投资率必然伴随着较多的利润收入,所以在一定的货币工资率和投资产出率的条件下,经济增长率的变化将引起国民收入分配相对份额的变化。也就是说,经济增长率越大,国民收入中作为工资收入归于工人的份额就越小,而作为利润归于资本家的份额就越大。因此,经济增长加剧了资本主义社会收入分配份额上的差距,工资在国民收入中比重的下降是一种不可避免的趋势,这也是资本主义社会的症结所在。

帕西内蒂等人进一步修订了假设条件,即工人的工资并不全部用于消费,他们也会用一部分去购买股票、债券以获取利息或股息,而资本家也可以将一部分利润用于消费。在这种更为一般的情况下,一方面,工人所得到的收入在国民收入中的份额不断下降,另一方面,工人的工资总额可以上升。当然,新剑桥学派认为,即使存在工人绝对收入量增加的情况,也并不意味着贫困就会消失,因此,要消除资本主义社会的种种弊病,还必须改进两个阶级之间的收入分配制度。

卡尔多认为经济增长和收入分配是两个具有内在联系的范畴。

既然社会的收入是在各个阶级之间分配的,其中每一个阶级都有自己的固定不变的储蓄倾向,那么,收入分配中利润和工资的比例关系就直接影响到整个社会的储蓄水平,从而决定了积累率和经济增长速度。另一方面,要达到一定的经济增长速度,就要有一定的积累率,从而也要有相应的收入分配的比例关系。因此,经济增长速度和积累率也是影响国民收入分配的重要因素。

关于经济均衡增长的条件,卡尔多认为,只要把 $S_P > S_W$ 这一限制条件作为收入分配机制运用到经济增长模型中去,则经济均衡增长不仅存在而且稳定。他确信,在现实经济生活中,S 同 I 的任何偏离都会引起国民收入分配的变化,以至 S 适应于 I。例如,在充分就业条件下增加投资并导致社会总需求的普遍增加,将会产生的后果是价格上涨超过工资提高的速度,因此,收入分配的变化有利于利润的增加和降低工资在国民收入中的份额,由于 $S_P > S_W$,结果收入分配的变化使社会总储蓄额增加,S 与 I 恢复均衡。假定出现相反的情形,投资和社会总需求趋于全面缩减,则价格的下跌会快于货币工资下降的速度,收入分配变化将有利于劳动者,由于 $S_P > S_W$,结果社会总储蓄额将会相应减少,使得 S 与 I 恢复均衡。这种通过国民收入分配变化来调整储蓄,使之适应于投资的分配机制的作用,在西方经济学文献中,通常被称为"卡尔多效应"。卡尔多由此断言,在短期内,国民收入分配是投资和总需求及相对价格变动的函数。

卡尔多还指出,国民收入分配也是影响长期经济增长的重要因素,因为它直接影响到积累率的大小。当工资和利润的储蓄倾向既定时,同时资本产出系数也既定,储蓄率的任何上升(也就意味着国民收入增长率的上升),必然要求利润在国民收入中的份额增大;反之亦然。卡尔多将 1 定义为"收入分配的灵敏度系数",它表明了积累率的变化对利润在国民收入中所占比重的影响。$S_P - S_W$ 之间的差额越大,积累率变化对利润份额的影响就越小;$S_P - S_W$ 的差额越小,这种影响就越大。同样,假定积累率是既定的,那么收入分配的变化将取决于资本家和劳动者各自的储蓄倾向,当 S_W 不变时,S_P 越小,P/Y 值愈大。也就是说,资本家储蓄的愈少,消费的愈多,利润在国民收入中的份额愈大。这也证明了新剑桥学派所信奉的卡莱茨基的名言:工人花费其所得到的,资本家得到其所花费的。

三、两大部类与两大阶级的收入分析模型

罗宾逊夫人试图根据由社会生产的两大部类即生产资料生产和消费品生产之间在技术经济上的相互联系,引出与经济增长和收入分配有关的主要经济变量的关系。她运用了两大部类和两大阶级收入的分析模型,把生产部门划分为投资品(生产资料)和消费品(消费资料)两大部类,把总收入分为利润和工资两大部分。按照她的分析,工人将其所有收入(工资总额 W)用于消费(C),资本家将其所有收入(利润总额 P)用于投资(I),这时,工人的收入等于消费品的总价格,资本家的利润等于投资品的总价格,国民收入中利润和工资的相对份额等于消费品的总价格与投资品的总价格之比。如果根据凯恩斯的储蓄等于投资的假定,$P = S = I$,则有下列方程:$Y = W + P = W + S = W + I$。

如果加进对资本存量(K)的考察,那么,利润率(π)就等于资本积累率(g),公式表示为 $\pi = P/K = g = I/K$。如果取消资本家将其全部收入都用于投资的假定,这时利润总额中有一部分被用作资本家的消费,其余部分则是可用作投资的储蓄总额。用 sp 表示资本家的储蓄倾向(储蓄总额占利润总额的比重),则利润、储蓄和投资三者间的关系为:$sp \cdot P = S = I$ 或 $P = I/S$。进一步调整可得到:$\pi = P/K = I/K \cdot 1/sp = g/sp$。

在中性技术进步假定下(即假定技术进步不会引起资本和劳动在产品价值构成中的相对份额),资本价值对产量的比例在经济增长过程中保持不变,因而,资本增长率(积累率 I/K)也就等于整个经济增长率(g)。

根据上述公式所揭示的关系,在资本家储蓄倾向一定的情况下,

利润率与积累率（从而经济增长率）有一种互相制约的关系：即一定的利润率产生于一定的积累率（或增长率），而一定的积累率（或增长率）又必须以一定的利润率水平为前提，两者呈正比变化。

根据罗宾逊夫人的理论，资本主义经济要稳定地、均衡地发展，必须满足下列条件：技术进步稳定而且没有偏向，市场竞争机制充分发挥作用，积累率与劳动人口增长率以相同的比率稳定增长，利润率长期不变，实际工资水平随人均产量上升而提高，资本家对投资的未来收益有足够的信心，投资以每年相同比率增加。在这种情况下，年产量（国民收入）同资本量（新增资本即投资）以一种适当的比率同时增长。罗宾逊夫人认为，满足上述条件的经济增长状态是"黄金时代"。

与卡尔多不同的是，罗宾逊夫人认为稳定增长模型不过是用简单形式说明论点的一个便当方法。在现实中，增长决不是稳定的。而劳动与财产的分离是造成资本主义社会经济中各种矛盾和冲突的重要原因。她还指出，如果资本家的高利润不是高积累率的结果，而是垄断的结果，那么，由于工资没有得到相应的提高，社会消费需求水平的增加将受到阻碍，从而进一步制约了投资需求，使得在高利润条件下出现投资缩减和经济停滞的趋势。这时，必须通过改变国民收入的分配来使工资随着劳动生产率的提高而提高，从而解决资本主义经济增长过程中的矛盾。可见，罗宾逊夫人实际上认为，只要政府采取一定的经济干预措施，特别是抑制垄断势力的增长和使国民收入分配趋于均等化，资本主义经济还是可能保持一定的增长速度的。

由此，我们不难发现新剑桥学派收入分配理论有几个基本特征：（1）否认新古典学派的边际生产率，力图将分配理论建立在劳动价值论的基础上；（2）放弃西方经济学在收入分配问题上辩护性的传统，正视现代资本主义制度下的阶级关系，也不隐讳这一分配关系所显示的阶级对抗性；（3）将分配关系与时间要素结合在一起，探讨工资和利润在国民收入中的相对地位和相对关系随着经济增长发生什么变化。因此，新剑桥学派的收入分配理论与增长理论是二者合一的。

第四节 新剑桥学派的基本政策主张

针对60年代资本主义社会出现的停滞与通货膨胀并存的经济现象,新剑桥学派认为,要解释和说明滞涨的原因必须抛弃物价水平仅仅取决于货币数量的传统理论,而要回到凯恩斯关于物价水平主要受货币工资率支配的论断上来。他们从区分商品市场类型或不同类别的经济部门着手,结合价格形成中的垄断因素及货币工资谈判中的阶级冲突因素来说明和解释通货膨胀的原因。

一、新剑桥学派关于滞涨的理论解释

卡尔多首先把经济部门分为三类:(1) 初级部门,该部门为工业提供必要的基本供应品,如食品、燃料和基本原料;(2) 第二级部门是加工业部门,提供投资品或消费品;(3) 第三级部门,该部门提供辅助服务(如运输或销售,或各种专门技术)、欣赏性服务。

卡尔多认为,第三级部门一般不会发生重大问题,但初级部门和第二级部门都可能成为通货膨胀的根源。因为持续和稳定的经济发展要求这两个部门的产量的增加应符合必要的相互关系。这就是说,可出售的农矿产品产量的增加,应该和需求的增加相一致。这种需求的增加又是反映第二级(以及第三级)部门的增长的。但是从技术观点看,不能保证由节约土地的革新所推动的初级生产的增长率,正好符合第二级和第三级部门的生产和收入的增加所要求的增长率。由此可见,卡尔多更强调从生产部门比例失调的角度解释通货膨胀。

卡尔多认为,不同类型生产部门的产品价格决定是通过不同的经济机制进行的,具体而言:

(1) 在初级生产领域中,对个别生产者和消费者而言,市场价格是既定的,价格是以斯密所描述的传统方式,直接响应市场供求关系

的压力而变化的,价格变动是调节未来生产和消费的"信号"。

(2) 在工业部门中,至少是在大部分生产集中在大公司手中的现代工业社会中,制造品的价格是被"管理"的,也就是说由生产者自己确定的;生产对需求变动的调节是通过库存调节机制进行的,与价格无关:商品积压时就减少生产,库存减少时就增加生产。工业制造品的这种"管理"价格,不是由市场而是由生产成本决定的。具体说来,是根据"完全成本原则"和"垄断程度原则"来决定的,即在直接的劳动和原料成本上,加上按工厂的标准开工率计算出来的一般管理费和折旧费,再加上一个纯利润。按这种方式决定的价格,对需求的反应不是非常灵敏,但对成本的变化(如工资和原料的价格)却能作出迅速的反应。

据此,卡尔多得出了一个基本命题:从世界经济范围看,农矿产品价格的任何巨大变动——不论它对初级生产者是有利还是不利——对工业活动往往起抑制作用。其原因在于:

(1) 农矿产品价格下降时,虽然可能刺激工业部门吸收更多的初级产品,但食品价格的下降会使工人实际工资有所提高,从而有可能因此而增加对工业制成品的需求。但是,由于贸易条件(初级产品和制造品两类价格或两类总价格水平的比率)在农矿产品价格下降时对初级部门生产者极为不利,势必将减少初级部门生产者对工业制成品的有效需求,结果抵消了农矿产品价格下降所带来的对工业制成品的需求而有余,造成一种灾害性的后果——经济大萧条。卡尔多认为,20 世纪 20 年代末到 30 年代的资本主义经济大危机正是由此引起的。

(2) 农矿产品价格上涨时,它会对工业品成本具有强有力的影响,形成通货膨胀。这是因为这些产品在生产的投入产出环节中处于上游位置,价格的上涨会逐级进入下游产品的成本,从而推动工业制成品价格的提高。这种价格上涨将有利于利润而不利于工资在国民收入中的份额。在这种情况下,工会将要求提高工资。而且通货膨胀

也会缩小对工业制成品的有效需求:一方面,初级部门生产者利润的增加和其开支增加不相称;另一方面,大多数国家有可能采取财政金融措施来对付国内的通货膨胀,这些紧缩性的经济政策和措施将会减少消费者的需求,并抑制工业部门的投资。于是,农矿产品价格上涨很可能在工业部门引起工资—物价螺旋上升的通货膨胀,它反过来又使工业部门的活动受到紧缩性经济政策的限制。

卡尔多认为,美国1972—1973年的通货膨胀就是起因于农矿产品价格的上涨(同时工资随着生产费用的上升而上涨)。在这种情形下,政府采用了强有力的抑制性货币政策来对抗通货膨胀,从而造成了一次相当严重的经济衰退。

罗宾逊夫人除了区分各种类型的市场和分析操纵价格之外,还从货币和资本主义经济的"不确定性"因素方面来解释停滞膨胀问题。她认为,资本主义经济是货币经济,货币既是交易媒介又是价值的储藏手段,这种性质使货币成为"现在"和"不确定的未来"之间的联系环节。货币信用制度使得资本家投资非常方便而且不太受限制。当社会上投资率较高时,资源会向投资品生产倾斜,造成消费品产量的减少和工人工资的实际份额下降。这就会产生一种"通货膨胀障碍",即通过通货膨胀来制止利润的提高和实际工资的下降。也就是说,投资率提高导致实际工资下降时,会促使工人通过工会提出提高货币工资的要求,从而导致工资—物价螺旋式上升的通货膨胀,最终造成经济停止增长和大量失业,出现停滞膨胀局面。

此外,罗宾逊夫人还以卡莱茨基的理论为基础,提出了"政治方面的经济周期",即选举引起的经济周期波动。

总之,新剑桥学派认为,正是新古典综合派冒牌的凯恩斯主义经济政策造成了经济的停滞膨胀局面。所以,他们反对新古典综合派用调节总需求和实行工资—物价管制的方法来解决滞胀问题,而积极主张从收入分配方面入手去解决上述问题。

二、新剑桥学派的政策主张

新剑桥学派既反对新古典综合派的政策主张,也反对货币主义的政策主张。他们认为新古典综合派的经济政策被实践证明是无效的,而货币主义的经济政策主张更是一种倒退。同时,新剑桥学派的经济学家们认为资本主义社会的症结在于分配制度的不合理和收入分配的失调,因此,经济政策的重点应该是收入分配政策,要借助政府实施一系列经济社会政策来改革资本主义的收入分配制度,调节不合理的分配。

具体说来,主要有这样几项办法:

(1) 实行累进的税收制度来改变社会各阶层收入分配不均等的状况。

(2) 实行高额的遗产税和赠与税,以便消除私人财产的大量集中,抑制社会食利者阶层收入的增加;同时,政府还可以通过这一税收方式将所得到的财产用于社会公共目标和改善低收入贫困阶层的状况。

(3) 通过政府的财政拨款对失业者进行培训,使其能有更多的就业机会,能从事更高技术水平、更高收入的工作。此外,国家可以通过预算给低收入家庭以一定的补贴。

(4) 制定适应经济稳定增长的财政政策,减少财政赤字,逐步平衡财政预算;并根据经济增长率来制定实际工资增长率的政策,以改变劳动者在经济增长过程中收入分配的相对份额向不利方向变化的趋势,从而在经济增长过程中逐步扭转分配的不合理情况。

(5) 实行进出口管制政策,利用国内资源的优势,发展出口产品的生产,以便为国内提供较多的工作岗位,增加国内的就业机会,降低失业率,提高劳动者的收入。

(6) 政府运用财政预算中的盈余来购买私人公司的股票,把一部分公司股份的所有权从私人手中转移到国家手中,从而抑制食利者阶

层的收入,增加低收入家庭的收入。

由于新剑桥学派的经济政策主张比较激进,实际上从来没有被西方所接受和采纳,更没有被付诸实施。当然,即便如此,他们主张的收入均等化政策绝不意味着取消利润,因为按照他们的理论,任何一个合理的经济增长率都需要一定的投资,而在私有制社会里,利润是保持不断投资的动力。所以,他们所要争取的收入均等化不过是一种保持企业资本家利润而使收入分配有所改善的改良主义政策。

第十三章
新凯恩斯经济学

在凯恩斯及其追随者的不懈努力之下,凯恩斯主义经济学长期居于西方宏观经济学及政策领域的主流地位,但这种情况到了70年代发生了重大的变化。石油危机导致高通胀下的高失业,经济滞胀使菲利普斯曲线陷入了尴尬的境地。随着滞胀现象在西方社会的不断蔓延,凯恩斯主义经济学既不能提供有力的理论解释,也无法提供有效的治理政策,从而受到了自由主义学者们的激烈批判,凯恩斯主义在现实和理论的双重挑战之下陷入危机,最终从主流经济学的宝座上跌落下来。

面对凯恩斯理论的影响日趋衰微的情况,一批坚持凯恩斯主义的学者坚守市场非出清的信条,引入了经济人与厂商利润最大化的基本假设,借鉴了新的分析方法,对凯恩斯理论进行了重要修改,以重建凯恩斯宏观经济学的微观基础为核心,形成了许多新颖的观点,因此被称为新凯恩斯主义者,形成了新凯恩斯主义经济学[①]。

[①] 这个术语最早由帕金(1984)提出,其英语同义词有:New Keynesian Economics、New Keynesian School、New Keynesian Economist,而新古典综合派或新剑桥学派的英文原文是 Neo-Keynesian Economists。

第一节 新凯恩斯学派的形成

新凯恩斯主义是凯恩斯主义者汲取凯恩斯主义的基本原则及其与对立学派的斗争经验而形成的,是凯恩斯主义在新的历史条件下的创新和复兴。

一、历史条件

凯恩斯主义理论认为失业与生产的过剩是资本主义经济的常态,其根本原因是价格和工资是刚性的,而非充分弹性,因此,在发生了供给或需求方面的冲击后,工资和价格不能迅速作出调整以达到市场出清,这样,产品市场存在过剩产品,劳动市场存在过剩劳动供给。以此为基础,凯恩斯主义者主张通过政府需求政策进行干预,以消除失业和经济过剩的危机。二战后,以萨缪尔森、莫迪利安尼、托宾等为代表的经济学者,以微观为视角发展了消费函数、投资函数等理论,将其与凯恩斯的国民收入决定理论结合在一起,提出以政府的需求管理为主,结合市场自发调节机制的政策主张。这种结合只是将宏观经济学与微观机制在局部的范围内机械地"焊接"在了一起,这种"一、三、五是萨伊定律的信徒,二、四、六是凯恩斯的仆人"式的结合,并没有解决凯恩斯主义缺乏微观基础的根本缺陷。

60年代中期以后,特别是70年代,西方发达经济体相继出现了通货膨胀与失业并发的问题,即"停滞通胀"(滞胀)。滞胀的发生使得IS-LM以及菲利普斯曲线陷入了非常尴尬的境地,也直接引发了以卢卡斯、巴罗和萨金特为首的一批中青年经济学家对凯恩斯理论的猛烈攻击。以卢卡斯为代表的理性预期理论认为,政府企图提出系统性稳定经济的政策实际上是毫无意义的,其原因是微观经济主体是理性的,他们会对政策制定者可能制定的政策进行预测(理性预期),并可以根据政府的政策迅速调整自己的决策,由于他们的决策比政府更加灵活,所以政府的政策效应会很快被抵消,从而使政府的政策失灵。这是政策制定者和经济主体之间的一种博弈过程,这一博弈会使政策的效果在这些微观主体的理性预期行为面前变得非常微小,根本不可能像凯恩斯所预言的那样有效。后来的研究甚至发现,即使动机很好,由于预期的存在和微观主体的博弈行为,政策制定者的决策往往会导致不良的后果。

理性预期理论提出后,很快得到了经济学界的普遍认可,围绕着这一思想所展开的研究贯穿了整个70、80年代的经济学说史。随着对理性预期理论研究的深入,凯恩斯主义经济学陷入了深深危机,西方各国政府纷纷抛弃凯恩斯主义,开始返归新古典经济学。然而,80年代世界经济屡遭重创的经历证明了新自由主义的理论并没有什么独到之处,于是人们又对理性预期理论产生了疑问:在经济决策过程中,个人、企业以及金融市场的参与者是不是都能理性地形成预期?人们的现实预期与理性预期之间的差异到底有多大?进入90年代后,有一批经济学家开始针对现实市场的不完美性重建凯恩斯主义经济学。他们重点分析了微观经济主体追求利益最大化的行为最终导致市场非出清的重要机制,揭示了微观市场机制与宏观总量矛盾之间的关系,为宏观经济理论奠定了微观基础,在继承与修补凯恩斯理论方面作出了贡献。

新凯恩斯主义者主要的成员有:哈佛大学的格雷戈里·曼丘、拉里·萨默斯,麻省理工学院的奥利维尔·布兰查德,哥伦比亚大学的埃德蒙·费尔普斯,伯克利加州大学的乔治·阿克罗夫和珍妮特·耶伦,斯坦福大学的约瑟夫·斯蒂格利茨,威斯康星大学的马克·格特勒,普林斯顿大学的本·伯南克等。主要的代表性著作有格雷戈里·曼丘主编的两卷本的《新凯恩斯主义经济学》,卡拉多·贝纳西等人的《新凯恩斯主义经济学》。

与原凯恩斯主义理论相比,新凯恩斯主义理论更为完善,也更具有解释能力。因此,有西方学者评价,"新凯恩斯主义较好地解释了西

方 80 年代高工资和高失业率并存的现象,给宏观经济学研究开辟了新的领域。"①新凯恩斯主义者的理论缤纷繁杂,即使在学派内部也存在着不同的观点,甚至在理论倾向上也有分歧,这也充分体现了现代经济学理论发展的多元化特征。

二、理论特征

新凯恩斯主义和凯恩斯主义一样,承认劳动市场上经常存在着超额的劳动供给,经济周期性波动是存在的,国家经济调控在绝大多数时间里是重要的,但同时,新凯恩斯主义引入了厂商利润最大化和个人效用最大化的假设,结合了理性预期假设,试图为宏观经济学奠定微观经济基础,在研究方法论与理论上与凯恩斯主义有着显著差异。

1. 关于市场出清的问题

根据凯恩斯主义的理论,价格和工资是刚性的,市场是非出清的,也就是说,在发生供给或需求的外部冲击后,价格和工资都不能随之迅速地进行调整,恢复市场均衡。以此为前提,凯恩斯主义者提出,在资本主义市场中,生产过剩和失业是常态现象,市场调节是无效的,要实现挽救危机、刺激增长的目标,就要进行政府干预,实施总需求管理政策。

新凯恩斯主义者接受了凯恩斯主义者关于市场非出清的结论,但是他们的任务是要在新古典框架下说明市场非出清的形成机制。即以市场非出清作为研究对象,合理地解释作为利益最大化的个人或企业追求利润或效用最大化的行为是如何导致失业、总供求失衡以及经济周期性波动等宏观经济现象的。在他们的理论体系中,市场非出清是结果而不是出发点。

2. 关于信息不完备的假设

无论是新古典主义还是凯恩斯主义的理论都暗含着这样的一个

---

① 转引自王建:《当代西方经济学流派概览》,国家行政学院出版社 1998 年版,第 352 页。

假设前提,即在市场中,信息是充分的,而且获得任何信息可以不花费任何成本。而新凯恩斯主义者则在其理论中将这个假设明确地揭示出来,并向着现实前进了一大步。他们提出,市场中的信息实际上是不完备的,决策者不能毫无成本地获得信息,甚至为了得到有用的信息,需要付出相当高昂的代价。

由信息不完备的假设可以得出这样的结论:虽然决策者是理性预期的,但是由于信息的不完全,他们的决策无法实现瓦尔拉斯式的一般均衡。例如厂商调整价格。当市场存在总需求方面的外部冲击时,原则上厂商可以通过降价扩大销售量,但是调整价格也是存在风险的,还需要考虑消费者的反应以及其他厂商的反应。一个厂商并不能掌握充分的信息,所以,更实际的情况是,每个厂商都采用一种观望的态度,想在观察到其他厂商的反应后再确定行动方案,然而,实际上也不会有哪个厂商能够坚持到掌握足够的信息后才行动。如此,厂商调整价格的时间就出现了有前有后,这样交错调整价格的结果必然反映为价格总水平的缓慢变动,经济系统恢复均衡滞后。

新凯恩斯主义者将市场信息不完备与高成本等条件引入分析,一方面使得他们的前提条件更加符合经济现实,另一方面也为创建价格和工资粘性理论确定了逻辑基础。

3. 关于不完全竞争的思想

新凯恩斯主义者从自由主义者那里吸收了理性预期的思想,但是却坚持市场是不完全竞争的,因为只有市场具有不完全竞争的特征,价格粘性才有可能。在完全竞争的市场结构中,价格具有完全的弹性,是引导企业和个人及时调整决策变量的信号机制,由于及时的调整,其结果是市场再次出清。与市场非出清的信条相一致,新凯恩斯主义者必须坚持不完全竞争,无论是实际的还是名义的价格粘性理论,厂商都要具备对其产品价格的一定控制能力,这样,才能够在相当长的时间内维持一定的价格水平。

4. 关于理性预期的问题

对于理性预期的假设,新凯恩斯主义者不仅不一般性地加以反对,反而还努力将之纳入他们的宏观经济模型之中。与新古典宏观经济的不同之处在于,新凯恩斯主义者认为由于市场不完全和信息不对称,经济人的理性预期实际上要受到一定的约束或限制,因此,短期内形成的预期并不是理性预期,而是理性约束预期。

以劳动力市场为例,假设发生了价格水平上升的情况,价格水平的上升意味着实际工资水平的下降,因此,劳动需求曲线向右上方移动。在凯恩斯主义条件下,劳动者存在货币幻觉,对价格水平的预期不发生变动,也就是说劳动供给曲线不发生移动,结果就是均衡就业量的增加。但是根据新凯恩斯主义,劳动者可以理性地预期到工资水平将上升,并且会认为当前的劳动成本大于劳动收益,因此理性的决策是减少劳动供给。但是这种减少并不能实际出现,因为微观市场的不完全性,劳动者毁约是要付出代价的,如果劳动者发现毁约成本要大于减少劳动供给可以得到的收益,他就会选择不减少劳动供给。这样,劳动供给曲线不发生移动,结果是均衡就业量的增加。

第二节 新凯恩斯经济学的主要理论

与凯恩斯主义的价格刚性观点不同,新凯恩斯主义者提出,产品价格和工资水平并不是完全不动的,而是缓慢变动的,是有"粘性"的,并结合理性预期理论对"粘性"给予了合理的解释,从而弥补了凯恩斯主义缺少微观机制的缺陷。价格和工资粘性理论是新凯恩斯主义者最主要的理论贡献。

一、价格粘性理论

新凯恩斯主义者建立了价格粘性理论来解释经济波动形成的过程。他们认为,由于价格具有粘性,当总需求发生变化时,厂商的反应不是调节价格而是调节产量,这样总供给就会发生波动,导致失业增加或形成经济周期性波动。在此基础上,新凯恩斯主义又进一步区分了名义价格粘性和实际价格粘性。

1. 名义价格粘性论

名义价格粘性是指商品价格不能按照名义需求的变动而相应地变化。具体包括了以下几种理论模型:

(1) 菜单成本论

菜单成本论又称曼昆模型,是曼昆在1985年发表的一篇论文《小的菜单和大的经济周期:垄断的宏观经济模型》中提出来的。该理论认为,当总需求冲击使得总价格偏离利润最大化水平时,只要存在微小的价格调整成本,垄断企业则宁愿维持"错误"的价格不变。

厂商调整价格要花费的成本很多,包括调查研究和确定新价格,重新编印价格表,更换新价格标签,通知公布价格变动信息等等,类似于餐馆重新印制菜单时所需的成本,所以,称之为"菜单成本"。

菜单成本模型认为,厂商通过调整价格而增加的利润仅仅是实际价格与最优价格之差的二阶无穷小。所以,当总需求冲击出现时,单个厂商通过调整价格所得的利益可能是非常小的,如果小于调整价格需要支付的菜单成本,厂商的理性决策必然是维持原来的价格。厂商的这种决策是非最大化的最优行为,被阿克洛夫和耶伦称为"近似理性行为"。其结果就是价格刚性。曼昆进一步指出,某个厂商不降价也会阻碍其他厂商成本的下降,进而削弱了这些厂商降价的能力和动力,因此,即使菜单成本是小的,往往也会引起经济的较大波动。

(2) 折拐需求曲线理论

斯威齐最早提出了折拐需求曲线模型分析不完全竞争市场中厂商的竞价策略。根据他的模型,寡头厂商所面临的需求曲线是一条向右下方倾斜、折弯的曲线,厂商将价格确定在折弯点上是最有利的。因为,如果他将价格提高到折弯点以上,其他厂商不会跟着提价,这个厂商就会面临损失;如果他将价格降到折弯点以下,其他厂商也会随之降价,这个厂商就不会从降价中得到任何好处。因此,寡头厂商们就形成了协调一致的行动,将价格保持在折弯点上,即使存在总需求的波动,也不会轻易变动。

斯蒂格利茨以斯威齐模型为基础,引入了信息不完全理论,解释了价格粘性为什么会存在。他认为,市场中信息是不完全的,消费者不一定能够及时完备地掌握厂商改变价格的信息,因此,调整价格并不一定会对产品需求产生预期的影响。例如,厂商提价时,消费者不会大量流失;而降价时,其他厂商的顾客也不会及时获知,需求不会大量增加。因此,由于信息的不完备特征,厂商面临的需求曲线在初始价格处出现折拐,其边际收益曲线不再是连续的,价格也具有粘性的特征。

（3）交错调整价格论

交错调整价格论的核心观点是在市场中厂商调整价格并不是同时同步发生的。鲍尔和塞何替的研究指出,在一个垄断竞争的市场中,每个厂商都是自己产品价格的决定者。但是最优化价格的制订则取决于市场的总需求以及其他替代品的局部需求情况。在信息不完全的情况下,厂商往往希望在其他厂商的价格确定后,再调整自己的定价。交错价格调整是厂商追求最大化利益和理性预期的必然结果。[1]

对于时间上交错调整价格的另一种解释是合同定价理论。这种解释认为,买卖双方为避免屡次谈判讨价还价的成本,往往签订正式的或者隐含的价格合同。厂商要调整价格需要等到合同期满之后才可能。这样,从全社会的角度看,就存在许多在时间上相互交错的价格合同。一些合同到期,价格调整,而其他合同未到期,就不能调整。因此,即使价格可以调整,也是一个相当缓慢的过程。

---

[1] See Laurence Ball and Stephen G. Cecchetti, Imperfect Information and Staggered Price Setting, *American Economic Review* 78, December 1988, pp. 999—1018.

2. 实际价格粘性论

实际价格粘性论是指各类产品之间的相对价格比有粘性,具体有以下几种理论解释。

(1) 成本加成定价论

这种理论是对价格粘性的供给解释。在市场经济中,厂商往往是采用成本加成法定价的,也就是说,在生产成本上加上一个固定的利润率来确定销售价格。所以,价格的变动实际上要取决于边际成本的变动。厂商和工人之间长期劳动合同的存在决定了工资成本具有粘性,而厂商与原材料等供应商之间也有长期合同,导致原材料等边际成本在短期很难发生变动。因此,厂商的边际成本变动不大,如果加成的比例不发生变动,实际上产品价格的变动就会很小。一个厂商价格粘性通过错综复杂的投入产出关系最终传导到其他厂商,形成实际价格粘性。

(2) 厂商信誉论

该理论认为,关于产品质量的信息在供给者与消费者之间的分布是不对称的,消费者往往依靠好货不便宜、便宜无好货的信念来判断产品质量,这样价格就成了质量的标志。在不完全竞争的市场上,价格的选择效应和激励效应引诱厂商实行优质高价的定价策略,同时,也产生了一种对厂商维护自己信誉的激励效应。如果降价,就会被看作产品的质量下降了,因此,即使是在经济发生衰退时,厂商也不会降价而是调整产量。这样,产品价格不会随着总需求的变化而变化,各产品之间价格比价也保持稳定,具有实际粘性。

(3) 需求非对称性论

需求非对称性论的基本观点是消费者对提价和降价的反应是不同的,具有不对称性。一般说来,价格的上涨会立刻被自己的顾客注意到,结果必然是销售量随之下降;但是如果价格下降了,由于市场不完全,这个信息要传递到其他厂商的顾客那里是需要时间的,另一方面,即使消费者已经得知有厂商降价,但是这些顾客是否会转移购买

与搜寻成本相关,如果搜寻降价产品的成本高于转移购买带来的好处,消费者就会放弃搜寻,在原来厂商那里购买。因此,厂商也不会频繁地调整价格,产品价格比也相对稳定,实际价格是有粘性的。

鲍尔和罗默(1990,《实际粘性和货币非中性》)指出,菜单成本等理论只能说明较少的名义刚性而不足以说明重大的价格粘性,同样的,实际粘性理论本身也不足以说明重大的名义粘性,但是如果能够将两者结合起来,则可以提供有力的解释,因为名义粘性和实际粘性之间存在着相互强化的效应。他们认为,在名义需求冲击之下,如果其他厂商的名义价格保持不变,某厂商从改变价格中所得到的收益要小于改变价格的成本,那么该厂商就不会改变价格,从而出现了价格粘性。当其他厂商的名义价格不变时,某个厂商的名义价格的变化实际上就是实际价格的变化,如果厂商有较大的实际价格粘性,他从调整其实际价格中所得到的好处将减少,甚至小于调整成本,那么,又进一步扩大了名义价格粘性的均衡范围。

二、工资粘性论

所谓工资粘性是指工资不能随需求的变动而迅速地调整,且工资上升容易下降比较困难。新凯恩斯主义者用工资粘性理论解释非自愿失业现象,认为由于粘性的存在,当社会有效需求减少而导致劳动需求减少时,工资不能自动降低,从而导致了失业。与价格粘性理论类似,工资粘性论也分为名义工资粘性和实际工资粘性。

1. 名义工资粘性论

名义工资粘性是指名义工资不能随着名义总需求的变化而变化的情况,主要包括交错调整理论和长期劳动合同论两种。

(1) 交错调整理论

实际经济生活中,厂商往往以签订长期劳动合同的方式将工资水平确定下来,并在若干年中保持不变。而各部门工资合同的签订时间往往不同,这样,在一定时期内,社会总体调整工资的决策是交错作出的。一些合同到期的厂商因为受到其他尚未到期厂商不变工资的影响,在签订新的劳动合同时也不易变动工资。这样,从社会的角度,工资水平在一定时期内就保持了较高的稳定性。

从厂商决策机制上分析,当一个部门的工资水平确定了后,厂商将根据"劳动的边际产品收益等于劳动的边际成本"原则决定就业量。也就是说,对劳动的需求取决于产品市场的供给与需求函数,也取决于企业的生产函数。在合同期内,名义工资保持不变,而产品市场的供求关系以及生产函数等都是可变的,这样就会出现一方面工资水平保持稳定不变,另一方面就业和产出水平出现波动的现象。当政府企图稳定实际工资水平时,通货膨胀就会出现,由于预期的影响,使得失业增加,产出下降,从而出现失业与通货膨胀并存的滞胀。

(2) 长期劳动合同理论

这一理论指出,在实际生活中,厂商往往以与工人签订长期劳动合同的方式将名义工资固定下来,以避免因不确定性而带来损失。这样,即使厂商已经了解到了需求变动的信息,也不能立即调整工人的名义工资。另一方面,由于各个厂商的劳动合同起始时间是错开的,一些合同到期的厂商因为受到其他未到期合同的影响,在重新签订劳动合同时也不容易变动。

2. 实际工资粘性论

实际工资粘性是指实际工资与需求的变动几乎不存在正相关的情况,包括隐含合同论、效率工资论、局内—局外人理论等。

(1) 隐含劳动合同论

隐含劳动合同论认为,虽然厂商和工人都是风险厌恶的,但是由于企业归众多分散的股东所有,所以,厂商承担风险的能力较强,是风险中立的,而工人则希望通过工作获得稳定的收入,因而是风险厌恶的。如此,劳资双方确定的劳动合同实际上是一种涉及较长时期的合同保险关系,这种关系避免了工人工资收入的不确定性,这样,合同工资就不再等于劳动的边际产品,而是相对固定的,从而导致实际工资水平不随经济波动变化而相对稳定。

(2) 效率工资论

所谓的效率工资是指对于厂商而言能够实现一定水平的生产效率的最低工资水平。这个工资水平并不一定是使供求相等的均衡价格水平,而且实际的情况往往是效率工资高于市场均衡工资水平。厂商之所以愿意以高于均衡水平的价格支付工资,是因为劳动生产率是工资的函数,实际工资的高低影响工人的生产效率,而工人生产效率高低又直接影响了企业的利润。高工资可以激励现有工人的生产积极性,而一个人的工作能力越强,要求的最低工资也就越高,当厂商降低工资时,最先离开的将是优秀的工人。因此,厂商宁愿以高工资雇用现有工人以提高劳动效率,也不愿降低工资雇用不熟练的低效率的人员,从而形成了工资粘性。这样,即使是在信息完全的市场上,也会存在非自愿失业的现象。

(3) 局内人—局外人理论

局内人是指企业里的在职工人,而局外人是指失业工人。传统理论认为,工资水平的确定是劳动力市场供求关系的竞争结果,但是新凯恩斯主义者却提出工资水平的调整很大程度上取决于在职工人,而且,实际上失业工人对工资调整几乎没有影响,因为失业者并不是就业工人的替代品。他们进一步分析认为,在职工人拥有所在企业所需的专用资本,包括丰富的经验和技术技能等,企业是了解的,但是企业并不了解失业工人,同样,失业工人也不了解企业。这样,如果要用失业工人代替在职工人,厂商就要承担相应的劳动转换成本,包括培训、谈判、诉讼和解雇的成本。由于存在转换成本,即使需求下降,厂商宁愿以原有的工资雇用局内人,也不愿以低的工资雇用局外人。这样,局内人的工资并不会因为有大量局外人的存在而下降,从而出现一定的粘性。

三、信贷配给理论

凯恩斯经济学认为利率是信贷市场的均衡机制,当对贷款的需求大于供给时,利率就会上升,反之亦然,而利率水平的变化又进一步引导对贷款的供求调整从而实现市场的出清。因此,政府没有必要干预信贷市场,只要让利率市场化就可以实现均衡目标。而新凯恩斯学派从信息非对称性假设出发,提出单独考察利率机制过于片面,实际情况是信贷市场经常处于无效率的均衡状态,只有政府干预才能有效地修复信贷市场失灵,政府可以发挥积极作用。

1. 利率的选择效应与信贷配给

新凯恩斯主义者指出传统理论忽略了利率具有的逆向选择效应,在不完全信息和高风险的信贷市场上,单纯依靠利率调节来实现信贷市场的均衡反而是低效率和高风险的。一般来说,利率的提高可以增加银行的总体收益,具有正向效应,但是,过高的利率会使那些具有良好资质和还款能力的最佳借款者放弃借款,而那些愿意接受高利率而继续借款的人,为了补偿高利率的损失,往往会从事风险更大的投资以取得更高收益。而银行对于借款人的还款能力和履行承诺的诚信程度并没有充足的信息,在这种情况下,就出现了利率的逆向选择机制,也就是说,高利率使得具有低风险的优质借款人退出,留下的却是高风险的借款人,从而降低了信贷市场的效率,增大了风险。

由于利率的逆向选择效应,在存在超额信贷需求时,银行的最优选择不是提高利率而是实行信贷配给。因此,当信贷需求大于供给时,在信贷配给机制的作用下,市场利率并不会随之上升,从而表现为一定的粘性。

2. 贷款抵押的选择效应和信贷配给

贷款抵押品有正向选择效应和反向选择效应。前者是指当信贷市场存在超额需求时,银行通过提高贷款抵押品水平来增加还贷款的可靠性,减少坏账的风险,增加银行收入,同时,贷款抵押品水平的提高还可以抑制借款者对贷款的需求。后者是指贷款抵押品水平的递增会增加贷款的风险,降低还款的可靠性。一般来说,银行可以根据正向和反向效应确定最佳抵押品水平。

新凯恩斯主义的理论认为,由于利率机制和信贷配给机制同时发挥作用,信贷市场会出现多重均衡状态,此时市场机制是失灵的。政府应该从社会福利最大化的目标出发,干预信贷市场,利用贷款补贴或者提供贷款担保等政策纠正市场失灵。

第三节 新凯恩斯经济学的政策含义

新凯恩斯主义者坚持了凯恩斯主义的核心信念,认为经济并非总是在均衡水平上运行,非出清是市场常态,因此,当发生失业、产量降低的问题时,市场机制的调整是缓慢而且滞后的,政府有必要采取措施进行经济干预。但是,与其他凯恩斯主义者不同,他们认为,由于经济社会是时刻在发生迅速的变化的,设计出一套完备的规则性政策几乎是不可能的,因此,他们更加强调政策的粗调而不是微调。

一、财政政策主张

凯恩斯在有效需求理论的基础上提出扩大政府开支、举债花费、赤字预算、增加总需求,以解决有效需求不足的问题,从而使经济恢复充分就业。而新古典综合派进一步提出了补偿性财政政策建议,在经济衰退时以扩张性财政政策刺激经济,在繁荣阶段则以紧缩性政策来抑制通货膨胀,同时用繁荣时的盈余来弥补萧条时的赤字,这样就可以熨平经济周期,维持长期发展。

新凯恩斯主义者基本继承了凯恩斯主义的财政思想,但是他们对这一问题的理解却更加深刻。新凯恩斯主义者从微观机制上认为是市场的不完全最终导致市场的非出清,也就是说,市场机制是失灵的,因此,政府的财政政策目标是消除市场失灵。政府需要更加注重对经济进行内在结构调整,例如,通过收入再分配增进公平,通过税收和补助消除外部性,通过政府投资提供公共产品等。

总体来说,新凯恩斯主义的财政政策除了主张宏观经济调控的

"质量"之外并没有什么过多的创新之处。

二、货币政策主张

与理论模型一致,凯恩斯主义强调的是利率作为货币供求均衡价格的调节作用,主张货币政策应该以利率机制为中心,而控制好利率,就可以通过货币市场有效地影响产品市场,最终实现充分就业。

新凯恩斯主义者则认为,在货币政策的实施过程中,利率和信贷是共同作用的,因而,货币政策的基础目标是稳定信贷配给量的增长率,使公众形成稳定充分的心理预期。为了实现稳定产出的目标,政府最优的货币政策是:货币量市场的调整与影响价格的实际扰动相适应,与引起价格变动的名义扰动反向行事。然而这两种政策对雇员的影响是不同的:前者意味着产出稳定时,雇员工资不太稳定;而后者意味着产出稳定时,雇员工资比较稳定。

三、新凯恩斯主义的发展

新凯恩斯主义的基本特征是强调各种"不完全性",包括不完全竞争、不完全市场、异质劳动和不对称信息等,以此为基础,在引入经济行为人最大化原则的基本假设以及"理性预期"假设的条件下,新凯恩斯主义通过粘性理论构筑了经常处于失衡的宏观经济世界:需求和(或)供给冲击将导致经济中产量和就业对其均衡值的偏离,这种偏离可能是巨大而长久的,且对经济福利有害。从而,新凯恩斯主义的理论必然指向政府干预。

虽然新凯恩斯主义经济学的发展使得凯恩斯主义具有更加严密的理论风格从而得到再生,但是仍然有很多的批评,而这些批评又进一步促进了宏观经济理论的发展。

为了回应脱离了宏观经济学计量基础的批评,内尔、罗默等学者利用宏观计量模型,验证了价格粘性理论,他们发现,大多数厂商在经济繁荣时期并不倾向于提高价格,而在经济衰退时,也没有降低价格

的倾向,反而是通过工作时间、轮班劳动、存货配给等进行数量调整,从而有力地支持了价格粘性、成本加成定价等理论。

不可忽视的是,新凯恩斯主义学者从不同的角度提出了不同的理论来解释粘性理论缺乏一致性的理论框架,形成的观点也互不联系,这个问题使得新凯恩斯主义难以形成核心的理论模型。

在新凯恩斯主义经济学家们成功地为凯恩斯的宏观经济学补充了微观经济基础的同时,也严重地背离了凯恩斯革命的重要部分。凯恩斯革命,从理论方面说,就在于从均衡观向历史观的转变,在于从理性选择原理到以推测或惯例为基础的决策问题的转变。由于未来是不确定的,因此,严格的理性行为是不可能的,经济生活的大部分是根据公认惯例来处理的。在某种程度上,用"理性经济人"补充宏观经济学与不完全的假设是自相矛盾的。

另外,对于理性预期的意义在于出现了名义的外部冲击时,会形成真实效应。但是,新凯恩斯主义做到的仅仅是说明了名义价格粘性为什么是合理的,并且由此出发推导出失业的结果,但小小的菜单成本是如何造成大萧条的问题,并没有得到合理解释。

解决这一切问题的关键是要说明微观与宏观之间到底是怎样的关系。在新凯恩斯主义看来,个人的理性预期及行为也可以导致社会集体行为的无理性。曼昆曾经这样表述过,"所有宏观经济现象都是微观经济现象的总和:从这个意义上讲,宏观经济学不可避免地要建立在微观经济学基础上。但是我不能肯定地讲一定要用微观经济学的砖石来搭造宏观经济学的大厦。打一个比方说,所有的生物学从某种意义上讲都是粒子物理学的集合,因为所有生物学意义上的生物都是由微粒构成。但这并不意味着建造生物学就理所应当地从粒子物理学开始然后加总一起。相反我却可能从组织和细胞学的层面出发,而不是从次原子微粒的层次上着手研究。"①

---

① 〔英〕斯诺登等:《与经济学大师对话》,王曙光等译,北京大学出版社 2000 年版。第 128 页。

更多的学者也表达了同样的思想,他们承认微观经济学与宏观经济学之间存在的相互关系,并认为正确的微观理论基础是非常必要的,但是关于个人如何选择的理论并不必然地能够给宏观经济学提供合理的框架。宏观经济学提供的是关于总体经济运行的解释,因为对宏观经济学模型进行实践检验是不容易的,从这个意义上也可以将宏观经济学理解成一个谜,但这个谜要比微观经济关于市场出清的神话来的好得多。一方面,宏观经济学需要微观基础;另一方面,微观经济学也需要宏观基础。

在如何正确处理微观经济理论与宏观经济理论关系的问题上,并没有一致的答案,仍然需要更多的理论探索。

参考文献

〔古希腊〕色诺芬:《经济论 雅典的收入》,张伯建、陆大年译,商务印书馆1961年版。

〔美〕熊彼特:《经济分析史》第一卷,朱泱等译,商务印书馆1991年版。

〔美〕斯皮格尔:《经济思想的成长》上,晏智杰等译,中国社会科学出版社1999年版。

〔美〕门罗编:《早期经济思想——亚当·斯密以前的经济文献选集》,蔡受百等译,商务印书馆1985年版。

〔美〕小罗伯特·B.埃克伦德、罗伯特·F.赫伯特:《经济理论和方法史》,杨玉生、张凤林等译,中国人民大学出版社2001年版。

〔法〕布罗代尔:《15至18世纪的物质文明、经济和资本主义》第一卷,顾良、施康强译,三联书店1992年版。

罗翠芳:《近代西欧经济重心转移溯源》,载《湖南农业大学学报(社会科学版)》2009年第1期。

〔英〕托马斯·孟:《英国得自对外贸易的财富》,袁南宇译,商务印书馆1965年版。

〔英〕威廉·配第:《政治算术》,陈冬野译,商务印书馆1960年版。

〔英〕威廉·配第:《赋税论 献给英明人士 货币略论》,陈冬野译,商务印书馆1963年版。

〔英〕威廉·配第:《爱尔兰的政治解剖》,周锦如译,商务印书馆1964年版。

〔英〕洛克:《政府论》下,叶开芳、瞿菊农译,商务印书馆1964年版。

〔英〕洛克:《论降低利息和提高货币价值的后果》,徐式谷译,商务印书馆1962年版。

〔英〕托马斯·孟、尼古拉斯·巴尔本、达德利·诺思:《贸易论》,顾为群等译,商务印书馆1982年版。

〔英〕休谟:《休谟经济论文选》,陈玮译,商务印书馆1984年版。

〔法〕布阿吉尔贝尔:《布阿吉尔贝尔选集》,伍纯武、梁守锵译,商务印书馆1984年版。

〔爱尔兰〕坎蒂隆:《商业性质概论》,余永定、徐寿冠译,商务印书馆1986年版。

谈敏:《法国重农学派学说的中国渊源》,上海人民出版社1992年版。

〔法〕魁奈:《魁奈经济著作选集》,吴斐丹、张草纫选译,商务印书馆1979年版。

Elizabeth Fox-Genovese, *The Origins of Physiocracy: Economic Revolution and Social Order in Eighteenth Century France*, Ithaca and London: Cornell University Press, 1976.

〔法〕杜阁:《关于财富的形成和分配的考察》,南开大学经济系经济学说史教研组译,商务印书馆1961年版。

〔英〕斯密:《国民财富的性质和原因的研究》上卷,郭大力、王亚南译,商务印书馆1972年版。

〔英〕斯密:《国民财富的性质和原因的研究》下卷,郭大力、王亚南译,商务印书馆1974年版。

〔英〕李嘉图:《政治经济学及赋税原理》,郭大力等译,商务印书馆1962年版。

〔英〕马尔萨斯:《政治经济学原理》,厦门大学经济系翻译组译,商务印书馆1962年版。

〔英〕斯拉法主编:《李嘉图著作和通信集》第3卷,经文正译,商务印书馆1977年版。

〔瑞士〕西斯蒙第:《政治经济学新原理》,何钦译,商务印书馆1964年版。

〔法〕萨伊:《政治经济学概论》,陈福生、陈振骅译,商务印书馆1963年版。

John Maynard Keynes, Essays in Biography, 1933, as reprinted with additions in Keynes, *Collected Writings*, Vol. X, London: Macmillan for the Royal Economic Society, 1972.

〔英〕马尔萨斯:《人口论》,郭大力译,商务印书馆1959年版。

〔英〕马尔萨斯:《人口原理》,子箕等译,商务印书馆1961年版。

〔英〕麦克库洛赫:《政治经济学原理》,郭家麟译,商务印书馆1975年版。

〔英〕西尼尔:《政治经济学大纲》,蔡受百译,商务印书馆1977年版。

〔英〕约翰·穆勒:《政治经济学原理及其在社会哲学上的若干应用》上卷,赵荣潜等译,商务印书馆1991年版。

〔德〕李斯特:《政治经济学的国民体系》,陈万煦译,蔡受百校,商务印书馆1961年版。

季陶达主编:《资产阶级庸俗政治经济学选辑》,商务印书馆1963年版。

〔德〕桑巴特:《现代资本主义》,李季译,商务印书馆1958年版。

Antoine Augustin Cournot, *Researches into the Mathematical Principles of the Theory of Wealth*, trans. N. T. Bacon, New York: Macmillan, 1929.

〔德〕杜能:《孤立国同农业和国民经济的关系》,吴衡康译,谢钟准校,商务印书馆1986年版。

〔奥〕庞巴维克:《资本实证论》,陈端译,商务印书馆1964年版。

〔奥〕卡尔·门格尔:《国民经济学原理》,刘絜敖译,上海人民出版社1958年版。

〔英〕杰文斯:《政治经济学理论》,郭大力译,商务印书馆1984年版。

〔法〕瓦尔拉斯:《纯粹经济学要义》,蔡受百译,商务印书馆1989年版。

〔美〕熊彼特:《从马克思到凯恩斯十大经济学家》,宁嘉风译,商务印书馆1965年版。

〔美〕克拉克:《财富的分配》,陈福生、陈振骅译,商务印书馆1983年版。

〔英〕马歇尔:《经济学原理》上卷,朱志泰译,商务印书馆1964年版。

〔英〕马歇尔:《经济学原理》下卷,陈良璧译,商务印书馆1965年版。

〔美〕理查德·豪伊:《边际效用学派的兴起》,晏智杰译,中国社会科学出版1999年版。

Alfred Marshall, *Industry and Trade*, 4th ed., London: Macmillan, 1923.

〔英〕凯恩斯:《就业利息和货币通论》,徐毓枬译,商务印书馆 1963 年版。

刘涤源:《凯恩斯就业一般理论评议》,经济科学出版社 1989 年版。

Milo Keynes (ed.), *Essays on John Maynard Keynes*, Cambridge: Cambridge University Press, 1975.

商务印书馆编辑部编:《现代国外经济学论文选》第一辑,商务印书馆 1979 年版。

Arthur Cecil Pigou, *Keynes's "General Theory": A Retrospective View*, London: Macmillan, 1950.

傅殷才主编:《凯恩斯主义经济学》,中国经济出版社 1995 年版。

〔美〕劳伦斯·克莱因:《凯恩斯的革命》,薛蕃康译,商务印书馆 1962 年版。

丁冰:《当代西方经济学流派》,北京经济学院出版社 1993 年版。

John Richard Hicks, Mr. Keynes and the "Classics", in W. Fellner and B. Haley (eds.), *Readings in the Theory of Income Distribution*, Philadelphia: Blakiston for the American Economic Association, 1946.

〔美〕萨缪尔森、诺德豪斯:《经济学》第 12 版(上),高鸿业等译,中国发展出版社 1992 年版。

〔美〕萨缪尔森、诺德豪斯:《经济学》第 18 版,萧琛主译,人民邮电出版社 2008 年版。

黄范章:《美国经济学家奥肯》,载《世界经济》1981 年第 10 期。

〔美〕托宾:《十年来的新经济学》,钟淦恩译,商务印书馆 1980 年版。

〔英〕琼·罗宾逊、约翰·伊特韦尔:《现代经济学导论》,陈彪如译,商务印书馆 1982 年版。

〔英〕罗宾逊编:《凯恩斯以后》,虞关涛等译,商务印书馆 1985 年版。

陈英、景维民:《卡莱茨基经济学》,山西经济出版社 2000 年版。

王建:《当代西方经济学流派概览》,国家行政学院出版社 1998 年版。

Laurence Ball and Stephen G. Cecchetti, Imperfect Information and Staggered Price Setting, *American Economic Review* 78, December 1988, pp. 999—1018.

〔英〕斯诺登等:《与经济学大师对话》,王曙光等译,北京大学出版社 2000 年版。

后记

　　认为经济学说史可以教人如何成为经济学家的观点显然过于夸张,但是却正确地指出了对于那些从事经济研究和对经济学感兴趣的人来说,了解经济学说史有多么的重要。

　　这本《西方经济学说史》是从古希腊文明到20世纪80年代间经济理论的概览,向读者展示了博大的经济思想世界。在此期间,经济学从早期的萌芽,到不断受到思想家们的关注,再到形成专业化的学术阵地,逐步发展成为充满生机与活力的研究领域,甚至在今天,经济学也可以算得上是社会科学中的"显学"。对这段历史的回顾,可以使我们更加深刻地理解关于理论创新的一些重要特征。

　　首先是根据实践的需要选择研究课题。重商主义、斯密学说、边际主义革命、新古典主义以及凯恩斯主义等等,这些被流传下来并形成学术传统的思想毫无例外都是应运而生的理论。只有将研究与时代的需要、与实践的需求紧密结合,才能提出真正有价值的理论,其意义在于这些新理论或者能够丰富和扩展我们现有理论知识的内涵,或者能够解释更加复杂的经济问题与现象,从而形成实质性的影响力。

　　其次是经济研究需要开放和批判精神。思想具有传承性,没有理论可以从天而降,然而坚持思想的传承与理论的批判并不矛盾。新理论的成功,既要归功于对学术传统的继承,也要归功于对学术传统的批判。批判来源于对传统的不满，批判来源于开放的眼光，批判来源于勇于争鸣的态度，以至于能够不囿于传统而形成突破。

最后是研究方法论的多元性特征。关于从事经济学研究本身有着怎样的科学原则、应该遵循何种基本规律等若干问题，至今仍然是仁者见仁智者见智。经济学说史并不能承担起解决这些重大问题的任务，但是通过学习经济学说史，我们可以体验到经济学范式的多样性，表现在学派之间在研究问题、研究范围、核心理论与政策建议等一系列问题上的重大差异，这些不同必然导致研究方法与叙述方法的多元化。而现代经济学不断与其他学科，例如物理学、数学、心理学以及社会学融合与发展，使得方法论多元性的趋势更加突出和显著。

总之，经济学说史能够为经济理论的学习与研究提供多种营养。然而，如何为读者献上这样一份营养大餐却是极富挑战的工作，它不仅需要有经济学素养的深厚积淀，同时也需要具有哲学、逻辑学以及其他学科的知识广度。笔者在从事西方经济学说史教学工作的十余年时间里，时刻感受到自己在经济学理论方面的储备不足和知识的局限。在这本教材的编写过程中，越是到快结束的时候，这种感觉就越强烈。如果说还能有一点儿勇气出版这本书，主要是因为希望能够与读者们分享自己在学习经济学和经济学说史过程中的一点儿体会与感受，更重要的是在编写这本书的过程中能够借鉴国内外诸多学者的研究成果，因此，要向本书参考文献的著者们致敬！也要感谢读者们的包涵，并衷心欢迎任何的批评与指正。

最后，我还要特别地感谢编辑徐音女士。没有徐女士的督促与关心，很难想象这本教材能够顺利付梓，诚挚感谢她及她的同事们给予我的支持！